上海市高校高原学科建设项目 资助

上海政法学院 刑事法学文库

刑事政策学前沿与热点问题研究

XINGSHIZHENGCEXUEQIANYANYUREDIANWENTIYANJIU

严 励◎主编

中国法制出版社
CHINA LEGAL PUBLISHING HOUSE

目　　录

“严打”刑事政策的理性思考*

严　励　王　娜**

从1983年开始至今，全国范围内的“严打”经历了三个阶段。第一，1983年8月，党中央作出了《严厉打击严重刑事犯罪活动的决定》。1983年9月2日，第六届全国人大常委会第二次会议作出《关于严惩严重危害社会治安的犯罪分子的决定》。全国各级政法部门根据这两个决定，开展了“三年为期、三个战役”的“严打”斗争。随后，各地结合实际情况，针对不同时期突出的犯罪问题，坚持“严打”方针，积极开展专项斗争。第二，1996年4月，为打击犯罪分子的嚣张气焰，扭转某些地区社会治安较差的状况，党中央决定在全国统一开展为期三个月的“严打”斗争，为实施“九五”计划和2010年远景目标纲要创造良好的社会治安环境。第三，2001年，根据党中央、国务院的部署，在全国范围内开展了声势浩大的严打整治斗争。相关的研究成果也随着“严打”的开展不断深入。我们认为，在倡导“和谐社会”的新时期，要实现“严打”的预设功能，必须从以下三个方面入手：

一、正确认识“严打”

目前，对“严打”的认识呈现出比较混乱的状态。

---

* 本文被《2008年中国刑法学年会论文集》收录，并获得首届“马克昌杯”优秀论文奖。

** 作者简介：严励，教授，博士生导师，上海政法学院副院长，中国犯罪学学会副会长；王娜，法学博士，上海政法学院刑事司法系讲师。

就“严打”一词而言，有的认为“严打”即严厉惩治严重刑事犯罪，[①]有的认为“严打”是严厉打击的简称，[②]大部分认为“严打”是指依法从重从快打击严重危害社会治安的刑事犯罪分子，[③]甚至有的学者提出，“严打，已经成为众所周知的缩略语，乃‘依法从重从快严厉打击严重刑事犯罪活动’之简称也。现在，某些较为正规的出版物或者文本中，还对严打一词打上引号，我看似无此必要。因为严打之俗语化，正说明严打已经深入人心”。[④]就“严打”的内涵而言，主要有政策说、活动说和区分说。

政策说立足于“严打”是一项刑事政策的定性对“严打”进行解说，根据“严打”政策的地位，又形成了不同的观点。“重要刑事政策说”认为“严打”是一项重要的刑事政策，[⑤]如有的学者指出，“严打”（依法从重从快严厉打击严重刑事犯罪）是我国现阶段一项重要的刑事政策。自1983年8月开始第一次“严打”斗争至今，在全国范围内已经开展了三次“严打”斗争。在此基础上，2003年中央又提出要建立贯彻“严打”方针的经常性工作机制。[⑥]“基本刑事政策说”认为“严打”是国家的“基本刑事政策”，[⑦]如有的论者指出，自20世纪80年代初我国改革开放以来，随着社会转型所带来的犯罪率不断上升和严峻的社会治安形势，在全国范围内已开展了三次大规模的严厉打击严重破坏社会治安的刑事犯罪的斗争，简称为严打，已经成为我国的一项基本刑事政策。[⑧]“具体刑事政策说”认为“严打”是一项具体刑事政策，如有的认为“惩办与宽大相结合”是国家的基本刑事政策，“严

---

① 陈维扬：《我国“严打”刑事政策的刑法学思考》，载《河南公安高等专科学校学报》2003年第2期。

② 姚建涛：《关于“严打”的若干问题分析》，载《理论界》2005年第7期。

③ 马克昌：《关于“严打”的刑法学思考》，载《荆州师范学院学报》2002年第1期。

④ 陈兴良：《严打利弊之议》，载《河南省政法管理干部学院学报》2004年第5期。

⑤ 赵秉志：《对“严打”中几个法律关系的思考》，载《人民检察》2001年第9期。

⑥ 孙国祥：《刑事一体化视野下“严打”的理性思考》，载《江苏行政学院学报》2004年第4期。

⑦ 尹吉：《“严打”刑事政策的完善》，载《华东刑事司法评论》（第五卷），法律出版社2003年版，第55页。

⑧ 李远军、李建国：《严打政策的事实根据和价值分析》，载《当代经理人》2005年第14期（下半月刊）。

打”是从属于该基本政策下的具体政策；[①] 有的论者分别从“严打”的起源、内涵及“严打”与刑事法律的关系三个方面论证“严打”是具体的刑事政策，并指出它作为具体刑事政策所具备的指导性、长期性和从属性特征。“混合说”认为，“严打”既是基本刑事政策，又是具体刑事政策，有的论者分别从纵向和横向两个角度进行分析，认为“在纵向结构中，‘严打’政策既是基本的刑事政策，包含着对罪与罚面上的指挥权力，又是具体的刑事政策，包含着对某个罪的某个点上司法适用的问题”，“在横向结构中，‘严打’政策首先是定罪政策，其次‘严打’政策变现为刑罚政策和处遇政策，依法从重从快，就是典型的处罚政策。在整个刑事政策结构中，还没有哪一种刑事政策能够兼具三种政策功能。可见，‘严打’期间，‘严打’政策的作用在犯罪控制大系统中，地位十分独特，既可以认为它是有定罪、刑罚、处遇三种元素组合成的综合政策，也可以认为这一政策包含了三种具体政策的原则思想”。[②]

活动说立足于“严打”是一种应对犯罪活动之定性对其进行解说，如有的认为，“严打”这一口号其实是“依法从重从快严厉打击刑事犯罪活动”的简称，[③]“严打”是指在特定时期，政府部门、司法机关对特定的严重危害社会的犯罪予以重点打击和防范的一种刑事司法和社会综合治理活动。[④]

区分说将“严打”分为广义和狭义两个层面来进行解说，如有的论者认为，“严打”政策有广义和狭义之分，一种是狭义的“严打”，即认为“严打”是依法从重从快严厉打击严重刑事犯罪活动的简略表述，是为了解决一定时期中突出问题的社会治安问题，而依法进行的从重从快，集中打击严重刑事犯罪活动。这种理解偏重于执法活动，不足以全面体现“严打”政策的含义。另一种是广义的“严打”，即认为“严打”虽然是以刑事法律为武器，以从重从快为手段，以打击特定形式犯罪为目的的刑事执法活动，但它首先

① 肖扬：《中国刑事政策和策略问题》，法律出版社1996年版，第83页。

② 朱长春：《“严打”刑事政策研究》，黑龙江大学2003年法律硕士学位论文。

③ 金诚：《再论“严打”的属性定位与价值分析》，载《江西公安专科学校学报》2002年第2期。

④ 姚建涛：《关于“严打”的若干问题分析》，载《理论界》2005年第7期。

应该是一项刑事政策，其次才是一项刑事活动，也就是说，指导“严打”活动的方略，就是“严打”政策。[①] 有的论者指出，“所谓的严打，历来有狭义和广义两种理解，狭义的严打是指在某个时期针对某类突出的社会治安问题，在全国或某地区开展的专项斗争；广义的严打则是指对严重刑事犯罪分子要坚持从严惩处的方针并以一贯之的刑事政策”。[②]

另外，对“严打”是一种非常时期的特殊政策还是常态的政策也存在分歧。“非常说”认为，“严打”是在特殊时期的一种特殊刑事政策，不具有普遍意义，如有的学者明确指出，“严打”这一刑事政策，是我国在特定条件下的特殊刑事政策，只要社会治安的严峻形势没有改变，就应坚持执行这一刑事政策。[③] 有的论者指出，从某种意义来说，“严打”不具有普遍的指导意义，而只是非常时期对特定犯罪采取的权宜之计，是中央根据社会治安态势而作出的战略决策。[④]“常态说”认为，“严打”是社会主义初级阶段应对犯罪的常态方针，如有的论者指出，“严打”是我国现阶段重要的刑事政策，是中央在社会主义初级阶段惩治犯罪、维护社会治安的一个重要方针，是我国社会综合治理工作的首要环节。[⑤]

我们认为，要正确地认识“严打”，必须将“严打”置于社会治安综合治理这一总刑事政策的整个系统中来进行考察，并且，严格区分“打击”和“严打”，弄清“严打”政策和“严打”活动及“严打”方式之间的区别联系是非常必要的。

《中共中央、国务院关于加强社会治安综合治理的决定》（1991 年 2 月 19 日）明确规定，“打击是综合治理的首要环节，是落实综合治理其他措施的前提条件。必须长期坚持依法从重从快严厉打击严重危害社会治安的刑事犯罪活动；坚持常年除‘六害’，随时发现随时取缔，任何时候都不能有丝毫放松。既要进一步加强政法部门的专门工作，大力提高侦查破案等对付刑事犯

① 朱长春：《“严打”刑事政策研究》，黑龙江大学 2003 年法律硕士学位论文。

② 王怀章、孙飞翔：《试论严打的命运归宿》，载《河北法学》2002 年第 20 卷增刊。

③ 马克昌：《关于“严打”的刑法学思考》，载《荆州师范学院学报》2002 年第 1 期。

④ 屈耀伦：《再论“严打”的属性定位》，载《甘肃高师学报》2005 第 3 期。

⑤ 包卫星、解少君：《公正视野下的“严打”政策分析》，载《盐城工学院学报》（社会科学版）2004 年第 4 期。

罪的能力，又要在各部门、各单位的积极配合下，充分发动和依靠广大人民群众，形成人人勇斗歹徒、抵制‘六害’的态势”。《全国人民代表大会常务委员会关于加强社会治安综合治理的决定》（1991 年 3 月 2 日）规定，“社会治安综合治理必须坚持打击和防范并举，治标和治本兼顾，重在治本的方针。其主要任务是：打击各种危害社会的违法犯罪活动，依法严惩严重危害社会治安的刑事犯罪分子，采取各种措施，严密管理制度，加强治安防范工作，堵塞违法犯罪活动的漏洞；……”《中共中央、国务院关于进一步加强社会治安综合治理的意见》（2001 年 9 月 5 日）明确规定，“打击犯罪是社会治安综合治理的首要环节，必须丝毫不动摇地依法从重从快严厉打击严重刑事犯罪活动，整治治安混乱的地区，解决突出的治安问题。各级政法部门要把‘严打’落实到各个执法环节，把集中打击、专项整治和经常性打击紧密结合起来。要重点打击有组织犯罪和带黑社会性质的团伙犯罪，流氓恶势力犯罪，爆炸、杀人、抢劫、绑架等严重暴力犯罪，打击盗窃、抢夺等严重影响群众安全感的多发性犯罪，打击破坏社会主义市场经济秩序的金融犯罪、走私犯罪等严重经济犯罪。要加强协作配合，形成打击合力，始终保持对各种犯罪活动的高压态势。要正确执行法律和政策，坚持‘稳’‘准’‘狠’的原则，切实提高‘严打’整治斗争的实效”。

由此可见，在社会治安综合治理这一总刑事政策中，打击只是其中的一个环节，而“严打”只是打击的一个方面，也就是说，打击分为对一般违法犯罪分子的制裁和对严重犯罪分子的严厉打击，后者就是所谓的“严打”，区分的主要标准是打击的对象是否是“严重犯罪分子”。所以，无论是“依法从重从快严厉打击严重危害社会治安的刑事犯罪”，“依法严惩严重危害社会治安的刑事犯罪分子”，还是“依法从重从快严厉打击严重刑事犯罪活动”，这些表述都属于“严打”的范畴，单纯的“严厉打击”并不能揭示“严打”的实质。就“严打”的在刑事政策体系中的地位而言，我们赞成“严打”是一种具体的刑事政策的说法。因为在中国目前刑事政策的三级体系中，总的刑事政策是社会治安综合治理，基本刑事政策是“打防结合，预防为主”，“严打”是针对特定类型的犯罪分子适用的具体措施和具体规则，即对严重危害社会治安的刑事犯罪分子适用的依法从重从快的方针，只能是具体的刑事政策。具体的刑事政策并不意味着不重要。所以，我们并不反对“重要刑事政策”的说法，但是，对于“基本刑事政策说”，我们认为是不足取的。在“严打”政策的指导下，实施一系列“严打”活动，“活动说”立足于“严打”的实践进行解析，并无不妥，关键是不能将“严打”实践中存在的问题视为“严打”政策本身的弊端。另外，“严打”的实践是多样化的，也就是说，打击的方式是多样化的，包括集中打击、专项整治和经常性打击等，那么，在多样化的打击中，“严打”的方式也并非单一，不能将其中的一种或者几种“严打”方式视为“严打”活动的全部，或者等同于“严打”政策。我们认为，“区分说”的视角有利于认识“严打”，但是，用广义说界定“严打”政策，用狭义说界定“严打”活动，还是不大妥当。“严打”活动就是“严打”政策在实践中的表现，很难说，在“严打”政策指导下开展的“严打”实践在范围上比“严打”政策狭窄。对于“严打”的特殊性是不容置疑的，作为针对严重刑事犯罪的一项具体刑事政策，自然不具备普遍指导意义，不过，将“严打”仅仅限于非常时期对特定犯罪采取的权宜之计，是值得商榷的，这种说法抹杀了“严打”作为打击的一个方面在社会治安综合治理的总刑事政策中的稳定地位，明显有将特殊时期的集中“严打”视为“严打”政策的嫌疑，我们赞成“常态说”，否定“非常说”。

二、准确定位“严打”

针对我国“严打”刑事政策及实践之理论评价，有“反对说”“肯定说”和“反思说”之分。有论者提出，“严打”作为我国的一项刑事政策，在当前的社会环境中已经失去了其存在的土壤，它存在着对人权、刑罚效益、刑法程序价值的漠视。当前，我国的法治建设已经步入了一个新的历史阶段，适时地降低对严打政策的依赖，积极探索一条控制犯罪的道路势在必行，社会全面控制犯罪的方式是条有效的途径。[①] 有学者认为，“严打”作为我国的一项刑事政策，在宏观上与刑法是灵魂与肉体的抽象关系；微观上，“严打”

① 王怀章、孙飞翔：《试论严打的命运归宿》，载《河北法学》2002年11月第20卷增刊。

是刑法的阶级性和社会性的体现；“严打”符合犯罪的本质特征；“严打”与刑法的基本原则具有内在的一致性；“严打”是现代刑罚理念的应有之义。在司法实践中，应当突出强调“严打”方针中的“依法”要素。只有提倡并贯彻“依法严打”，才能充分实现上述的“严打”所蕴含的刑法精神和价值。① 有学者认为，虽然不能否认“严打”政策本身由于其具体设计缺乏可操作性，从而导致人们对它的争论，但更重要的，是由于一些司法部门在贯彻这一政策的实际行动中，背离了刑事法治的原则及“严打”政策初衷，造成了负面影响。如何科学地对待“严打”，实际上是如何使政治性的“严打”转化为法律上的“严打”问题，也就是应当把“严打”逐步纳入严格的法律规制之中。② 有的学者指出，我们无法阻断历史的惯性，也无法摆脱现实的选择，我们应该理智地善待“严打”，在刑事政策视野中给予“严打”以准确地定位。③

我们认为，首先，很多学者的批评质疑是针对三次集中统一行动的“严打”而言的，而“严打”集中统一行动并不是“严打”的全部，因而，质疑“严打”立论起点不清，导致结论也大多没有说服力；④ 其次，就集中统一的“严打”斗争而言，轻言放弃或者全盘否定，也是不妥当的，因为在改革开放的进程中，中国国家治理资源贫弱，当转型期社会问题引发的犯罪达到一定的程度，可能危及现行统治秩序的时候，执政党与政府在“实用理性”主导下，集中有限的国家治理资源解决突出的社会治安问题，正如有的论者指出的，这是面临资源瓶颈的理性选择，另一方面，作为刑事司法活动的“严打”是国家权力重要的再生产机制及再扩充机制，常态社会的“严打”蕴藏着中国社会政治秩序合法性的再生产机制。通过运动式治理实现国家权力的再生产与再扩充，确保政治秩序合法性的延续与维持；⑤ 最后，就中国刑事政策的

---

① 齐文远、周详：《“严打”方针的刑法学思考》，载《法学论坛》2002 年第 5 期。

② 游伟、谢锡美：《“严打”政策的回顾与科学定位》，载《华东政法学院学报》2004 年第 1 期。

③ 杨春洗、余诤：《论刑事政策视野中的“严打”》，载《人民检察》2001 年第 12 期。

④ 严励：《“严打”刑事政策的理性审读》，载《上海大学学报》（社会科学版）2004 年第 4 期。

⑤ 唐皇凤：《常态社会与运动式治理——中国社会治安综合治理中的“严打”政策研究》，载《开放时代》2007 年第 3 期。

完整体系和国际刑事政策的“两极化”发展态势而言，“严打”的地位是不可动摇的，关键是要准确定位“严打”，针对“严打”实行中的不足，提出完善和调整的建议。

对严重的刑事犯罪实行严厉打击的政策，在古今中外的刑事政策体系中都是必要的内容。就当前而言，无论是对于西方“轻轻重重”的两极化趋势，还是中国“宽严相济”的模式，对严重刑事犯罪严厉打击的“严打”政策，都是不可缺少的。但是，在整个社会治安综合治理的总刑事政策体系中，“严打”作为打击的一个方面，成为首要环节，这种定位很容易导致“重打轻防”的局面。“严打”的实践一直伴随着社会治安综合治理总政策的整个形成发展历程，这是不容忽视的，综合治理始于“严打”模式，随后确定了“打防并举、标本兼治”的模式，现在提出“打防结合、预防为主”的模式，这个发展过程主要是“打击”和“预防”在刑事政策体系中的地位和分量的相互较量，最终是实现了“严打”向“预防为主”的转变，但是，遗憾的是，“打防结合、预防为主”的模式具有假象特征。根据《中共中央、国务院关于进一步加强社会治安综合治理的意见》（2001 年 9 月 5 日）设定的“打防结合、预防为主”的模式，“‘打防结合、预防为主’是做好社会治安综合治理工作的指导方针。要坚持打击与防范并举，治标和治本兼顾，重在防范，重在治本。打击犯罪是社会治安综合治理的首要环节，必须毫不动摇地依法从重从快严厉打击严重刑事犯罪活动，整治治安混乱的地区，解决突出的治安问题……预防犯罪是维护社会治安秩序的积极措施，要进一步把严打、严管、严防、严治有机结合起来。”由此看来，“打击”“严打”在“打防结合、预防为主”的模式中，依然处于首要环节。这种设计的主要观念在于“打击”“严打”本身就是一种“预防”措施。我们认为，这样的定位，非但不能改变“重打轻防”的传统，而且，会在“打防结合、预防为主”口号的感召下，加剧“重打轻防”的趋势。因此，应当在社会治安综合治理的体系中，给予“打击”“严打”以适当的定位，“严打”应当退居最后，主要依赖于打击之外的“预防”来应对犯罪，“严打”只是迫不得已的措施，非到万不得已，不能适用“严打”，从而切实做到“打防结合、预防为主”。

三、合理调整“严打”

与轻微的刑事犯罪相比，对严重刑事犯罪实行严厉打击，这在刑事立法、司法等方面都有体现。作为常态的“严打”，往往在正常的司法活动中得以贯彻，几乎没有什么非难和争议。引发争议的是集中统一的“严打”方式，一方面主要通过运动式的集中严厉打击来应对犯罪是否合理存在疑问，另一方面即使它是合理的，在实施的过程中还存在很多问题。我们认为，集中统一的“严打”方式虽然表象上具有传统阶级斗争的特点，但是，在特定的时期，当严重刑事犯罪即将触及或者超越正常社会的容忍限度而应对犯罪的社会资源又相对贫弱的情况下，运动式的集中统一“严打”还是必要的。我们利用的是集中统一“严打”这种形式，而不是传统的应对犯罪就是阶级斗争的理念。在科学的应对犯罪理念的指导下，适当利用集中统一的“严打”应对犯罪，也未尝不可。

我们认为，对于集中统一的“严打”，只能作为特殊时期不得已的应急举措，不应当作为应对犯罪的常设举措予以依赖，因此，我们不主张这种“严打”经常化，但是，我们不反对“严打”机制的常设化，因为就一般“严打”而言，是贯彻于正常的刑事立法、司法中的。另外，我们也不反对集中统一“严打”工作机制的常设化，因为虽然集中统一的“严打”偶然为之，但是，将其限制在固定的机制中开展，有利于避免运动式应对犯罪的一些弊端。集中统一的“严打”必然具有时段性的特征，也就是说，实际的社会状况决定了是否实施集中统一的“严打”和集中统一“严打”的对象、目标等内容。那么，在构建和谐社会的背景中开展的“严打”斗争与改革开放初期开展的“严打”斗争必然不同，需要适时调整集中统一“严打”的内容。

首先，对象要进行调整。根据不同时期的社会治安形势，设定不同的“严打”对象，这已经在历次集中统一的“严打”实践中得到体现。有论者指出，历次严打，官员贪贿都没有成为专门的对象，目前，这类犯罪有增无减，正给社会带来空前危害，造成人民血汗钱的大量损失，极为严重地损害党和国家的威信，破坏社会秩序并瓦解公有制基础，加剧分配不公和贫富差距，毒化社会观念和风气，造成恶劣的国际影响，还促成其他犯罪滋生，使执法环境严重恶化，损害干部队伍的纯洁性和战斗力，渎职失职直线增长，疏于管理下的社会不能消解矛盾反而激化矛盾。当腐败成为妨害和谐社会之构建的关键因素和主要矛盾时，严打贪官应当成为刑事政策的重心。① 其次，目标和重心要进行调整。有论者提出，和谐社会首先应是常规的生活状态，那种试图建立严打长效机制的主张不切实际，严打不仅应在时空上受到严格控制，而且“集中资源”应成为基本模式，从重从快应逐渐淡出。②

我们认为，这些建议可供借鉴，但是，即使在“和谐”社会中的集中统一“严打”，“集中资源”并不意味着“依法从重从快”的淡出，因为就应对严重的刑事犯罪而言，在一定时段内集中资源必然是“依法从重从快”处理。所以，调整的重心不在于“依法从重从快”模式的抛弃，而是在于“预防犯罪”基调的改变，也就是说，集中统一“严打”通过“依法从重从快”解决特定时期的社会治理资源贫弱问题，其主要目的不在于“预防犯罪”，而是短时期内对某些严重犯罪的即时压制，使其处于社会容忍限度之内，“预防犯罪”的目标应当交给其他措施来完成。只有这样，才能真正发挥集中统一“严打”的作用，避免“滥打”“乱打”。

---

① 夏勇：《构建和谐社会与严打刑事政策的调整》，载《人民检察》2006 年 12 月（上）。

② 夏勇：《构建和谐社会与严打刑事政策的调整》，载《人民检察》2006 年 12 月（上）。

刍议检察机关并案处理的相关问题

吴　圆*

一、问题的提出

自侦案件侦查一般是“由人到事”。其特点是书证、物证少，言词证据多，容易出现包庇、翻供、伪证、妨害作证等妨碍诉讼进程的情形，案件关系人多，利益群体多，掩饰、隐瞒犯罪所得、隐匿、销毁证据等关联犯罪多。在查办自侦案件时，必然要将相关联犯罪案件与本案一并侦查，才能查清全案。那么检察机关是否对普通刑事犯罪案件有立案侦查权，检察机关查办普通刑事犯罪案件需要符合哪些条件，涉及的相关程序问题应当如何解决？本文将对上述问题作一些探讨。

二、并案侦查的法律依据及现实需要

《刑事诉讼法》第十八条规定了公安机关立案侦查普通刑事犯罪案件，检察机关立案侦查职务犯罪案件，但是相关司法解释①突破了上述限制，扩张了

---

* 作者简介：吴圆，华东政法大学法学硕士，厦门市集美区人民检察院侦查监督科科员。

① 《刑事诉讼规则》第十二条打破了普通刑事犯罪案件与职务犯罪案件立案侦查的分工界限，在一人犯数罪的情况下，以主罪的性质来确定全案由哪一部门管辖。新修订的《人民检察院刑事诉讼规则》第十二条第二款进一步扩大了检察机关的管辖权。规定对于一人犯数罪、共同犯罪、多个犯罪嫌疑人实施的犯罪相互关联，并案处理有利于查明案件事实和诉讼进行的，人民检察院可以对相关犯罪案件并案处理。《最高人民法院 最高人民检察院 公安部 国家安全部 司法部 全国人大常委会法制工作委员会关于实施刑事诉讼法若干问题的规定》（简称六部委规定）第三条明确规定共同犯罪的犯罪嫌疑人、被告人还实施其他犯罪的，人民检察院可以在其职责范围内并案处理。

检察机关的立案管辖范围。

立案侦查的权限划分要与法院的级别管辖、地域管辖和专门管辖相互对应。因此在查办职务犯罪案件时，检察机关不仅掣肘于检察院立案管辖权限范围，还要制约于其他因素。现行的管辖制度则客观上人为地增大了侦查的难度。其突出表现如：（1）贪污贿赂的“串案”管辖分离影响办案；（2）渎职犯罪的“前案”侦查割裂难究本案；（3）职务犯罪的“后案”管辖离析妨碍破案[①]。

在特定渎职侵权案件中，如徇私枉法罪、徇私舞弊不移交刑事案件罪、放纵走私罪、放纵制售伪劣商品犯罪行为罪、帮助犯罪分子逃避处罚罪等，都存在着一个作为渎职犯罪“案中案”的前案问题。对于特定渎职犯罪“前案”的立案管辖，《刑事诉讼法》第十八条第二款规定，贪污贿赂犯罪，国家机关工作人员的渎职犯罪，国家机关工作人员利用职权实施的非法拘禁、刑讯逼供、报复陷害、非法搜查等侵犯公民人身民主权利的犯罪，由人民检察院立案侦查。对于国家机关工作人员利用职权实施的其他重大的犯罪案件，需要由人民检察院直接受理的时候，经省级以上人民检察院决定，可以由人民检察院立案侦查。《最高人民检察院关于加强渎职侵权检察工作的决定》第九条规定，对属于渎职犯罪案件认定要件的其他刑事犯罪案件，应当按管辖分工移送有关部门查处，涉及渎职犯罪的相关证据的，检察机关可直接进行调查，也可请有关单位、人员协助查证。对公安机关应当立案而不依法立案的案件，要依法通过立案监督程序通知其立案侦查。对重特大渎职犯罪案件所涉及的必须及时查清的案件，经上级检察机关同意，可以并案查处。

现行与渎职犯罪相关联的刑事案件分别交由公安机关和检察机关立案管辖的模式加大了诉讼成本，降低了诉讼效率。首先，由于“前案”和渎职犯罪紧密相连，实践中只有将两者的犯罪事实全部查清，方能准确地界定“前案”及渎职犯罪，而将两者的立案管辖权分别交予不同的机关，则会出现公安机关和检察机关取证方向不一致，侦查效率低下；其次，容易泄漏案情，妨碍侦查活动，有损司法公正；再次，有可能打草惊蛇，使得犯罪嫌疑人有

① 文盛堂：《论职务犯罪侦查权配置及体制匹配的利弊与改革要略》，载张智辉主编：《人民检察》（第16卷），北京大学出版社2008年版，第337～338页。

了实施毁灭、伪造证据等妨碍司法的时间，往往导致“前案”与渎职犯罪均无法顺利查处，最后不了了之。

三、并案侦查的条件

并案侦查是一种机动的职能管辖权，既涉及职能管辖，又涉及地域管辖、级别管辖，它主要是为排除和解决诉讼障碍而出现的，因此并案是有条件、受限制的，不能无原则任意适用。从客观上讲，并案侦查是检察机关对公安机关职能管辖权的僭越。实践中，有的检察机关为完成办案指标，随意对普通刑事案件立案侦查，或办人情案、关系案，插手经济纠纷。为此，1998 年最高人民检察院在执行中央政法委“四条禁令”的同时，作出了九条硬性规定，其中第一项就是严禁超越管辖范围办案。

（一）并案处理的实体条件

关联案件与职务犯罪案件本身须具有不可分离的密切关联性。我国台湾地区“刑事诉讼法”（【制定/修正日期】民国 96 年 11 月 21 日【公布/施行日期】民国 96 年 12 月 12 日）第七条规定，有左列情形之一者，为相牵连之案件：一、一人犯数罪者。二、数人共犯一罪或数罪者。三、数人同时在同一处所各别犯罪者。四、犯与本罪有关系之藏匿人犯、湮灭证据、伪证、赃物各罪者。《德国刑事诉讼法》第三条规定了关联的含义，即某人被指控犯有数个犯罪行为，或者在一犯罪行为中数人被指控是主犯、共犯或者犯有庇护、隐匿犯人或者赃物罪时，即为互有关联。结合我国《人民检察院刑事诉讼规则》第十二条之规定，能够将关联性归纳为：“一人多事”“多事一人”“一事多人”或存在互为因果、互为佐证、互为要件的情形，如不及时查明关联犯罪事实，会影响职务犯罪的侦查及定罪量刑。

在符合关联性要求之后，还应当遵循主罪优先原则。就并案主体而言，并案侦查主体应是主罪管辖机关，从罪管辖机关不宜作为并案侦查主体；就并案对象而言，并案侦查的关联犯罪应是普通刑事犯罪，严重刑事犯罪应属主罪。主罪与从罪的判断标准应当是根据行为人涉嫌犯罪可能判处的刑罚轻重为标准。

（二）并案处理的程序条件

刑事诉讼的阶段相同，方能进行并案处理。刑事诉讼可以分为侦查、起诉、审判以及执行四个阶段，倘若相关联案件与自侦案件分属不同的诉讼阶段，则不可进行并案处理，譬如“前案”已经进入审判阶段，而渎职犯罪尚在立案侦查阶段，则不能合并亦无法合并。另外，并案应当符合便利性，有利于排除侦查阻力和困难，提高侦查效率，节约诉讼成本。并案应当符合可行性。并案侦查主体应当有能力、技术侦破所并案的案件，不能急功近利、不切实际大包大揽。

四、并案侦查的冲突解决

（一）自侦部门之间的冲突解决

受贿罪集中打击基于权力腐败谋取巨额私利行为，渎职罪集中惩治基于权力滥用导致巨额损失行为。两类犯罪分属检察机关不同部门立案侦查。在贪污贿赂案件与反渎职侵权案件相交织的情况下，可依据便利性与可行性原则，灵活处理。如果要并案侦查的，应当制作《并案侦查请示报告》，由检察长决定是否并案侦查。如果案情重大复杂，也可由两个部门联合组成办案组，在检察长领导下分别立案共同侦查，待侦查结束后，再视情形并案审查起诉。如果一人有受贿且渎职的，应区别情形对待。对于收受十万元以下财物滥用职权或者玩忽职守造成重大损失的受贿且渎职案件，其罪质特征在于以国家社会人民的重大损失为代价换取蝇头小利，以徇私舞弊型渎职罪为主罪，打击犯罪更为有利。对于收受十万元以上财物滥用职权或玩忽职守造成重大损失的受贿且渎职案件，罪质特征发生实质性变化，其表明行为人权钱交易的行为严重侵害了公务行为的廉洁性，徇私舞弊型渎职罪无法包容并形成准确的刑法评价。受贿 10 万元以上的事实在犯罪数额层面直接决定，从腐败交易的角度查处案件的必要性大于从权力运作失控角度进行否定评价。[①]

---

① 薛进展、闫艳：《受贿且渎职行为的罪数形态与处断标准》，载《刑事司法指南》总第 51 集。

（二）地域管辖与立案管辖的冲突解决

在职务犯罪侦查中，与职务犯罪相互关联的普通刑事犯罪案件发生在本辖区，由检察机关管辖更为适宜的，建议由侦查部门制作《并案侦查请示报告》，报请检察长同意后，可对相关普通刑事犯罪案件一并侦查。同时应当通报同级公安机关，告知并案侦查的理由与依据，请求公安机关将已侦查获取的证据材料及时移送，获得公安机关的支持与配合。

如果与职务犯罪相关联的普通刑事案件发生在辖区外，又需要与自侦案件并案侦查的，应当层报上级检察院《并案侦查请示报告》，待上级检察院与同级公安机关达成一致意见后，由上级检察院指定管辖，自侦部门可对此关联案件并案侦查。

（三）不同检察院的立案管辖冲突解决

在职务犯罪案件侦查中，如果几个检察院都有管辖权，应当遵循最初受理优先和主罪优先的原则，报请共同的上级检察院批准并案侦查。上级检察院批准后，应下达《指定管辖决定书》。如果数人共同犯数罪，由不同级检察院管辖的，应当合并由上级检察院管辖。下级检察院已立案侦查的，上级检察院有权要求下级检察院将案件移送上级检察院。

五、并案处理的逮捕程序问题

是否应当遵循《人民检察院刑事诉讼规则》第三百二十七条之规定，将并案处理的普通刑事案件与自侦案件一并提请上一级人民检察院审查决定逮捕，实践中有不同看法。有的认为，应当遵循一般性的规定，只要是检察机关直接受理立案侦查的案件，就应当上提一级决定逮捕；有的认为，并案处理的案件本质上属于普通刑事案件，由同级检察院决定逮捕与《刑事诉讼法》并不冲突。

从审查决定逮捕的实际需要来看，由于并案处理的普通刑事案件与自侦案件有密切关联性，互为因果、互为佐证，在案件审查过程中，无法将两个案件割裂开单独进行法律评价。如在查办贪污罪时，将涉案的包庇犯罪案件并案处理。承办人在未审阅贪污案卷宗材料时，不能预判贪污罪是否成立，从而无法审查认定案犯是否涉嫌包庇罪。由于时间紧迫，侦查部门一般会将贪污罪与包庇罪同时报请逮捕。如果分割处理，可能出现上级检察院认为贪污罪不成立，下级检察院认为包庇罪成立的矛盾结果。

从加强监督的角度来看，自2009年9月1日起，全国大部分地区的检察机关开始实施省级以下（不含省级）检察院直接受理侦查案件由上一级检察院审查逮捕的改革制度，现行《人民检察院刑事诉讼规则》吸收了改革成果，并且规定监所、林业等派出人民检察院立案侦查的案件，需要逮捕犯罪嫌疑人的，也应当报请上一级检察院审查决定。改革的目的在于强化对检察机关侦查活动的层级监督，促进侦查活动规范化，将侦查、批捕两种职能关系由单纯配合向制约、引导、配合并重的方向转化。鉴于以上两个方面，并案处理的刑事案件应当一并报请上一级检察院审查逮捕。

行刑政策观对监狱惩罚机能的效果

刘崇亮*

内容提要：重刑主义的行刑政策观在监狱行刑实践中彰明较著，而轻缓化的行刑政策观却趋于表象化，鉴于此，法治主义的行刑政策观应当受到重视。重刑主义行刑政策观将使监狱行刑机能偏向于惩罚机能而弱化改造机能，并容易使行刑突破法律的限度。法治主义行刑政策观将强化以法的名义把惩罚限制在法制的框架内，通过缓和监狱与罪犯的对立而有效降低惩罚的负面效应，并有利于惩罚与惩罚的非法的界分。

国家刑事政策观反映了国家对犯罪和犯罪人的基本态度。虽然我们国家的《监狱法》清楚地规定了监狱改造机能与惩罚机能都是监狱的行刑机能，但是，国家基本刑事政策对监狱机能的选择从实然意义上看超越了法律文本的规定。国家基本刑事政策的运行对监狱机能的最终走向影响很大，甚至有可能左右到监狱内的某个具体制度。只有作为监狱本质机能的惩罚机能和作为次生机能的改造机能的互相协调才能使刑罚的效益顺利实现，而不同的行刑政策观对监狱行刑机能的抉择具有重大影响。鉴于此，本文尝试着分析不同的行刑政策观将在何种意义上影响监狱的行刑机能之选择。

一、重刑主义的行刑政策观与法治主义的行刑政策观的界分

以刑事政策横向的结构为标准，动态地看应当包括刑事立法政策、刑事

* 作者简介：刘崇亮，上海政法学院刑事司法学院副教授，法学博士，研究方向为刑事法学。

司法政策及刑事执行政策，这是以刑罚权的动态运行机制为依据的划分标准。刑事执行政策是国家刑事政策的重要组成部分，是保障国家刑罚权最终得以恰当落实的重要环节和实现国家刑罚观及刑罚目的重要手段。就世界范围内而言，推动刑事政策成为对抗犯罪的手段其实正是从监狱这一器物始发而萌芽的，监狱改革运动的思想最终引发了人们对刑法以外的社会规制的深入反思。① 在基本刑事政策横向结构之标准的基础之上、刑事政策衍化的过程中，就国家对狱内服刑的罪犯采取何种态度而言，虽然在传统的刑罚理论中早已有报应观与教育观之对立，但此种早在百多年前的观念划分模式在当代的中国并没有多少实践意义。在当代的刑事司法实践中，一个国家的基本刑事政策观以对犯罪人是否宽囿为界限可以划分为重刑主义刑事政策观与非重刑主义刑事政策观，非重刑主义刑事政策观在实践样态主要表现为“重重轻轻”的两极化刑事政策观和宽严相济的刑事政策观等。单纯的重刑主义刑事政策观在现代国家盛行基本已无可能，但“重重”较“轻轻”在实践中却要普遍得多。

轻刑主义的刑事政策在学术界得到了较大程度的认可，但体现轻刑主义的刑事政策是否在刑事司法实践能够完全得到现实反映，我们认为值得商榷。重刑化的刑事政策观与轻刑化的刑事政策观在立论与基点上完全对立。重刑化的刑事政策观的立论基点基于刑罚威吓的立场，要求在原有处罚标线之上提高对罪犯的惩罚，希望建立起一个没有严重犯罪的稳定的社会。而轻刑化的刑事政策观的立论基点在于教育刑理论背景下的特殊预防，其核心理论认为严酷的刑罚无法从根本上遏制严重犯罪和犯罪人数规模，应当取消运动式的严打斗争和畸重的刑罚结构，进而主张刑罚应当趋向轻缓，希望建立起一个宽松的社会环境。轻刑化的刑事政策的主张是我们国家近年来面临的犯罪量和刑罚量同步增长这一危机进行理论反思的产物，但因其强烈的理想色彩始终未能为国家最高决策部门所接纳而成为刑事立法和刑事司法的基本政策。② 如果说重刑主义刑事政策是国家在特殊时期严重犯罪规模上升时无奈的

① 刘崇亮：《现代监狱刑事政策与监狱行刑秩序的建构》，载《中国监狱学刊》2009 年第 4 期。
② 梁根林：《刑事制裁：方式与选择》，法律出版社 2006 年版，第 32～33 页。

选择，而轻刑主义的刑事政策却很难成为国家在当前处于犯罪规模稳定时期的实然选择。轻刑化的刑事政策虽然从法理上看顺应了刑罚趋缓的人类社会文明的发展潮流，但对于轻刑化的内容来看，其在实践中的实现远非重刑化刑事政策可比。譬如《刑法修正案（八）》对刑罚结构的调整从表面上看似乎符合了轻刑化的刑事政策观，显示了宽严相济政策观中“宽”的一面，但从刑罚的绝对总量及刑罚结构的重轻平衡来看，此次刑罚结构的调整还主要反映了“重重”刑罚观为倾向的修法理念。①

在刑事司法实践中，重刑化的刑事政策并非确定与轻刑化的刑事政策相对应，但若以非重刑化的刑事政策来与重刑化的刑事政策来区别对应似乎又模棱两可，笔者以为，相对应于重刑化的刑事政策，特别是对于监狱行刑机能为对象来考察之意义，法治主义的刑事政策观或许更具有一定的合理性。卢建平教授认为刑事政策所涉的刑事法理是一种公法法理，而法治原则是调整公法和公权力的根本法理，在最根本的意义上制约着刑事政策的制定和实施。坚守法治原则，就意味着刑事政策在追求预防和控制犯罪的目标时，必须优先尊重刑事政策保障人权和促进个人自由的终极价值。② 本文所主张的法治主义的刑事政策观正是基于法治化为前提的政策观，它是在刑事立法、司法和执行实践中重刑主义刑事政策观大行其道、轻刑主义刑事政策观表象化的背景下应当秉承的刑事政策观。法治主义的刑事政策观要旨是刑事政策对于立法、司法、执行的宏观指导都必须在法律的限度内进行技术性操作，它是摒弃了重刑主义政策而主张宽严相济的基本刑事政策在实践中的实际体现。

相对应重刑主义的刑事政策观与法治主义的刑事政策观，指导监狱行刑的刑事政策观也可以界分为重刑化的监狱行刑政策观与法治化的监狱行刑政策观。之所以把监狱行刑政策观区分为重刑化的监狱行刑政策观和法治化的监狱行刑政策观，是因为本文之研究要旨所决定。监狱惩罚权本质上属于国家权力体系中重要的组成部分，监狱代表国家对罪犯行使惩罚权力，于是，监狱惩罚权与犯罪人的权利成了如一个硬币的两面，它的正面是监狱的惩罚

① 刘崇亮：《“重重”刑罚观对监狱行刑的效果——以刑法修正案（八）对刑罚结构的调整为分析视角》，载《法制与社会发展》2013 年第 6 期。

② 卢建平：《刑事政策与刑法关系论纲》，载《法治研究》2011 年第 5 期。

权，相对应的面则是罪犯的权利。权力与权利在监狱管理的运行机制中因为其本身的自有特点两者遵循着守恒的定律：监狱惩罚权和罪犯享有的权利之和自监狱诞生之日起直至监狱消失之前一直处于恒定的状态，但随着国家历史发展阶段及社会发展水平的不同，两者又随时会发生变化，即越是国家文明程度和法治水平越高，监狱惩罚权的比重就越低，而罪犯的权利总量和保障水平也就越高；相反，越是国家文明程度和法治水平越低，监狱惩罚权的比重就越大，而罪犯权利的总量和保障水平就越低。从权力与权利的总量守恒定律来看，监狱惩罚权与罪犯权利呈现反比关系，成为关键问题的是，监狱惩罚权本质上属于权力的属性，而权力的扩张性为其本质特征，所以，监狱惩罚权的总是容易压缩罪犯权利的空间。相关联的是，我们国家的监狱行刑权更容易受到刑事政策的影响与制约。而要把监狱对罪犯的惩罚权控制在一定的合理限度内，就应当清除重刑化的行刑政策观，以保障监狱中的罪犯权利得到理性化的保护，最终实现一般预防与特殊预防的目的。在去重刑化的监狱行刑政策观同时，应当树立起一种最为理性的行刑政策观，即本文主张的法治主义行刑政策观，法治主义的行刑政策观即可以把监狱惩罚机能控制在一定的合理限度，又可以以法治为底线依法对罪犯的权利进行保护。

二、重刑主义监狱行刑政策观与监狱惩罚机能的扩张

监狱行刑权自其诞生起，先天就不同于在刑罚权运动机制中处于超然的刑事司法权，它本身属于行政权的属性，而行政权相较于刑事立法权、刑事司法权更易受到国家政策的影响。监狱行刑易受到行刑政策的影响最为明显的标志是监狱惩罚机能与改造机能的方向性选择。当监狱行刑政策偏重于重刑主义的行刑政策观时，监狱机能偏向于监狱惩罚机能就不可避免，而当监狱行刑政策偏向于法治主义的行刑政策观时，监狱机能更可能会偏重于改造机能。

（一）监狱行刑政策中的重刑主义倾向表现为监狱行刑机能的选择偏重于监狱惩罚机能。

刑事司法实践中不管采取何种刑罚哲学，其最终还是需要通过监狱的刑

罚执行来完成。福柯认为，刑罚成为现代刑事程序中最为隐蔽的领域，它的效力不是源于物理性的惩罚，不是通过公开惩罚的可怕场面，惩罚从一种制造无法忍受的感觉的技术转变为一种暂时剥夺权利的经济机制。[①] 通过剥夺权利机制的载体是监狱的行刑来完成，而这种抛弃了物理性的惩罚的监狱行刑虽然在表象上与身体刑或耻辱刑进行了切割，但监狱行刑只要以刑罚的名义为存在根据，痛苦的属性就无法改变。正因为监狱行刑的痛苦属性，自监狱诞生之日起，它总是被刑罚以威慑的名义来实现监狱行刑的目的。“常识认为，刑罚越严厉，就越能威慑犯罪，但是，常识往往只包含部分真理，真理走向极端就会走向谬误，刑罚的严厉也是如此。一般地说，刑罚惩罚的强度与威慑效应存在着正比例关系，加大刑罚强度，可能提高刑罚威慑效应”。[②] 正因为常识性错误认识，指导监狱行刑的刑事政策观总是倾向于发挥监狱的惩罚机能。当人们在谈论某个时期对严重犯罪的严厉打击时，重刑化的刑事政策就自然成为决策时的首要选项，作为承受这一后果主体的罪犯，在被监禁于监狱内时，民众仍然趋向于持续要求对其采取严厉的处遇。所以，监狱惩罚机能的偏重也就在所难免，而往往选择忽视监狱的改造机能。监狱惩罚机能与改造机能的相互关系犹如钟摆效应，每个时期主导刑罚发展方向在于惩罚机能与改造机能某个点的倾斜：当社会的犯罪形势严峻时刑罚多趋向于惩罚，当社会犯罪率下降时，监狱刑罚政策可能会趋向于改造，两者取向于反方向运动。[③] 中国当代监狱行刑功能性的层次上，惩罚机能是国家、社会和民众所组成的结构系统中所要求监狱存在的工具主义认识，是此系统中的内化功能，改造机能是国家、社会、民众所期待的监狱的整体功能，是此结构系统中的外化功能，两者的功能性的冲突在价值系统中存在着严重的冲突。[④] 监狱惩罚机能与改造机能本身就在价值系统中存在着本来的冲突，况且因为当前中国社会的居高不下的重新犯罪率和严重的犯罪规模，

---

① ［法］米歇尔．福柯：《规训与惩罚》，刘北成、杨远婴译，生活．读书．新知．三联书店2007年版，第9～11页。

② 梁根林：《刑事制裁：方式与选择》，法律出版社2006年版，第87页。

③ Harry E. Allen & Clifford E. Simonsen: *Corrections in America*: *An* Intro*duction*, Prentice – Hall, 2001, p63.

④ 刘崇亮：《监狱惩罚机能与改造机能的冲突与融合》，载《河北法学》2012年第9期。

监狱系统对监狱机能的选择与民众希冀国家采取体现重刑化的行刑政策观自然就不谋而合。

（二）监狱行刑政策中的重刑主义倾向表现为监狱改造机能的弱化。

改造机能本质上具有超越惩罚的特性，监狱失败论的论调，最早并不是由于改造的无效，而是惩罚的失败才引起的变革。改造是改造犯罪人的弱点和病态人格为表征的，正因为犯罪人通常被预设为具有这样问题或那样问题的社会个体，而惩罚又使“一个坏人变成一个好人”变得极其困难，于是改造就承载了人们的理想。①

在哲学领域，事物的属性可以分为本质属性与非本质属性。本质属性正因为规定了事物的质，所以它只要事物的存在就是恒定，监狱的本质属性是不会发生变化的，发生变化的只是监狱的自然属性。监狱的自然属性变化表现在随着人类社会的文明与进步，监狱的物质形态和制度形态发生了根本性的变化，而与监狱的惩罚机能反映了监狱的本质属性相对应，监狱的次生机能反映了监狱的自然属性。监狱惩罚是对刑罚的现实兑现，是通过时间、空间和制度等安排实现对惩罚的物化，监狱惩罚的属性从历史与逻辑出发都可以定性为监狱的本质机能。② 监狱的次生机能与监狱的本质机能相对应的，是监狱的正当性根据的次位因素，是社会与监狱同步进化的结合物。对于监狱的改造机能而言，与本质机能的层次关系是与监狱的自然属性和社会属性关系相统一的。

监狱的改造活动并不像监狱的惩罚机能决定监狱的存在一样，其产生的时期与监狱的产生肯定不会是同步的。虽然在某些国家的特定历史时期监狱的狱政偶尔也会强调监狱的教化，但其在监狱中的影响力可能微乎其微。在西方国家，监狱的矫正活动正是在启蒙思想运动的指导下慢慢开始走向监狱行刑历史舞台的，它是监狱自然进化的结果。在监狱史的发展过程中，监狱一开始并没有受到社会化运动的冲击，人们对现代化以前的监狱的认识总是停留在以惩罚模式为主导的监狱。从中国监狱史的考察可能更容易得出上述

① 刘崇亮：《监狱惩罚机能与改造机能的冲突与融合》，载《河北法学》2012 年第 9 期。

② 刘崇亮：《本体与属性：监狱惩罚的新界定》，载《法律科学》2012 年第 6 期。

的结论，无论是奴隶社会抑或是民国时期以前的监狱，狱制的黑暗总是成为人们指责监狱的主要理由。惩罚机能的主要表现形式在于身体或权利的限制或剥夺，施加有目的的痛苦只是为了引起威慑的效果和人们情感的满足。只是到了新中国成立以后，监狱的改造才被正式地提高到了“惩罚与改造相结合，以改造人为宗旨”的地位，改造与惩罚并列为监狱的两大机能。

改造机能既然是监狱发展史的一个理性产物，它有着自身的范畴与运行的机能，在某种程度上是对惩罚机能不可避免的副作用的一种理性补偿。应当说监狱的负面效应都是监狱自身特点的必然产物，而负面效应却是惩罚机能紧紧联系在一起的。当惩罚机能在监狱机制中并不是像权力的享有者预料的那样可以合乎情理，惩罚的充分发挥也许并不能完全可以使一个法律的破坏者变成一个守法的人，更不可能使一个道德败坏的人变成一个好人。但纯粹的改造却也面临着尴尬。刑罚惩罚在监狱中的物化如果抽去改造的内容，监狱本质上还是监狱，即并不能改变监狱的实质。但如果监狱对刑罚的执行抽去了监狱惩罚的内容，那么，监狱已经失去了存在着的监狱本质属性。没有自由的剥夺，没有监禁形式，没有监狱制度规范行为的监狱是不可想象的。所以，监狱的改造机能是受制于监狱的惩罚机能，并在此意义上看，监狱的惩罚机能是改造机能的前提和条件。改造活动的变化取决于监狱自然属性的变化。改造内容和形式是随着时代的前进而变化的，随着社会民主与社会文明的日益发达，监狱的改造的内容也日益更为人道和科学化，在惩罚的前提下，一些具有开拓性的做法也大量被运用到监狱的改造内容之中。例如我国监狱制度中的社会帮教制度，充分发挥设施外的社会力量、志愿团体和犯罪的近亲属的对犯罪人特殊的感化作用，来感召犯罪人的心灵，以唤醒犯罪人的正常道德情操和遵纪守法的观念。这项改造内容只有在文明模式里才能找到，在秩序控制模式制度下的监狱不可能找到其身影。因为在秩序控制模式下的监狱，罪犯与社会、罪犯与监狱的关系完全处于对立的状态，即罪犯几乎被真正地与社会和社会人隔绝开来，在那里只讲究秩序与隐秘。而当监狱与社会的联系被强调之后，开放与透明的社会化的改造愈来愈显得重要和有效果。显然，改造活动的自身变化是监狱的制度管理、运行机制、行刑理念、监狱物质形态等变化的结果，是随着其变化而变化的。

当然，从属性上看，监狱惩罚机能与改造机能虽然为本质机能与次生机能的关系，但在现代社会条件下，因为两者在目标与生成社会性的基础上具有统一性，两者的最终目标都在于使罪犯顺利重返社会，惩罚的内化需求与改造的外化动力为当代监狱的社会功能需求奠定了深刻的社会性生成基础。①

预防犯罪是监狱行刑最为根本的目标之一，但是，监狱改造的最为终极的目标并不仅在于预防犯罪，监狱改造最为终极的目标和监狱惩罚的终极目标一样，即“如何使犯罪人顺利重返社会”。然而如前所分析的，在当前我们国家的重刑主义刑罚观指导下的监狱行刑政策影响下，监狱的本质机能与次生机能的关系显然没有得到协调与统一，当两者发生冲突时，本来就处于次生地位的监狱改造机能容易被处于本质机能的监狱惩罚机能所遮蔽。加上改造本身在刑罚效益的实现过程中存在的问题及效果不佳，就造成了监狱行刑与刑罚史上的一个奇怪现象：当改造无法达到民众的期望值时，严重犯罪形势无法得到根本好转时，人们自然转向借助监狱的惩罚机能；当监狱对罪犯惩罚机能发挥超出其合理限度时，监狱里的重新犯罪率又进一步上升，这时又在一定程度上转向改造，但当重新犯罪率再次上升时，惩罚的力度又进一步升级。所以，体现重刑主义的监狱行刑政策观应当摒弃惟惩罚机能为第一的观念，才有可能使得监狱惩罚机能与改造机能两者维系一个较为稳定而且平衡的关系。

（三）监狱行刑政策中的重刑主义倾向表现为容易突破法律规定的底线。

犯罪行为给社会造成了侵害，本身应受到惩罚，所谓善有善报，恶有恶报，刑罚惩罚是国家对这种侵害实施的一种正义的报应，是对犯罪的法律宣示。对罪犯的惩罚是正义的，这种正义性如黑格尔所说，一是因为惩罚体现的是犯罪者本人的法，是罪犯自由意志的要求，二是犯罪的本质是法的侵害，是无价值的。他认为：“刑罚惩罚从客观方面来说，这是法律同自身的调和，由于犯罪的扬弃，法律本身回复了原状，从而有效地获得了实现。当法律对他执行时，他本身就在这一过程中找到了正义的满足，看到这只是他自己的

① 刘崇亮：《监狱惩罚机能与改造机能的冲突与融合》，载《河北法学》2012年第9期。

行为。”[1] 惩罚是为了实现正义，但这种正义的实现是以法的名义给予确证的，惩罚就意味着恢复被破坏的法律秩序，为了维护法律秩序而这种惩罚又必须在法秩序的限度内。所以，监狱的惩罚是一种法律的基本属性的具体体现，是国家权力的重要分配的一个方面，被法律赋予特殊法律身份的惩罚的对象直接面对和感知着这种权力的平等属性，惩罚如果没有法律平等属性，则会加剧罪犯对法律权威的藐视，监狱秩序的稳定和谐必遭受破坏。[2]

但是，当前实际的情况与理想状态下的惩罚并不相符，重刑主义的行刑政策观容易突破法律规定的底线。监狱行刑与刑事司法最大的区别在于，后者是以裁判权为中心的刑事权的运用，它针对的是具体案件，是以法律权威为裁判要旨，法官的居间裁判与其说是审理案件，不如说是运用法律技术进行合乎理性的法律逻辑判断。所以，一件案件的审判结果是否公正合法较为容易判断，即便受重刑主义的影响，法律的适用还须受到《刑法》《刑事诉讼法》规则的限制。而监狱行刑为了实现刑罚效益，其不但依赖法律，还更依赖技术、经验、科学人文知识的运用，这意味着监狱行刑活动更多地强调经验性的技术操作。比如作为罪犯权利重要内容之一的罪犯性权利，当前我们国家没有任何有关罪犯夫妻性权利方面的法律规定，是否需要保障取决监狱管理机关的经验性认识及决策机构的意志。而如果体现重刑主义的刑事政策观占据主导地位，那么很多罪犯的权利若没有法律明确规定则容易受到严重的限制。

不仅罪犯权利容易受到监狱惩罚机能的限制，一些有利于罪犯教育与改造的活动也容易受到限制，甚至监狱法律法规规定的一些改造制度也会受到破坏。比如关于罪犯教育改造工作的基本内容，2003 年 6 月颁布实施的《监狱教育改造工作规定》作出了明确的规定。总则中第五条明确规定，教育改造工作主要包括入监教育、个别教育、“三课学习”、职业技术教育、监区文化建设、社会帮教、心理矫治、出监教育、评选罪犯改造积极分子等，分则对各个教育改造的具体内容作了明确的规定。例如第四章的第二十四条规定

---

① ［德］黑格尔著：《法哲学原理》，范扬、张企泰译，商务印书馆 1961 年版，第 108 页。

② 刘崇亮：《监狱惩罚机能及其限制》，载《中国监狱学刊》2009 年第 6 期。

监狱应当办好文化技术学校，对罪犯进行思想、文化、技术教育，成年罪犯的教学时间每年不少于500课时，未成年罪犯的教学时间每年不少于1000课时。且不先说此条规定的内容是否具有可行性，但据笔者长期监狱实践工作表明，此条规定在教育改造实践中基本虚置。因为管理人员在重刑化的观念支配下，认为教育改造相比惩罚，把罪犯变为一个好人惩罚似乎更具有优势。所以在重刑主义的行刑政策观的支配下，监狱行刑权的扩张本性得到了观念支配。

三、法治主义行刑政策观与监狱惩罚机能的限制

如何对监狱惩罚机能的扩张进行合理的限制，正确与理性的行刑政策观就显得尤其重要。把监狱惩罚机能如何控制在合法且理性的限度内，这是一个复杂而综合的体系，首要的前提是应当树立法治主义的行刑政策观。监狱在属性上看是一个政治性主体，是惩罚属性的外溢物，是国家为了达到政策控制的目的，而对严重危害其统治秩序的对象进行刑罚惩罚的一种国家政治机构。[①] 具有政治属性的监狱对于法治主义的刑事政策观具有特殊的需求，监狱总是为了实现其政治上的抱负而寻求一定的捷径，惩罚的限度突破就在所难免，为了限制这种突破，法治至上的刑事政策观则同样在高墙内应当成为一种终极信仰。

（一）法治主义的行刑政策观将强化以法的名义把惩罚限制在法制的框架内。

法治主义的刑事政策观将使监狱制度的制订与实施纳入法制的轨道。监狱素来被认为是“法律的盲角”，监狱通常被描述为“罪恶滋生的策源地”，阳光难以普照的场所，即便在当今世界，一些西方国家监狱内的丑闻也不绝于耳。监狱在一个国家的刑事司法体系中成为最为薄弱的环节，是有较为深层的原因。首先，监狱惩罚是刑事程序中最为隐蔽的部分。监狱惩罚脱离了人们日常感觉的领域，进入了抽象意识的领域，它的效力源于它的必然性，

① 刘崇亮：《本体与维度：监狱惩罚机能研究》，中国长安出版社2012年版，第15页。

而不是公开惩罚的可怕场面，它应该能够阻止犯罪（实际上它对是否能够有效阻止犯罪仍然不尽人意），于是，惩罚的示范力学改变了惩罚的机制。① 监狱围墙不仅具有防止罪犯脱逃的功能，还具有把罪犯与社会隔绝开来，最大限度保证监狱的隐蔽与封闭，使得罪犯可以被一种无形的迫力接受惩罚和改造的功能。其次，因为监狱行刑经验式的操作，并没有太多强调如刑事司法那样的法律逻辑传统，而监狱的政治属性主体又大多偏向于国家控制犯罪的功能，控制犯罪功能的实现借助于惩罚的扩张更容易达成，于是，惩罚的扩张在监狱治理体系中总是倾向于突破规范，隐性的违法似乎成了监狱行刑的一部分。再次，民众观念在一定程度上支撑了这种状况的发生。罪犯对于民众而言，抽象起来的概念就是社会存在中的危害份子，即便在以法治发达闻名的国家也是如此。民众对监狱的形象在观念上也存在着模糊的印象，“监禁在实践中成本极其昂贵，它只是会产生社会之害而不会预防社会之害的发生”。② 从某种程度而言，民众对监狱与罪犯的观念与看法的滞后成了监狱行刑法治变革的一大阻碍，再加上我们国家对监狱与罪犯的传统观念使得监狱法治化更加艰难。“重刑化的主张无视刑罚由苛厉、残酷向轻缓、人道发展的历史规律，将遏制和预防犯罪的希望寄托于严刑峻法，是中华法系万能主义和重刑主义的传统的反映。这种专致于刑罚的肉体摧残和精神恐怖的重刑主义思想对中国2000多年刑事政策产生了至为深远的影响，以刑罚残酷成为贯穿中国几千年封建刑罚沿革史的一个重要特征”。③ 即使在当代中国，民众的重刑主义思想的传统仍然很难根除，毕竟深深扎根于现实中的观念具有超强的稳定性。渴求惩罚的传统思想成了监狱法治化的绊脚石，社会法治文明的深厚土壤还需要整个社会文明的长足进展才可能变化现实。最后，作为行刑对象的罪犯自身对法治认知能力十分有限。比如该女子监狱的女犯的文化程度总体上比社会上的人口文化程度比例差别较大。据全国第六次人口普查结

① ［法］米歇尔．福柯著：《规训与惩罚》，刘北成、杨远婴译，生活．读书．新知．三联书店2007年版，第9页。

② Rebecca Pates, *The End of Punishment – Philosophical Considerations on an Institution*, peter lang, 2007, p17.

③ 梁根林：《刑事制裁：方式与选择》，法律出版社2006年版，第34页。

果显示，我国大学人口比重近9%，高中人口比重近14%，初中人口比重为38.8%，小学人口比重为26.8%，文盲人口比例近4%。而据笔者对某省的该女子监狱调研表明，该监狱关押本科以上的罪犯为零，大专文化程度仅为3%，高中文化程度仅占7%，而小学和文盲总和所占比重则高达55%，即小学以下文化程度的罪犯在狱内的人口规模比重占至大部分，而受过高中及以上文化程度仅占10%，相比之下，社会上高中及以上的人口比重占23%以上。犯罪学相关理论研究早已表明，对法治认知的程度和个体自身受教育程度、成长环境有着较为密切的关系。狱内的人口文化程度普遍偏低，一方面很多罪犯的犯因和其法治认知水平低下有关，他们普遍法纪观念淡薄；另一方面，在狱内，大多数罪犯面对监狱惩罚权力的扩张，因为自身法治观念水平较为低下，对权利的主张较设施外的普通民众可能更为消极和被动，两者叠加在一起加剧了狱内罪犯的法治意识普遍低下。

监狱树立正确的法治主义刑事政策观对于监狱行刑具有十分重要的意义，它不仅在于使得监狱行刑在形式上具有程序正义的意义，更在于使得监狱行刑具有实质的意义，即有助于监狱行刑提高刑罚效益，最终实现监狱行刑的一般预防和特殊预防。

惩罚如把双刃剑，用之不当，则国家和罪犯两受其害，惩罚的价值不但无法实现，刑罚的效益更无从谈起。从程序论的角度看，监狱行刑是刑事司法程序中的最后一个环节，对监狱行刑强调法治主义的政策观就是要求对监狱具体的法规、制度、纪律及措施要求有严格的程序。季卫东教授认为："在一定条件下，把价值总量转换为程序问题来处理是打破政治僵局的一个明确的选择，程序一方面可以限制行政官吏的裁量权，维持法的稳定性和自我完结性，另一方面却容许选择的自由，使法律系统具有更大的可塑性和适应能力；换而言之，程序具有开放的结构和紧缩的过程，随着程序化的展开，参加者越来越受到程序的拘束。"① 以更强调经验性的监狱行刑在权力机制的运行过程中，如果缺乏具体的可供操作性的制度及其制度操作的流程，行刑权则容易重回我们国家在监狱草创之初时忽视权力规范的境域，难免造成监狱

---

① 季卫东：《法律程序的意义》，中国法制出版社2012年版，第17页。

惩罚中“严打”盛行。强调法治主义的刑事政策观，就必须要把权力运行纳入到规范化的轨道之中，对罪犯的惩罚的具体活动与行为都必须强调法与程序的归制，依法剥夺的权利应当依法剥夺，于法无据的则应容许选择的自由，使得罪犯在依法的惩罚面前感受法律的权威与正义。如果罪犯在惩罚面前感受不到法律的权威与正义，自我改造的效果可能差强人意，甚至可能适得其反。①

（二）法治主义的行刑政策观将通过缓和监狱与罪犯的冲突而有效降低惩罚的负面效应。

作为具有意志自由的罪犯，在特殊封闭的设施内，发生冲突的概率要比在设施外高出许多。在美国，1995 年将近发生 26000 起狱内冲突或暴力事件，直接造成 82 人死亡，比 1990 年发生的 21184 起要高出许多。研究表明，像 Cooley（1993 年）所指出，被报道的狱内冲突事件只是冰山一角，实际上的数字有可能是官方公布的数据的 5 倍。至于暴力攻击的动机主要包括狱内的权力、地位、报复、物质利益等，甚至还有的罪犯为了缓解被惩罚的压力而攻击其他罪犯。② 监狱内的秩序维护的压力和暴力冲突的紧张程度都比设施外要高出许多，仅依靠体现惩罚式的监管无法达到满意效果，监狱应当寻求监控与管理之外更多的东西，而树立法治主义的刑事政策观将有效缓和狱内冲突和对立。法治主义的行刑政策观因为强调对罪犯在法律限度内的正义惩罚，所有的违反监规监纪的行为都将在法律的限度得到解决，而不应超出合法惩罚的限度，否则只会加剧狱内的冲突和对立。例如对罪犯的禁闭制度，根据《监狱法》的第五十八规定，具有八种情形可以对罪犯实现七至十五天的禁闭。该条的前七款明文规定了具体的七种情形，第八种情形则为兜底性条款，即规定为“有违反监规纪律的其他行为”。之所以规定第八种情形，是为了防

① 据齐鲁网 2014 年 8 月 26 日报道，2014 年 8 月 21 日，22 岁的女大学生金某独自一人坐火车，遭受 52 岁的犯罪嫌疑人代某搭讪，并以 30 元价格搭乘电动车，随后被代某将其强奸后带回处所，在大约四天的时间内对金某实施了多次的性虐待。事后记者采访了解到该嫌疑人在 20 岁时被诬告强奸，最后流放大西北。当记者问该嫌疑人“你这样毁了一个女孩子一辈子，你难道不会愧疚吗?”时，代某回答道：“我当初被毁了一辈子，我也不一样受害，谁管过我?” http：//news. ifeng. com/a/20140826/41737587_ 0. shtml，2014 年 8 月 27 日访问。

② Richard Wortley, *Situational Prison Control Crime Prevention Correctional Institutions*, cambridge university press, 2002, pp. 80 ~ 81.

止法律漏洞从而预防罪犯利用此条款来规避法律而造成对监狱秩序的破坏。但是，此条的规定也饱受诟病。因为此条规定实际上变相扩大了禁闭的范围，在行刑实践中容易扩张监狱警察的裁量权，从而侵犯罪犯的合法权利。诸如罪犯私藏现金、小锅小灶、拉帮结伙等情形在性质上是否属于“违反监规纪律的其他行为”，实践中的做法差异很大。如果处理不好，非常容易激起罪犯的抵触情绪，扩大罪犯与监狱方面的对立和冲突。比如一个罪犯已经呈报减刑，此时该犯却私藏现金，但该犯的认错态度较好。在狱内私藏现金（特别是金额较大）属于较为重大的违反监规纪律，所以根据具体情况，是否给予该罪犯实施禁闭就值得考虑了。如果采取重刑主义的监狱行刑政策观，强调对罪犯的严格控制，给予该犯实施禁闭没有什么问题，但是实施的效果就不一定很好。如果处理不好的话，很可能会取消罪犯呈报减刑，罪犯与监狱或干警的冲突就在所难免，严重影响其改造积极性。但若对此事的处理站在法治主义的行刑政策观的立场上看，从有利于罪犯改造的角度出发，给予该犯较轻的处罚（比如按照罪犯考核条例扣分或口头警告等），罪犯的改造积极性并不受到影响，甚至会调动改造的积极性。所以，从属性上看法治主义的行刑政策观可能过于抽象，但其在行刑实践中的价值值得重视。

（三）法治主义的行刑政策观有利于惩罚与惩罚非法的界分。

惩罚的非法是以惩罚作为前提，只是在惩罚机能实现的过程中突破了应有的限度，但非法的惩罚是指诸如体罚和虐待等形式的对罪犯实施的违反法律的活动。所以，惩罚的非法总体上看是监狱方面在履行职务的过程中，因为在罪犯的监禁条件和监禁环境等方面不规范的管理造成了对罪犯合法权利的侵犯，这表明惩罚的非法对罪犯权利的侵犯是间接性的。而非法的惩罚是监狱方面对罪犯权利的直接性侵害，而且这种侵害是有形和物理性的，在性质上较惩罚的非法更恶劣。[①] 正因为非法惩罚具有违法的直观性，几乎所有当代法治的国家都在法律上给予了明确的禁止。我们国家《监狱法》第十四条明确规定监狱人民警察不得刑讯逼供或体罚、虐待罪犯，构成犯罪的应当追究其刑事责任。但是，惩罚的非法则相较于非法的惩罚的界定要困难得多。

① 刘崇亮：《本体与维度：监狱惩罚机能研究》，中国长安出版社2012年版，第156～158页。

因为惩罚的非法是借助于惩罚的合法外衣，是监禁条件与环境方面的软性侵害，没有物理性的直接侵害，不容易界定。关于对罪犯的惩罚与惩罚非法的限度的合理界定，美国甚至在宪法第八修正案中写入了禁止异常惩罚（unusual punishment）。但是对于什么是异常的惩罚在美国的行刑实践中争议很大，法院对此问题传统采取不干涉主义，其主要由监狱内部处理。二十世纪八十年代此情况有所改变，在 Pearly Wilson 案中，美国最高法院认为假如罪犯能够证明监狱的管理官员在管理过程中具有应受责备的心态，那么对符合《宪法修正案（八）》中的异常惩罚不达标的监管环境的起诉才可能成功。在此案中，HOCKING 监狱是位于俄亥俄州的一所中度戒备监狱，1983 年一位在该监狱服刑叫 Pearly Wilson 的男性罪犯联合其他的罪犯向地区法院起诉该监狱的监狱长和俄亥俄州改造与矫正局局长。他们认为监狱方面的生存环境直接违背了《宪法修正案（八）》关于禁止残酷和异常惩罚的内容。起诉的内容包括不卫生的用餐、不干净的厕所、遭受虫害、不达标的冷暖气和通风设备、不充足的储存空间、过度的噪音、过度拥挤以及和精神病罪犯一起关押等。法官 Scalia 认为，惩罚是指旨在责难或威慑的故意行为，而要判断监狱方面的行为是否符合《宪法修正案（八）》中的异常的惩罚，必须要证明监禁不达标甚至恶劣的环境是监狱恶意的行为所导致，只有监狱官员故意消极而导致所起诉的环境的情况下，才可能判定监狱违反了宪法。① 由此案开始，美国的司法权开始触及监狱内的罪犯权利状况的审查，可以说美国的监狱行刑法治化才真正得以开始，并极大地促进了美国监狱内的罪犯权利保护水平。上述案例说明法治主义的监狱行刑政策观对于监狱明确什么是惩罚，什么是惩罚的非法具有非常重要的意义。在我们国家的监狱系统，监狱行刑的法治主义政策观也应当要求司法权提前介入到监狱行刑中，对监狱内有关监禁条件、监禁环境等诉讼案件作出合理的判决。

综上所述，监狱内的刑事政策的选择决定了监狱惩罚机能与改造机能的方向性选择，传统重型主义倾向的行刑政策观将促使监狱行刑向惩罚机能倾

① The Supreme Court: 1990 Term Leading Cases, *Cruel and Unusual Punishments Clause - prison Conditions*: *Wilson V. Seiter*, Harvard Law Review Association November, 1991.

斜，并且无法顺利实现以预防为主的刑罚目的。相对应的是，监狱行刑如果倾向于法治主义的刑事政策观，监狱对罪犯的惩罚将沿着法制的轨道，有利于监狱以法律的名义并且在法律的框架内掌握对罪犯惩罚的限度，从而顺利实现预防为主的刑罚目的。

《刑法修正案（九）》对刑事政策的新发展

——以适当降低入罪条件为视角

郝晓敏[*]

随着社会经济的快速发展，法律作为社会调控的手段也势必需要不断进行调整，以满足社会的不断变化。同样，作为社会调控最后一道防线的刑法，面对新型犯罪形式不断增加，而普通的治安处罚与刑事处罚不足以很好的规制违法犯罪行为时，需要将刑法防线前移，以更好保护法益、维护社会秩序。《刑法修正案（九）》较好地反映出我国犯罪条件逐渐降低和刑罚轻缓化趋势，在世界总体扩大犯罪圈的背景下，适当降低《刑法》入罪条件、逐步实现刑罚轻缓化多样化是我国刑事政策发展的可能选择。

一、我国的刑事政策发展现状

从《刑法修正案（九）》来看，总体反映出我国刑事政策着眼于解决社会热点问题，总体呈现以下几个趋势：（一）减少适用死刑罪名，进一步贯彻“少杀”“慎杀”的死刑政策。（二）严惩恐怖主义犯罪，将恐怖犯罪活动定性为“全环节”犯罪，将多种行为规定为犯罪形式，同时恐怖组织犯罪增加规定财产刑，立法机关意图从源头上根除恐怖犯罪活动。（三）加强人身权利和公民个人信息保护力度。（四）加大惩戒腐败力度，严格规定行贿罪从宽处罚条件。（五）切实加强社会治理，惩治失信背信行为，维护信息网络安全，进一步扩大《刑法》保护的法益。总体来看是呈罪名不断细化增加，刑罚手

* 作者简介：郝晓敏，上海政法学院2014级刑法学硕士研究生。

段逐渐轻缓文明化的发展态势，笔者也以此为角度，展开对我国刑法入罪条件应该逐渐降低的刑事政策发展的思路。

从《刑法修正案（九）》整体来看，是呈现一个犯罪条件逐渐降低、犯罪圈不断扩大的过程，主要体现在以下几个方面。（一）犯罪主体的扩大：非法侵入计算机犯罪、帮助他人利用信息网络实施违法活动罪、破坏计算机信息系统罪等增加单位为犯罪主体；出售、非法提供公民个人信息罪的犯罪主体由特殊主体改为一般主体，扩大了本罪的适用范围。（二）犯罪行为的扩大：资助恐怖活动罪增加了资助恐怖活动培训的行为与招募、运送的行为，扩大了犯罪圈；危险驾驶罪罪状中的行为增加了特定机动车的两类行为，并对两类机动车的所有人和管理人亦规定了刑事责任，扩大了犯罪圈。（三）保护法益的扩大：增加了医疗秩序，重点将医闹入刑；将强制猥亵的犯罪对象由妇女改为他人，意味着14周岁以上的男性也可以成为该罪的犯罪对象；盗窃、侮辱尸体罪中，将犯罪对象扩大为包括尸骨、骨灰。（四）罪名的增加：例如增加了网络提供者不履行信息网络安全管理义务罪和在国家组织的考试中的组织作弊罪等。

犯罪圈作为界定犯罪的标准，具有重要的限制或过滤功能，一个行为只有越过犯罪圈才能进入刑法的规制范围，构成犯罪。因此，入罪条件的高低就决定了犯罪圈的大小和刑罚的轻重，直接影响社会秩序的维护和人权的保障，是刑法的基础问题。也反映了国家治理者的“治世”能力以及一个国家在刑罚领域文明进步的程度。刑法入罪条件的限制也有利于防止刑罚权过度干预社会生活，同时节约刑法资源，提高刑罚效益。如同中国的传统建筑一样，中国的《刑法》给犯罪设定了一个较高的门槛，同时相应配置了较重的刑罚[①]。

在理论上，我们也根据行为的危害性程度对法律行为也进行了合法行为、一般违法、严重违法再到犯罪的阶层式划分，刑法只对犯罪行为进行调整。目前我国对犯罪行为的认定采取定性加定量的判断模式。首先关于定性，采用违法与犯罪相区分的二元体制，国外一些用《刑法》调整的行为在我国却

① 卢建平：《犯罪门槛下降及其对刑法体系的挑战》，载《法学评论》2014年第6期。

用治安管理处罚法来调整，只有一些严重危害的犯罪才适用《刑法》，同时制裁方法也分为行政制裁和刑事制裁。定量分析，是指在认定某一行为是否构成犯罪时，在对其行为性质认定的基础上，再对其行为客观方面进行量的判断，是否具有达到一定的数量或者造成严重的危害后果等严重的犯罪情节对决定这些行为是否构成犯罪具有重要意义，这也是我国《刑法》入罪条件较高的重要原因之一。不可否认严格的定罪模式对于限制刑法权的滥用和保障公民权利自由起着重要的作用，也利于降低刑罚成本，但是刑法的适用要和社会的需求相一致，过度的强调坚守《刑法》条件，对某些危害行为拒之门外，是否真能发挥《刑法》的保护作用？行政权力的过于强大，某些行为是该有行政管制还是进行司法管制，哪种方法更利于维护社会秩序，保障人权，也是我们应该认真思考的问题。

我国刑法典经过历次修改，每次都是呈增加罪名的趋势，尤其是《刑法修正案（九）》补充罪名司法解释新增 20 个，取消 13 个修改为 11 个新罪名，删除 1 个，是有史以来增加罪名最多的一次。虽然目前我国《刑法》总共包含 469 个罪名，但与美国、日本等其他国家相比，我国刑法的罪名数量远远少于别国。以美国为例，美国刑法规定的罪名有 5000 多个，是我国罪名的 12～13 倍。美国目前受到刑罚处罚的犯罪人占全国总人口的 3%，而我国受到刑罚处罚的犯罪人仅占全国人口的 0.23%。从治罪的绝对数来看，美国是我国的 2.5 倍，但是我国的人口是美国的 5.2 倍，因此，如果以人口的平均数来说，美国的治罪率是我国治罪率的 13 倍[①]。刑法条件较于其他国家较高，有待于进一步降低，使法网更加趋于严密，让更多的行为受到刑法的规制而刑法自身的条文规定也变得更加精确，为民众的行为生活和法院的审判裁决提供更加严密精确的指引，包括刑法在内的国家立法必须与社会发展和变化的态势相适应。当前我国社会仍处于转型时期，各种新的违法犯罪行为层出不穷，同时人们对一些刑法制度的认识也在不断地深化甚至转变。在此背景下，刑法要充分而有效地发挥其保护社会的功能，就必须适时调整其立法内容。

---

① 刘强：《我国适当扩大犯罪圈的必要性及思路》，载《青少年犯罪问题》2014 年第 5 期。

二、刑事政策视角下入罪条件下降原因分析

行使立法的实质就是犯罪化与非犯罪化，降低《刑法》入罪条件，西方学者提出过一系列犯罪化的正当性原则，作为保证和评价刑事立法正当性的标准。这些正当性原则又被称作“限制自由原则”，所谓限制自由原则简言之就是对自由的限制，即行为一旦超越这些原则所设置的道德界限，国家即可正当的将其犯罪化[①]。在众多犯罪化正当性原则中，损害原则是最为普遍接受的一个原则，即犯罪化的道德界限即在于行为是否对他人造成了损害。以功利主义原则为基础，边沁提出无理由、无效、无益、无必要刑罚的分类与标准。对“始终未有任何损害，包括被害人同意的例外”的行为进行惩罚，是“无理由的惩罚”；不可能起到防止损害作用的刑罚，是“无效的刑罚”；造成的损害大于防止的损害的刑罚，是“无益的刑罚”；不需刑罚惩罚即可停止的刑罚，是“无必要的刑罚”[②]。因此为了发挥刑法的最大的经济价值，要充分衡量损害的大小，是否值得动用刑法来规制。

对于损害的确定，一般都是通过利益来衡量，如何衡量需要《刑法》保护的利益。尤其是面对风险社会抽象危险犯的扩张趋势，利益的衡量也超出了传统的标准，更多潜在的抽象的利益也逐渐受到了重视。如随着通信技术的发展，个人信息保护尤为重要。随着工业化的发展，损害的形式也多种多样，刑法保护的法益也远远超于传统意义上的范畴。

随着《刑法修正案（九)》的出台也出现了很多的质疑声音，很多的学者呼吁刑法化和潜在犯罪人增加的危机，其主要观点认为《刑法》对社会生活的过多干预是对自由主义和人权保障的违反，并同时主张非刑法化。然笔者认为，刑法化的目的是为了更好地保护法益，保护社会和公民的合法权益，适当的刑罚化并不是对个人利益的侵犯，而是对社会利益的、对众多不特定个人利益的保护。个人利益的保护更大程度上依赖于对社会有害行为的约束、

---

① 方泉：《犯罪化的正当性原则》，载《法学》2012 年第 8 期。

② ［英］边沁：《道德与立法原理导论》，时殷宏译，商务印书馆2009 年版，第 218 页。

刑事制度的科学严谨、司法执法的程序化和恢复、促进性质[①]。对很多学者提倡的非犯罪化问题，笔者认为并不符合我国实际。《刑法》作为一种调整社会关系的手段，必须随着社会关系的发展而进行调整，在保持谦抑严谨的前提下也要科学的反映和解决的社会所面临的问题。随着社会不断地发展进步，有些《刑法》规制的行为会逐渐减少甚至消失，如投机倒把罪、反革命罪等，对这些行为的出罪也可以称为非刑法化。同时，社会发展中也会面临新的问题，如非法侵入计算机系统罪，面对食品安全问题增加生产、销售不符合食品安全标准的食品罪等，将一些行为的入罪也叫作刑法化。关于刑法化和非刑法化的争论很多，也各有利弊。笔者认为，无论是刑法化还是非刑法化，只要是符合国情，能够解决社会实际问题，最大效益的发挥刑罚的价值就是合理的。如西方国家在20世纪中期掀起的非刑法化浪潮主要是针对一些决斗通奸等社会危害性较小的轻微违法行为，西方很多国家进行非刑法化运动的前提是其刑法调整的范围过大。而我国相对于西方国家刑法调整范围较小，刑法入刑条件较高，其非刑法化取消的部分在我国本来就没有定为犯罪。陈兴良教授曾指出，"中国不宜提倡非刑法化，因为中国不存在过度刑法化。恰恰相反，中国的主要问题是犯罪化"。[②] 因此，从我国目前社会发展和刑事立法的实际状况来看，不存在非刑法化的问题。反而需要的是适当的刑法化，降低刑法的入罪条件。适当的犯罪化有以下几点优势。

第一，犯罪条件下降会改变人们对于犯罪现象的认识，能够增强社会的约束机制，能够更好地维护社会秩序。《刑法》具有积极的一般预防功能，能够通过改变人们对自己行为性质的认识和刑罚的制裁作用，对社会公众产生一定的行为引导作用。这也是《刑法》的行为规制功能的基本体现。首先从行为意识上改变普通民众对犯罪行为的认识，《刑法》离我们生活并不遥远，与我们每个人的生活行为息息相关。刑法入罪条件的高低是直接影响人们行为规范的一个重要原因，降低入罪条件会促使民众更加规范注意自己的行为举止，提高民众的道德底线。费尔巴哈认为"人是避免不快、追求快乐、权

---

① 胡伟峰：《刑事立法犯罪化的提倡》，载《前沿》2008年第4期。

② 陈兴良：《刑法的价值构造》，中国人民大学出版社1998年版，第405页。

衡利弊之下进行活动的动物，如果把刑罚作为犯罪的后果预先予以规定，实施犯罪时立即执行法律上规定的刑罚，那么人们就会把不犯罪而产生的小的不快和因受刑罚而产生大的不快，合理地加以权衡，为了避免大的不快抑制小的不快而不去犯罪，就有必要在法律上预先规定犯罪与刑罚的关系”。因此行为后果的严重性与民众实施行为时的选择性、规范性是成正相关的，如果实施一个不文明的举止对其造成的后果远远大于其实施该行为所获得的利益，那么一般公民就会选择有效的自我控制。

小的行为不端极有可能会招致严重的暴力犯罪。要根本上把治安搞好，就要从扫除小奸小恶入手，采取零容忍策略，破窗理论即是最好的证明。一个房子如果窗户破了，没有人去修补，隔不久，其他的窗户也会莫名其妙地被人打破；一面墙，如果出现一些涂鸦没有被清洗掉，很快的，墙上就布满了乱七八糟、不堪入目的东西；一个很干净的地方，人们不好意思丢垃圾，但是一旦地上有垃圾出现之后，人就会毫不犹豫地抛，丝毫不觉羞愧。在我们的现代社会，随着“个人主义”“自由主义”的思考和行为样态的浸透导致异质价值观得到广泛允许，很多公众都在追求异类、个性；同时市场经济的发展促使更多人追求利己主义、利益至上，因此导致了道德规范等非正式的社会传统制约力逐渐减弱以及行为规制的功能日益弛缓，不可避免地需要通过《刑法》的补充完善以维持社会秩序。随着网络、新科技的快速发展，在给人民生活带来便利的同时也使人民的生活更加复杂，各种问题层出不穷，花样日益翻新，如一些食品安全、环境问题、基因工程等问题。随着信息时代的快速发展，很多问题会第一时间的曝光在网络等一些新闻媒体上，会增强民众一些潜在的危机感。因此需要完善立法，以完善严密的法网为人民生活提供切实的保障。从实践来看，《刑法修正案（八）》通过时，的确有很多人反对醉驾入刑。在《刑法修正案（八）》通过后几年来的施行过程中，酒驾的数量明显减少，根据公安部提供的数字表明：截至 2012 年 4 月 30 号，全国公安机关查处酒后驾驶数量同比下降 41.4%，醉酒驾驶同比下降 44.5%。2011 年因酒驾导致交通事故 3555 起，死亡 1220 人，分别比上年下降 18.8% 和 37.7%[①]。我们看到，醉驾入刑改变了人们对醉驾的认识和行为，对于倡导机动车驾驶人养成良好的驾驶习惯，改变社会风气，起到了非常好的作用。因此，单就现代社会而言，为了应对层出不穷的新的危险，就有必要通过刑事立法来唤起国民的守法意识，并促进新的社会伦理意识的形成，这点尤其表现在环境道德与交通道德方面。一旦某种行为被规定为犯罪，那么也就成了人们的伦理行动的准则[②]。

第二，犯罪条件的下降会改变犯罪治理的权力配置与功能的调整，可以有效改善行政权与司法权的运作效率，从而更有效地治理犯罪。有学者认为降低刑法入罪条件，把这些由治安管理处罚法调整的行为纳入到刑法体系中不利于尊重和保障人权，是文明法治的退步。然而笔者认为这正是更好的保障人权，法治文明进步的重要体现。首先，对于社会秩序和大多数公民来说，更严密的法网有利于更好的规范人们的行为，因此能更好地维护社会秩序以及更好的保护法益，给人们提供一个更加有序文明法治的社会环境才是对民众的负责，才是对人们利益人权的最好的保障。我国目前《刑法》以打击严重犯罪为主，不免会产生刑罚对于犯罪圈内的人过于严厉、而对于犯罪圈外的一些问题干预过于滞后。同时，对于被《刑法》调整的相对人来说，司法权比行政权更能最大限度地保护其合法权益。行政机关进行处罚，往往倾向于维护国家、社会的利益，难以对个人权益加以保障。公安机关拥有对公民个人基本权益的最终决定权和处置权，这严重违背“控审分离”“司法最终裁决”等一系列法治原则。随着法治进程的进一步推进，司法队伍的专业化不断提高，在处理涉及人身自由、财产权等公民基本权利的事务上具有权威性、中立性、公平性、专业性等一系列行政权所不能比拟的优势[③]。最后，如果条件设得过高，会将大量实质上危害社会的行为拒斥在刑法大门之外，不利于对这部分行为的有效治理。以前的贪污贿赂等犯罪很多都有数额要求，在实务中也产生了很多问题，单纯考虑数额难以全面反映犯罪的社会危害性。因此本次《刑法修正案（九）》修改贪污受贿罪的定罪量刑标准，草案的修改

---

① 公安部：《“醉驾入刑”一年酒驾致交通事故死亡人数大降》，载《法制日报》2012 年 5 月 14 日。
② 于改之：《我国当前刑事立法中的犯罪化与非犯罪化》，载《法学家》2007 年第 4 期。
③ 卢建平：《犯罪门槛下降及其对刑法体系的挑战》，载《法学评论》2014 年第 6 期。

把贪污罪、受贿罪的定罪量刑标准改为概括性模式且纳入了情节或后果的考量，具体定罪量刑的数额和情节标准可由最高司法机关通过制定司法解释予以确定，或由最高司法机关授权地方司法机关根据具体情况掌握。此标准还可随社会的发展和犯罪情况变化由司法及时作出合理的调整，从而更为科学合理，同时还强化《刑法》的宣示和教育作用，放大《刑法》的预防功能，有利于更加合理地惩治腐败犯罪和维护司法的统一与公正。

第三，降低《刑法》入罪条件有利于和国际刑法接轨。从其他国家的立法上来看，美国、日本、英国等欧洲发达国家，其刑法调整的范围远远大于我国，许多国家《刑法》的处罚范围都越来越宽。虽然《刑法》调整的范围很宽，但是城市的社会秩序良好，人们的安全感很强。同时，在全球化的大背景下，国家交往日益频繁，同时在法治方面也不例外。面对有些犯罪，需要加强国际合作，才能加以有效防范与惩治，而以“双重归罪原则”为代表的一系列制度要求不同国家的刑事法律之间至少在犯罪条件上要有起码的协调。例如以前我国对知识产权的保护力度不是很大，在经济上不能很好地和国际标准保持平衡，也会制约我国经济社会的发展，适当地降低刑法的入罪条件，和国际刑法标准保持相对的平衡，会有利于国际交流与合作，能更好地促进社会的发展。

一般来说，犯罪条件越高，相应设定的刑罚也就越重。也即相应的重罪重刑法或者称为小刑法。重刑罚一般以长期羁押型为主，长久的监禁一方面不利于对罪犯的改造以及他们以后回归社会，同时也会使刑罚的成本不断增加，而在我国《刑法》中，长期的有期徒刑，无期徒刑，死刑所占比重还是很大，犯罪条件相对于外国还是较高，是属于典型的小刑法模式。与世界上其他国家刑法典相比，我国现行刑法典属于重罪刑法，只规定了较为严重的犯罪，而一些在其他国家刑法典中所规定轻微罪在中国则主要通过治安管理处罚法等法律来进行规制。适当的《刑法》的入罪标准，实现刑罚逐渐轻缓化，更有利于实现国际间的司法协助。

三、降低入罪条件关联问题和刑事政策对策

（一）降低犯罪条件与《刑法》谦抑性的关系

随着《刑法修正案（九）》的出台，很多学者提出了潜在犯罪人增加的说法。也有学者认为降低入罪条件极易导致刑事立法过度膨胀，使得刑事处罚的前置化丧失应有的边界限制，公权力不断地侵犯公民的私人领域，有悖于《刑法》的谦抑性原则。然笔者却不这样认为。首先从调整范围上来说，入罪条件降低，只是《刑法》调整范围的扩大，并不是边界的丧失。同时，《刑法》所调整的或者可能会扩大调整的是侵犯他人或社会法益，破坏社会秩序的社会行为，对于一些私人领域《刑法》调整的还是很少的，而且对一些特殊私人领域的调整也是对其法益进行的一种保护。其次我们需要厘清《刑法》谦抑性和《刑法》规范扩大之间的关系，走出一个误区，即《刑法》的谦抑性就意味着《刑法》的规范范围不能扩大。其实不然，在法律体系中，《刑法》与其他部门法紧密相连，其本质是对其他法律制度的侧面援助，是一种“二级制定法”。《刑法》本身并不创立新的义务，而只是对在其他法律分支中已经确立的规则给予更为有力的认可或制裁①。

所谓刑法的谦抑性，陈兴良教授认为，刑法的谦抑性表现为刑法的紧缩性、刑法的补充性、刑法的经济性。对于某种危害社会的行为，国家只有在运用民事的、行政的法律手段和措施，仍不足以抗制时，才能运用刑法的方法，亦即通过刑事立法将其规定为犯罪，处以一定的刑罚，并进而通过相应的刑事司法活动加以解决②。张明楷教授也提出，刑法谦抑性是指刑法应依据一定的规则控制处罚范围与处罚程度，即凡是适用其他法律足以抑制某种违法行为、足以保护合法权益时，就不要规定较重的制裁方法。笔者认为，刑法谦抑应当是一个包括立法与司法、犯罪与刑罚、动态与静态的多元化的立体概念。在立法上，适当地降低刑法的入罪条件，更好的规制民众的行为，

---

① ［法］卡斯东·斯特法尼：《法国刑法总论精义》，罗结珍译，中国政法大学出版社 1998 年版，第 34 页。

② 陈兴良：《刑法哲学》，中国政法大学出版社 2015 年版，第 8 页。

发挥《刑法》的教育预防作用，在司法上严格守法，灵活解决应对实际问题，逐渐实现定罪严格，量刑轻缓，严而不厉的法网格局。在司法执法等领域合理利用《刑法》但书条款，用短期监禁刑和财产刑来替代严厉的刑罚。既能让民众感受到《刑法》的权威，又能感受到《刑法》的谦抑。在我国的《刑法》谦抑性已经很好的体现出了补充性，紧缩性。更加需要改进的是经济性和刑罚的轻缓性。因此刑法谦抑性要求并不意味着犯罪圈的不能扩大，而是该入罪调整的入罪调整，刑罚执行方式上逐渐轻缓多样，以最小的成本投入获得最大的经济效益。如果其他手段足以抗制，却动用了《刑法》，就是《刑法》不经济；反之，如果其他手段不足以抗制，却不动用《刑法》，就是《刑法》没有发挥应有的机能。法律制度立足于现实生活，当一定行为突破其他部门法的规范而无法得到规制时就需要《刑法》予以制裁。在我国针对很多违反《治安管理法》的行为，只是简单行政处罚的治理效果并不理想，并没有引起大家对该行为的重视，这时候就需要发挥《刑法》的调节功能。我们需要坚守《刑法》的谦抑主义原则，也更需要有效地解决社会矛盾，二者之间不存在不可调和的矛盾。

（二）降低《刑法》入罪伴随的犯罪人回归刑事政策问题

降低入罪条件，将一些轻微违法行为纳入到犯罪体系，不可避免地面临犯罪人标签化问题，很多人会质疑因为一些轻微的行为，就使一个人背负犯罪的包袱，对其就业生活产生巨大的影响，会产生严重社会的隔阂，也就是犯罪人的社会回归问题。首先，就关于犯罪人的生活方面是否会产生歧视和社会排斥问题，笔者认为犯罪人与社会的脱离一方面来自长久的关押，长时间与普通社会生活的脱离。因为《刑法》顶端极恶的罪行处于犯罪圈的中心，需要扩大的对象是处于边缘的一些行为。而对于这些行为的处罚一般不会太过于严重，不会存在犯罪人与社会的严重脱离问题。其次，关于犯罪人的回归问题，很多学者认为会存在社会排斥现象。对犯罪人的社会排斥现象一般取决于犯罪人的社会危险性。普通民众只有对一些严重伤害人身权利的暴力犯罪人才会产生恐惧和排斥，相反对一些轻微犯罪行为如醉驾等不会产生恐惧，人的恐惧排斥是和行为人所犯罪的性质紧密相连的。当然也要加强对普通民众的宣传力度，促使大家接受并帮助一些有犯罪记录的人，促使他们更好地回归社会。当然，《刑法》与其他法律的区别之一就是《刑法》的权威性、刑罚的严厉性。刑罚是针对危害社会行为的处罚，决定了刑罚应当具有威慑力，具有心理上的威慑并可以造成实际的痛苦。正是基于《刑法》的威慑作用，才能更好地发挥《刑法》的调节功能，因此《刑法》的标签化也正是《刑法》严厉性的一个重要体现。当然，随着犯罪条件的降低，对犯罪记录的处理也应该随之改变。应该对其按照犯罪性质即严重程度进行分类，对犯罪记录查看的权限也进行相应限制，甚至对于一些轻微犯罪或者青少年犯罪在其表现良好的一段时间后可以进行消除。例如法国的国家犯罪记录系统共有三种，第一种是记录了所有的判决裁定，仅提供给司法机关；第二种是记录了大部分的判决，仅提供给有关行政机关；第三种是记录了重罪和轻罪的判决，仅根据当事人申请而提供给本人。根据罪行的轻重来划分犯罪记录封存与开放的程度，这样有利于解决适当犯罪化带来的犯罪人问题。

（三）降低《刑法》入罪条件产生的刑罚经济问题

当罪的数量因为社会生活的变化作出调整时，刑的数量和强度即刑罚结构也应根据罪的变化作出及时地调整，以确保罪刑关系的协调。这就需要在司法，尤其是执法上面做相应的调整。如何通过刑罚执行的合理配置，执行方式和种类的设定和实施，以实现罪刑相适应、保护公众、减少重新违法犯罪和维护社会稳定的刑罚目的，是当今世界各国政府、司法界和大众普遍关注的社会问题。随着犯罪条件降低，必将引起犯罪数量上的增加，这也是需要解决的一个问题，首先对于起诉审判来说，可以大力推广简易程序。提高司法机关的审判效率，可以设立社区法庭，推行刑事和解与调审结合，也可以学习借鉴国外社区法庭的非职业法官制度，都是面对犯罪数量增加很好的解决办法。

关于监狱压力过大的问题，对于情节轻微的犯罪行为一般都是处以较轻的刑罚，周期较短，流动性较大，羁押人数过多问题较好解决。关于长期自由刑的罪犯，对于表现较好、社会危害性不大的可以适当实行缓刑假释。对于情节轻微的犯罪行为可以采取社区矫正制度，实现刑罚逐渐多样化、轻缓化。从世界背景来看，刑罚轻缓化乃是人道主义的发展与人权保障的进步的结果。重刑主义的弊端是显而易见的。从报应论的角度看重刑主义在刑罚种类、刑罚区间上都促使整个刑法更加严苛和残酷，违背了人道主义的发展方向从功利论的角度看重刑主义一方面无法保持长期的抑制犯罪的效果，另一方面还有可能带来社会矛盾的激化[①]。随着人类社会文明的不断进步，侵犯人民生命健康等暴力凶残犯罪的数量是逐步减少的，犯罪治理的重点将日益转向位于犯罪底层的量大面广的轻微犯罪。要合理高效配置刑法资源，以快速简易的程序和轻缓的刑罚措施来治理大量轻微犯罪。如社区服务、限制和剥夺资格刑、罚金等，这样既节约了司法成本，也充分发挥了《刑法》的教育防治工能，也充分体现了《刑法》的谦抑性，即《刑法》作为一种严厉的法律制裁手段，应当在必要的基础上保持其最低限度。同时也是宽严相济的刑事政策的最好体现。在一个民主法治社会，尽管刑罚往往以恶的形式出现，但其所蕴含的终极目标则是善。监狱刑罚执行必须体现出一定程度的人性化，一定程度的人性化则又需要依托规范、文明、先进的刑罚执行方式来保障。美国监狱对外推行社区矫正制度和对内施行罪犯分类矫正制度的一系列举措，较好地体现了刑罚执行活动中的人文文化和人文精神[②]。美国的社区矫正在遵循保护公共安全和利益的前提下，强调矫正和惩罚相结合，一方面发挥教育矫治、转化以及帮助和服务的功能，另一方面也重视对罪犯的监督检查。而我国目前以监狱自由刑为主，且长期监禁的自由刑在刑罚比例中较大，属于重刑罚。这也是监狱压力过大的原因之一，减少监狱压力，可以调节刑罚的量刑幅度，对一些轻罪可以适当减少羁押期限，增加刑罚的种类。

适当降低《刑法》入罪条件是基于我国国情的明智选择，有利于更好地维护社会秩序和保护公众权益，发挥《刑法》的最大价值。适当犯罪化的目的是通过严密法网来强化人们的规范意识，而不是用严厉的刑罚来处罚轻罪。应该根据轻罪的具体状况，规定各种能够有效预防轻罪的刑罚[③]。储槐植教授指出排列组合罪与刑的结构有四种：罪状设计严密、刑罚苛厉（又严又厉），罪状不严密、刑罚不苛厉（不严不厉），法网严密而刑罚不苛厉（严而不厉），刑罚苛厉而法网不严密（厉而不严）一种科学而人道的罪刑结构应当是

① 赵秉志、金翼翔：《论刑罚轻缓化的世界背景与中国实践》，载《法律适用》2012 年第 6 期。
② 刘政：《美国监狱行刑执行文化的透视与思考》，载《河北法学》2015 年第 4 期。
③ 刘强：《我国适当扩大犯罪圈的必要性及思路》，载《青少年犯罪问题》2014 年第 5 期。

严而不厉，即法网严密刑罚却不严厉①。因此，我国《刑法》发展方向应该是法网严而不厉，需要进一步降低《刑法》入罪条件，实现《刑法》罪名的精细，准确，完善化。以及逐渐完善刑罚执行方式，这样才能更好地保障公民的权利，这样才是人道主义和法治国家的发展趋势。

① 储槐植：《议论刑法现代化》，载《中外法学》2000 年第 5 期。

羁押必要性归口审查的问题与出路

高　飞*

新《刑事诉讼法》实施后，羁押必要性审查工作到底应当由检察机关的哪个内设机构承担，存在不少争议。《人民检察院刑事诉讼规则（试行）》规定了“分段审查”模式，实践中上海市检察机关探索了“归口审查”模式，归口监所检察部门统一办理。但是，监所检察部门不论是职责定位、业务精通程度还是人力资源配置，都不如侦查监督部门更具有归口的优势。因此，在当前检察职权配置和运行机制下，将羁押必要性审查归口侦查监督部门，监所检察部门保留有建议权，是更加合理和规范的选择。

一、羁押必要性归口审查模式的实践探索

2013 年《刑事诉讼法》第九十三条新增了人民检察院进行“羁押必要性审查”的内容，与其同步修改实施的《人民检察院刑事诉讼规则（试行）》（以下简称《诉讼规则》）第六百一十七条对羁押必要性审查的具体办案主体予以细化，“侦查阶段的羁押必要性审查由侦查监督部门负责；审判阶段的羁押必要性审查由公诉部门负责。监所检察部门在监所检察工作中发现不需要继续羁押的，可以提出释放犯罪嫌疑人、被告人或者变更强制措施的建议”，确立了在不同诉讼阶段，由与之相对应的职能部门即侦监、公诉、监所检察等业务部门进行审查，即“分段审查”的办案模式。

* 作者简介：高飞，上海市闵行区人民检察院研究室检察员，法学硕士。

司法实践中，各地检察机关纷纷探索归口审查的办案模式。以上海为例，2012 年 12 月上海市人民检察院出台的《关于羁押必要性审查工作的规定》在确立分段审查模式的基础上，规定“有条件的单位报经市院同意，可探索羁押必要性审查归口办理工作模式，逐步建立羁押必要性审查专业化工作机制”，随之在浦东新区、虹口、奉贤等区县院试点统一归口办理模式。浦东新区和奉贤区院试行由监所检察部门独立承担全部羁押必要性审查的工作模式，即由监所检察部门听取办案部门意见，根据犯罪嫌疑人、被告人的犯罪性质、犯罪事实、主观恶性、悔罪表现、身体状况以及案件取证进展、证据变化状况，可能判处刑罚等因素，全面审查理由是否充分，程序是否合法，材料是否齐全，综合评估继续羁押犯罪嫌疑人、被告人的必要性；虹口区院则试行由侦监、公诉部门先行初审，监所检察部门在此基础上结合对犯罪嫌疑人、被告人的羁押监管情形，进行羁押必要性审查的工作模式。经过一年多的试点探索，上海市人民检察院于 2014 年 5 月对上述规定做出修订，规定“羁押必要性审查，由案件管理部门统一受理，监所检察部门统一办理，各有关部门协同配合、信息共享，确保质量和效率”，正式确立了上海市检察机关羁押必要性审查由监所检察部门归口统一办理的模式。据统计，2014 年 6 月至 12 月，上海市检察机关共受理羁押必要性审查案件 961 人，占同期批捕总数（15410 人）的 6.2%，月均受理审查 137 人，比同年归口前月均审查数上升了 47.3%。[①]

二、羁押必要性审查归口监所检察部门统一办理存在的问题

（一）有违《人民检察院刑事诉讼规则》

《人民检察院刑事诉讼规则》（以下简称《诉讼规则》）第六百一十七条对羁押必要性审查主体的规定非常明确，即侦查监督部门和公诉部门分别主导负责侦查阶段和审判阶段的羁押必要性审查工作，监所检察部门则是以“建议”的方式，参与、配合各部门进行审查。《诉讼规则》具有司法解释的

---

① 数据来源于上海市人民检察院监所处 2015 年 5 月《关于 2014 年本市检察机关统一归口办理羁押必要性审查案件的专项情况报告》。

法律效力，虽然理论界和实务界目前对应由哪个内设职能部门承担羁押必要性审查任务，存在较大争议[①]，但在最高人民检察院对《诉讼规则》作出修改之前，仍应当以执行为妥。况且，《诉讼规则》做出职能部门之间的分工，具有内在的合理性：案件的承办人对案情更为熟悉，业务更精通。而监所检察部门不了解具体案情，对事实、罪名、可能判处刑罚、社会危险性等因素的把握也不如承办人。监所检察部门的优势在于能够及时了解在押犯罪嫌疑人、被告人的身体、家庭、精神等状况，也就是说，监所检察部门的羁押必要性审查主要着眼于外在条件，而不是案件事实本身。这一特点决定了监所检察部门只能作为羁押必要性审查的辅助、建议的部门，而不是主导部门。

（二）与监所检察部门的职责、人力资源配置不符

作为检察机关的核心业务之一，监所检察部门承担着对看守所的监管活动进行监督的重要职责，目的是促进安全监管，保障被羁押人的生命健康权利。其职责定位与侦查监督部门、公诉部门具有很大的差异，不宜由监所检察部门在案件的侦查、起诉和审判过程中，对逮捕强制措施的适用是否必要进行审查；加之人员力量配置和专业分工不同，监所检察恐难以全面承担羁押必要性审查的职责。

（三）加强对审查逮捕标准的监控和监督，比归口监所检察更有效

据不完全统计，2008－2012 年全国检察机关逮捕案件中被法院判处 3 年以下刑罚或免刑的平均高达 56%。[②] 这表明大量的可能被判处较轻刑罚的案件其实没有必要适用逮捕强制措施，反之就是说审前羁押的比率太高了。2013 年《刑事诉讼法》增加羁押必要性审查的内容，也是为了有效降低多年居高不下的审前羁押率，加强犯罪嫌疑人、被告人人权保障。这一努力无疑是值得肯定的，但是在当前的审查批捕工作中，还存在够罪即捕、“严打”等错误的做法和观念，比如检察机关为了配合公安的各种治安行动，完成公安机关“大跃进”式的考核指标，对社会危险性条件把握不严，够罪即捕的情

① 张兆松：《论羁押必要性审查的十大问题》，载《中国刑事法杂志》2012 年第 9 期。

② 数据来源于上海市人民检察院第一分院 2013 年度市院党组成员重点课题《羁押必要性审查工作机制研究》。

况时有发生。因此，严格审查逮捕的适用标准，加强对审查逮捕工作的监控和监督，比羁押必要性审查归口监所检察部门更为迫切，也更有成效。

三、羁押必要性归口审查模式的出路

单从数量来看，羁押必要性审查归口监所检察部门以后，案件数量有明显的上升。2013 年 1 月至 11 月，上海市检察机关共办理羁押必要性审查案件 694 件 724 人，归口审查后，2014 年 6 月至 12 月，共受理羁押必要性审查案件 961 人。但是，不能据此佐证“选择监所部门作为 93 条羁押必要性审查主体，是在现有职权体系中落实第 93 条的唯一可行方案”[①] 的结论，因为一项新的法律制度的实施有一个逐步发展的过程，尤其是对犯罪嫌疑人、被告人权利有明显影响的制度，在它的影响力初显之后，当事人自然不愿意放过这个争取权利的机会。2014 年羁押必要性审查的数量比 2013 年有所上升，是其自身的发展规律决定的，与归口监所检察部门审查并无必然联系。

司法实践中，从不断完善羁押必要性审查制度出发，也不妨研究探索归口审查的可行性、操作性，这有利于提升专业化水平，提高工作质量和效率，避免职责交叉重叠。待实践经验成熟后，建议最高人民检察院修改《刑诉规则》。笔者认为，根据当前检察职权的配置情况和检察机制的运行情况，将羁押必要性审查归口侦查监督部门统一办理，监所检察部门保留有建议权，不失为一个更为合理和规范的选择。

（一）归口侦查监督部门审查，有利于发挥专业优势，统一适用标准

侦查监督部门承担审查逮捕职责，对案件事实、证据情况以及犯罪嫌疑人是否符合逮捕条件、有无逮捕必要性掌握比较全面，而羁押必要性条件与逮捕必要性条件并无二致。由其对捕后继续羁押必要性进行审查，可以充分利用此前办案工作信息基础，最大化地节约办案人力和时间，提高审查质量和工作效率，统一适用标准。

---

① 李娜：《新刑诉法实施迫近第 93 条履职主体仍存争议，专家表示监所检察审查羁押必要性可解“一押到底”》，载《法制日报》2012 年 7 月 19 日。

（二）侦查监督部门同样具有客观中立的立场，能够承担新增的监督职责

《刑事诉讼法》第九十三条所要解决的是侦查阶段和审判阶段的羁押必要性审查应当由检察机关的哪个内设部门承担的问题，并不涉及审查起诉阶段，起诉阶段的羁押必要性审查是公诉部门的固有职权，并没有改变。首先来看侦查阶段，侦查监督部门批捕之后，会不会因为批捕决定是自己做出的而有顾虑不愿监督侦查机关改变强制措施呢？答案是否定的。一方面，通过羁押必要性审查后变更强制措施的，不是对原逮捕决定的否定，不是错案；另一方面，即使存在这种现象，也可以通过转变执法观念，完善羁押必要性审查启动程序（如监所检察部门提出变更羁押措施建议的，侦查监督部门必须启动羁押必要性审查程序），加强犯罪嫌疑人、被告人权利保障，科学设定逮捕质量考核机制等途径来保障羁押必要性审查制度落到实处。[①] 从域外的经验来看，由决定羁押的法官决定是否继续羁押也是普遍的做法。再来看审判阶段，当然由公诉部门进行羁押必要性审查也未尝不可，但在探索归口审查，专业化分工和追求效率的背景下，侦查监督部门同样可以承担起这项工作，且与公诉部门相比，侦查监督部门与法院没有直接的联系，更有利于保持客观中立的立场。因此，将羁押必要性审查归口侦查监督部门，监所检察部门具有建议权，是当前形势下可供选择的最佳方案之一。

① 张兆松：《论羁押必要性审查的十大问题》，载《中国刑事法杂志》2012年第9期。

论未成年人犯罪适用刑事和解的利与弊

骆　群*

对未成年人的特殊保护，是世界各国通行的规则，而承载着“恢复性正义”理念的刑事和解，具有超规范的柔性性质，对未成年人犯罪适用刑事和解契合了对这一特殊群体的特殊保护。然而，任何制度都不是十全十美的，有其利也有其弊，对未成年人犯罪适用刑事和解也同样如此。其利主要表现为：有利于对被害人利益的保护、有利于社会关系的修复、有利于整合司法资源、提高司法效率、有利于未成年犯罪人复归社会。其弊主要表现为：刑事和解可能会削弱刑罚的惩罚功能和预防功能、刑事和解运作过程中会造成一定程度上的不平等。对未成年人犯罪适用刑事和解之利大于弊，并且对我国和谐社会的建设发展以及未成年人犯罪的防控都具有重大的理论和实践意义。

一、引言

未成年人犯罪之中的“未成年人”，在我国是指已满14周岁不满18周岁的精神正常的自然人，而其中的“犯罪”是指刑法学中所指的犯罪，并非是包含越轨行为等违法行为在内的犯罪学中所指的犯罪。由于各国或地区的法律中对未成年的年龄、刑事责任的年龄以及犯罪的具体构成的规定都存在着一定的差异，故“未成年人犯罪”的内涵和外延在各国或地区也并非完全相同。但是，以犯罪行为人作为标准将“未成年人犯罪”归为一类（学界和实

---

* 作者简介：骆群，上海政法学院刑事司法学院副教授。

务部门也有“青少年犯罪”的归类），无论在理论上还是在实践中进行单独的研究和运作，本意无非是对这一特殊群体的特殊保护。对未成年人犯罪适用刑事和解也蕴含着同样的价值诉求。

所谓刑事和解（Victim – Offender Mediation），也称为被害人与加害人的和解、被害人与加害人会议、当事人调停或者恢复正义会商。它的基本含义是指在犯罪发生后，经由调停人（通常是一名社区志愿人员）的帮助，使被害人与加害人直接商谈、解决刑事纠纷；对于和解协议，由司法机关予以认可并作为对加害人刑事处分的依据。刑事和解的目的是恢复被加害人所破坏的社会关系、弥补被害人所受到的损害、以及恢复犯罪人与被害者之间的和睦关系，并使犯罪人改过自新、复归社会。① 这种新型的刑事纠纷解决方式，近年来在我国一些司法实践部门得以运用，同时也成为学术界热议的话题。根据我国现有的刑事法律规定，刑事自诉和刑事附带民事诉讼案件中适用刑事和解并无太多的争议，意见纷呈主要集中在刑事公诉案件，其中刑事和解的适用范围就是争议的焦点之一。学界对适用范围的讨论，由未成年人犯罪到初犯、偶犯、过失犯、中止犯、在校大学生犯罪、家庭成员的侵害、邻里之间的犯罪、轻微刑事案件甚至死刑案件等等有被害人的犯罪，不一而足，但是，未成年人犯罪适用刑事和解又是各种观点中的共同基点。我国的司法现实中，“虽然各地进行改革试点并未严格区分成年人与未成年人刑事和解，但在实践中，相当比例的适用对象都是未成年人。”② 这些都反映了对未成年人犯罪的特殊对待，将未成年人作为特殊群体予以特殊保护的共同认可。根据现有的国内外境况，不仅在我国的立法中有未成年人犯罪不同于成年人犯罪的规定，而且对未成年人犯罪适用刑事和解已是各国的普遍范例，也是刑事司法国际准则对少年司法特殊要求的具体化。

在我国，例如《未成年人保护法》第五十四条规定：“对违法犯罪的未成年人，实行教育、感化、挽救的方针，坚持教育为主、惩罚为辅的原则。”

---

① 向朝阳、马静华：《刑事和解的价值构造及中国模式的构建》，载《中国法学》2003 年第 6 期。

② 苏镜祥、马静华：《未成年人刑事和解——基于中国实践的考察和分析》，载《四川大学学报（哲学社会科学版）》2009 年第 3 期。

2006年1月23日起施行的《最高人民法院关于审理未成年人刑事案件具体应用法律若干问题的解释》第十六条规定："对未成年罪犯符合刑法第七十二条第一款规定的，可以宣告缓刑。如果同时具有下列情形之一，对其适用缓刑确实不致再危害社会的，应当宣告缓刑：（一）初次犯罪；（二）积极退赃或赔偿被害人经济损失；（三）具备监护、帮教条件。"在国际社会中，例如澳大利亚1997年颁布的《少年犯罪法》组建了青少年犯罪协商会，刑事司法具有简易化、交易化、轻刑化、社会化趋势。[①] 英国立法与司法程序主张，应当将如何处置青少年犯罪放到人类社会生活这一大背景中予以考虑，从而寻找通过社会、个人之间的良性互动来达到救济的目的。因此，对于少年犯，英国执法官员往往采取加害人与被害人进行会商的方式，促使双方达成赔偿协议，从而避免将青少年犯罪人送交法庭审判。[②] 根据德国1998年修改后的《少年法院法》第10、45、47条等规定，如果少年犯与被害人之间实现了和解，法官得视为是法庭所给予其的一种教育处罚措施，检察官亦可据此免予起诉，而使司法程序终结。与之相适应，德国刑法典规定，若犯罪人与被害人达成和解，其行为大部或全部得以补偿，或在进行补偿方面能尽心竭力，态度诚恳，得依法减轻刑罚或是免除刑罚。[③] 新西兰绝大多数的未成年人犯罪都适用和解的方式解决。1989年《未成年人及其家庭法》的主要目标是通过协商，以恢复性的解决等方式解决未成年人犯罪。除了极其严重的罪行（例如谋杀），该项法案把所有的未成年人案件都从警察机关和法院体系中分流出来，让案件进入家庭协商会的方式解决。[④] 联合国《少年司法最低限度标准规则》（北京宣言）1.4条规定，对未成年人犯罪，应"减少根据法律进行干预的必要。"根据这一精神，该《规则》18.1条（c）款规定少年司法中以补偿和赔偿作为监禁的替代措施。[⑤]

---

① 叶青、王超：《澳大利亚少年司法新动向》，载《人民检察》2002年第3期。

② 肖伟：《超越传统模式的局限——对刑事和解引入青少年犯罪治理领域的考察》，载《青年研究》2007年第1期。

③ 《德国刑法典》，徐久生、庄敬华译，中国法制出版社2000年版，第143页。

④ 徐美君：《未成年罪犯与被害人的和解》，载《中国刑事法杂志》2006年第4期。

⑤ 程味秋、杨诚编：《联合国人权公约和刑事司法文献汇编》，中国法制出版社2000年版，第215、230页。

对未成年人的特殊保护，是世界各国通行的规则，也可以说是人类本性的体现，甚至可以说是生物自然属性被外在建构的显现。然而任何一项制度都并非十全十美，即使是被普遍接受而有效运行的良好制度，也有着不影响大局或者可以克服的弊端，但是，不能因此而忽视它们的存在。对未成年人犯罪适用刑事和解制度也同样如此，不应被一片的叫好声而遮蔽了它的瑕疵，因为过于放大它的有利一面的同时也会促使它的弊端更加凸现。所以，我们不仅要深入研究其有利之处，也要全面探讨其相应的弊端，从而在时事变动的社会发展中做到因地制宜、与时俱进，扬其之利、克其之短。在我国对未成年人犯罪建立符合我国国情的刑事和解制度，建基于我国政治、经济、文化背景之上的利弊分析就显得尤为重要。

二、未成年人犯罪适用刑事和解之利

未成年人犯罪适用刑事和解之利，即未成年人犯罪适用刑事和解的长处、优势、利益、正向价值和意义。在传统的刑事司法体制中，强调犯罪是对国家和社会的侵害，把犯罪作为是对国家的“债”，主张用法定的刑罚手段来惩罚犯罪人，从而满足正义的需求，于是刑事程序上就表现为以国家为追诉主体的起诉机制，以及控、辩平等对抗、法官居中裁判的审判结构。“在此过程中，无论是被告人还是被害人都难以左右诉讼的结果，只能按照法定程序完成诉讼，并且按照诉讼角色的安排继续保持一种对抗关系。”① 而相对于刚性的传统刑事司法制度而言，承载着“恢复性正义”理念的刑事和解，具有超规范的柔性性质，彰显出其特有的正义价值，在未成年人犯罪中又尤为显现。

（一）有利于对被害人利益的保护。

传统的刑事司法体系中，起主导作用的都是相关的国家司法机关，强调以报应实现正义，只是一味地惩罚犯罪人，没有或很少关注被害人的利益，被害人主要被视为证人加以利用。这种将被害人利益边缘化的境况，在我国刑事诉讼中更是如此。虽然我国“1996 年修改的刑诉法增加规定了不少被害

---

① 陈光中、葛琳：《刑事和解初探》，载《中国法学》2006 年第 5 期。

人权利，如对不立案不起诉决定的申诉权、鉴定结论知悉权、抗诉申请权、参与庭审权，但如同被害人的其他诉讼权一样，上述权利的规定旨在单一地增强追诉能力、满足被害人的报应情感。”① 在公诉案件中，被害人既没有起诉权，也没有上诉权，即使被害人不想追究加害人的责任，也无权决定公诉程序的进程，其态度只能影响公诉机关是否采取酌定不起诉等决定。并且，被害人所遭受的损害欲得到物质上的补偿，主要是通过刑事附带民事诉讼程序得以实现，然而，在“犯罪是对国家的债”的观念主导下，犯罪人也把所受的刑罚作为对国家债务的清偿，现实中被害人的补偿往往成为竹篮子打水。若是未成年犯罪人，由于绝大多数情况都是没有收入来源，被害人的补偿更是无从谈起。再者，根据 2002 年 7 月 15 日《最高人民法院关于人民法院是否受理刑事案件被害人提起精神损害赔偿民事诉讼问题的批复》的规定：“对于刑事案件被害人由于被告人的犯罪行为而遭受的精神损失提起的附带民事诉讼，或者在该刑事案件审结后被害人另行提起精神损害赔偿民事诉讼，人民法院不予受理。”言下之意，刑事附带民事诉讼也仅解决物质损害赔偿问题，而将精神损害赔偿排斥于体系之外。所以，在现有的法律框架内，被害人权益的行使和实现受到极大的制约。

刑事和解以被害人为中心，以对被害人和加害人全面保护为根本目的，大大提升了被害人的诉讼地位，增强了被害人在解决刑事纠纷中的主动权和决定权，从而使被害人的权益得到保障，既有制度上的机会又有运作中的支持。并且被害人在解决刑事纠纷中的话语权得以提升也并非孤立无援，因为“在刑事和解过程中，刑法始终是‘在场’的，刑法的明确性是被害人在和解过程中占据有利地位的砝码，刑法的威慑力是犯罪人必须做出让步的前提。”② 另外，刑事和解是以加害人承认自己的犯罪事实作为适用条件的，也即加害人对其行为的性质与后果已有初步的认识，于是在和解的进程中，被害人与加害人无需就责任归属问题进行争执，而直接就赔偿或损害恢复进行会商，再将赔偿或损害的恢复情况与“在场”的刑法进行对接，作为是否适用刑罚

---

① 向朝阳、马静华：《刑事和解的价值构造及中国模式的构建》，载《中国法学》2003 年第 6 期。

② 周光权：《论刑事和解制度的价值》，载《华东政法学院学报》2006 年第 5 期。

或如何适用刑罚的参考甚至是决定性的条件。如此一来，加害人在既有外在压力的推动又有内在利益的牵引的情况下，往往会就赔偿或损害的恢复做出积极的态度，使被害人因犯罪行为所造成的损害得到赔偿或恢复。即使加害人是没有收入的未成年人，其父母等监护人也会积极地对被害人进行赔偿或采取其他损害恢复方式，来平复已经产生的非正常社会关系。并且，在会商的过程中不局限于被害人的物质损害，精神损害的赔偿也是和解商谈中的重要内容，这使得对被害人的利益保护变得更加全面。不过，有人认为有的犯罪人出于升学、就业等考虑或者自恃有钱，看似自愿其实并非情愿地接受了赔偿，在获得免刑或减轻处罚之后，会变本加厉地侵害被害人及其家属，甚至索回已付出的赔偿，从而使刑事和解可能异化为犯罪人诱骗被害人的一种游戏。[①] 笔者认为，这种情况不排除有出现的可能，但不能作为否定刑事和解制度优越性的理由。因为此时犯罪人又是一次漠视法律的违法甚至犯罪行为，被害人理应拿起法律的武器予以回击，尽力地捍卫正义而不是懦弱地屈从。话又说回来，若真是遇到这样的犯罪人，即使不经和解也会存在再次侵害被害人的可能，并非刑事和解促使其使然。

（二）有利于社会关系的修复。

我国目前正处于社会转型时期，城乡二元结构尚未得到根本改变，地区经济发展严重不平衡，治安形势较为复杂，各类刑事案件呈上升趋势，对我国构建和谐社会产生了严重的影响。但从另一面来看，犯罪现象产生的原因复杂多样，大多数还是属于人民内部矛盾激化所引起的，所以恢复被破坏的社会关系、消弭矛盾冲突应是处理大多数犯罪的根本指导思想。然而在被害人被边缘化，其主体性被遮蔽在国家追诉主义的巨大阴影之中的传统刑事司法制度中，不仅被害人的利益得不到有力保障，而且犯罪人作为国家的对立面被推到敌对关系的另一极，刑事司法更多地侧重于惩罚的正义而非恢复的正义，于是修复被犯罪行为破坏的社会关系的理念也就无奈地失去了“大张旗鼓”的领地。比如现实中，有些未成年犯罪人可能是为了面子或者意气用

---

① 兰耀军：《被害人视野中的刑事和解——一种基于实证的分析》，载陈兴良主编：《刑事法评论》（第22卷），中国政法大学出版社2008年版，第181页。

事，甚至就是因为一些鸡毛蒜皮的小事而发展成为国家强烈否定评价的犯罪人，其人身危险性相对较小，社会危害性也相对较低。犯罪发生后，犯罪人与被害人之间的关系纽带并未完全被折断，并且从长远来看，都仍然要生活在共同的社会关系中，故双方都可能具有谋求和平解决的意愿。对于此类案件，若不加区别，不顾及被害人的愿望，一概进入国家主导的对抗性极强的诉讼程序，如此只会增加双方的冤仇，可能使彼此的关系彻底破裂而无法弥补。所以，“单纯”的刑罚并不足以恢复犯罪人与被害人之间的关系，在国家追诉之外，存在也应该存在着其他制度作用的空间。

具有超规范的刑事和解制度，既不能游离于国家追诉的司法系统之外，又具有相当自由度的相对独立性，对于被犯罪行为破坏的社会关系的修复具有国家追诉中无法实现的优势。因为在刑事和解的过程中，双方是在一个安全而平和的氛围和空间进行平等地对话交流，由于“被告人与被害人并非国家的执法机关，也不是职业法律家，他们作为社会生活的普通个体，比公权机关和律师更为关心自身的个人利益，更能意识并体会自己与对方的社会关系。同时，由于他们不是执法者或法律服务的提供者，与法律能保持一定的距离，从而可以在交流中引入案件的具体情景和社会规范，还原人与人之间丰富的情感、社会关系。”① 一方面，根据情感生理学和叙说理论的研究，对于痛苦体验的叙说是人一种与生俱来的本能要求，特别是在经历了紧张和烦恼等消极情绪体验之后。所以，被害人通过这个平台诉说自己因犯罪行为所受到的伤害，宣泄内心的痛苦和怨恨情绪，使自己因犯罪所产生的抑郁情感对直接的源头予以倾诉，从而使内心的积怨得以外泄，在听到对方忏悔的回应时，除敌视、仇恨等报应情绪被淡化外，被害人再度受到侵犯的担心也降低了，并且得到了切实的心理、精神的慰藉，同时物质的损害也得以弥补；另一方面，犯罪人在这个过程中，倾听着被害人的诉说，直接感受到自己的行为对被害人所造成的伤害，在潜移默化中也会不自觉地进行换位思考，使人性善的一面得以提升，从而真正认识到自己犯罪行为的危害性。尤其是未成年犯罪人，由于他们正处于身体发育和心理成长期，社会经历不足、思想

① 宋英辉、向燕：《我国刑事和解的正当性解构》，载《河北法学》2008 年第 5 期。

观念不稳、易受外界环境的干扰，犯罪往往具有临时性、冲动性等特点，故未成年犯罪人在商谈的过程中更易于受到教育，使自己弃旧从新，接受社会的主流规范。正是被害人与犯罪人在商谈的过程中双方内心的变化，宽容和悔过取代了仇视与冷漠，才使得“化干戈为玉帛”成为现实，使被犯罪所破坏的社会关系得以修复。

当然，有人认为被害人同意和解有时并非出于自愿，比如来自于犯罪人一方的利诱、威胁、收买等，或者“在某些情况下，如果被害人及其家属不谅解犯罪人，接受犯罪人的和解意愿，担心会被社会成员认为是不宽容的、缺乏怜悯心、报复性强等，将来在社会中处于孤立无援的境地。”① 还有人认为犯罪人同意和解有时也并非出于自愿，“比如在被告人缺乏经验，而社区力量又相当强大时，极有可能导致被告人因恐惧而被迫承认自己是犯罪人。另外，也会有被告人因为担心在正式刑事审判中被误判而违心地认罪。”并且还可能担心“由于自己不愿选择刑事和解而在后来的正规刑事司法程序中被从重处罚，所以他们不得不‘自愿’选择进入刑事和解程序。”② 言下之意，在被害人与犯罪人都有可能出现并非自愿的“自愿”时，刑事和解使破坏的社会关系得以修复也是一种表面现象。这种担忧是非常有道理的。但是，笔者认为刑事和解在我国毕竟还处于试点的阶段，在强大的传统刑事司法体制下需得到普遍认可必须经过一定的过程，要使双方当事人不受干扰、摆脱顾虑、表达真意，不仅要完善制度，还要进行广泛的宣传教育，而刑事和解本身具有修复社会关系的功能并不因此予以否定。尤其是对未成年犯罪人，由于他们生活的道路还很长，一般情况下都早晚会回到社会之中，成为和谐社会发展的重要因素，故对于未成年人的悔过与成长以及和谐社会的发展来说，刑事和解的修复功能更加凸显。

（三）有利于整合司法资源、提高司法效率。

在我国长期奉行的国家本位的社会结构模式中，国家几乎垄断了对犯罪的追诉与惩罚权，这主要表现在以国家公诉为标志的刑事司法模式和以监禁

---

① 兰耀军：《被害人视野中的刑事和解——一种基于实证的分析》，载陈兴良主编：《刑事法评论》（第22卷），中国政法大学出版社2008年版，第181页。

② 刘伟：《背景与困境：刑事和解制度的理性考察》，载《河北法学》2007年第5期。

刑为主导的刑罚制度上。然而现如今在各种各样的经济犯罪不断呈现，轻微犯罪以及未成年人犯罪也占有越来越高的比例的情况下，原有的模式中这些案件将挤占大量的国家司法资源。由于任何资源都是有限的，国家投入在司法上的资源在一段时间内也是相对稳定的。“如果不顾刑事案件的复杂多样而盲目地对每一起案件都投入等量的司法资源，只会造成两种后果：一是使那些简单的案件毫无必要地经历了复杂的诉讼程序，造成诉讼资源的浪费；二是那些复杂的案件由于投入的司法资源相对不足而难以得到公平、正义的处理。”① 所以，“如何利用有限的司法资源处理那些较为严重的刑事案件，实现刑事程序的繁简分流，确保司法资源的合理配置，是摆在所有司法机关面前的共同课题。”②

在犯罪人认罪和双方当事人自愿基础上而进行的刑事和解，使未成年人犯罪等某些案件避开了起诉、审判程序，快速有效地解决了责任归属问题，从而节省了在侦查、起诉、审判、执行等各环节有可能的司法资源的支出。正如有人对刑事和解的评介所言：“从时间成本上看，它使当事人从烦冗拖沓的正规刑事程序中解放出来，大量地节约了时间；从成本上看，当事人亦无须承担刑事诉讼高昂的费用；从交际成本上看，刑事和解具有相对和缓特征，有利于当事人关系的维护与继续经营等这些都是刑事和解制度所释放出来的经济绩效。”③ 因此，刑事和解在时间、金钱、精力上都节约了司法资源。同时，也对司法资源进行重新整合，使司法机关更加有效地集中人力物力和财力来处理对社会破坏严重、影响较大的复杂案件，也使得在正式司法程序中的当事人获得较充分的司法资源，从而提高司法效率。还有一些司法机关能够确信加害人就是行为人的案件，也很可能因为关键证据的缺少或加害人的拒绝供述而使案件无法顺利起诉、审判。如当事人双方同意和解，那么对案件事实的证明要求不会十分严格，侦查、起诉机关也不会因事实不清、证据

---

① 陈学志：《侦查监督工作中运用刑事和解的思考》，载《中国刑事法杂志》2009 年第 5 期。

② 陈瑞华：《刑事诉讼的私力合作模式——刑事和解在中国的兴起》，载《中国法学》2006 年第 5 期。

③ 蒋华林、陈彪：《刑事和解制度悖而不离的价值辩证》，载《甘肃政法学院学报》2009 年第 2 期。

不足而承担撤销案件、补充侦查或宣判无罪的风险。司法机关只需要审查和确认和解协议的合意性、真实性与合法性，以和解协议为起诉裁量或审判裁量的直接依据，从而提高对个案处分的效率。①

至于刑事和解是否节约司法资源问题，也有人提出异议，杜宇博士认为，刑事和解的成功与否具有不确定性，如果在一番周折之后，当事人双方没有达成和解协议而重新将纠纷付诸司法程序，那么，这是一种司法资源的节约还是司法资源重复的耗费？对此问题，黄京平教授认为，刑事和解对司法资源的节约应该从两个方面理解：一是个案司法资源的节约，另一方面是国家宏观的司法资源的节约。以后者为视角考虑，就不能以某个具体机关的付出和某一个案的解决为限制。② 笔者较赞成黄教授的观点，因为任何事物都有可能出现偏离主流的个别情况，当然不能因为此而否定事物整体的价值，只有当个别情况出现得较频繁，对事物整体的冲击会导致质的变化时，事物的整体价值才面临着重构的危险。所以，在刑事和解过程中出现不成功的情形也属正常。为了减少这种情形的发生，我们应该将在进入和解之前的工作做扎实，也尽量减少个案中不必要的资源浪费。

（四）有利于未成年犯罪人复归社会。

如前文所述，对未成年人的特殊保护，是世界各国通行的规则，而对未成年人犯罪适用刑事和解也是各国的普遍范例，这里内含着的一个重要缘由就是刑事和解有利于未成年犯罪人复归社会。由于未成年人是国家的希望和未来，未成年人的健康发展是国家繁荣富强的后备军和接班人，未成年犯罪人复归社会的成功与否也直接影响着和谐社会的构建与发展。所以，未成年人犯罪与成年人犯罪在预防和惩治上既有某些共性又有自己的特殊性。正如冯树梁教授将中国预防青少年犯罪的指导思想表述为："以综合治理为导向，以教育、保护、防范为主要内容，以家庭、学校、社会为联动机制，以保障青少年身心健康成长、培养良好品行为目标，惩教结合，以教为主，标本兼

---

① 向朝阳、马静华：《刑事和解的价值构造及中国模式的构建》，载《中国法学》2003 年第 6 期。

② 黄京平、甄贞、刘凤岭：《和谐社会勾践中的刑事和解——"和谐社会语境下的刑事和解"研讨会学术观点综述》，载《中国刑事法杂志》2006 年第 5 期。

治，重在治本，最大限度地预防和减少青少年犯罪与被害。”① 由此观之，我国预防未成年人犯罪的指导思想也是以未成年人的回归社会为本旨，而被害人与犯罪人和解的价值理念与此正具有内在的契合性。

在刑事和解的相互商讨过程中，未成年犯罪人能够深刻地体会到自己的行为给被害人造成的伤害，给社会带来的严重后果，从而促使其认识错误，真诚地悔悟。毕竟未成年人的世界观和人生观都没有定型，身体和心智都尚未发育成熟，社会阅历较浅，所实施的犯罪行为往往大多属于一时冲动所为。所以，当他们冷静下来以后，后悔和胆怯心理也会随之增长，若得到司法机关和被害人的谅解和尊重，他们就会放下心理包袱，消除一些误解和敌视，增加重新做人的信心，甚至会积极地弥补其犯罪行为给被害人或社会造成的危害。这是未成年犯罪人回归社会的重要前提和心理等内在条件。并且由于和解协议的达成与履行，我们抱着“恨其罪、爱其人”的思想，再结合未成年人具有人格可塑性大、易于矫正、容易教育改造的特点，对未成年犯罪人可能不启动或中止已启动的刑事追诉程序，这样也就避免了犯罪“标签”给未成年人未来一生带来的漫长不利影响，降低了未成年人对将来不确定的前途命运的种种担忧。同时，由于刑事和解通过赔礼道歉、赔偿、社区服务等方式替代了短期自由刑的适用，从而避免了短期自由刑易于造成交叉感染、服刑人处遇恶化等等弊端。这些都是未成年犯罪人回归社会的重要社会条件。

不过，对上述刑事和解中的有利方面也有反对意见，如 Harris 认为，由于被告人面临来自被害人、社区和国家的三方压力，所以刑事和解的强制性不是不如，而是甚于现行司法体系。另外，加害人虽然经由刑事和解得以避免了传统司法诉讼的负面效应，但是由于刑事和解关注面的狭窄，只强调犯罪的不利影响，而未在更为深广的背景下分析犯罪的政治经济等社会原因，对犯罪人回归社会的意义也是有限的。② 笔者认为，强制性的大小并非只看量的因素，虽然在刑事和解中不仅有国家的介入，还有社区与被害人的介入，与传统刑事司法程序相比，主体的量的确有所增加。但是，他们并不是联合

① 冯树梁：《中外预防犯罪比较研究》，中国人民公安大学出版社 2003 年版，第 68 页。

② 陈庆安、王剑波：《刑事和解制度的优劣势再解读》，载《河南社会科学》2008 年第 1 期。

起来处于犯罪人对立的一面，更不是以强制力作为武器相向于犯罪人，而是在平等、平和的环境下穿针引线、进行磋商。所以认为刑事和解对犯罪人的强制性比传统司法体系更大是不现实的。至于刑事和解关注面较窄，强调犯罪的不利影响，是由于刑事和解只是一个具体制度，若将各种相关问题都寄托于它来解决，这种过高的愿望任何制度都难以承载。并且犯罪的不利影响可以说是矛盾的焦点，整个过程都是围绕着这个焦点予以商讨和展开，所以以此为核心并无不妥。再说在和解的进行过程中当然会分析犯罪的政治经济等社会原因，否则我们不可能真正认识具体的案件，也就谈不上如何去进行商谈。若本末倒置，那不是在实践而是在研究。故上述反对意见不太符合刑事和解的实践要求。

三、未成年人犯罪适用刑事和解之弊

未成年人犯罪适用刑事和解之弊，即未成年人犯罪适用刑事和解的短处、劣势、弊端、负向价值和不良效果。虽然对未成年人犯罪适用刑事和解，并非是放纵他们，而是本着教育、挽救的方针，以一种相对宽松、柔和的方式实现对未成年犯罪人的追诉，将传统的正式追诉和惩罚模式只是作为对待未成年犯罪人的最后底线，由此产生如上所述的一些传统刑事司法模式难以实现的正向价值。但是，“由于世界上不存在绝对好的制度，不存在只有利没有弊的制度，因此对制度的选择同其他有形物品和无形物品的选择一样，都要权衡利弊。这也就意味着，在考察这一规定时不应当关注，至少也不应当仅仅关注其中体现出来的立法者的主观意图。因为对社会真正产生影响的是制度运作的实际后果，而不是设计制度者的意图。”[①] 刑事和解在运作的过程中同样也存在着附随的弊端。

（一）刑事和解可能会削弱刑罚的惩罚功能和预防功能。

在任何社会秩序中，刑罚都具有最高的强制性，即最大的严厉性，而其强制性又主要表现为基于报应正义需求的惩罚功能的发挥。这就要求国家在

---

① 苏力：《道路通向城市：转型中国的法治》，法律出版社2004年版，第177页。

追诉犯罪时做到有罪必罚、重罪重罚、轻罪轻罚，不允许有罪不罚、重罪轻罚或者轻罪重罚，更不允许游离于国家追诉权之外的任何其它形式来解决犯罪问题。这种观念在我国又尤为为甚。正如有学者所说的："中国社会的人治思想还十分浓厚，公民个人的思想、情趣和个人事务的决断统统纳入到国家的政治轨道，接受国家意志的改造和裁剪。以至于在对待和处理一些违法犯罪事务的过程中，一说到犯罪，罪无轻重，人无善恶，都被绝对地夸大为是对国家的侵害、对社会的危害。于是在被害人和加害之间不允许通过私了加以解决，国家包揽了对犯罪事务的一切处决权。"① 而对未成年人犯罪适用刑事和解，会使未成年犯罪人免除刑罚或减轻处罚，与上述观念背道而驰。并且"刑事和解使得恶行不必然得恶果，刑罚让步于被害人和加害人的谅解，即使当事人之间的社会关系得以完全恢复，却在社会公众的心理上投下了阴影。犯罪毕竟不同于一般侵权行为，如果完全允许当事人依照意思进行自治，则会混乱人们的是非善恶观念。"② 从而刑事和解降低了刑罚的威慑本性，影响了对犯罪的打击力度，也即削弱了刑罚的惩罚功能。不过也有人对此持反对意见，认为未成年犯罪人与被害人的和解虽然使未成年罪犯得到了较宽大的处理，但是本着对未成年罪犯采取"双保护"和"教育为主、惩罚为辅"的原则，既要注重社会的安全、秩序，又要注重保护失足的未成年人，尽管强调接受和解的未成年人得到更宽恕的处理，可是，并不是不受到处理，这些未成年人仍然要通过赔偿、道歉或提供社区服务受到惩罚，同样会产生震慑作用。③ 笔者认为，赔偿、道歉或提供服务虽然也是对未成年犯罪人的一种惩罚，但这些方式的性质与力度都不能与刑罚相提并论的，否则也就抹杀了刑法的独特功能。不过，也正因为它们有一定的惩罚性，所以我们并没有完全否定刑事和解结果的惩罚性，只是说刑事和解削弱了刑罚的惩罚性。

刑罚不仅对罪犯具有惩罚功能，还对犯罪具有预防功能。预防功能分为对犯罪人的特殊预防和对潜在的犯罪人的一般预防，而刑事和解使这两种预防功能都有不同程度的削弱。我们常说，自由当失去时才知可贵。未成年人

---

① 杨兴培：《刑事和解制度在中国的构建》，载《法学》2006 年第 8 期。

② 陈庆安、王剑波：《刑事和解制度的优劣势再解读》，载《河南社会科学》2008 年第 1 期。

③ 徐美君：《未成年罪犯与被害人的和解》，载《中国刑事法杂志》2006 年第 4 期。

由于生活阅历浅，也没有失去自由所导致的痛苦的经历，且经济赔偿主要是由其父母等监护人予以承担，即使有赔礼道歉或社区服务等方式给予一定的惩罚，也难以达到惩戒的效果，因此，刑事和解易于使未成年人思想中产生“犯罪后也大不了如此”的逻辑关系，在缺乏相关配套措施的情况下使特殊预防的功能落空。正如有学者所做的研究，我国“当前刑事和解工作多关注于和解协议的达成和履行，而对加害人的后期帮教措施却相对匮乏。由于不存在附条件不起诉制度，加上被不起诉人不属于社区帮教的对象，因而被酌定不起诉人履行赔偿义务后往往无需承担其他附加义务，也缺乏相应的帮教机制。这对加害人的特殊预防功能产生了负面影响，在未成年人犯罪案件中这个问题尤为突出。”① 也正因为此，不仅刑罚的特殊预防功能得到削弱，而且刑法中规定的罪刑法定原则所体现的一般预防功能也难以发挥。“刑法本身通过罪刑法定原则，将犯罪行为的不利后果公之于众，不仅寻求的是其潜在的一种威慑作用，更为重要的是确立犯罪与刑法之间的必然性联系，这种必然性联系具有对犯罪进行积极预防的效果。但是在刑事和解的实践中，加害人通过向被害人进行赔偿的方式替代了已由刑法明文宣告的刑罚执行，使得犯罪与刑罚的确定性受到损害。潜在犯罪人可能受到犯罪的诱惑，因为刑罚可以替代；被害人及其家属虽然获得一定赔偿，但是这种赔偿与伤害永远都不能等价；不懂法者则会更加迷茫，因为刑法也模糊了其与民事赔偿的界限；而守法公民的正义感则将受到冲击，稳固的社会心理防线将不复存在。”②

（二）刑事和解运作过程中会造成一定程度上的不平等。

我国《宪法》第三十三条规定：“中华人民共和国公民在法律面前一律平等。”作为宪法宣言性条款在部门法中的具体落实，我国《刑法》第四条规定：“对任何人犯罪，在适用法律上一律平等。不允许任何人有超越法律的特权。”这就构成了法律面前人人平等的刑法适用原则。具体而言，刑法适用平等原则是指：“对任何人犯罪，不论犯罪人的家庭出身、社会地位、职业性质、财产状况、政治面貌、才能业绩如何，都应追究刑事责任，一律平等地

① 宋英辉等：《我国刑事和解实证分析》，载《中国法学》2008 年第 5 期。

② 陈庆安、王剑波：《刑事和解制度的优劣势再解读》，载《河南社会科学》2008 年第 1 期。

适用刑法，依法定罪、量刑和行刑，不允许任何人有超越法律的特权。”① 该原则包含了三个方面的内容，即定罪平等、量刑平等和行刑平等。从定罪方面来说，司法机关只能考虑刑法明文规定的主体因素，如果考虑被告人的地位、功劳、财产等而区别对待就是不平等。从量刑方面来说，针对相同罪名和相同情节应做到同罪同罚，要与法律规定的从重、从轻或者减轻处罚的情节不冲突，禁止因权势或者地位等非法定情节而同罪异罚。从行刑方面来说，对所有的受刑人平等对待，做到同种刑罚同种待遇，不能考虑权势和地位分别对待，歧视无权和无地位的犯人。②

对未成年人犯罪适用刑事和解，目前促使协议的达成主要还是通过赔偿的方式。于是绝大多数人都认为，刑事和解在一定程度上违反了平等原则。因为对加害方而言，在刑事和解中，对被害人的补偿通常以金钱给付为主，这就意味着相对于属于社会底层的犯罪人来说，因为经济能力的缺乏而无力履行经济赔偿的责任而不能得到被害人的谅解，导致失去和解机会，享受不到和解的好处，只能依法接受应得的处罚。而对于家庭条件好的犯罪人来说，可能因为能够较好地赔偿被害人，而得到被害人“相当”程度的谅解，从而顺利和解而避免刑罚处罚，这有可能成为有钱人逃避法律追究的避风港，为其提供了逃避刑事审判法网的可能性。③ 而由于贫富差距所导致刑罚适用上的不平等问题，在目前尚处初级阶段、大多数人还不富裕的中国又尤为突出。但也有观点认为，刑事和解尽管可能因为赔偿的不同及犯罪人赔偿能力的不同而产生相同犯罪的犯罪人刑罚的差异，可是，它并非一定会导致与人人平等原则的冲突。第一，犯罪人经济条件的不平等是先于刑事和解就已经存在的，故刑事和解的结果不平等也是由其引起，而非刑事和解引起的。再说，由于经济条件不平等而导致结果不平等的现象在社会中也是大量存在，如贫富差异对身患重病者来说可能结果也是生死两重天。第二，刑罚适用中的不平等不以犯罪人的赔偿能力为依据，而只以犯罪人的赔偿事实为依据。故即便现实中存在着犯罪人赔偿和解能力的不平等，它最终也不能影响刑事和解

① 高铭暄主编：《新编中国刑法学》，中国人民大学出版社 1999 年版，第 23 页。

② 陈大鹏：《刑法平等原则》，载《法律与社会》2006 年第 11 期。

③ 姚建涛：《刑事和解制度的价值分析》，载《学术界》2007 年第 3 期。

作为一个从宽量刑情节在平等地适用于所有具备赔偿和解情节的犯罪人时的平等性。第三，损害赔偿也是一种制裁，具有惩罚性，故刑事和解的结果使犯罪人承担相应的损害赔偿，从而减轻处罚或免除处罚，只要犯罪人最终承担的惩罚总量与犯罪相适应，而且，如果这一总量没有与其他同类犯罪人所承担的惩罚总量不同，刑事和解就不存在不平等问题。第四，刑法中自首、立功是从宽处罚的法定情节，由其所至的同罪不同罚并不认为与人人平等原则相冲突，故若将刑事和解制度化以后也不存在与人人平等原则相冲突。[①] 对于以上肯定论（即认为刑事和解一定程度上违反了平等原则）和否定论（即否认刑事和解与平等原则相冲突）的观点，笔者认为，刑事和解的适用会产生不平等的结果，故不同意否定论的观点，但对于不平等的认识与原因，也不赞成肯定论的观点。

刑法适用平等原则用一句话概括就是“同样的事同样对待”，这也是解决刑事和解是否与平等原则相冲突问题的前提条件。于是我们可以将所需讨论的问题分为两部分，第一部分是在刑事和解的结果中，对没有进行赔偿的犯罪人和进行了赔偿的犯罪人是否同等对待。第二部分是在刑事和解的结果中，对没有进行赔偿的犯罪人之间或进行了赔偿的犯罪人之间是否同等对待。我们先看否定论对第一部分的证明，就是将损害赔偿作为一种惩罚，以此来填充进行了赔偿的犯罪人从轻部分的惩罚，因而对犯罪人惩罚的总量不变，故认为是平等的。但是笔者认为，即使损害赔偿具有惩罚性，与犯罪人被免除或减轻的刑罚，特别是自由刑（更不用说生命刑）是性质完全不同的两种方式，不能进行简单的折算，若进行抽象的折抵，既没有标准可言，也会混淆不同的惩罚之间甚至不同部门法之间的区别。这样的证明纯粹是主观的臆断，难以让人信服。并且认为经济条件不平等而导致结果不平等的现象在社会中也是大量存在，以及自首、立功等法定情节导致同罪不同罚，其实这些表述隐含的意思也就承认了刑事和解的结果中对没有进行赔偿的犯罪人和进行了赔偿的犯罪人不是同等对待。我们再来看否定论对第二部分的证明，认为刑

① 武小凤：《刑事和解与刑法正义价值、平等原则的冲突与对接——以“以钱买刑”为核心》，载赵秉志主编：《刑法论丛》（第 14 卷），法律出版社 2008 年版，第 139 ~ 144 页。

事和解作为一个从宽量刑情节在平等地适用于所有具备赔偿和解情节的犯罪人时是同样对待，刑事和解就没有与平等原则相冲突。毫无疑问这是正确的。但是，我们所讨论的问题的焦点恰恰是在第一部分，肯定论也是围绕第一部分展开的。

肯定论承认刑事和解会造成结果的不平等，这是现实的，因为的确是没有实现“同样的事同样对待”。但是，将这种不平等完全归结为经济条件的差异也有失偏颇。此时，笔者比较赞成否定论者的看法，即犯罪人经济条件的不平等是先于刑事和解就已经存在的，并且刑罚适用中的不平等不以犯罪人的赔偿能力为依据，而只以犯罪人的赔偿事实为依据。言下之意即使没有钱的人若进行了赔偿（借钱或其他合法途径），也会得到从轻处理，甚至可能会发生有钱的人没有和解，从而不能得到从轻处理，没钱的人进行了和解，从而得到从轻处理的情况发生，这种不平等的结果与犯罪人所具有的财产并无关联。所以，刑事和解也不是必然会成为有钱人逃避法律追究的避风港，我们不能因为刑事和解会造成不平等的事实，就简单地认为是经济条件的不平等所导致的，其实，这两种不平等是分别存在于不同领域的两个问题，它们之间并不存在必然的因果关系。不过，理论上虽是如此，实践中对未成年人犯罪适用刑事和解时，由于现实的不平等在人们的思想意识中仍然会将经济条件的差异作为导致这种结果的原因，所以在一定程度上会伤害人们的法感情。

四、启示与愿景

任何一种制度既有其有利的一面，也有其相应的弊端，制度的设计者或制度的执行者都是在利弊的衡量和选择中运作所拥有的权力。与传统的刑事司法制度相比，软化了权力运作的刑事和解使得被害人对刑事进程具有了一定的主导权利，从而也使得利弊发生了结构性的变化。通过以上对未成年人犯罪适用刑事和解利弊的分析，在以我国解决未成年人犯罪问题的一贯原则基础上，即既坚持保护未成年人利益又保护社会利益的“双保护”原则和“教育为主、惩罚为辅”的原则，可以看出对未成年人犯罪适用刑事和解是利大于弊。但是，在有机的社会体系中，任何一种制度也并非是独立运行，为了使制度的功效得以发挥，也即有利的一面得以彰显，不利的一面得以抑制，除了需自身制度完善之外，还需外界其他制度的配套和社会的参与，甚至外界观念的支持。在对未成年人犯罪适用刑事和解的条件、提出、受理、准备以及和解过程中的具体操作，直至和解协议达成后的处理等等方面，都有待于进一步的理论研究和经验积累。对刑事和解的监督机制、配套措施以及相关国家机关的规章制度也都有待于进一步的设置和完善。比如在实践中就有很多检察官反映，处理一个刑事和解案件还不如起诉到法院，因为刑事和解尽管社会效果很好，但是受到工作机制、考核制度的影响。一个和解案件通常要接受本院、上级有关部门、人大、纪委多方的检查，仅在向检查方作汇报上就要花费大量的时间。① 本是提高效率的制度由于外在的制约因素而阻滞了其功能的发挥。同时，我们都生活在社会母体之中，脱离社会的制度是没有生命力的。社会是制度设置运作的养分源泉，制度是社会有效运行的秩序保障。也正因为此，社会观念成为制度运行的重要群众基础。比如我国长期形成的“仇富心理”和“不患寡而患不均”的思想顽疾对“以钱买刑”历来都是深恶痛绝，而有着“以钱买刑”表象的刑事和解也因此受到人们的一定抵触。但是，无论如何，具有现代刑事司法理念的刑事和解还是契合了当代构建和谐社会的内在要求，符合国家对待未成年犯罪人的基本政策。因此，我们必须尽快将理论内涵予以提升，实践经验予以转化，加强刑事和解的立法，把刑事和解纳入正式的少年司法体系，并且完善相关的配套措施，进行广泛的宣传教育，对我国和谐社会的建设发展以及未成年人犯罪的防控都具有重大的理论和实践意义。

---

① 张智辉：《刑事和解研究述评》，载《国家检察官学院学报》2007 年第 4 期。

历史变迁中的追问：论基层检察室的职能与定位

邵增辉*

基层检察室的职能定位就是要解决其“干什么”的问题。正是因为基层检察室曾经有过一段被撤销的不堪往事，所以引发我们对当前基层检察室再设立的必要性追问。“实现检力下沉、延伸法律触角”的时代使命是基层检察室再生的动力与源泉。当前，基层检察室的职能还存在标准不统一、职能畸轻畸重、职能混同于乡镇其他机构等缺陷。因此，我们在基层检察室职能定位时必须区分刚性职能与一般职能，使两者平衡设置，让检察室在基层真正生存并生长。

一、基层检察室的前世今生

“检察室”是人民检察院在乡镇的派出机构，是检察机关延伸法律监督触角、促进检力下沉，积极参与社会管理创新的时代产物。然而，“检察室”并非新生事物，而是经历了一段曲折的发展历程。

（一）黄金时期（1982—1997）

随着检察机关的恢复重建，向乡镇延伸检察职能被列入了检察机关的工作议程。1982 年广东省潮州市检察院在庵埠镇设立了全国第一个检察室，之后一些检察机关陆续在部分重点乡镇设置派驻检察室，其主要职能是发现经

* 作者简介：邵增辉，任职于浙江省宁海县人民检察院。

济犯罪线索和提供法律服务。1989年12月最高人民检察院颁布了《人民检察院乡（镇）检察室工作条例（试行）》，进一步推动了乡镇检察室的发展。至1993年，全国已经在重点乡镇设置检察室1020个。[①] 与此同时，除了乡镇检察室，一些税务检察室、派驻其他单位甚至企业等检察室也在实践中陡然而生。尽管之后最高人民检察院下发了整顿检察室的通知，要求除派驻乡镇检察室、税务检察室之外，其他各类检察室予以撤销，但该通知同时仍鼓励发展乡镇检察室，当时全国乡镇检察室最多达到2731个。[②]

（二）枯萎时期（1998—2007）

随着检察室蓬勃壮大，其在实践中也不断暴露出设置范围过宽过乱、职能定位不准确等弊端。1998年，最高人民检察院发出通知，要求“对最高人民检察院明令撤销的税务检察室和设置在行政机关、企事业单位的检察室，以及侦查工作点等，尚未撤销或变相存在的，在1998年7月1日之前必须全部撤销。暂不新设派驻乡镇检察室，对现有派驻乡镇检察室中的非检察机关编制人员，要做好工作，予以清退”。尽管最高人民检察院文件没有明令撤销派驻乡镇检察室，但在此期间全国大部分派驻乡镇检察室被撤销。

2001年3月中共中央明确要求：“调整派驻乡镇检察室设置。为有利于法律监督，兼顾工作效率，各地要根据实际情况，合理调整乡镇检察室布局，作用不大的，予以撤销；确需设置的，由省级人民检察院批准，报最高人民检察院备案。”经过整治，当时全国共保留了434个乡镇检察室。[③]

（三）再探索时期（2008—至今）

检察室工作虽经历了寒冬的枯萎期，但却一直未曾凋零与消亡。2008年海南省检察院出台《海南省人民检察院设置乡镇检察室工作方案》，率先在全省范围内全面开展基层检察院派驻乡镇检察室工作。之后，最高人民检察院

① 该数据援引自浙江省慈溪市人民检察院官网发布的《关于基层检察室建设的若干思考》，http：//www.jcy.cixi.gov.cn/art/2012/9/21/art_22707_945606.html，2015年5月29日访问。

② 该数据援引自浙江省慈溪市人民检察院官网发布的《关于基层检察室建设的若干思考》，http：//www.jcy.cixi.gov.cn/art/2012/9/21/art_22707_945606.html，2015年5月29日访问。

③ 该数据援引自浙江省慈溪市人民检察院官网发布的《关于基层检察室建设的若干思考》，http：//www.jcy.cixi.gov.cn/art/2012/9/21/art_22707_945606.html，2015年5月29日访问。

先后下发了《关于贯彻落实〈中央政法委关于深化司法体制和工作机制改革若干问题的意见〉的实施意见》《2009—2012年基层人民检察院建设规划》《关于进一步加强和规范检察机关延伸法律监督触角促进检力下沉工作的指导意见》等一系列文件，进一步要求工作重心下沉、检察阵地前移，深入基层面对面倾听和解决人民群众的诉求，积极探索派驻街道、乡镇、社区检察机构建设。各地检察机关开始有选择地开展部分试点工作，检察室建设又逐渐走上新道路。至2011年10月，全国共有28个省、市、自治区检察机关设置派驻基层检察室1895个，其中2009年后新设1118个，占总数的59%。①

检察室经历了从兴至衰到再探索发展这三个阶段，绝不是简单的历史重复。从其发展进程看，尽管出现过一段对检察室存在反思与否定的过程，但其终究未退出法治改革的舞台，足以证明其存在的法律价值和生命力，事实证明检察室在实践中发挥了积极作用。但这段历史也提醒我们勿蹈覆辙，要准确定位检察室的职能，明确有所为有所不为，才能使这朵司法之花美丽盛开、长久不凋！

二、目前基层检察室的职能与缺陷

（一）基层检察室的职能

根据1993年最高人民检察院《人民检察院乡（镇）检察室工作条例》第3条规定，乡（镇）检察室的任务是：（1）受理辖区内公民的举报、控告和申诉，接受违法犯罪分子的自首；（2）经检察长批准，对发生在本辖区内、属于检察机关直接受理的刑事案件进行立案前调查、立案后的侦查；（3）对辖区内缓刑、假释、管制、剥夺政治权利和监外执行人员的管理教育工作进行检察；对人民检察院决定免诉的人员进行帮教；（4）结合检察业务工作，参加社会治安的综合治理，开展法制宣传；（5）办理检察长交办的工作。

① 卢杰、吴晓峰：《全国派驻基层检察室达1895个 最高检：因地制宜推进检察室规范化》，载《法制日报》2011年10月13日。

2008年，随着基层检察室工作的再探索，检察室职能得到了进一步地充实甚或一定程度的突破。

以浙江省检察系统为例，2009年8月浙江省人民检察院出台《关于加强和规范基层检察室建设的意见（试行）》，明确了在“全覆盖设置、一次性报批、按条件到位”的推进模式下履行基层检察室包括收集发现职务犯罪线索、开展职务犯罪预防、处理涉检信访、对公安派出所和人民法庭司法活动进行法律监督、监督并配合社区矫正、加强民事行政检察职能宣传、配合开展基层社会治安综合治理工作、结合检察业务开展法制宣传教育、开展对外联络等十项职能。结合十项职能，各地检察室在探索过程中因地制宜、点面结合，又有所侧重、各具特色地开展检察工作。实践中，根据职能重点不同，主要有以下五种类型的检察室。①

1. 犯罪侦查型检察室。

这类检察室的职能主要以职务犯罪查处为主，具有一定的职务犯罪自办权。这个模式是20世纪80年代设立的检察室的基本形态，它符合当时经济发展的态势，设立初衷在于打击乡镇迅速发展中所引起的贪污贿赂等经济犯罪案件。如瑞安市人民检察院塘下检察室系自1998年保留下来，其职能定位于“查访辖区内职务犯罪”为重点，办理塘下镇国家工作人员贪污贿赂、渎职侵权及自行发现的辖区外职务犯罪案件。至2013年，其查处的乡镇干部数、基层站所工作人员数分别占全院总数的37%和52%。

2. 公诉办案型检察室。

这类检察室的职能主要以办理公诉案件为主，刚性职能比较强。如永康市人民检察院的“芝英、经济开发区、龙山”三个检察室，即是定位于“以乡土化公诉为特色的检察室”，专门办理“可能判处三年以下有期徒刑且未被羁押的刑事案件”。自2011年6月成立以来的两年，其已共办理各类轻微刑事案件662件883人。

---

① 该五种类型检察室中涉及的数据来源于2013年6月浙江省检察机关基层检察室建设推进会经验交流材料。

3. 法律监督型检察室。

这类检察室的职能主要以强化对司法活动的法律监督为重点。如杭州市余杭区人民检察院的“余杭组团检察室”和“良渚组团检察室”，即把“两所一庭”的法律监督作为检察室履职的重点与主攻方向。其与公、法、司联合出台《关于加强组团检察室与“两所一庭”监督配合的实施意见（试行）》等制度以及一系列工作细则，保障检察室工作规范化运行。

4. 服务维稳型检察室。

这类检察室的职能主要以职务犯罪预防和综合治理工作为主线，突出法律宣传服务，及时化解矛盾纠纷。如松阳县人民检察院的“工业园区检察室”和“古市检察室”因地制宜打造为民服务四个平台——民情采集平台、法制宣传平台、涉农预防平台、化解矛盾平台。

5. 综合型检察室。

这类检察室综合了上述多个类型的特点，全面开展检察工作。如慈溪市人民检察院的“龙山、观海卫、周巷”三个检察室，即是以创新“办案、监督、服务”三位一体工作模式为重点，强化办案、强化监督，服务大局、服务民生，不断提高检察室与基础结合的牢固度。再如嘉善县人民检察院的“姚庄检察室”，打造“监督型、预防型、便民型”三型检察室，常规工作和亮点工作双轨推进。

（二）基层检察室的职能缺陷

1. 职能标准不统一

所谓基层检察室的职能标准不统一，即检察室在“干什么”的问题上履职不醒目。有的检察室专管案件公诉，有的检察室专管职务犯罪侦查，尽管做到了因地制宜，但对于普通老百姓乃至于其他局外人，都会对检察室的职能产生疑惑。检察室到底是做什么的，为什么每个检察室做的工作都不太一样，这些实际问题倒逼我们认真思考检察室职能是否需要统一设置。其实，关于检察室职能的标准问题源于其先天的法律缺陷。在基层司法机构体系中，人民法庭和公安派出所的设置及其职能分别由《人民法院组织法》（全国人大通过）和《公安派出所组织条例》（全国人大常委会通过）确定，均得到了全国最高立法机关的首肯。而基层检察室设置的主要依据是高检院制定的

《人民检察院乡（镇）检察室工作条例》，其效力不及法律，直接导致了检察室的法律地位不明、职能不定，也决定了其多舛的命运。①

2. 职能项目分配畸轻畸重

检察室职能标准不统一的另一个表现即在职能项目分配上存在畸重畸轻的现象。所谓职能项目分配畸重，即检察室的职能过于集中其中某项职能，使检察权的行使范围过于单一。其有利于检察室集中有限力量突出刚性职能，但弊端是与当地党委政府、人民群众联系不够紧密，不利于检察触角的广泛延伸。如公诉型检察室，突出了对公诉案件的办理及派出所的法律监督，但疏于对当地民情的调查了解。所谓职能项目分配畸轻，即检察室的职能过于集中于某项或某几项虚化的职能，分散了有限的力量，检察特色不明显。如服务维稳型检察室，侧重做法律宣传、民情调查、化解矛盾等工作，刚性不足，生命力不强。

3. 职能混同于乡镇其他机构

这个问题是需要特别警惕与警醒的，也是检察室保持独立行使检察权，不沦为乡镇组成部门的根本问题。目前，与检察室职能最容易混同的主要有两个部门，即乡镇的综治部门和纪检部门。乡镇社会综合治理部门的矛盾排查、纠纷调处、安置帮教、法律宣传等工作与检察室服务、宣传、接待、走访等功能有相通之处，部分工作存在一定交叉，可以联合开展，但不宜越俎代庖。如果据此直接插手当地乡镇党委的拆迁安置、地方治安、平息群体性事件等事务，不区分“份内”与“份外”，容易导致检察权的异化，20 世纪 90 年代初撤销检察室的一个重要原因即在于此。乡镇纪检部门的查办违纪违法案件与检察机关的查办职务犯罪案件，也使纪检部门与检察室的工作产生一定交集。如纪检部门的调查、谈话往往是检察室收集职务犯罪线索的重要来源，也与职务犯罪初查、侦查工作密切相关。但目前基层检察室在基础建

---

① 有观点将《人民检察院组织法》第二条规定作为设置基层检察室的法律依据。该条规定“中华人民共和国设立最高人民检察院、地方各级人民检察院和军事检察院等专门人民检察院……省一级人民检察院和县一级人民检察院，根据工作需要，提请本级人民代表大会常务委员会批准，可以在工矿区、农垦区、林区等区域设置人民检察院，作为派出机构”，对此笔者有不同理解。该条从全面系统上解读，应该是关于专门人民检察院的设置，而非基层检察室的设置，两者不可混同。

设过程中还存在着人员配备不足、办公资金短缺等限制，需要依靠当地党委政府的支持解决。而乡镇纪检部门有时定位不准确，把检察室当作其组成单位，把不适宜检察权行使的任务分配给检察室，使检察室处于尴尬境地。

三、当下基层检察室职能的再定位

（一）职能定位的原则

1. 立足检察职权原则

立足检察权是基层检察室履职的最基本原则，也只有立足检察职权才能保证检察室姓“检”。对于基层检察院而言，基层检察室实际上是检察院在基层的派出机构，其不是独立的检察机关。对于基层乡镇党政机关而言，基层检察室是属于检察机关的一部分，其具有独立性。因而，检察室履职始终以检察职权为依托，而不能行使其他党政机关的职权。

2. 因地制宜原则

关于基层检察室的职能设置太乱、缺乏统一标准的问题，在司法实务界饱受诟病。然而，检察室的职能却不宜统一设置，而应因地制宜地推进。首先，检察室设置的目的之一是为了实现检力下沉，下沉的落脚点即是当地乡镇。每个乡镇发展特点不同，导致其司法需求不同，因此需要基层检察室因地制宜地建设。其次，基层检察室还处于探索初期，受各种软硬件的制约，建设过程需要慢慢推进，不宜搞大统一。

3. 突出重点原则

所谓的突出重点，就是要突出基层检察室的刚性职能。一个检察室可以缺少几项一般职能，但唯独不能缺少刚性职能。刚性职能是检察室的支撑，同时也为检察室发挥法制宣传、犯罪预防、社会综合治理等一般职能创造条件。突出重点、突出刚性职能，才能使检察室设置不成摆设，使检察工作不被虚化与异化。

（二）职能范围的阈值

检察室职能范围的阈值问题，即讨论的是检察室可以履行哪些检察职能。理论上，检察室作为检察院的组成机构，属于检察院行使的职能范围就是检察室行使职能的范围。实践中，检察室只是行使检察院的部分职能。如最高人民检察院规定，基层检察室可以履行五项检察职能，浙江省人民检察院又将之分化为十项职能，实务中部分检察室又进行了一定的突破，如鄞州区人民检察院东钱湖检察室增加了捕诉职能。所有这些职能如果将之划分为两类——刚性职能和一般职能，那么检察室职能的范围阈值应该是刚性职能加一般职能，且两者必须同时具备。

刚性职能如行使案件公诉权、审查批捕权、职务犯罪案件初查侦查权等职能；一般职能如法律宣传、收集职务犯罪线索、走访调研、职务犯罪预防等职能。刚性职能解决的是检察室扎根基层的生存问题，没有刚性职能，检察室就没有生命力。一般职能解决的是检察室在基层生存下来后如何开枝散叶的生长问题，缺乏一般职能，有违检察室设立初衷。基层检察室既要考虑在当地生存，更要思量茁壮生长，既要有刚性职能，也要有一般职能。缺乏一般职能的生存是“长不大”的检察室，而没有刚性职能的生长则是“虚假繁荣”的检察室。

（三）职能项目的平衡设置

不管是最高人民检察院的五项职能，还是省院的十项职能，都只是给出了一个职能范围，并未对检察室具体如何设置职能作出指引。在目前基层检察室职能无法作出大统一的情况下，笔者建议可以适度做到小统一，即统一规定基层检察室履行职能的总项目数和必选项目数（创新项目可以不受此限制）。1. 职能总项目数。比如规定的职能范围内共有 10 项职能，限定基层检察室职能在总量上必须履行 3 项以上。2. 必选项目数。即将这 10 项职能中的刚性项目列为必选项目，限定基层检察室必须履行 1 项以上必选项目。这样既可以防止检察职能因过于简单而出现某项职能独大的现象，也可以减少检察职能因“虚假繁荣”而被异化的危险，从而实现检察室职能设置的平衡。

以下，笔者从法律规定和工作考核两个角度对之作进一步展开。

1. 法律规定方面。

建议在《人民检察院组织法》第二条中增加一项，规定“县（区）一级检察院可以根据工作需要，选择在一个重点乡镇或几个乡镇成立基层检察室”，从而明确其法律地位。另外，对最高人民检察院制定的《人民检察院乡

（镇）检察室工作条例》中关于检察室规定做一定调整。如规定，“检察室的任务是：（1）对辖区内的轻微公诉案件提起公诉；（2）经检察长批准，对辖区内的部分案件批准逮捕；（3）经检察长批准，对辖区内的职务犯罪案件或自行发现的职务犯罪案件进行初查与侦查；（4）对公安派出所、司法所、人民法庭等单位司法活动进行法律监督；（5）开展职务犯罪预防；（6）收集、发现职务犯罪线索；（7）处理涉检信访；（8）加强民事行政检察职能宣传；（9）配合基层开展社会治安综合治理工作；（10）结合检察业务开展法制宣传教育；（11）加强与辖区人大代表、政协委员、人民监督员的联系，主动接受监督；（12）其他工作。以上（1）—（4）项任务，基层检察室必须完成其中一项，其他任务可以选择开展，但任务总数不少于3项。”

2. 工作考核方面。

在目前法律规定还无法一步到位的前提下，建议将上述内容纳入对基层检察室的考核体系。如规定，“基层检察室未能完成（1）—（4）项中的一项任务，扣10分；完成一项以上的，每多一项加2分。总任务数少于3项的，扣5分；3项以上的，每多一项加1分。以上增加项目未取得实质性效果的，所加分数清零。创造性开展检察工作，得到上级检察机关肯定的，每项加10分。超越检察职权开展任务的，扣20分。”

提前介入工作应当把握六个要点

邓玉新　吴　圆*

依据最高人民检察院《刑事诉讼规则》第三百八十三条，人民检察院根据需要可以派员参加公安机关对于重大案件的讨论和其他侦查活动，发现违法行为，应当及时通知纠正。该条是人民检察院开展提前介入工作的根本依据。提前介入重大、疑难、复杂案件，引导侦查，对于取证方向、侦查策略、案件定性方面发挥了积极作用，有力保证案件顺利批捕起诉。

提前介入是检察机关在刑事案件提请批准逮捕或审查起诉之前介入案件，对侦查活动进行引导和监督的行为。介入侦查活动时，不得代替公安机关行使职权，应当本着“参与而不干预、讨论而不定论、配合而不代替”的基本原则，在《刑事诉讼规则》的基本框架内行使职责，根据实际情况有针对性地提出建议和意见。要做好提前介入工作，应当把握六个要点。

一、使言词证据由不确定性向稳定性转变。

通常发案之初所获取的言词证据可信度较高，但随着时间推移，言词证据会发生变化。引导侦查时，建议公安机关注重使用同步录音、录像固定言词证据。比如在强奸案件中，证明是否具有“强迫性”的证据多为“一对一”。由于被害人陈述反复，在审查批捕阶段，就需要对被害人的陈述进一步核实，加重了工作量。同时，如何在短时间内针对被害人的陈述反复现象作

---

* 作者简介：邓玉新、吴圆，任职于福建厦门集美区人民检察院。

出判断成为两难。如果一律对被害人陈述反复现象认定为事实不清、证据不足而存疑不捕，势必于保护妇女合法权益不利；如果逮捕，捕后被害人也有可能因所谓“经济赔偿”问题的干扰，在兑现与无法兑现的情况下再度反复，这势必会影响案件的起诉、审判。针对上述情况，集美区院在引导侦查时建议：（1）侦查机关在强奸案被害人报案、第一次制作询问笔录时就使用录音录像对被害人陈述进行固定，首次询问应当详尽、具体。（2）及时固定外围证据，补强证据，如从陪同被害人报案的亲朋处固定证言、从第一个得知强奸案发生的证人处固定证言、报案时立即勘查现场、查扣物证、进行被害人身体检查、痕迹鉴定等等。(3) 迅速查清陈述反复、撤案原因。对陈述反复、撤案的，不能被动应对，听之任之，而应当迅速查清陈述反复、撤案原因，做好被害人工作，尽快排除被害人顾虑；对涉嫌妨害作证的，建议公安机关调查取证，符合条件的应当立案侦查，严肃打击此类妨害司法行为。

二、使证据间的关系由离散性向关联性转变。

物证、书证等非言词证据能真实客观地反映事实的本来面目，但由于其本身反映的客观事实是静止的、间断的，引导取证时应当充分考虑实物证据关联性转变，及时固定和补查间接证据，以形成完整证据链，排除合理怀疑。比如在贩卖毒品、淫秽物品等隐讳型案件中，如果采用诱惑侦查手段抓获犯罪嫌疑人的，我院一般要求公安机关做好五方面取证工作：（1）分局应当对使用线人、线人身份等情况出具书面详细说明，不宜由派出所自行出具；（2）公安机关需要对其提供的购买毒品、淫秽物品所需钱币号码进行登记，在查获后应当再次对钱币号码进行登记核对；（3）对搜查到的毒品每案必做搜查笔录，并附犯罪嫌疑人指认的毒品称重照片；（4）做好辨认笔录，包括同案犯之间的辨认、犯罪嫌疑人对赃物、案发地点的辨认、被害人对犯罪嫌疑人的辨认等；（5）需要注意对交易的毒品及时收缴，防止吸毒线人因毒瘾发作将作为证据使用的毒品吸食掉。

三、使犯罪行为的特征由自然性向法律性转变。

对证明犯罪行为的证据收集不能只考虑到行为自然形成的后果，而要紧扣法律特征收集证据。在监督现场勘验时，要考虑到涉及其他犯罪案件的可能性。如我院在提前介入朱某、袁某等人寻衅滋事一案中，发现本案是应嫖娼纠纷而起，犯罪嫌疑人因不满意卖淫小姐服务而打砸发廊，殴打店员致其死亡。除了收集刀具，对现场拍照之外，我院建议公安机关对现场遗留的避孕套、发廊老板的账本等进行收集，查找卖淫小姐，收集发廊老板涉嫌容留卖淫的笔录。朱有香容留卖淫案已顺利批捕起诉。

四、注重宽严相济刑事政策的适用。

集美区目前正处于新城区大开发、大建设时期，因争抢地材引发的聚众斗殴、寻衅滋事、聚众扰乱社会秩序、敲诈勒索案件增多。近年来，非法传销、非法经营等团伙作案也逐渐增多，涉案人员往往有二三十人之多。在提前介入这类群体性案件、涉案人员众多的案件时，要注重严格依据犯罪构成要件，妥当适用宽严相济刑事政策。对于聚众斗殴、聚众扰乱社会秩序的首要分子、积极参加者，对于传销组织的发起人、负责人、组织者，多次参与传销、非法获利数额巨大的骨干分子，要依法严惩。对于大多非法偶然实施犯罪、主观恶性不深的人员，争取教育转化，为抓获主犯提供线索，酌情从轻处理；对于被骗参与违法活动的，要进行教育，及时遣散；构成犯罪，但是无逮捕必要的，可以建议采取取保候审等非羁押强制措施；对于执迷不悟的顽固分子，要采取有力措施予以查处。

五、做好信息通报工作。

提前介入后，侦查工作进展的反馈、通报和跟踪指导必不可少，否则介入效果就大打折扣。公安机关应当将介入后，意见采纳情况、侦查进展及时反馈给检察机关，检察机关能够适时调整指导意见，变片段式监督为全程式监督。同时侦查监督部门与公诉部门应当密切配合，完善捕诉衔接。对于提取介入的案件，介入人员应当在介入案件后7日内将介入侦查情况抄送公诉部门，案件侦查活动进展情况也应当及时向公诉部门通报，必要时可邀请公诉部门对案件进行研究；提前介入的案件作出批准逮捕或不捕决定的，也应在3日内通报公诉部门，公诉部门应当根据案件具体情况决定是否派员介入引导侦查。

六、切实履行监督职能。

由于提前介入具有可以渗透到整个侦查过程的“特异功能”，打破侦查行为的封闭操作，成为检察机关监控侦查机关立案活动和侦查过程的“千里眼”和“顺风耳”。因此提前介入的监督功能能否充分发挥，成为制约检察实践中侦查监督工作能否有效开展的重要因素。检察机关在提前介入活动中，发现存在的问题和违法情形，应当区分不同情节，采取不同方式处理。对于执法不规范但不违法的问题，以及案件可能出现的其他问题，可以采用《建议函》的形式向公安机关反映；对于情节较轻的违法情形，可以口头方式提出纠正；对于情节较重的违法情形，应当发出《纠正违法通知书》；对公安机关侦查人员违法行为情节严重构成犯罪的，应当将线索移送本院侦查部门审查。对于发现以罚代刑、不应当立案而立案的，应当进行立案监督，发出《要求说明不立案理由通知书》或《通知立案书》。

《立法法》修改对刑法解释的体系影响与刑事政策发展*

卫　磊**

修正后《立法法》达到了立法理念与立法前瞻性上前所未有的高度，对刑法解释领域也形成了从实然到应然的动态影响。由于长期以来刑法解释自给自足、形成了相对自证合理的刑法解释体系，成了检验修正后《立法法》的试金石。为适应修正后《立法法》规定，刑法解释体系应当从实然的多元化格局变革为应然的两元化格局，对现有的刑法解释体系和文本进行清理。应当彻底停止地方司法机关实际上的刑法解释权限、停止非法定机关参与的刑法解释惯例、清理不符合修正后《立法法》第一百零四条的刑法解释文本。

2015 年 3 月 15 日第十二届全国人民代表大会第三次会议通过了《全国人民代表大会关于修改〈中华人民共和国立法法〉的决定》（以下简称“修正后《立法法》”），本次修正对我国立法司法的影响深远而持久，对国家法治最后保障法的《刑法》而言，当前最具直接现实意义的影响是将改变现有的实然型刑法解释多元化格局、在宪法性法律上形成了应然型刑法解释两元化格局；将进一步强化了全国人大常委会的刑法解释权、备案（审查）权；进一步明确了最高人民法院、最高人民检察院（以下简称“两高”）的具体应用刑法解释权、提请解释刑法议案权；将绝对排除“两高”以外其他机关的刑法解释权。总体上看，修正后《立法法》将为完善我国刑法解释体系提供

* 本文系 2011 年教育部人文社科青年基金项目《当代刑事政策转型与刑法解释发展互动研究》（11YJC820129）、上海政法学院科研基金项目（2014XJ06）的阶段性研究成果。

** 作者简介：卫磊，上海政法学院副教授、日本一桥大学法学研究科客员研究员。

了充分的宪法性法律依据，为解决刑法解释体系发展中的规则冲突指出了基本的适用方向。但长期以来刑法解释自给自足，形成了具备充分功利性工具性且相对封闭的主体和文本体系，特别是联合制发刑法解释、破法造法解释、地方化刑法解释等，对修正后《立法法》的权威与统一形成了不利格局。为了修正后《立法法》的完整彻底实施，应当对刑法解释的主体与文本予以清理。

一、现有的实然型刑法解释多元化格局与刑事政策关联

实然型刑法解释多元化格局是从刑法适用角度出发、对刑法规范进行阐释、并最终对定罪量刑产生实质影响的刑法解释者及其解释文本共同形成的现实结构。其多元化主要表现为解释主体多元化、解释文本载体多元化：其一，解释主体多元化，包括有全国人大常委会、“两高”以及“两高”内设机构、各省市地方司法机关、中央或者地方非司法职能机关等。“事实上，刑法解释的主体，可以是立法者、司法者、学者，也可以是任何对刑法的解读者。”①；其二，解释文本载体多元化，包括有全国人大常委会的决定、“两高”的公告、“两高”内设机构的批复或者答复、各省市地方司法机关的意见与通知、中央或者地方非司法职能机关的文件等。

尽管有学者指出法律是无法解释的，“多少个世纪以来，人们尽管作出了种种努力，以求发现一种理解、解释法律的方法，然而我看不出在通过法律解释而获得更确定的法律这个问题上人类有多少进步；如果有进步，那也只是人们描述自己理解、解释法律的过程上的进步（而这只是一种运用文字上的进步），以及人们对这些过程的在某种程度上的自觉。”② 但从历史和现实、成文法国家与判例法国家、公法与私法等多重角度考察，对法律的解释仍然普遍存在，并发展出对法律解释的原则、目标、方法、结构等理论体系和现实的法律解释文本，这就反映出不仅仅是法律自身需要解释的内在动因，同

① 龚培华：《刑法解释理论的基本问题》，载《法学》2007 年第 12 期。

② 苏力：《解释的难题：对几种法律文本解释方法的追问》，载《中国社会科学》1997 年第 4 期。

时也是人们追求更高水平公平正义的不懈努力的表现。《刑法》也需要解释，除了与通常法律解释具有共性原因之外，还存在与特定国家刑事政策的价值取向、该国的司法制度和社会公众心理期待有关。

（一）全国人大常委会的刑法立法解释

修正后《立法法》仍然延续2000年《立法法》的规定，从第四十五条到第五十条对全国人大常委会的法律解释权做出了明确规定。通常所称的全国人大常委会的立法解释，实际上是对全国人大常委会法律解释更为直观、更为通俗的表达，即使这种表达可能会让人发生误解：立法与解释怎么能够合成立法解释？立法者的立法与立法者的解释边界在哪里？即有观点担忧："全国人大常委会就可以通过采取简单的程序对刑法进行创设性解释，从而行使原本并不享有的完整的立法权，致使宪法对于立法权的规定流于形式。"[①]

与《刑法》的发展历程相对应，从1979年我国第一部《刑法典》颁布后到2000年4月，在整个20世纪里，我国没有颁布一个刑法立法解释。但是进入21世纪后，从2000年4月29日全国人大常委会通过第一个刑法立法解释即《关于〈中华人民共和国刑法〉第93条第2款的解释》开始，刑法立法解释开始大量涌现，迄今为止一共颁布了13个刑法立法解释，而迄今为止全国人大常委会一共做出了24个法律解释，涉及《刑法》的法律解释共有13个，占比例超过半数，这充分表明了国家立法机关对《刑法》适用与刑法解释的重视。

综观全国人大常委会通过的13个刑法立法解释，其功能和意义主要有以下三个方面。其一，根据《立法法》第四十五条第二款第（一）项的规定"法律的规定需要进一步明确具体含义的"，对《刑法》规定中某些内容的具体含义做出明确，解决了不同部门对《刑法》规定认识的分歧。如2004年12月19日第十届全国人大常委会第十三次会议通过《关于〈中华人民共和国刑法〉有关信用卡规定的解释》，对《刑法》规定中的"信用卡"的具体含义做出解释。其二，根据《立法法》第四十五条第二款第（二）项的规定"法律制定后出现新的情况，需要明确适用法律依据的。法律制定后出现新的情

① 李翔：《论创设性刑法规范解释的不正当性》，载《法学》2012年第12期。

况，需要明确适用法律依据的”，对《刑法》规定制定以后新出现的犯罪现象及其处理是否可以适用早于犯罪出现的《刑法》规定做出明确，客观上扩大了《刑法》适用范围。如2014年4月24日第十二届全国人大常委会第八次会议通过《关于〈中华人民共和国刑法〉第二百六十六条的解释》，将以欺诈、伪造证明材料或者其他手段骗取养老、医疗、工伤、失业、生育等社会保险金或者其他社会保障待遇的，认定属于刑法第二百六十六条规定的诈骗公私财物的行为，因为在制定1979年刑法乃至1997年修订刑法时均没有上述行为，因而需要做出刑法解释来明确处罚上述行为的刑法根据。其三，根据《立法法》第一百零四条的规定，对“两高”解释如果有原则性的分歧，报请全国人大常委会解释或决定。如2002年4月28日第九届全国人大常委会第二十七次会议通过《关于〈中华人民共和国刑法〉第二百九十四条第一款的解释》，对“黑社会性质的组织”应当同时具备的特征做出解释。该立法解释出台的主要动因是因为“两高”各自颁布的有关“黑社会性质的组织”认定的司法解释中，对“黑社会性质的组织”的认定是否需要有国家工作人员参与犯罪活动或者为犯罪活动提供非法保护这一条件，存在原则性的分歧。①

（二）“两高”的“刑法司法解释”

“两高”刑法司法解释是我国《刑法》适用中最为广泛的解释来源，在《刑法》规范生成与生效的逻辑过程中居于规范立法与具体司法之间，既能够反映立法宗旨、又能够反映具体案件，具有承上启下的位阶特质。根据刑法司法解释的制定主体和解释内容的不同，可以分为狭义的刑法司法解释和广义的刑法司法解释性文件。前者是“两高”按照《立法法》规定，针对具体的《刑法》条文，并符合立法的目的、原则和原意，对属于审判、检察工作中具体应用法律的所做出的解释；后者“两高”为贯彻国家刑事政策，单独或者与其他部门发布的，不针对具体法律条文，对属于审判、检察工作中方向性目标性问题所做出的解释性文件。

“两高”刑法司法解释在实然层面具有如下特点：其一，刑法司法解释内

① 胡康生：《对全国人民代表大会常务委员会关于〈中华人民共和国刑法〉第二百九十四条第一款的解释（草案）的说明》，载《全国人大常委会公报》2002年第3期。

容涵盖广泛、数量庞大，对常见多发犯罪的认定、刑法司法常见疑难复杂问题等均做出了相应解释。经过2013年底大规模司法解释清理之后，至今仍然现行有效的广义刑法司法解释共计418件。[①] 从适用《刑法》的功利性现实性需要而言，刑法司法解释数量达到刑法规范的若干倍，能够满足《刑法》司法实践中的客观需要，减少刑法规范适用的矛盾与冲突。其二，以贯彻国家刑事政策为导向、回应社会公众关切的刑法司法解释日趋增多。我国的理论界与实务界历来重视刑事政策的研究与贯彻，“无论是与同时期世界范围内的横向比较，还是与中国历史上的纵向比较，我国刑事政策的研究数量都遥遥领先。”[②] 甚至在早期我国没有刑法典的时候，刑事政策往往代替《刑法》成为处置犯罪惩罚犯罪人的依据。“我们通常所说依据党和国家的政策办事，这里所指的政策也起着法律的作用。”[③]当代基本刑事政策历经多次变迁后定位于宽严相济，“两高”紧密贯彻国家刑事政策、回应社会公众关切，一方面各自专门颁布了关于贯彻宽严相济刑事政策的若干意见，另一方面针对近年来国家刑事政策关注重点、社会公众关切热点的涉及食品安全、反恐、反黑、保护未成年人权益、网络安全等领域，颁布了大量贯彻宽严相济刑事政策的刑法司法解释。其三，“两高”联合制发或者与其他国家机关联合制发刑法解释日趋增多。据有学者统计，从1980年至今，“两高”联合制发的司法解释有86件，“两高”与全国人大法工委、公安部、民政部等其他无权部门联合制发的有92件，分别占同期司法解释总数的17.8%和19%。[④] 联合制发司法解释近年来日趋增多，客观上有利于《刑法》在司法全过程的有效实施，但这一做法形式上违反《立法法》规定、实质上损害了法治精神，不应当继续下去。

（三）地方化刑法解释

地方化刑法解释是指除“两高”以外的其他各级司法机关颁布的在本地

---

① 中国人大网《中国法律法规信息系统》，载 http://law.npc.gov.cn/home/begin1.cb，2015年5月27日访问。

② 卢建平：《刑事政策研究的中国特色》，载《河北法学》2008年第11期。

③ 董必武：《一九五七年三月十八日在军事检察院检察长、军事法院院长会议上的讲话》，载《董必武选集》，人民出版社1985年版，第236页。

④ 牛克乾：《1997年刑法修订以来规范性刑法解释状况述评》，载《法律适用》2015年第4期。

区适用《刑法》具有普遍意义的规范解释。地方化刑法解释因其缺乏足够的合法性正当性，早在1987年最高人民法院即发布《关于地方各级法院不宜制定司法解释性质文件问题的批复》，明确禁止地方各级法院制定具有司法解释性质的文件。但由于各地《刑法》适用的地区差异、认识差异等因素，导致地方化刑法解释仍然大量存在。2012年“两高”再次联合制发《关于地方人民法院、人民检察院不得制定司法解释性质文件的通知》，再次明确重申“地方人民法院、人民检察院一律不得制定在本辖区普遍适用的、涉及具体应用法律问题的‘指导意见’、‘规定’等司法解释性质文件，制定的其他规范性文件不得在法律文书中援引。”并要求地方各级司法机关限期清理。但据媒体报道，此项工作收效甚微，“据南方周末记者不完全检索，仅各高级法院制定的各种指导意见至少两百个。”① 与其他类型刑法解释类似，地方化司法解释中涉及刑法问题的内容占据了相当大部分。

地方化刑法解释为解决刑法适用的地区差异、认识差异提供了较为便捷的法律途径，但是总体来看，地方化刑法解释弊大于利，事实上构成了对修正后《立法法》权威性与统一性最多的主体与文本冲击。其一，地方司法机关根本没有解释刑法的合法权力来源。修正后《立法法》第一百零四条明确规定：“最高人民法院、最高人民检察院以外的审判机关和检察机关，不得作出具体应用法律的解释。”这从国家宪法性法律的高度首次明确排除了地方司法机关的解释刑法的权力，也排除了既有地方化刑法解释存在的合法性基础。其二，地方化刑法解释文本损害罪刑法定。地方化刑法解释存在的直接动因是解决刑法适用的地区差异，因而不可避免地受到地方法治环境和治理思路的影响，认定和处理犯罪从地方特点出发而不是从国家统一法治出发，从而损害罪刑法定原则。如2015年某省发布《关于依法处理妨碍政法干警履行法定职责违法行为的指导意见》中规定，“具有下列情形之一的，认定为以暴力、威胁方法阻碍政法干警依法执行职务：……，6. 以自杀、自残或毁坏政法干警名誉等言语相威胁，造成群众围观或交通阻塞的；”将自杀、自残行为

① 任重远等：《上面不提倡、下面继续干：地方性“司法解释”，立法法管不管》，载《南方周末》2015年4月3日。

认定为暴力方法，有损罪刑法定，也难以获得常识认同。其三，地方化刑法解释司法实践混乱无序。地方化刑法解释在制定程序上混乱无序：启动制定程序随地方需求而动、缺乏合理合法事由；解释文本制定后不公开、存在潜规则化危险；制定过程随意无序、经常发生多次解释、重复解释。地方化刑法解释在实体内容上混乱无序：超出法律规范解释、破法造法现象严重；解释之间缺乏体系统一、内容彼此矛盾屡见不鲜；以个案解释干预下级司法机关工作、损害地方独立行使职权。

可以发现，实然型刑法解释多元化格局的形成具有现实性、功利性，而不一定具有合理性、合法性，客观上也造成了刑法适用规则的混乱与冲突，修正后《立法法》对此做了明确规定，将推动形成应然型刑法解释两元化格局。

二、修正后《立法法》与应然型刑法解释两元化格局

（一）全国人大常委会解释《刑法》的应然格局

刑法理论上历来有观点反对刑法解释中存在所谓的立法解释，认为刑法立法解释违反了法治基本原则，即立法者先当立法者再当法律解释者，或者俗称“既当裁判员又当运动员”，混淆了法治角色因而会不可避免地损害法治权威。“曾试图将现行法律中的‘立法解释’概念解释为‘立法’，从而维护现行法律有关‘立法解释’规定的合理性，但发现这样解释会带来更多的难题。所以，只能期待修改现行法律中关于‘立法解释’的规定，即取消立法机关的立法解释权。在没有修改现行法律的情况下，呼吁立法机关不要再作立法解释。”① 同时也有相当多观点认可刑法立法解释的存在，但主张应当予以限制，“大力强化刑法立法解释是不妥当的，而应该对刑法立法解释的发展进行限制。”②

修正后《立法法》再次确认了立法解释的存在，争议其有无已无意义，

① 张明楷：《立法解释的疑问：以刑法立法解释为中心》，载《清华法学》2007 年第 1 期。
② 刘艳红：《刑法立法解释若干问题新析》，载《华东政法学院学报》2007 年第 1 期。

但是思考刑法立法解释的应然格局，特别是在我国目前同时存在全国人大常委会对刑法的两种事后处理模式，更加需要明确刑法立法解释的对象、解释程序。

其一，在对象上明确刑法立法解释与刑法修正案的关系。目前我国已经出台 13 个刑法立法解释与八个刑法修正案（第九个刑法修正案已向社会公开征求意见），横向考察比较其他部门法实属无与伦比、纵向考察 1997 年修订刑法典以来实属前所未有。考察已出台的刑法立法解释与刑法修正案，大体上可以区分出两种模式的不同：前者属于需要进一步明确《刑法》规定的具体含义或者《刑法》制定后出现新的情况需要明确适用《刑法》依据，解释对象是已经颁布的《刑法》规定条文；后者属于对《刑法》规定进行增加、删减或者修改，修正对象是刑法典内在结构。但随着刑法立法解释与刑法修正案愈加增多，将会出现两者界限难以区分的状况，如 2014 年 4 月 24 日全国人大常委会通过《关于〈中华人民共和国刑法〉第三十条的解释》，规定："公司、企业、事业单位、机关、团体等单位实施刑法规定的危害社会的行为，刑法分则和其他法律未规定追究单位的刑事责任的，对组织、策划、实施该危害社会行为的人依法追究刑事责任。"该立法解释改变了刑法第三十条有关单位犯罪的刑事责任规定，属于对《刑法》第三十条的修改，本应当制定刑法修正案，但却使用了立法解释形式。立法解释的价值与地位本是为了法律更恰当适用，该立法解释的颁布反而将引发与现有《刑法》规定之间的适用争议，不利于《刑法》适用。立法者应当在将来将这两者更加明确地予以区分，立法解释归立法解释、修正案归修正案。

其二，在解释程序上刑法立法解释应当转向以解决"两高"解释争议为主。修正后《立法法》在第四十五条规定了立法解释启动的根本动力，但没有规定立法解释启动的直接动力，即没有具体规定什么是"法律的规定需要进一步明确具体含义"和"法律制定后出现新的情况，需要明确适用法律依据"的情形。对此，1981 年由第五届全国人大常委会通过了《全国人民代表大会常务委员会关于加强法律解释工作的决议》（以下简称"1981 年《法律解释决议》"）第二条规定："最高人民法院和最高人民检察院的解释如果有原则性的分歧，报请全国人民代表大会常务委员会解释或决定"，该规定明确了立法解释启动的直接动力，即全国人大常委会立法解释用于解决“两高”司法解释之间的分歧。从现有的13个刑法立法解释议案的提出来看，多数是由于“两高”司法解释之间存在认识分歧或者适用存在不一致而提请全国人大常委会解释。总体来看，刑法立法解释的研究制定与颁布属于被动型，在解释程序上刑法立法解释应当转向以解决“两高”解释争议为主，符合修正后《立法法》规定，也符合立法应主动、解释应被动的法理规律。

（二）“两高”解释刑法的应然格局

修正后《立法法》首次以宪法性法律明确了“两高”拥有具体应用法律解释权，同时对“两高”具体应用法律解释的对象、解释限度、解释备案机制做出了明确规定，整体上看呈现出既全面赋权又适当限制的格局。修正后《立法法》对“两高”解释法律的权限定位于“具体应用法律解释权”，而没有采用通常所称的“司法解释权”，避免了有关司法解释权的性质争议，特别是检察机关是否有权颁布司法解释、检察机关是否属于司法机关的争议。鉴于“司法解释”一词已约定俗成，目前理论界与实务界仍习惯认可“司法解释”的称法。修正后《立法法》已在整体上搭建起“两高”司法解释的框架格局，但贯彻落实好《立法法》第一百零四条规定仍需要从解释主体、解释对象、解释限度等方面予以深入思考。

其一，贯彻修正后《立法法》有关司法解释主体的规定，明确刑法司法解释的主体仅有“两高”。修正后《立法法》第一百零四条明确规定：“……最高人民法院、最高人民检察院以外的审判机关和检察机关，不得作出具体应用法律的解释。”该规定一方面明确了司法解释权的主体仅限于“两高”，一方面排除了“两高”以外的审判机关和检察机关做出了具体应用法律的解释。从第一百零四条规定的本意可以看出该条主要是排除地方司法机关做出具有司法解释性质的规范性文件，同时第一百零四条规定应当被视为是绝对排除条款，按照《立法法》规范立法、科学立法的精神可以继续推导出如下观点，排除其他可能涉及司法解释的主体。

首先，不应当再与其他无司法解释权的国家机关或者社会团体联合制发具有司法解释性质的规范性文件。目前在已颁行生效的刑法司法解释中，“两高”与其他无司法解释权的国家机关或者社会团体联合制发具有刑法司法解释性质的规范性文件占据了相当大部分，曾参与制发刑法司法解释性质的规范性文件的国家机关或者社会团体主要有：国务院各部委（如公安部、司法部、国家烟草专卖局、国家保密局）、军队机关（如解放军总政治部）、国家级社会团体（如全国总工会、全国妇联）等。有观点认为："与无解释权的主体联合发文，更是工作需要使然，从功利主义的角度考察，有其存在的合理性和必要性。"上述观点值得商榷。无司法解释权的其他国家机关或者社会团体参与制发司法解释性质的规范性文件，混淆了所制发规范性文件的性质；无法判断是否属于司法解释性质，运用到司法过程中名不正言不顺；与《立法法》规定相矛盾，损害了国家法治权威。实际上，此次《立法法》修正过程中，该问题已经受到立法机关关注，"立法法修改中原本打算对联合发文的行为进行限制，但有意见认为，这并不属于立法行为，所以没有规定相关内容"。①

其次，不应当再制发"两高"内设机构做出的司法解释性质的规范性文件。在司法解释领域中还大量存在由"两高"内设机构做出的具有司法解释性质的规范性文件，该类具有司法解释性质的规范性文件通常以"两高"内设机构以"批复""答复"、转发"会议纪要""解答""通知"等形式发布。如2003年8月27日最高人民法院研究室发布《最高人民法院研究室关于如何理解犯罪嫌疑人自动投案的有关问题的答复》（法研［2003］132号）规定："对于犯罪嫌疑人实施犯罪后潜逃至异地，其罪行尚未被异地司法机关发觉，仅因形迹可疑，被异地司法机关留置盘问、教育后，主动交代自己的罪行的，应当视为自动投案。"该类具有司法解释性质的规范性文件仅由"两高"内设机构研究制发，却具有与"两高"司法解释同样的效力。根据修正后《立法法》，不应当再制发此类规范性文件，确有解释必要的应当按照《立法法》规定报请"两高"解释。

再次，不应当再施行"两高"联合发布司法解释模式。修正后《立法法》明确了"两高"的具体应用法律解释权，但对"两高"如何行使具体应

---

① 杨维汉等：《法院检察院不能"二次立法"》，载 http://news.xinhuanet.com/politics/2015lh/2015-03/08/c_1114562568.htm，2015年5月27日访问。

用法律解释权仅做了原则规定。长期以来，“两高”既有单独制发各自权限领域司法解释的做法，也有联合制发司法解释的做法。为彻底贯彻修正后《立法法》精神，更加理顺国家司法体制，不应当再施行“两高”联合发布司法解释模式。从修正后《立法法》第一百零四条规定来看：“最高人民法院、最高人民检察院作出的属于审判、检察工作中具体应用法律的解释”，已经对“两高”做出司法解释的领域做出划分，即各自属于审判工作、检察工作中做出解释，审判与检察属于两种国家法治权力，不具有联合制发司法解释的法律基础。在刑法领域，“两高”联合制发司法解释损害了刑事司法过程中检察机关法律监督权的实施，也损害了审判机关、检察机关互相监督互相制约的法律原则。

其二，贯彻修正后《立法法》有关司法解释对象应当主要针对具体的法律条文的规定，不应造法解释。

近年来，刑法司法解释条文大大超过刑法典的条文数量、解释内容日趋复杂，也越来越多引起人们对刑法司法解释从量变到质变、突破刑法规定的“造法解释”的担忧。“原来单纯地、就事论事式地解释某一具体的法律条文，向越来越经常性地对法律文本进行系统性甚至是整体性解释的方向拓展。其性质已不再属于对法律条款的文字含义和文字表达的技术性阐释，而是逐步扩大到整个法律文本，最后演变成脱离原有的法律文本甚至文件系统所指向的法律调整框架和调整范围的‘准立法行为’，形成了最高人民法院这样‘一个权力相对薄弱的法院却拥有世界上最为广泛的法律解释权’的奇异景观。”① 如以 2014 年 11 月 3 日颁布的“两高”《关于办理危害药品安全刑事案件适用法律若干问题的解释》为例，该司法解释主要针对刑法第一百四十一条“生产、销售假药罪”、第一百四十二条“生产、销售劣药罪”的刑法适用进行解释，刑法第一百四十一、一百四十二条合计 303 字，而上述解释共计 2466 字，这不能不令人担忧司法解释对《刑法》原有规定的理解可能达到《刑法》原有规定并未达到的内容，以至于出现造法解释。

① 方流芳：《罗伊判例中的法律解释问题》，载梁治平编：《法律解释问题》，法律出版社 1998 年版，第 269 页。

如果仅以司法解释的字数与刑法典规定的字数进行对比来表明司法解释的造法性，其说服力可能还不足。但如果深入分析某些司法解释的内容，则往往可以证明这种担忧并非没有依据。仍以上述司法解释为例，该司法解释第六条规定："以生产、销售假药、劣药为目的，实施下列行为之一的，应当认定为刑法第一百四十一条、第一百四十二条规定的'生产'：……（三）印制包装材料、标签、说明书的行为。"暂且不论"以生产、销售假药、劣药为目的"在刑法第一百四十一、一百四十二条中没有规定，也暂且不论同一行为中"以生产、销售假药、劣药为目的"的认定复杂性，最令人疑惑的是将"印制包装材料、标签、说明书的行为"解释为"生产"。不单从刑法文本字面意思上难以理解，如果进一步思考的话，将"印制包装材料、标签、说明书的行为"解释为"生产"，是否是认为印制包装材料、标签、说明书的行为属于生产假药、劣药的预备行为，但这一逻辑仍然不通：就好像为了杀人而制造枪支，不能把制造枪支的预备行为解释为杀人行为。最终不能不让人忧虑这是一个超越《刑法》规定的破法解释。

司法解释应当按照修正后《立法法》第一百零四条的规定，应当恪守具体的法律条文，不应当随意制造或者扩大法律中没有的规定。对刑法司法解释而言，修正后《立法法》第一百零四条所规定的"（司法解释）应当主要针对具体的法律条文"，主要指的是刑法典及其修正案规定和单行刑法条例。特定情况下，认定处理犯罪时可能需要解释刑法中没有规定的所谓刑法规范，如刑法典较多财产犯罪的法条中没有规定"以非法占有为目的"，但同时需要解释行为人具有的"以非法占有为目的"，则刑法司法解释可以遵循罪刑法定原则进行解释，不属于造法解释。

其三，贯彻修正后《立法法》有关司法解释应符合立法的目的、原则和原意的规定，不应破法解释。

修正后《立法法》第一百零四条规定："有关司法解释应符合立法的目的、原则和原意"，该条内容是对司法解释限度的明确规定，即司法解释应当具有合法性、不违反被解释法律的立法目的、原则和原意，按照从抽象到具体、从复杂到简单的顺序规定了司法解释的三个限度。对刑法司法解释而言，该条规定总的指向是刑法司法解释不应破法解释，对应《立法法》第一百零四条的规定，即应符合三个方面的要求：首先应当符合刑法的原意，符合《刑法》规定文本的法定含义、体系含义和形式含义；其次应当符合刑法的原则，符合《刑法》的罪刑法定原则、人人平等原则和罪责刑相适应原则；再次应当《符合》刑法的目的，符合刑法惩罚犯罪、保障权利的目的。从表面上看司法解释应当符合立法的目的、原则和原意，本属于解释与被解释的逻辑上应有之义，似乎无需立法者在《立法法》中专门规定。但实际上与之相反，在刑法司法解释的发展过程中仍较多存在不符合刑法目的、原则与原意的司法解释，尤其是某些明显与《刑法》原意相矛盾、与《刑法》原则相背离的情况。

不符合《刑法》原意的司法解释时有出现，如2000年11月颁布的《关于审理交通肇事刑事案件具体应用法律若干问题的解释》（法释［2000］33号）第五条规定："交通肇事后，单位主管人员、机动车辆所有人、承包人或者乘车人指使肇事人逃逸，致使被害人因得不到救助而死亡的，以交通肇事罪的共犯论处。"上述内容明显违反刑法典第二十五条之规定："共同犯罪是指二人以上共同故意犯罪。二人以上共同过失犯罪，不以共同犯罪论处；应当负刑事责任的，按照他们所犯的罪分别处罚。"依照《刑法》原意，共同犯罪只存在故意犯罪，而不存在过失犯罪。交通肇事罪属于过失犯罪，两人以上共同行为需要对交通肇事后果承担刑事责任的应当分别按照各自行为认定，而不能构成共同犯罪。将交通肇事发生以后单位主管人员、机动车辆所有人、承包人或者乘车人指使肇事人逃逸的行为解释为属于交通肇事行为共犯，不符合《刑法》原意。

不符合刑法原则的司法解释时有出现，如2013年9月"两高"《关于办理利用信息网络实施诽谤等刑事案件适用法律若干问题的解释》第五条第二款："编造虚假信息，或者明知是编造的虚假信息，在信息网络上散布，或者组织、指使人员在信息网络上散布，起哄闹事，造成公共秩序严重混乱的，依照刑法第二百九十三条第一款第（四）项的规定，以寻衅滋事罪定罪处罚。"刑法第二百九十三条第一款第（四）项的规定是："在公共场所起哄闹事，造成公共场所秩序严重混乱的"。对照上述内容可以发现：司法解释将"信息网络"解释为"公共场所"、将"编造虚假信息，或者明知是编造的虚假信息，在信息网络上散布，或者组织、指使人员在信息网络上散布，起哄闹事”解释为“在公共场所起哄闹事”、将“造成（信息网络）公共秩序严重混乱”解释为“造成公共场所秩序严重混乱”。这三项解释内容不符合刑法罪刑法定原则的要求，将刑法规定中的基本概念“公共场所”进行扩大解释，且该解释不利于刑法权利保障目的，属于破法解释。

三、清理不符合修正后《立法法》精神的刑法解释与推进刑事政策发展

修正后《立法法》对法律解释做了全方位可操作的顶层设计，立足于广义立法角度且不拘泥于既往立法与司法泾渭分明的传统模式，超越单纯立法思维仅仅关注静态立法文本的不足，对动态立法过程尤其是立法后解释活动给予了较为充分的规定，从立法理念和立法前瞻性方面总体而言，修正后《立法法》已经达到了前所未有的高水准。立法良好的开端是法治成功的一半，另一半需要依靠彻底而全面的贯彻实施。多年来刑法解释自成一体：在解释层级上从刑法立法解释、刑法司法解释到刑法地方解释等环环相扣；在解释权限上从法定解释、授权解释到自行解释等前后相承；在解释方法上从形式解释、实质解释到复合解释等互相补充；在解释内容上从刑法总则、刑法分则到超规则内容（刑事政策）等内外兼备，形成了相对封闭自证合理的解释领域，这也在客观上对贯彻修正后《立法法》带来合法性与合理性之间的冲突困难。反之而言，能够知难而进、对自成一体的刑法解释进行清理是检验修正后《立法法》的良好试金石。依照修正后《立法法》的条文规定和立法精神，依照已有共识和清理难易度，可以从以下方面着手清理刑法解释，促使我国刑法解释与修正后《立法法》协调一致。

（一）对地方制定的刑法解释性文件进行清理

早在修正后《立法法》通过之前，理论界与实务界已有共识：地方无权制订刑法解释、擦边球式的刑法解释性文件也应该被制止，为此“两高”专门制发过两次规定，要求地方各级司法机关对地方制定的司法解释性文件进行清理。但在规定时间内清理进展收效甚微，甚至地方司法机关一边清理旧

文件一边制定新解释，造成了上有政策下有对策的尴尬局面。修正后《立法法》通过之后，从宪法性法律的高度明确否定了地方司法机关的司法解释权，这就将清理地方刑法解释问题提高到了与贯彻落实修正后《立法法》相一致的高度。

其一，“两高”不再授权或者不再要求地方自行规定具体定罪条件。地方刑法解释中有部分内容属于“两高”授权或者要求地方自行规定具体定罪条件，如2013年4月4日《关于办理盗窃刑事案件适用法律若干问题的解释》第一条规定：“各省、自治区、直辖市高级人民法院、人民检察院可以根据本地区经济发展状况，并考虑社会治安状况，在前款规定的数额幅度内，确定本地区执行的具体数额标准，报最高人民法院、最高人民检察院批准。”这一做法实际上授权地方各级司法机关进行刑法解释，不符合修正后《立法法》。“两高”的司法解释权不能再行授权，“两高”完全可以依法自行规定我国各地的具体定罪条件，无需授权地方制定。

其二，对已有的地方刑法解释性文件进行专项清理。以往的清理地方司法解释性文件工作效果不理想，很大程度上在于清理立场不明确、留有余地，如（法发［2012］2号）“两高”《关于地方人民法院、人民检察院不得制定司法解释性质文件的通知》中规定：“自本通知下发之日起，地方人民法院、人民检察院一律不得制定在本辖区普遍适用的、涉及具体应用法律问题的‘指导意见’、‘规定’等司法解释性质文件，制定的其他规范性文件不得在法律文书中援引。”其中“制定的其他规范性文件不得在法律文书中援引”的内容实际上默许地方司法机关制定擦边球式的刑法解释性文件。对此应当明确地方一律不得制定任何名义上的刑法解释性文件。

（二）对“两高”与其他无权主体联合制发的刑法解释性文件进行清理

与其他无权主体联合制发刑法解释性文件，虽然有助于刑事司法工作开展，但是不符合修正后《立法法》规定，也损害了刑法解释的法治权威性。清理“两高”与其他无权主体联合制发的刑法解释性文件，可以分为两部分：其一，“两高”与其他无权主体联合制发的现有刑法解释性文件，如果内容上涉及其他无权主体参与的刑法解释，应当重新修改制定；如果内容上没有涉及其他无权主体参与的刑法解释，可以更改文号文件名后重新发布。其二，“两高”今后应当不再与其他无权主体联合制发刑法解释性文件。

（三）对不符合修正后《立法法》第一百零四条规定的刑法司法解释进行清理

清理不符合修正后《立法法》第一百零四条规定的刑法司法解释应当从两个方面着手：其一，对于属于修正后《立法法》第一百零四条规定中的刑法司法解释，应当由原制定机关进行清理，对其中“不符合立法（刑法）的原意、原则”的刑法司法解释条文予以修改、变更或者废止，对“不符合立法（刑法）的目的”的刑法司法解释条文予以修改。其二，国家立法机关应当对“两高”清理司法解释情况予以监督，对刑法司法解释予以备案，加强对刑法司法解释贯彻修正后《立法法》的动态监督。

刑罚体系改革下的“数罪并罚”问题研究

——从《刑法修正案（九）》相关规定谈起

邵增辉*

数罪并罚问题是刑罚具体应用的一项子课题，亦应折射现今刑罚改革的趋势与精神。文章从数罪并罚的立法变迁与司法演绎的发展历史，追溯数罪并罚原则适用的内在法理逻辑，并回归对《刑法修正案（九）》相关规定的探讨。限制加重原则的“特殊使命”、吸收原则的“吸收”条件、并科原则的“补充”地位，就是数罪并罚原则背后的原则。立法规定与司法实务应接受这些原则的检视与修正。

数罪并罚，是指一人犯两个以上罪行，就所犯各罪分别定罪量刑后，按照一定原则决定宣告刑的刑罚。数罪并罚既包括数罪中同一种宣告刑的并罚，也包括数罪中不同种宣告刑的并罚。实践中，对于数罪被判处同一种宣告刑的并罚不存在困难，但对于数罪被判处不同一种宣告刑如何并罚分歧较大。特别是数罪中同时被判处有期徒刑、拘役、管制其中两项或三项的，该适用吸收原则还是并列原则抑或限制加重原则，长期处于立法沉默与司法迷惘状态。《刑法修正案（九）》对我国刑罚制度作出了一定的修改，也在立法层面较为全面地回应了上述问题。以下，笔者将以此为视角，进一步谈谈我国刑罚体系改革下的数罪并罚问题，特别是其中不同刑种的并罚问题。

---

* 作者简介：邵增辉，任职于浙江省宁海县人民检察院。

一、“数罪并罚”的历史嬗变

（一）立法变迁

1. 新旧两部《刑法》的立法缺位

1979 年《刑法》第六十四条规定：“判决宣告前一人犯数罪的，除判处死刑和无期徒刑的以外，应当在总和刑期以下、数刑中最高刑期以上，酌情决定执行的刑期，但是管制最高不能超过三年，拘役最高不能超过一年，有期徒刑最高不能超过二十年。如果数罪中判处附加刑的，附加刑仍须执行。”1997 年《刑法》第六十九条复制了 1979 年《刑法》第六十四的规定，没有作任何修改。

上述规定实际解决了 3 种不同刑罚的并罚问题：（1）数罪中被判处的宣告刑有死刑和其他主刑的，只执行一个死刑，不执行其他主刑；（2）数罪中被判处的宣告刑有无期徒刑和其他主刑（死刑除外）的，只执行一个无期徒刑，不执行其他主刑；（3）数罪中被判处主刑和附加刑的，主刑和附加刑都要执行。这 3 种不同刑罚的并罚问题在实践中容易操作，也不存在司法争议。但是，实践中对于有期徒刑、拘役、管制同时宣告时，如何并罚却一直缺乏依据；对于不同种附加刑的并罚也不能统一。立法对此长期保持沉默，也导致司法实务中分歧不断与执行混乱。

2. 《刑法修正案（八）》增补了不同种附加刑的并罚规定

2011 年 2 月 25 日全国人大常委会通过了《刑法修正案（八）》，并对《刑法》第六十九条进行了修改，将数罪并罚后有期徒刑的上限提高到了三十五年，同时增加规定“附加刑种类相同的，合并执行，种类不同的，分别执行”。该款规定解决了不同种附加刑的并罚问题，但对于实践中有期徒刑、拘役、管制这几种不同主刑的并罚仍旧默默不语。

3. 《刑法修正案（九）》完善了不同种主刑的并罚规定

2015 年 8 月 29 日全国人大常委会通过了《刑法修正案（九）》，再次对《刑法》第六十九条进行了完善，终于打破了 18 年的沉寂，首次就不同主刑的并罚问题作出了明确的立法表态。该修正案规定，“数罪中有判处期徒刑和拘役的，执行有期徒刑。数罪中判处有期徒刑和管制的，或者拘役和管制的，有期徒刑、拘役执行完毕后，管制仍须执行”。且不论该规定合理与否，其为日后的司法实践定纷止争、统一执行提供了强大的法律依据，旷日持久的司法迷惘与争论终于可以画上句号。

（二）司法演绎

然，司法的前行并不能因立法的空白而裹足不前。在新《刑法》出台前，司法界已通过各种“答复”“批复”的形式回应实践的需求。

1981 年 7 月 27 日《最高人民法院关于管制犯在管制期间又犯新罪被判处拘役或有期徒刑应如何执行的问题的批复》规定：由于管制和拘役、有期徒刑不属于同一刑种，执行的方法也不同，如何按照数罪并罚的原则决定执行的刑罚，在《刑法》中尚无具体规定，因此，对于管制犯在管制期间又犯新罪被判处拘役或有期徒刑，或者管制犯在管制期间因判决时没有发现的罪行而被判处拘役或有期徒刑的，可以对新罪或者漏罪所判处的有期徒刑或者拘役执行完毕后，再执行前罪所没有执行完的管制。1988 年 3 月 24 日《最高人民法院研究室关于被判处拘役缓刑的罪犯在考验期内又犯新罪如何执行的电话答复》规定：应对新罪所判处的有期徒刑执行完毕后，再执行前罪所判处的拘役。即，最高人民法院对有期徒刑、拘役、管制并存时，采取并科原则，并分别执行。尽管这两个“批复”“答复”与《刑法修正案（九）》的规定不尽相同，但在立法尚未明确的过渡期都起到了统一司法标准的作用。

二、刑罚体系下“不同刑种”并罚原则的确立

（一）当前我国刑罚体系及改革趋势

刑罚体系是国家以有利于发挥刑罚功能、实现刑罚的目的为指导原则，通过刑法的规定而形成的，由一定刑罚种类按其轻重程度而组成的序列。我国的刑罚按照法律规定，包括主刑和附加刑；按照剥夺权益性质不同，包括生命刑、自由刑、财产刑、资格刑。前种分类对司法实践具体适用刑罚具有指导意义，后者分类对于研究刑罚体系改革趋势并推进和完善立法具有重大意义。

当前，国际刑罚体系改革趋势朝着轻缓化的方向发展。各国刑罚体系由原来的以生命刑、身体刑为中心转变为以自由刑、罚金刑为中心；刑种数量由多变少、刑种内容由残酷变轻缓；刑罚作用由积极变为消极。[①] 刑法学者储怀植教授对世界范围内的刑罚体系的嬗变，指出“从过去到未来，刑罚结构可能有五种类型：死刑在诸刑罚中占主导地位；死刑和监禁共同在诸刑罚方法中为主导；监禁在诸刑罚方法中为主导；监禁和罚金共同在诸刑罚方法中为主导；监禁替代措施占主导地位。第一种已经成为历史，第五种尚未到来，中间三种在当今世界中存在。”[②] 正是刑罚体系的轻缓化趋势，推动着刑罚结构类型由第一种朝向第五种逐渐演化。如《刑法修正案（八）》《刑法修正案（九）》不断减少适用死刑的罪名、提高有期徒刑的刑期、扩大罚金刑的适用范围等规定，这些改革的背后隐喻着传统价值观念的变迁和刑事立法日趋国际化的深意。

（二）“数罪并罚”原则的取舍

“数罪并罚”在我国相关教科书中被规定在“刑罚裁量”的章节中，是立法层面的刑罚在司法中的具体适用问题，而这种司法适用必然要体现并跟随立法改革趋势。

1. “数罪并罚”原则背后的原则

“数罪并罚”原则是指对一人犯数罪合并处罚所依据的原则，各国采取的主要有吸收原则、并科原则、限制加重原则和混合原则。以上原则实际上只是并罚方法[③]，告诉我们遇到数罪并判处不同宣告刑时可以这样操作，但至于这样操作的背后法理或司法理念并未涉及，学术界也鲜有分析评论。我们在此有必要讨论下这些所谓刑罚原则背后的原则，尝试法理分析，以期进一步帮助司法实务中决定该采取何种并罚原则。

（1）吸收原则的“吸收”条件

吸收原则，即根据“重刑吸收轻刑”的原则，在所犯数罪分别宣告的刑罚中，选择其中最重的一种刑罚作为执行的刑罚，其中较轻的刑罚，被最重

① 张明楷：《刑法学》（第三版），法律出版社2007年版，第407页。

② 储怀植：《论刑法学若干重大问题》，载《北京大学学报（哲社版）》1993年第3期。

③ 吴平：《并科、吸收、限制加重：原则抑或方法》，载《青海社会科学》2014年第2期。

的刑罚所吸收，不予执行。[①] 但是该原则并未告诉我们“重刑”为什么可以吸“收轻”，是否所有的“重刑”必然可以吸收“轻刑”这些问题。

首先，回答“重刑”吸收“轻刑”的原因力问题。重刑吸收轻刑的原因，根本上是由于重刑的执行使轻刑的执行失去了“可能性”或“必要性”，所以看上去好像后者被前者吸收了。如死刑与其他主刑并存的情况下，死刑执行后执行对象已经不复存在，其他主刑自动失去了执行的可能性；如无期徒刑和其他主刑（死刑除外）并存的情况下，无期徒刑的刑期时间足以达到刑罚改造罪犯的目的，其他如有期徒刑、拘役已没有执行的必要，特别是《刑法修正案（九）》规定的贪污罪在死缓减为无期徒刑后可以终身监禁，不得减刑和假释，该无期徒刑的执行已经覆盖了执行对象的余生，再有有期徒刑或拘役都是没有必要执行了。

其次，回答“重刑”吸收“轻刑”的范围问题。这个问题实际是前一问题的延续。重刑可以吸收轻刑，但并不是所有重刑均可以吸收轻刑。刑罚是有一定的结构的，其内部是按照轻重程度有序排列的，各个刑种之间必然形成轻重的阶梯效应。如果允许所有重刑可以吸收轻刑，那么“数罪并罚”就不存在了，可能就变为了“数罪一罚”或“数罪单罚”，只要判处一个重刑就可以了，这显然违背了罪刑相适应原则。因此，只有当该重刑对轻刑具有吸收的原因力时，即轻刑已没有执行的“可能性”或“必要性”时，该重刑才能吸收该轻刑。

（2）限制加重原则的“特殊使命”

限制加重原则，是对数罪分别定罪量刑后，以其中最重的刑罚为基础，再加重一定的刑罚作为执行的刑罚；或者在总和刑期以下，数罪中最高刑期限以上，决定执行的刑期，并规定执行刑期的最高限度。其实际是在最重刑罚基础上的加重，在合并基础上的限制，较好地中和了吸收原则和并科原则的优劣。

限制加重原则具有自己的“特殊使命”——即保持单个刑种的特性并维持不同刑种之间的刑罚阶梯。根据刑法第六十九条的规定，限制加重适用的

---

① 苏慧渔主编：《刑法学》，中国政法大学出版社1999年版，第336页。

结果就是管制最高不超三年，拘役最高不超一年，有期徒刑最高不超二十年或二十五年。这就包含了两层含义：①管制、拘役、有期徒刑各有自己的最高刑期；②管制、拘役、有期徒刑之间形成一定的刑期差异。也就是说限制加重原则，首先保证单个刑种的刑期在一定幅度内，不会因为加重而变得过长，从而失去了自己的特性。如拘役从其性质上而言是短期自由刑，如果刑期过长就不再是短期自由刑而变异为长期自由刑了；同样，人的生命是有限的，如果有期徒刑过长则无异于无期徒刑了。其次，限制加重原则维持了不同刑种之间的刑罚阶梯。通过限制，管制、拘役、有期徒刑都有不同的最高限度，不同的最高限度之间彼此形成高低差异，并最终搭造了轻重有别的刑罚阶梯，进一步完善了刑罚体系的内在逻辑。

（3）并科原则的“相加”基础

并科原则，即对数罪分别宣告刑罚，然后数刑相加，合并执行。并科原则实际上是对吸收原则和限制加重原则的一种理论补充。只有数个不同种宣告刑不具有吸收条件，也无需承担“特殊使命”，即吸收原则和限制加重原则均不能适用时，并科原则才能挺身而出。因此，并科原则的“相加”是以吸收原则和限制加重原则的排除适用为前提和基础。

2. “限制加重原则”的剥离

限制加重原则只适用于同一刑种的并罚。① （1）以“总和刑期”为前提的限制，只能在同一刑种下计算。限制加重原则是在“最重刑罚”和“总和刑期”的区间决定需要执行的刑罚。不同刑种显然无法计算总和刑期，只有同一刑种才有计算总和刑期的可能。如公式“拘役 2 个月 + 有期徒刑 8 个月 = ?”，解答结果不是运用数学加法能得出的。（2）其“特殊使命”只能在同一刑种下完成。限制加重原则承担着维持刑罚阶梯的使命，使管制、拘役、有期徒刑依次排序，从低到高分列在第一阶梯、第二阶梯、第三阶梯。限制加重原则通过规定单个刑种的最高刑期，限制该刑种始终在自己序列范围活动，多个独立序列组成了一个完整的阶梯。所以限制加重原则只能也只应该

① 廖菁华：《对数罪并罚中限制加重原则的思考》：载《法制与经济》2010 年第 261 期。其在文章论述限制加重原则的适用条件之一即为数罪被判处同种自由刑。

适用于同一刑种的并罚。因此，对于不同刑种的并罚应该剥离限制加重原则的适用。

（三）“不同刑种”并罚原则的确立

笔者认为，不同刑种的并罚一般采用并科原则，特殊情况适用吸收原则，但绝对排除限制加重原则。

1. 排除适用“限制加重原则”

如上所述，限制加重原则适用于数个同一刑种之间的并罚，数个不同刑种的并罚应禁止适用该原则，除非该数个不同刑种可以折算成一个刑种。但是，对于不同刑种之间能否折算，如果可以折算又怎么样折算，理论界尚未达成共识。如拘役一日是否可以折算有期徒刑一日，管制二日是否折抵有期徒刑一日，一直缺乏权威的论证。在折算方式得出定论前，不同刑种并罚应排除适用限制加重原则。

2. 通常采用“并科原则”

不同刑种的并罚，应优先考虑适用并科原则，分别执行。这里的并科之“并”既有合并之意，也有并列含义。合并，是数刑相加，得出一个总和，再依据总和刑予以执行。并列，是数刑并列存在，分别执行。传统意义上的并科原则，如上所述，是一种“合并”原则或“相加”原则，实际上是指同种宣告刑的合并执行，因为只有同一刑种才有相加或合并的可能，不同刑种无法相加、无法合并。因此，并科原则应从广义上理解，包括合并执行和并列（分别）执行两种。不同刑种的并罚应选择适用并科原则中的并列（分别）执行方法。

3. 特殊情况下可以适用“吸收原则”

特殊情况下，不同刑种的并罚可以适用吸收原则。如上分析，数罪并罚的三大原则不可滥用，每项原则都有背后的法理所在。因此，对于不同刑种在具备“吸收”条件时，应适用吸收原则。这里主要是考虑死刑或无期徒刑与其他刑罚并罚的问题。

三、对现行刑法中“数罪并罚”的检视与修正

（一）立法弊端

《刑法修正案（九）》关于刑法第六十九的规定，对于不同刑种的并罚问题作出了明确规定，的确使司法操作豁然明朗了，但也存在为求立法便宜而缺乏司法理性之嫌疑。

1. 缺乏统一的并罚原则

不同刑种并罚原则不一。如有期徒刑、拘役、管制都是不同的刑种，但是其并罚时既有吸收原则，也有并科原则。修改后的第六十九条规定，数罪中有判处有期徒刑和拘役的，执行有期徒刑，拘役被有期徒刑吸收了；数罪中有判处有期徒刑和管制，或拘役和管制的，有期徒刑、拘役执行完毕后，管制仍须执行，有期徒刑（拘役）与管制是分别执行的。

2. 吸收原则的滥用

如规定有期徒刑可以吸收拘役，其中的立法正当性值得思索。首先，有期徒刑不具备吸收拘役的条件。有期徒刑执行完毕后，拘役还有执行的“可能”和“必要”。如有期徒刑一年执行完毕后，执行的对象仍旧存在，执行的期限（拘役最高不超六个月）也不会超过正常人的寿命，因此执行拘役完全还有可能。有期徒刑执行完毕后，拘役也仍有执行的必要，否则拘役就会空判，一人犯数罪被等同于犯一罪，明显轻纵了罪犯。其次，有期徒刑吸收拘役也不符合长期的司法习惯。根据 1988 年《最高人民法院研究室关于被判处拘役缓刑的罪犯在考验期内又犯新罪如何执行的电话答复》的解释，有期徒刑和拘役是并科处理的。立法的这一规定轻易修改了长达 27 年的实务操作，如没有充足的理由显然是难以成立的。故，有期徒刑吸收拘役的规定，从现有层面看似乎仅是为了统一做法、便于操作，而对于吸收原则却是存在滥用的不当。

3. 并科原则内涵混乱

对于附加刑的执行，刑法采用并科原则，并特别指出附加刑种类相同的，合并执行，种类不同的，分别执行。然，对于“种类”一词，是指单个的

“种”，还是同一的“类”，可以有不同的理解。同种可以同类，不同种可能归为同类，也可能归为不同类。如罚金、没收财产分属不同的刑种，但都属于财产类附加刑；罚金、剥夺政治权利也分属不同的刑种，但属于不同类附加刑，前者属于财产类附加刑，后者属于资格类附加刑。因此对于不同种但可以归为同类的，到底是属于种类相同还是种类不同就值得反思。

（1）从语词含义和法条表述看，“种类”应该侧重从“类”的角度解读。从语词看，“种类”根据事物本身的性质或特点而分出的门类。如对附加刑剥夺罪犯权益性质的不同，可以分为财产刑和资格刑两类。财产刑包括罚金和没收财产两种，资格刑包括剥夺政治权利和驱逐出境两种。这样，罚金和没收财产就属于种类相同的附加刑。从法条表述看，“种类”应是对附加刑分门别类后的结果，如果是指单个的“种”，那么罚金、没收财产、剥夺政治权利、驱逐出境分属于四个不同的刑种，也就不存在“种类相同”或“种类不同”的区分了。

（2）从执行方式上和法律规定看，“种类”应侧重从“种”的角度解读。刑种不同，种类不同。从刑法规定的“合并”执行，是针对同一刑种而言的，合并要通过相加到一个总数得以实现。合并的结果是两个以上的刑种变为一个刑种，如“罚金 1000 元 + 罚金 2000 元 = 罚金 3000 元”。不同刑种是不能合并执行，只能分别执行。因此，从附加刑执行的方式看，相同刑种合并执行，不同刑种分别执行。另外，刑法第三十四条规定附加刑的种类为“罚金、剥夺政治权利、没收财产”，显然也是从“种”的概念上而言的。

据上述分析，该条关于“种类”的内涵不明，既可以理解为单个的“种”，也可以理解为同一的“类”。如，对于罚金和没收财产既可以从属于财产类附加刑角度理解为种类相同；也可以从其系不同的刑种角度理解为种类不同。很遗憾，《刑法修正案（九）》对此规定未做修改，仍然延续了修正案（八）的相关规定。

（二）不同主刑并罚的司法修正

对于有期徒刑和拘役的并罚，宜废弃吸收原则而采用并科原则。但鉴于《刑法修正案（九）》新作出规定，立法已无回心转意的余地，只能寄希望于司法的技术修正。

1. 尽量回避同时判处有期徒刑和拘役。如一罪被判处有期徒刑的，另一罪也考虑判处有期徒刑，但并罚时在最高刑和总和刑之间从轻判处；或者另一罪可以单处附加刑的，单处附加刑，最后判处有期徒刑和附加刑。

2. 无法回避情况下，适当“拔高”有期徒刑。实践中，也存在无法回避的情形，如拘役缓刑被撤销后被判处有期徒刑，一罪已被判处拘役，另一罪必须被判处有期徒刑。这种情况下，唯有对后罪的有期徒刑适当提高刑期，才能使最后的宣告刑符合罪刑相适应原则。

特别情况下，可能不一定存在“拔高”有期徒刑的机会。如有期徒刑缓刑期间又犯危险驾驶罪的，须撤销缓刑执行有期徒刑，并与后罪拘役并罚。前罪有期徒刑已定，后罪拘役必判。此时，也只有对判拘役罪的罚金刑适当提高幅度，增加惩罚，除此也别无他法。

（三）附加刑并罚的立法完善

1. 限制加重原则的重申

限制加重原则只适用于同一刑种的并罚，但数个同一刑种的并罚却非必然受限制加重原则约束。

（1）数个“剥夺政治权利”并罚应适用限制加重原则

如前所述，限制加重原则承担着维持刑罚阶梯的特殊使命，使每个刑种维持在自己的范围与限度内。根据刑法第五十五条规定，剥夺政治权利的期限一般为一年以上五年以下。即，剥夺政治权利有自己的最高期限——五年。因此，数个剥夺政治权利并罚时，应适用限制加重原则，以避免并罚总数超过五年的规定。

（2）数个“罚金”并罚不受限制加重原则约束

根据刑法第五十二条的规定，罚金数额是依据犯罪情节确定的。也即，法律对罚金的上限未作出规定。犯罪情节较轻，罚金相对较少；犯罪情节较重，罚金相对较多。因此，对于数个罚金并罚可以简单相加，而不用受限制加重原则的约束。

2. 不同附加刑之间适用并科原则

不同刑种的并罚以适用并科原则为常态。这里，需要特别指出的是罚金和没收财产是可以适用并科原则的。因为，对于罚金和没收财产的并罚，司法实践是有不同做法的。根据2000年11月15日《最高人民法院关于适用财产刑若干问题的规定》（法释【2000】45号），罚金和没收部分财产可以并科处理，罚金和没收全部财产则是适用吸收原则，只判处没收全部财产。实际上，罚金和没收财产是可以完整适用并科原则的。没收财产，针对的是被告人现有财产的处罚；罚金刑则可以面向被告人的未来财产，任何时候发现有财产了，可以随时追缴。即使没收现有全部财产后，未来还是有执行罚金的可能。因而，罚金和没收财产应当并科处理。

3. 对《刑法》第六十九条第三款的立法完善

鉴于以上观点，建议对《刑法》第六十九条第三款予以补充完善。（1）明确不同刑种的附加刑适用并科原则。（2）数个罚金的并罚或数个剥夺政治权利的并罚虽属于同一刑种，但应分别适用并科原则和限制加重原则。（3）剥夺政治权利并罚后，不能超过法定的期限。具体可以作出如下规定："数罪中有判处附加刑的，附加刑仍须执行。其中相同附加刑，合并执行，不同附加刑，分别执行。但数个剥夺政治权利的并罚适用第六十九条第一款的规定，且最高不超过五年。"

刑罚执行政策的转型与调整

吴何奇*

犯罪被称为“文明社会的野蛮现象”，而刑事政策作为一种国家和社会为应对犯罪而提出的战略、方针、方法，是一种指导行动的艺术和智慧。不同社会阶段，刑罚被统治者赋予了浓厚的工具色彩，对刑罚的过度依赖，让一部人类惩罚的历史淋漓尽致地展现了它的残酷和野蛮。刑罚执行政策作为刑事惩罚政策的重要组成部分，是贯穿整个刑罚执行阶段的灵魂，是指导刑罚执行活动的指南，是国家和社会应对犯罪问题在刑罚活动中必须遵循的行为准则。意大利学者恩里科·菲利称“量刑是刑法典的基础”，作为刑事司法的目的和归宿，刑罚执行需要我们用理性、人道的眼光去审视，特别需要规避对刑罚工具主义以及重刑主义的迷信。结合当前中国的司法实践，我国刑罚执行政策的转型与调整显得尤为重要。

一、刑罚执行政策的概念界定

尽管刑事政策的概念之争从其于1803年诞生至今从未停止过，各家学说各不相同，从不同角度对其进行挖掘与剖析，然而，应对犯罪的目标不会从讨论中被否定，是理论界屈指可数的几点共识之一。19世纪，西方社会的犯罪问题日益严重——常习犯、累犯、少年犯激增。面对社会的动荡不安，崇尚思辨、理论演绎的刑事古典学派显得无力，客观上促进了善用实证与归纳

* 作者简介：吴何奇，上海政法学院2014级刑法学硕士研究生。

的实证学派的发展。实证学派的兴起带来的直接影响便是实证研究方法被引入刑事政策领域，至此，刑事政策的研究领域得以扩展到整个社会政策领域。李斯特的经典言论——“最好的社会政策是最好的刑事政策”，正是对这一时期理论思潮的真实反映。

刑罚，是国家应对犯罪的手段、制裁措施，无论是刑罚的设置还是应用，都是基于一定的政策考虑。刑罚执行，是刑事司法活动的最后一环，同时，刑罚目的的实现离不开刑罚的实践，鉴于其与实证的高度密切性，整个刑事司法活动的价值的实现与否取决于此。因而，一个国家选择什么样的刑罚执行政策关系到该国刑罚方式的设置、刑罚体系的构建。刑罚执行政策作为刑事政策的重要组成部分，显得至关重要。然而，刑事政策的概念至今尚未有个定论，关于刑罚执行政策的界定在理论界自然常常被忽视与混淆。

（一）刑罚执行政策的概念界定

理论研究并非为了研究而研究，如何将理论作用于现实的社会关系、应对现实的社会问题才是其所追求的终极目标。要研究刑罚执行政策的相关问题，首先要科学界定刑罚执行政策的定义，这是研究问题的逻辑起点、必由之路。但是，要科学界定刑罚执行政策的定义，并非易事。

1. 刑罚执行政策是刑事政策的下位概念

鉴于不同学者所处时代的不同、思想观点的不同、认识理解的不同，关于刑事政策的概念的界定，仍处于各领风骚的局面，学者间仁者见仁智者见智，正如曲新久教授所言，“有多少刑事政策研究者大概就有多少种刑事政策概念”。[①] 理论之争历久未衰，但关于刑事政策存在的目的，中外学者逐渐达成了共识，即惩罚与预防犯罪。如：储槐植教授认为：“我国的刑事政策是我们党和国家为有效地惩罚和预防犯罪，依据我国的犯罪状况和犯罪产生的原因而确定的，对犯罪行为和犯罪人，区别不同的情况，运用刑罚或其他处遇手段的行动准则和方略”。[②]

甘雨沛教授认为刑事政策“是国家和社会团体对犯罪、犯罪者以及犯罪

① 曲新久：《刑事政策的权力分析》，中国政法大学出版社 2002 年版，第 68 页。
② 储槐植：《刑事一体化与关系刑法学》，北京大学出版社 1997 年版，第 110 页。

诸现象，根据以镇压、压制或抑制和预防犯罪为目的的原则，采取有效的有指导意义的活动或措施”。[①] 张远煌教授认为“刑事政策是国家基于指导打击及预防犯罪活动而制定的各种原则的总称，是国家政策体系的有机组成部分。”[②] 从上述各位学者的论述来看，能够总结出这样的结论：对刑事政策的讨论不能仅局限于刑事法律的范畴之中，笔者不否认犯罪政策与刑罚政策是刑事政策的核心组成部分，但仅仅从罪与罚的角度来考量刑事政策，必然缩小了刑事政策的范围，而忽视了刑事政策在社会政策领域所应有的内涵。因此，现代刑事政策应当包括两个方面的内容，即刑事惩罚政策与社会预防政策。所谓刑事惩罚政策，“是指国家机关运用刑事法律与违法犯罪斗争的一切手段、方法和措施”,[③] 且刑事惩罚政策“是以国家刑罚权为中心展开的，是国家刑罚权的配置和运用政策”。[④] 结合以上分析，笔者认为，学者基于刑事法律的范畴所展开的有关定罪、裁量、执行等方面的刑事政策的讨论，即这里刑事惩罚政策，也就是相对于囊括了社会预防政策的刑事政策而言的狭义的刑事政策。而根据刑事惩罚活动中所针对的具体内容的不同，我们又可将刑事惩罚政策进一步细分为：刑事立法政策、刑事司法政策和刑罚执行政策。这三个部分相互结合构成刑事惩罚政策的整体，因此，刑罚执行政策是刑事政策的下位概念。

2. 刑罚执行政策是刑事惩罚政策的核心

作为刑事惩罚政策的重要组成部分之一，刑罚执行政策一直都是刑事惩罚政策的核心内容。从外文文献的相关记载中，刑事一词常被两个单词概括，即 Criminal 和 Penal。根据权威词典的解释，Criminal 一词的含义为“of crime”（犯罪的），而 Penal 的含义为“connected with punishment”（与刑罚有关的，刑罚的）。再结合中文语义上的理解，笔者认为，刑事惩罚政策可理解为关于刑事犯罪的政策和关于刑罚的政策。法治的语境下，关于犯罪，即何为“罪”

① 甘雨沛：《我国刑法学科学体系中的刑事政策学（上）》，载《社会科学战线》1987 年第 1 期。

② 张远煌：《现代犯罪学的基本问题》，中国检察出版社 1998 年版，第 220 页。

③ 王牧：《犯罪学》，吉林大学出版社 1992 年版，第 383 页。

④ 严励等：《中国刑事政策原理》，法律出版社 2011 年版，第 60 页。

以及对于罪的裁量往往体现于刑事立法、刑事司法活动之中；而关于刑罚，则多见于刑罚执行活动之中。

现阶段，随着处遇模式的进步，恢复性司法理念的发展，国家用来应对犯罪的手段形形色色、各有千秋，刑罚不再是对付犯罪的唯一手段。但不可否认的是，时至今日，刑罚作为打击犯罪、防卫社会的重要手段仍然发挥着其他模式无可比拟的作用。同时，基于国家本位的历史观，刑罚仍会被以对付犯罪的最主要的方式而不断运用于司法实践之中。笔者甚至可以武断地预言，在未来相当长一段时期内，刑罚的地位不会被撼动，以刑罚为中心来应对犯罪的模式依然会被世界各国所青睐。综上所述，刑事惩罚政策最重要的核心概念不能脱离“刑罚”这一要素，而刑罚执行政策理所当然是刑事惩罚政策的核心。

3. 刑罚执行政策是关于刑罚执行的策略、方针、措施和原则

如前文所述，关于刑事政策的界定，学界仍然莫衷一是，百家争鸣，作为刑事政策的下位概念，如何给刑罚执行政策下一个准确、恰当的定义，笔者在这里试从以下几个方面进行分析：

（1）关于刑罚执行政策的主体

从惩罚与预防犯罪的视角出发，跳出刑事法律的框架的桎梏，刑事政策可以划分为刑事惩罚政策和社会预防政策。因此，笔者认为，刑事政策的主体理应包括对应刑事惩罚活动的国家主体以及对应社会预防活动的社会主体，诚如法国学者米海依尔·戴尔玛斯·马蒂教授所指出的刑事政策的主体已“从原来的国家扩展到社会整体”。[①] 综上所述，结合我国司法实践，笔者认为，刑罚执行政策的主体应当排除社会主体存在的可能性。

刑罚执行，简称行刑，是国家授权的专门机关执行法院判决所确定的刑罚内容的活动，它是国家刑事司法体系的一个重要组成部分，是国家行使刑罚权的重要步骤，是实现刑罚目的的重要环节。刑罚执行在制刑、求刑、量刑之后，处于这一过程的最后阶段，使刑罚活动追求的价值目标最终得以实

① 【法】米海依尔·戴尔玛斯·马蒂：《刑事政策的主要体系》，卢建平译，法律出版社 2000 年版，第 25 页。

现。[1] 由于所执行的刑罚的不同（包括死刑、监禁刑、财产刑、资格性以及非监禁刑），执行的主体也不尽相同（包括人民法院、公安机关、监狱、社区矫正机构等）。

国家主体，是指执政党以及政府等国家机关。一定意义上，只有国家主体才是完全意义上的刑事政策的主体，因为它既是刑事政策的决策者，又是刑事政策的执行者。在新中国成立之初的刑事领域方面，特别是在1979年刑法颁布实施之前，制定刑事政策是党和政府等国家机关指导刑事司法活动的重要方式之一。社会主体，在我国，主要包括以工会、妇联等组织为代表的政治团体、中介组织、自治组织等。

没有刑罚也就无所谓刑罚权的存在，刑罚权与刑罚具有密切联系。当前，学界对于刑罚权的认识主要有以下几种观点具有代表性，如马克昌教授认为“刑罚权是国家基于统治权依法对实施犯罪行为的人实行刑罚惩罚的权力”[2]，张明楷教授认为“刑罚权是指国家就犯罪对犯罪人进行处罚的权能”[3]，陈兴良教授认为“刑罚权是国家基于独立主权对犯罪人实行刑事制裁的权力”[4]。尽管各位学者对于刑罚权表述存在不同，但是深究其本质内涵，并没有太大的出入，即刑罚权是国家基于独立主权对犯罪人实行刑事制裁的权力。在这个意义上说，刑罚权是国家权力的外在表现形式之一，它是一种国家权力。

因此，指导刑罚活动的方针、准则、计划或策略的只能是国家。如果说刑事政策从本质上是“权力支持下的公共政策”[5]，那么，刑罚执行政策则可以说是这一特征的最主要、最鲜明的体现。

（2）关于刑罚执行政策的目的

刑罚执行政策的目的是刑罚执行政策主体制定和实施刑罚执行政策所要达到的预期目标。刑罚执行政策较之于刑事政策，是部分与整体、个别与一般的辩证关系，笔者认为，讨论刑罚执行政策的目的问题不能超越刑事政策

① 樊凤林主编：《刑罚通论》，中国政法大学出版社1994年版，第491页。
② 马克昌：《刑罚通论》，武汉大学出版社1997年版，第16页。
③ 张明楷：《外国刑法纲要》，清华大学出版社1999年版，第360页。
④ 陈兴良：《刑法适用总论》（下卷），中国人民大学出版社2006年版，第18页。
⑤ 曲新久：《刑事政策的权力分析》，中国政法大学出版社2002年版，第60页。

的目的的界限，换言之，刑罚执行政策的目的的内容与刑事政策的总目标的内容具有同一性，但相比刑事政策所包含的其他层面的内容，侧重的角度存在差异。

刑事政策的目的在于对犯罪的预防与控制，在于维护社会秩序的稳定。犯罪，作为一种社会现象，是社会层面、个体层面等诸多因素与外在环境相互作用的产物，其存在具有某种社会必然性。任何一个社会都不可能不存在犯罪现象，这是现代社会学研究的一个重要结论。[①] 从国情出发，笔者认为，现阶段我国的刑罚执行政策的目的不能逾越刑事政策目的所划定的范围，应当定位于如何有效地控制犯罪的增长、维护社会秩序的范畴之中，同样，这也是其他刑事惩罚政策以及社会预防政策所追究的总体目标、价值所在。然而，同中存异，刑罚执行政策区别于其他刑事惩罚政策之处在于其更侧重于对执行刑罚所追求的目的的反思，更执着于对刑罚价值层面的问题的考究，刑罚执行政策的目的与刑罚目的实则一脉相承。简言之，刑罚执行政策的目的是报应与功利相统一的刑罚目的在政策层面的合理展开。这也是我国刑罚执行政策“重重轻轻、整体趋轻”两极化选择的理论根据。[②]

具体体现在如下几个方面：

其一，报应与功利相统一的刑罚目的要求对社会危害性大严重犯罪及人身危险性大的危险犯罪者适用严厉的刑罚、严格的处遇，如死刑的执行、监禁刑的执行。在罪责性相均衡的前提下，使被害人报复的情感得到满足。而通过刑罚的适用，一方面告知犯罪人，通过不法行为获得的短期利益远远不能弥补这种行为带来的长期后果，会因此遭到社会的谴责和国家的惩罚；另一方面也是对社会大众的警示，一旦冲破法律所容忍的界限，国家必然按律究办，以儆效尤。通过刑罚，社会正义的得以弘扬，预防犯罪的目的也不会被厚此薄彼。是以，“重重”刑罚执行政策的选择兼顾了刑罚目的惩治犯罪的报应主义与预防犯罪、弘扬正义观的功利色彩。

其二，“轻轻”的刑罚执行政策意味着对社会危害性不大的罪行以及人身

① 【法】迪尔凯姆著、胡伟译：《社会学方法的规则》，华夏出版社 1999 年版，第 52 页。
② 梁根林：《刑事制裁：方式与选择》，法律出版社 2006 年版，第 52 页。

危险性较小的初犯、偶犯、未成年犯适用轻缓的刑罚和宽厚的处遇，如非监禁刑的执行。即“对轻微的罪行和主观恶性不大的罪犯而言，报应并非适用刑罚与处遇的主要考量”,① 对于这类群体，苛刻的刑罚反而不适宜罪犯的改造，监禁刑罚带来的交叉感染反而不利于刑罚目中预防犯罪层面的实现。

其三，刑罚目的在具体刑罚执行中的展开，是对刑罚执行政策的目的的映射。例如，基于惩罚与改造相结合、劳动生产与教育改造相结合的思想，“改造第一、生产第二”的刑罚执行政策贯穿于刑罚执行的全过程。它要求在罪犯改造的过程中需明确树立“改造第一”的思想观念，刑罚执行的同时应当把对罪犯的改造这一任务放在所有工作的首位。

总而言之，刑罚执行政策的目的是在预防犯罪、控制犯罪、维护社会秩序的框架下，针对刑罚执行活动的特殊性，结合报应与功利相统一的刑罚目的而提出并追求的目标。

（3）关于刑罚执行政策的手段

刑事政策的手段，即刑事政策的主体作用于客体的联结环节，是主体作用于客体所要达到的目标的中间载体，“是刑事政策功能的体现者。因为如果没有刑事政策手段，刑事政策和整个刑事政策科学体系就失去了存在的支柱和轴心”。②

相比刑事政策手段的多样性，刑罚执行政策的手段较为单一,③ 刑罚执行政策的手段仅限于刑罚措施和方法，而不应包括非刑罚方法和手段，如行政手段、教育手段等。作为指导刑罚执行活动的具体指导思想和策略原则，刑罚执行政策是以国家刑罚权为中心展开的，是国家刑罚权的使用政策，其中心问题是设定合理的刑罚目的，发挥刑罚的功能，实现犯罪的控制和预防，从而保护社会、维持秩序。④

根据以上分析，我们对刑罚执行政策的内涵有了较为明确的认识：刑罚

---

① 梁根林：《刑事制裁：方式与选择》，法律出版社 2006 年版，第 53 页。

② 何秉松主编：《刑事政策学》，群众出版社 2002 年版，第 77 页。

③ 杨春洗教授认为，刑罚是刑事政策的重要手段，但不是唯一手段。参见杨春洗主编：《刑事政策论》，北京大学出版社 1994 年版，第 6 页。

④ 何秉松主编：《刑事政策学》，群众出版社 2002 年版，第 51 页。

执行政策的主体应为国家主体；刑罚执行政策的目的是从实现刑罚的目的出发，达到预防犯罪、控制犯罪以及维护社会秩序的稳定最终目标；刑罚执行政策的手段仅限于刑罚措施和方法。综上所述，刑罚执行政策是国家以实现刑罚目的为视角，预防犯罪、控制犯罪以及维护社会秩序的稳定为最终目的而制定的关于刑罚执行的策略、方针、措施和原则。

（二）刑罚执行政策与刑事执行政策

当前，我国学者常常将刑事执行政策视为刑罚执行政策，将刑事执行的概念与刑罚执行的概念不做区分，如：

马克昌教授主编的《中国刑事政策学》认为：刑事执行即刑罚执行，简称行刑，是指人民法院对被告人作出罪刑判决后，交付劳动改造机关、公安机关或其他机关执行所判处的刑罚。①

刘仁文教授在《刑事政策初步》一书中，将刑事执行政策界定为“在刑罚和某些刑罚制度的执行阶段所奉行的政策”，刘仁文教授认为，刑事执行政策由于执行对象的不同（既包括主刑中的管制、拘役、有期徒刑、无期徒刑、死刑的执行，也包括附加刑中的罚金、剥夺政治权利、没收财产、对犯罪的外国人适用的驱逐出境的执行）导致执行主体的不同（有人民法院、公安机关、监狱、以及基层组织和社区矫正机构等），从而决定了刑事执行政策的不同。此外，根据刑罚种类的不同，刘认为刑事执行政策可划分为监禁刑的执行政策、社区刑的执行政策以及死刑和死缓的执行政策。② 从以上的论述可见，刘仁文教授理解的刑事执行政策实质上就是国家制定的用以指导刑罚活动的刑罚执行政策。

卢建平教授在其主编的《刑事政策学》一书中，直接指明：“刑事执行政策（简称行刑政策），顾名思义，就是指导和调节刑罚执行全过程的政策。”③

此外，侯怀林博士也在其著作《刑事政策的价值分析》一书中，将刑事执行政策等同于刑罚执行政策，并将其划分为死刑的执行政策、监禁刑的执行政策和非监禁刑的执行政策。

---

① 马克昌主编：《中国刑事政策学》，武汉大学出版社1992年版，第87页。

② 刘仁文：《刑事政策初步》，中国人民公安大学出版社2004年版，第77~83页。

③ 卢建平主编：《刑事政策学》，中国人民大学出版社2007年版，第251页。

刑事执行政策，顾名思义，可定义为国家和政府为指导刑事执行活动而制定的行为规范和行动准则。尽管在学术界，将刑事执行政策等同于刑罚执行政策似乎已成为学者间的共识，但笔者冒昧地认为，刑事执行政策与刑罚执行政策存在交叉与重合的部分，但能否混为一谈，实则一个值得商榷的问题，因为，仅仅在形式层面，笔者认为刑事执行与刑罚执行就是一组不同的概念。

刑事执行，指的是自由刑的执行和规定于刑法典的保安处分的执行，它不是案件必需的或系统的法律思辨的结果，而是刑事诉讼的合理延伸。在我国，刑事执行有广义和狭义之分，广义的刑事执行涵盖了对生效刑事裁判的执行以及刑罚的执行，而狭义的刑事执行则专指刑罚的执行，即行刑。因此，“刑罚执行”与“刑事执行”在概念上就存在鲜明的区别。刑罚的执行，是指国家授权的机关将刑事判决所确定的刑罚付诸实施的活动，具体包括死刑的执行、监禁刑的执行以及非监禁刑的执行。刑事执行的外延显然比刑罚执行要广，在刑事判决行为人无罪或者判决有罪但免予刑事处罚的情况下，我们根本无从谈起刑罚的执行问题，刑罚执行是判决有罪并处以一定刑罚的刑事审判活动的结果。简言之，行刑须以刑事判决所确定的刑罚为前提，是量刑的下一阶段。樊崇义教授在其主编的《刑事诉讼法修改专题研究报告》中曾指出，“刑事执行是由法定机关将以生效的刑事法律文书予以强制执行的行为。”① 通过这段文字的描述，笔者认为，刑事执行不单单包括实体性的刑罚、非刑罚方法的执行，而且还包括程序性的刑事强制措施等生效刑事裁判及决定的执行。邵名正教授认为，“刑事执行法的调整对象，是指违反刑事法律、法规的规定，应受处分的人。行为人的本质特征是实施了刑事法律、法规明令禁止的违法犯罪行为。这种处分，我们可以把它统称为刑事处分。它不可能由一般的行政法来调整。这种处分可以分为刑罚处分、非刑罚处罚、保安性处分三种处分形式。”② 此外，邵名正教授在其主持草拟的《中华人民共和国刑事执行法（建议稿）》中，将刑事执行的内容，分为三编：刑罚的执行

① 樊崇义等：《刑事诉讼法专题研究报告》，中国人民公安大学出版社2004年版，第615页。
② 邵名正：《邵名正文集》，法律出版社2009年版，第228~229页。

（管制的执行、拘役的执行、有期徒刑的执行、无期徒刑的执行、死刑的执行、罚金的执行、没收财产的执行、剥夺政治权利的执行、驱逐出境的执行、缓刑的执行、减刑的执行、假释的执行、暂予监外执行、刑满释放的执行、特赦的执行）、非刑罚方法的执行（没收罪物的执行、社会服务的执行、赔偿损失的执行、训诫、责令具结悔过和责令赔礼道歉的执行）、保安处分的执行（劳动教养的执行、收容教养的执行、收容教育的执行、强制隔离戒毒的执行、强制医疗的执行）。[①]

综上所述，在刑事执行政策之中，包含了刑罚执行政策的内容与非刑罚方法执行政策的内容，把刑事执行政策与刑罚执行政策视为相同，笔者认为有失妥当。

二、我国刑罚执行政策的历史演进

以铜为镜，可以正衣冠；以史为鉴，可以知兴替。通过对我国刑罚、刑罚执行政策的历史的追溯，能够帮助我们更加理性地看待刑罚执行的政策发展脉络，引起我们的反思。

（一）古代刑罚思想对刑罚执行政策的映射

中国古代刑罚起源于原始社会末期，止于清末刑法改制和狱制改良。历史的沉淀，朝代的更替，让中国古代的刑罚思想森罗万象、源远流长。历代统治者为了维护自己的统治秩序和阶级利益，针对不同时代的症结，有着不同的刑罚思想，之于中国2000多年的刑事政策产生了深远的影响。何秉松教授认为，中国古代的一些治罪理念“都包含着一定的政策思想”。刑事政策因世而变、因时而变。以中国古代的法律制度史、法律思想史为考察对象，不难得出这样的结论：在刑民合一的法制背景下，刑法在中华法系中具有难以撼动的主导地位，而刑罚更是古代刑律的核心，笔者认为，古代刑事政策的端倪理应多见于丰富的刑罚活动与不断交替刑罚制度之中。

基于日常的研究与认识，著名法学家甘雨沛教授曾提出“有刑法就会有

① 邵名正：《邵名正文集》，法律出版社2009年版，第270～309页。

与之相应的刑事政策”的说法。[①] 原始社会末期的古法中，有过这样的记载：

帝曰：皋陶，惟兹臣庶，罔或干予正。汝作士，明于五刑，以弼五教。期于予治，刑期于无刑，民协于中，时乃功，懋哉。皋陶曰：帝德罔愆，临下以简，御众以宽；罚弗及嗣，赏延于世。宥过无大，刑故无小；罪疑惟轻，功疑惟重；与其杀不辜，宁失不经；好生之德，洽于民心，兹用不犯于有司。

《尚书·大禹谟》的记载证实了早在先秦，我国便产生了“慎刑”“轻刑”以及“刑期于无刑”的威吓主义的刑罚思想。无独有偶，《周礼·秋官·大司寇》中关于“以圜土聚教罢民”制度的记载则证明了古代中国法系在盛行报应和威吓的刑罚政策的同时，“不乏教化改善的思想火花”。[②] 到了奴隶制周朝，则出现了诸如“明德慎刑”，同罪不同罚、区别对待，（眚灾肆赦、怙终贼刑），“刑罚世轻世重”，宽严适中（“宽而有制”），三宥、三赦（“一宥曰不识，再宥曰过失，三宥曰遗忘”“一赦曰幼弱、再赦曰老旄、三赦曰蠢愚”）等刑罚政策的思想。[③]

秦汉，律成文，统治者以“恤刑”伪施仁政，汉律中更有“官当”“金赎”“减等”“八议”等规定，以在刑罚执行过程中维护统治阶级的利益，捍卫封建官僚的特权地位。至汉末期，统治阶级颇感“法律滋章，禁网寖密”，却盗贼多有，便通过采取宽大、轻缓的刑罚政策，从而缓和统治危机。

“迨至隋唐以来，多沿袭前法，隋始创制重罪十条，各刑名规定了刑罚幅度，在适用解释中，刑罚幅度本身就蕴含这一定的政策性”，[④] 此外，隋文帝在位期间推行轻缓、慎刑的刑罚政策，命大臣在总结魏晋南北朝时期的立法经验的基础上修改制订《开皇律》。《开皇律》律文500条，素有“刑纲简要，疏而不失”的美誉，是《唐律》的制定基础，具有很高的立法成就，“使中国封建的刑事立法规范化和统一化”。[⑤] 然而好景不长，至隋炀帝统治

---

① 甘雨沛：《我国刑法学科学体系中的刑事政策学（上）》，载《社会科学战线》1987年第1期。

② 梁根林：《刑事制裁：方式与选择》，法律出版社2006年版，第11页。

③ 马克昌主编：《中国刑事政策学》，武汉大学出版社1992年，第48页。

④ 甘雨沛：《我国刑法学科学体系中的刑事政策学（上）》，载《社会科学战线》1987年第1期。

⑤ 杨春洗主编：《刑事政策学》，北京大学出版社1994年版，第116页。

时期，重刑色彩的刑法思想猖獗，迫使“百姓怨嗟，天下大溃”。为了避免重蹈隋朝“法令尤峻”的亡国覆辙，唐初确定了“德礼为本、刑罚为用、民法慎刑，以宽仁治天下”的政策思想。安史之乱后，社会动荡、时局紊乱，唐朝的统治者抛弃“宽简”“慎刑”的刑罚政策，欲以“重典”治乱世。

自宋朝起，中国封建社会开始走向衰亡，或是为了应对战争带来的时局的动荡，或是为了压制被统治民族的反抗，历朝历代的统治阶级多奉行“重典以就时弊”的原则，采取重刑主义的刑罚政策。正如梁根林教授所认为的，“重刑化的主张无视刑罚由苛厉、残酷向轻缓、人道发展的历史规律，将遏制和预防犯罪的希望寄托于严峻刑法，是中华法系刑法万能主义和重刑主义传统的反映”。①

（二）近代中国刑罚执行政策的变更

清朝末年，内有人民起义的来势汹汹、改革呼声的此起彼伏，外有西方列强的相继入侵、东瀛倭寇的不断骚扰。帝国主义的压迫，封建官僚的腐朽，增加了社会矛盾的激化。

光绪二十六年，慈禧太后以光绪皇帝的名义发表正式的改革上谕：“世有万古不易之常经，无一成不变之治法。穷变通久见于大易，损益可知著于论语。盖不易者三纲五常，昭然如日星之照。而可变者令甲令乙，不妨如琴瑟之改弦。伊古以来，代有变革。即我朝列祖列宗，因时立制，屡有异同，入关以后……。嘉庆道光以来，岂尽雍正乾隆之旧。大抵法积则敝，法敝则更，要归于强国利民而已。……深念近数十年积习相仍，因循粉饰，以致成此大衅。现正议和，一切政事，犹须切实整顿，以期渐图富强。懿训以为取外国之长，仍可补中国之短，惩前事之失，乃可作后事之师。”② 从这段话，我们可以看出，为了收回因为战败而丧失的各种治外法权，更为了维护自己的统治利益，清政府希望借助对固有法制的改良，对西方先进的军事技术的引进，从而重拾天朝大国的美梦。尽管，幻想随着武昌起义的炮声、宣统帝溥仪的退位而成为泡影，但这一过程却客观上促成了中国刑罚体系的变革，促进了

① 梁根林：《刑事制裁：方式与选择》，法律出版社2006年版，第34页。

② 黄源盛：《法律继受与近代中国法》，元照出版有限公司2007年版，第60页。

刑制和狱制的现代化，近现代意义上的中国刑罚执行政策的肇始于此。

18 世纪，随着刑事政策的兴起与发展，世界范围内的各国学者逐渐开始了对刑罚作用的思考，他们发现古代以肉刑、生命刑为中心的传统刑罚体系并不能有效地遏制犯罪的滋生与发展。在中国，作为对以肉刑为中心的传统封建五刑的刑罚体系的否定，《大清新刑律》确立了我国近代以自由刑为中心的刑罚体系。

《大清新刑律》第七章为“刑名”。其中第三十七条规定：“刑分为主刑及从刑。主刑之种类及重轻之次序，如下：“第一，死刑；第二，无期徒刑；第三，有期徒刑：一等有期徒刑，——十五年以下、十年以上，二等有期徒刑——十年未满、五年以上，三等有期徒刑——五年未满、三年以上，四等有期徒刑——三年未满、一年以上，五等有期徒刑——年未满、二月以上；第四，拘役：二月未满、一月以上；第五，罚金：一元以上。从刑之种类如下：第一，剥夺公权；第二，没收。”[①]《大清新刑律》的这一规定标志着我国近代刑罚体系的建立。在刑罚的设置上，新刑法体系废除了封建的笞、杖、徒、流、死五刑，把刑罚分为主刑和从刑，其中，主刑包括五种：“死刑、无期徒刑、有期徒刑、拘役、罚金。”

根据所执行的刑罚的种类，清末刑罚执行政策包括监禁刑的执行政策、死刑的执行政策以及非监禁刑的执行政策。

监禁刑的执行政策，又可称为监狱行刑政策。清末刑罚改革是自由刑对肉刑的取代，在刑罚体系上具有革命性的意义。这一阶段，我国的监禁刑主要包括两个方面：徒刑和拘役。对于以上两种刑罚的设置，《大清新刑律》中有着详尽的阐述：

《大清新刑律》第四十一条的规定：“宣告徒刑及拘役：不得禾满一日。”《大清新刑律》第四十三条规定：“徒刑之囚，于监狱监禁之，令服法定劳役；但因其情节，得免劳役。”《大清新刑律》第四十四条规定：“受五等有期徒刑或拘役之宣告，其执行若实有窒碍，得以一日折算一元，易以罚金。”《大

① 周少元：《论〈大清新刑律〉的刑罚制度》，载《政法论坛》（中国政法大学学报）1995 年第 6 期。

清新刑律》把传统的徒刑一分为三，即具有近代刑法意义上的无期徒刑、有期徒刑和拘役。这一变革扩大了自由刑的适用范围，使用了近代的法律术语，“是刑罚由重改轻的重要一步”。[①] 体现了由严峻的古代刑罚政策向轻缓、人道的近代刑罚政策的转变。这之后的《中华民国暂行新刑律》和国民党时期的1928年、1935年刑法均恪守这一结构体系。

伴随着教育刑论的风靡、人道观念的兴盛、刑罚经济意识的觉醒，监禁刑于清末之后被广泛应用于刑罚执行活动之中。正如台湾刑法学家韩忠谟先生所言：“自由刑为拒置犯人于监狱，剥夺其自由之刑罚，在近代刑制上应用甚广，且极有价值，盖自由刑拘置犯人于狱内，课以劳役，施以教诲，足以矫治恶性，养其劳动习惯，此其一。使服劳役即所以训练其谋生技能，俾出狱后不致再犯，成为良善之公民，此其二。利用犯罪之劳动力，使之作业，可以增加国库收入，此其三。有此优点，故各国咸重视之……”[②]

非监禁刑的执行政策，可称之为机构外处遇和政策。非监禁刑，是指在监狱外对罪犯适用的刑罚处遇手段。清末刑罚改革中，关于非监禁刑罚的制度包括：罚金、剥夺公权、没收、缓刑以及假释。

关于罚金刑的设置。《大清新刑律》第四十一条规定：“罚金不得未满一元”。此外，于《大清新刑律》第一百四十五条，对罚金刑的具体执行方式有如下规定：“罚金于审判确定后，令一月以内完纳。逾期不完纳者，从下例处断：第一，有资力者，强制完纳之；第二，无资力者，以一元折算一日，易以监禁。监禁于监狱内附设之监禁所执行之。监禁日数，不得逾三年。罚金纳一部者，计其余额，依第一项第二款之例，易以监禁。”《大清新刑律》在制订时主要借鉴了日本刑法中“罚金”的规定，将罚金作为主刑规定在刑法典中，此后亦然。

剥夺公权，在近代法典中常被写作为褫夺公权。关于该种刑罚，《大清新刑律》第四十六条规定，褫夺公权者，将终身失去以下一种或全部资格，具体为：为官员之资格；为选举人之资格；膺封锡勋章、职衔出身之资格；入

---

① 周少元：《论〈大清新刑律〉的刑罚制度》，载《政法论坛》（中国政法大学学报）1995年第6期。

② 韩忠谟：《刑法原理》，北京大学出版社2009年版，第369页。

军籍之资格；为学堂监督、职员、教习之资格；为律师之资格。根据《大清新刑律》第四十七条的规定："于分则有得褫夺公权之规定者，得褫夺现在之地位，或于一定期限内，褫夺前条款所列资格之全部或一部；但以应科徒刑以上之刑者为限。"周少元教授认为，"我国古代的禁锢之罚即为褫夺公权内容之一的剥夺为官员之资格的刑罚。《大清新刑律》受资产阶级刑法理论的影响，将传统的禁锢更科学更完善地规定为褫夺公权，扩大了该刑罚的内容，规定了其从刑地位"。[①] 之后，尽管褫夺公权的内容有所变化，但将其规定为从刑的做法始终没有被否定。现阶段，我国刑法亦将其视为从刑的一种，并将其正式更名为"剥夺政治权利"。

关于没收。中国封建刑罚中的没收，即所谓的"抄家"，这种刑罚不仅没收犯罪人及其全家的财产，还要收其妻女为官奴，名为"没收"，实为一种"族株连坐制"。不但剥夺了犯罪人的自由和财产，同时也剥夺了其亲属的自由和财产。体现了历代统治者崇尚重刑的刑罚执行政策。至清末刑罚改革，《大清新刑律》将其设为从刑的一种，具体规定体现在刑法典的第四十八条和第四十九条，其中《大清新刑律》第四十八条规定："没收之物如下：违禁私造、私有之物；供犯罪所用及预备之物；因犯罪所得之物"；《大清新刑律》第四十九条规定："没收之物，以犯人以外无有权利者为限"。该条文限定了国家与政府执行没收时所不能逾越的范围，是刑罚执行政策人道化、合理化的趋向。其后，《中华民国暂行新刑律》和国民政府的两个刑法典中关于"没收"的设置均承袭了《大清新刑律》的有关规定。

此外，标榜着中国刑罚体系从野蛮走向文明的最重要一笔，乃是《大清新刑律》首次规定了"缓刑""假释"等刑罚制度。

缓刑，萌芽于英国，最早起源于英国的缓予宣告制，1879 年的简易裁判法和 1888 年的初犯者考验法使之法律化。自 1870 年被编入美国波士顿的缓刑法之后，缓刑作为一种刑罚执行方式在世界范围内得到普遍适用。其作为一种非监禁的执行方式，即便放置于现代刑事政策的视野下，也被认为是用

① 周少元：《论〈大清新刑律〉的刑罚制度》，载《政法论坛》（中国政法大学学报）1995 年第 6 期。

以克服短期自由刑罚弊端的重要设计。清末将缓刑制度引入刑罚体系之中，使清末刑罚执行的近代化更进一步。关于缓刑，《大清新刑律》的第六十三条、第六十四条以及第六十五条分别针对适用缓刑的条件、不得适用或撤销使用缓刑的条件以及缓刑期满缓刑宣告的效力进行了规制。其中，第六十三条规定："具有下列要件而受四等以下有期徒刑或拘役之宣告者自审判确定之日起得宣判缓刑五年以下三年以上：（一）未曾受拘役以上之刑者；（二）前受三等至五等有期徒刑执行完毕或免除后逾七年或前受拘役执行完毕或免除后逾三年者；（三）有一定之住所或职业者；（四）有亲属或故旧监督缓刑期内之品行者。"第六十四条规定："受缓刑之宣告而有下列情形之一者撤销其宣告：（一）缓刑期间内更犯罪，受拘役以上之宣告者；（二）因缓刑前所犯罪而受拘役以上之宣告者；（三）不备前条第二款之要件后经发觉者；（四）丧失住所及职业者；（五）监督者请求刑之执行者言有理由者。"第六十五条规定："逾缓刑之期而未撤销缓刑之宣告者，其刑之宣告为无效。"①

此后的刑法典均以此为蓝本，关于缓刑的规定，分别见于《中华民国暂行新刑律》第六十三至六十五条，1928 年《中华民国刑法》第九十至九十二条，1935 年《中华民国刑法》第七十四至七十六条。以及当前的《中华人民共和国刑法》第七十二至七十七条。

假释，最早出现在日不落帝国的殖民统治之中，1820 年，英国于殖民地奥地利，把流亡岛上的囚徒附条件地提前释放，此乃假释制度之滥觞。19 世纪中叶，该制度风靡欧洲大陆，后传入东方。在 1907 年日本刑法名为"假出狱"的第五章中有这样的规定："被处惩役或禁锢者有梭悔情状时有期以过其刑三分之一后，无期经过十年后得以行政机关之处分许假出狱。"清末于刑法改革中吸收了日本刑法中"假出狱"的规定，以假释为其名，将其放置于《大清新刑律》的第六十六条："受徒刑之执行而有后梭实据者，无期徒刑逾十年后，有期徒刑逾二分之一后，由监狱官申达法部，得许假释出狱；但有期徒刑之执行未满三年者，不在此限。"

---

① 周少元：《论〈大清新刑律〉的刑罚制度》，载《政法论坛》（中国政法大学学报）1995 年第 5 期。

死刑的执行政策。清末的刑罚改革，奠定了死刑执行人道化的走向，顺应了死刑执行谨慎、合理的应然之势。《大清新刑律》中对于死刑的规制是对过去历朝历代的颠覆，古时，剥夺生命的刑罚不仅手段残酷，且方式各异。如以《唐律疏议》为典型的“绞”“斩”的死刑执行方式，以及修律活动前，明清所惯用的凌迟、枭首、戮尸等死刑执行方式。《大清新刑律》第三十八条规定：“死刑用绞，于狱内执行之。”通过摒弃过去复杂的死刑执行方法，规定“死刑唯一”制度，体现了我国近代刑罚执行政策轻缓化的历史走向。在死刑的执行的场所上，《大清新刑律》第三十九条也有相关规定：“受死刑之宣告者，迄至执行，与他囚人分别监禁。”死囚分监制度的出现体现了清朝末年由于频繁接受了西方先进的刑罚思潮的洗礼，统治阶级开始把人作为有价值有尊严的主体来对待。清末法制改革不仅实现了死刑的执行方式的统一，而且一改古时“午门斩首示众”的做法规定了死刑的执行场所要在监狱内执行，从而避免了旁人的围观，维护了死刑犯的尊严，彰显了近代刑罚政策的轻缓化进程，人道主义精神从残酷的刑罚执行中得以酝酿。此外，《大清新刑律》第四十条初步规定了我国刑罚执行体系中的死刑复核制度，“死刑非经法部复奏回报，不得执行”，清末的刑罚改革使死刑复核制度得以法定化，同时，规定了法部作为专门负责死刑复核的法定机关，抛弃了过去由皇帝来判断死刑是否执行的做法，借由法定机关独立行使死刑核准权，以保证死刑核准标准的统一性，从而最大限度地体现刑罚执行的公平性。

（三）新中国刑罚执行政策之发展

如前文所述，根据刑罚种类的不同，横向上，刑罚执行政策有死刑的执行政策、监禁刑的执行政策以及非监禁刑的执行政策之分；而根据时期的不同、所处社会阶段的不同，纵向上，刑罚执行政策同样存在区别。然而，刑罚执行政策的多样性与基本刑罚执行政策贯穿刑罚执行全过程的理论现实并不矛盾，“改造第一、生产第二”“给出路”等基本的刑罚执行政策在法治进程中不会因为时间的冲刷而失去了本身的实质内涵，它们是贯穿于刑罚执行全过程的方向性、根本性的指导原则。而对“重重轻轻、整体趋轻”的总的刑罚执行政策的选择，一方面，符合世界范围内刑事政策两极化的总体趋势；另一方面，也符合我国不同时期的具体国情，更是应对我国犯罪态势的必然选择。

死刑执行的政策，是国家为了应对最严重的犯罪问题、维护社会秩序的稳定，而采取适用死刑的对策与方针，具体而言，包括死刑的执行政策和死缓的执行政策。新中国成立伊始，反革命分子和反动势力觊觎“东山再起”的念头，对新生政权进行了疯狂的破坏。这一形势下，以毛泽东同志为核心的党中央认识到了保留死刑的必要性，但同时，在“镇压与宽大相结合”以及后来发展而来的“惩办与宽大相结合”的刑事政策的指导下，对死刑的慎用提出了一系列的指示。如1951年5月，毛泽东同志在修改第三次全国公安会议决议时强调：“凡介在可捕可不捕之间的人一定不要捕，如果捕了就是犯错误；凡介在可杀可不杀之间的人一定不要杀，如果杀了就是犯错误。”① 1950年12月至1951年9月间，毛泽东同志指出：“中央已决定，在共产党内，在人民解放军内，在人民政府系统内，在教育界，在工商界，在宗教界，在各民主党派和各人民团体内清出的反革命分子，除罪不至死应判有期或无期徒刑、或予管制监视者外，凡应杀分子，只杀有血债者，有引起群众愤恨的其他重大罪行例如强奸许多妇女、掠夺许多财产者，以及最严重地损害国家利益者；其余，一律采取判处死刑，缓期二年执行，在缓刑期内强制劳动，以观后效的政策。这个政策是一个慎重的政策，可以避免犯错误。这个政策可以获得广大社会人士的同情。这个政策可以分化反革命势力，利于彻底消灭反革命。这个政策又保存了大批的劳动力，利于国家的建设事业。因此，这是一个正确的政策。”② 1956年4月，他在《论十大关系》的报告中再次强调：“今后社会上的镇压，要少捉少杀。……机关、学校、部队里面清查反革命，要坚持在延安开始的一条，就是一个不杀，大部不捉。”“机关肃反一个不杀的方针，不妨碍我们对反革命分子采取严肃态度。但是，可以保证不犯无法挽回的错误，犯了错误也有改正的机会，可以稳定很多人，可以避免党内同志之间互相不信任。”③ 对于这些论述，高铭暄教授在其著作中总结为：“杀人要少，但是决不废除死刑”和“必须坚持少杀，严禁乱杀”的死刑思

---

① 《毛泽东选集》第5卷，人民出版社1977年版，第40页。

② 《毛泽东选集》第5卷，人民出版社1977年版，第43~44页。

③ 《毛泽东选集》第5卷，人民出版社1977年版，第281~283页。

想“就是我们对待死刑的坚定不移的政策”。[①] 至1979年，我国新中国成立以来第一部刑法典的颁布，保留死刑、坚持少杀、防止滥杀的死刑政策的精神第一次在法律法规中得以体现：

1979年刑法于第一编第三章第五节对死刑做了较为详尽的规定，其中，第四十三条将死刑的适用范围规定在“罪大恶极的犯罪分子”之中；第四十条第二款；规定了严格的死刑核准程序；第四十四条对不宜适用死刑的对象做了规制，即审判时怀孕的妇女、犯罪时不满18周岁的未成年人；此外，根据党中央、人民政府在当年镇压反革命的过程中提倡的“对于没有血债、民愤不大和虽然严重地损害国家利益但尚未达到最严重的程度，而又罪该处死者，应当采取判处死刑，缓期二年执行，强迫劳动，以观后效的政策”的主张，[②] 1979年《刑法》于第四十三条、第四十六条、第四十七条设置并完善了我国刑罚体系中的死缓制度；另一方面，在刑法分则中，1979年刑法在反革命罪、危害公共安全罪、侵犯公民人身权利、民主权利罪、侵犯财产罪四类罪中规定了28个死刑罪名（其中反革命罪有15个之多），并且对这28个死刑罪名大多规定了诸如“对国家和人民危害特别严重、情节特别恶劣”“致人重伤、死亡”“使公私财产遭受重大损失的”等限制性条件；并且，在对个罪设定死刑的同时，在同一量刑幅度上还规定了无期徒刑、10年以上有期徒刑以供选择适用，没有绝对死刑的罪名。[③]

1979年之后，出于针对改革开放后严重经济犯罪和严重刑事犯罪率的上升、社会治安形势趋于恶化的紧张态势，自1981年起，我国相继颁布了《关于惩治军人违反职责罪暂行条例》等23个单行刑法，通过对1979年刑法的补充来应对一系列的犯罪问题。随着单行刑法的补充，死刑罪名的设置以及死刑的适用范围急剧扩张——增设了50余种死罪，使死刑罪名达到近80个之多，死刑的适用范围从之前主要针对反革命犯罪分子中罪大恶极的那部分扩大到许多经济犯罪和非暴力的危害社会管理秩序的犯罪；此外，在适用死刑的程序上，原有的限制被弱化，伴随着1981年《全国人民代表大会常务委

---

① 高铭暄：《中华人民共和国刑法的孕育和诞生》，法律出版社1981年版，第73页。

② 《中华人民共和国刑法的孕育和诞生》，第2卷，第1271页。

③ 张文、米传勇：《中国死刑政策的过去、现在及未来》，载《法学评论》2006年第2期。

员会关于死刑案件核准问题的决定》、1983 年修改的《人民法院组织法》，以及《最高人民法院关于授权高级人民法院核准部分死刑案件的通知》陆续出台，国家将杀人、强奸、抢劫、爆炸等严重危害公共安全和社会治安案件的死刑核准权，下放至高级人民法院；同时，1991 年公布的《全国人民代表大会常务委员会关于严禁卖淫嫖娼的决定》、《全国人民代表大会常务委员会关于严惩拐卖、绑架妇女、儿童的犯罪分子的决定》、1992 年公布的《全国人民代表大会常务委员会关于惩治劫持航空器犯罪分子的决定》等，对劫持航空器罪、拐卖妇女、儿童罪、绑架妇女、儿童罪、绑架勒索罪、组织他人卖淫罪、强迫他人卖淫罪等罪名规定了适用死刑的刚性规定。上述变化，是这一时期我国应对日益严重的犯罪问题而选择单极化的“严打”政策在刑罚层面的缩影。

通过对“严打”的理性批判，根据中共中央政法委员会在全国政法工作会议上所提出的要求，[①] 21 世纪起，充满重刑化色彩的“严打”政策逐渐被修正为“重重轻轻、整体趋轻”的刑罚政策。2006 年 10 月 31 日，全国人大常委会通过《关于修改〈中华人民共和国人民法院组织法〉的决定》，将死刑案件的核准权收归最高人民法院统一行使。这是 20 年来我国对死刑所做的最重大的变革。这一修改体现了“尊重和保障人权”的宪法精神，回归了“保留死刑，但严格限制死刑”的死刑政策。

监禁刑的执行政策。根据我国相关法律的规定，监禁刑包括死缓、无期徒刑、有期徒刑和拘役。建国初期，我国曾将机构内的罪犯服刑称之为劳动改造，“其政策的核心是把罪犯改造成为新人，改造成为拥护社会主义制度的守法公民和对社会主义建设的有用之材。”[②] 在劳动改造中，行刑部门贯彻“改造第一、生产第二”的总政策，并在总政策下确立了一系列的具体政策，例如，惩罚管制与思想改造相结合的政策，劳动生产与政治文化、技术教育

---

① 中共中央政法委员会在 2006 年 11 月召开的全国政法工作会议上明确要求：“要注意统一政法机关在刑事诉讼活动中贯彻落实宽严相济刑事司法政策的具体标准，切实把一切政策落实到具体案件上，落实到……监管改造等各个执法环节，形成工作机制。”参见：罗干：《政法机关在构建和谐社会中担负重大历史使命和政治责任》，载《求是》2007 年第 3 期。

② 余叔通主编：《劳动改造法学》，法律出版社 1987 年版，第 42 ~ 47 页。

相结合的政策，严格管理与革命人道主义相结合的政策，区别对待的政策，给出路的政策等。[①] 至1994年，随着我国《监狱法》的颁布，“惩罚与改造相结合，以改造人为宗旨”的总的监狱行刑政策得以用法律的形式固定下来。此外，为了有效解决监狱刑罚工作中不同时期、领域产生的不同问题，还有一些支配监狱运作的具体政策，如寻求企业发展、促进经济增长之类，一直以来都是指导监狱工作的重点政策，但关于监狱机构的经济、市场的若干问题在法律条文中难以寻觅。而从我国进入改革开放、经济转型时起，监狱工作中的经济问题就成了不得不面对的难题，“双轨运行”，“现代化文明监狱”等政策方针提出正式国家对于该类问题的回答。至2002年，司法部提出坚持“行刑法制化，行刑科学化，行刑社会化”的刑罚执行政策以提高改造罪犯的质量。这些具体的政策与监狱工作息息相关，并以行政命令下达，更具灵活多变性，也更方便监狱机构在行刑实践中去贯彻执行。

非监禁刑的执行政策。关于非监禁刑，根据国外学者于文献中的记载，大抵有如下称谓：非监禁刑、非监禁措施、非机构性处遇、监狱替代措施、替代性制裁、社区制裁、社区刑罚、中间制裁等。总体来说，虽然称谓不同，但是包含的内容在本质上具有一定的相同之处。在我国，关于非监禁刑的定义国内学者并无太多针锋相对的探讨，也并没有形成共识。如采纳广义说的吴宗宪教授认为非监禁刑“是在监狱之外对犯罪人使用的刑事制裁方法的总称”，并根据时间、阶段的不同，将非监禁刑分为“避免审前拘留的措施、审判时使用的非监禁措施和审判后使用的非监禁措施”。[②] 采纳中义说的学者，如袁登明教授在其博士论文《行刑社会化研究》中指出：“监禁刑是相对于非监禁刑而论的，二者是从刑罚的执行方式、场所等角度分类的，前者包括拘役、有期徒刑、无期徒刑以及死刑缓期二年执行后者外延甚广，可以认为只要不属于监禁刑范畴的都可以视为非监禁刑，包括主刑中的死刑、管制以及依附于主刑的执行制度如缓刑、假释、监外执行，附加刑中的罚金、没收财产、剥夺政治权利以及相对于附加刑的对犯”。[③] 采纳狭义说的学者，如尹彦

---

① 马克昌：《中国刑事政策学》，武汉大学出版社1992年版，第491页。

② 吴宗宪等：《非监禁刑研究》，中国人民公安大学出版社2003年版，第19~23页。

③ 袁登明：《行刑社会化研究》，中国人民大学2003年版，第213页。

品认为："非监禁刑只是在监外执行的刑罚种类，并不应与刑罚执行过程中的非监禁化混为一谈。缓刑、假释、监外执行制度是行刑社会化的重要组成部分，其实质是在执行刑罚过程中，通过放宽犯罪人自由，拓宽犯罪人与社会联系，塑造犯罪人符合社会正常生活的信念和人格，最终促成其回归社会。非监禁刑强调的是一种刑罚方法，缓刑、假释、监外执行制度强调行刑过程的社会化。"据此，她认为，"我国现有的非监禁刑包括管制、财产刑、资格刑、1997年修订后的《刑法》的第三十六、三十七条的规定"[①] 对于上述相关界定，笔者存在以下几点思考：其一，广义说的观点把不在监狱中执行的刑事制裁方法均置于非监禁刑的范畴当中，客观上促成了刑事审判权与行刑权的融合。但是这种观点将避免审前拘留的非监禁措施如拘传、取保候审、监视居住作为非监禁刑，笔者认为不妥，顾名思义，非监禁刑仍然是一种刑罚，而不是刑事强制措施，其对象只能是犯罪人，而不可以针对犯罪嫌疑人；其二，中义说的观点表明只要不属于监禁刑范围的刑事制裁措施都可以称之为非监禁刑，包括死刑、管制、缓刑、假释、以及监外执行，附加刑中的罚金、没收财产、剥夺政治权利以及对犯罪的外国人适用的驱逐出境等。笔者比较赞同这种分类方式，唯一觉得值得商榷之处是把死刑放入监禁刑与非监禁刑的讨论范围，死刑的执行是一种与监禁刑、非监禁刑相并列的刑罚手段，将死刑置于非监禁刑的框架之中，具有其存在的合理性，但不可回避的存在重复讨论的可能，甚至容易对相关概念产生混淆，也不符合与刑罚执行方式相对应的刑罚执行政策的形式外观；其三，狭义说将非监禁刑视为仅在监外执行的刑罚种类，从而排斥非监禁形式的刑罚制度的介入，如缓刑、假释以及监外执行。笔者不赞同这种观点，其本质上与非监禁刑所具有的动态性、开放性、合目的性的价值相冲突，是对刑罚改革的精神内涵的僵化。此外，尹在文中将《刑法》第三十七条，即有关免于刑事处罚与非刑罚处罚措施的规定纳入非监禁刑的范畴之内，把非刑罚的处置模式置于刑罚下讨论，笔者认为不妥。综上所述，在我国当前法治语境下的非监禁刑即不属于监禁刑范围的一切刑事制裁措施，但不宜包括死刑执行的相关内容，在我国，即刑罚

---

① 尹彦品：《论非监禁刑》，载《河北法学》第24卷第1期。

体系中的管制、缓刑、假释、监外执行、罚金、没收财产、剥夺政治权利以及对犯罪的外国人适用的驱逐出境等。

笔者认为，现代刑事政策围绕非监禁刑的讨论是从非监禁刑存在的价值意义展开的。非监禁刑的执行政策引导下的刑罚执行方式是全面实现法律正义价值的必由之路，其本身是《刑法》谦抑思想在刑事政策视野下的展开，符合刑罚经济思想的世界趋势，更体现了刑罚的人道化、个别化以及刑罚的教育功能。是对我国刑罚政策“重重轻轻、整天趋轻”的内容的补充与完善。通过对犯罪人的报应所期冀的正义是片面的、不完全的正义，刑罚本是就是一种暴力，正如我国学者茅于轼先生所言，“不能因为对方用欺诈的方法、残酷的方法行事，我也用同样的欺诈和残酷回报他。”① 实证主义学派的学者基于功利目的的刑罚正义观，主张“刑罚的轻重与种类应以达到教育犯罪人所必要的程度为限”,② 此外，根据1935年日内瓦第五届预防犯罪及罪犯待遇大会的决议内容，为了有效地预防犯罪，“要使全世界探索监狱以外的方法，……在许多情况下，应当确信监外教养与监禁同样有效。”③

综上所述，现阶段，我国的刑罚执行政策是在顺应世界范围内刑事政策两极化趋势的背景下，通过对过去单极化“严打”政策的修正，结合我国国情所确定的“重重轻轻、整体趋轻”的刑罚执行政策。

三、刑罚执行政策的发展反思与调整

政策是法律的灵魂，制定法律要以政策为指导，执行法律也要以政策为指导。刑罚执行政策是刑罚执行的精神、方针和原则，是指导刑罚执行模式发展的趋势和方向。而刑罚执行是刑罚执行政策的具体实践，是对刑事政策精神的原则和检验，是刑事政策的实现形式和途径。

（一）刑罚执行政策视野中的死刑制度的理性分析

死刑，是剥夺罪犯生命的严酷刑罚，是“往古的以血还血、同态复仇习

---

① 茅于轼：《寻求社会的致富之道》，四川人民出版社2002年版，第86页。

② 杜雪晶：《轻罪刑事政策的中国图景》，中国法制出版社2013年版，第66页。

③ 康树华：《青少年法学》，北京大学出版社1986年版，第182页。

惯的表现”。[①]关于死刑的存废之争历久弥新，理论与实证融合，让人们对死刑这一刑罚执行手段的合理性不断地进行着反思与追问，伴随着世界范围内对于人权保护的呼喊、刑罚轻缓趋势的推进，限制、废除死刑已成为一股风靡世界的潮流。

为了切实贯彻“少杀”“慎杀”的死刑政策，在国家决策领导层的支持下，死刑制度的司法改革得以积极推进，自1997年刑法典问世至今，中国在死刑制度的司法改革方面取得的成就堪称举世瞩目，如2007年最高人民法院将下放至地方高级法院和军事法院的死刑核准权收回统一行使，意味着我国在死刑适用的证据和程序标准保持严格、谨慎的态度；又如通过2011年的《刑法修正案（八）》，取消了13种经济性、非暴力犯罪的死刑，向世界展现了中国在废止死刑的道路上的决心；还有2015年通过的《刑法修正案（九）》，在死刑制度方面从两个方面进行了严格限制：其一是进一步减少死刑的罪名，取消了走私武器、弹药罪、走私核材料罪、走私假币罪、伪造货币罪、集资诈骗罪、组织卖淫罪、强迫卖淫罪、阻碍执行军事职务罪、战时造谣惑众罪九个死刑罪名；其二是进一步提高对死缓罪犯执行死刑的门槛。

这些死刑改革举措都产生了积极成效，具体体现在：促进了刑法观念的更新，在刑罚体系中产生连锁反应，拉动无期徒刑、有期徒刑等相关刑罚执行的改革，有利于中国与其他国家、地区间的刑事司法合作。国家立法工作机关负责人指出：“2011年出台的《刑法修正案（八）》取消13个经济性、非暴力犯罪的死刑以来，中国社会治安形势总体稳定可控，一些严重犯罪稳中有降。”[②] 可见，死刑制度的大幅改革并没有产生社会治安形势的不利影响。

关于死刑制度的缺陷。首先，执行死刑所带来的威慑作用是有限的。死刑作为刑罚的一种，在惩罚和预防犯罪方面功勋卓著，但它毕竟不是万能的，迷信死刑的威慑力是无法解决一切犯罪问题，特别是在主观恶性极大的犯罪分子面前，死刑常常显得苍白为力。这在几百年以前就已被中外法学家所预

---

① 《马克思恩格斯选集》，第8卷，第352页。

② 李适时：《关于〈中华人民共和国刑法修正案（九）〉（草案）的说明——2014年10月27日在第十二届全国人民代表大会常务委员会第十一次会议上》，http：//www. npc. gov. cn/，2015年12月17日访问。

言，意大利刑法学家贝卡利亚说“滥用极刑从来没有使人改恶从善”，“历史上任何最新的酷刑都从未使决心侵犯社会的人们回心转意”。[①] 甚至在某些场合，贝卡利亚认为，死刑的威慑力还不如剥夺人身自由的劳役刑，“对人类心灵发生较大影响的，不是刑罚的强烈性，而是刑罚的延续性……处死罪犯的场面尽管可怕，但只是暂时的，如果把罪犯变成劳役犯，让他用自己的劳苦来补偿他所侵犯的社会，那么，这种丧失自由的鉴戒则是长久和痛苦的，这乃是制止犯罪的最强有力的手段。这种行之有效的约束经常提醒我们：如果我犯了这样的罪恶，也将陷入这漫长的苦难之中。因而，同人们总感到扑朔迷离的死亡观念相比，它更具有力量。”[②] 我国清末法学家沈家本也指出“重其刑诛谓可止奸而禁暴，究之奸能止之乎？暴能禁乎？朝治而暮犯，暮治而晨亦如之，尸未移而人为继踵，治愈重而犯愈多”。[③] 当今世界各国的实证研究也证明了死刑的威慑效果是有限的，无论是在以死刑为最高刑的国家还是在以无期徒刑为最高刑的国家，死刑和无期徒刑对于犯罪的威慑力并没有实质上的差异，犯罪率并没有随死刑的废除而上升，也不会因为对死刑的保留而得到显著的下降。马克思也曾在《死刑——科布顿先生的小册子——英格兰银行的措施》一文中指出：“历史和统计科学非常清楚地证明，从该隐（基督教《圣经》中亚当的长子，曾杀死他的弟弟亚伯）以来，利用刑罚来感化或恫吓世界就从来没有成功过。适得其反！”马克思在这篇文章中，还引用了《晨报》发表的一篇日志：英国在 1849 年 3 月到 4 月间，每当对罪犯执行死刑后，立即又有杀人案和自杀案发生。在引用了这份材料之后，马克思总结道：“这个统计表证明，不仅自杀而且连最残暴的杀人行为都是在处死罪犯之后立即发生的。”[④]

其次，死刑的适用于现代刑事政策宗旨相矛盾。“现代刑事政策的基本宗旨在于借由刑罚的手段，教育改造罪犯，使之悔过自新，重新社会化”。[⑤] 为

---

① ［意］贝卡利亚：《论犯罪与刑罚》，黄风译，北京中国大百科全书出版社 1993 年版，第 45～46 页。

② 贝卡利亚：《论犯罪与刑罚》，黄风译，北京中国大百科全书出版社 1993 年版，第 46～47 页。

③ 赵秉志主编：《中国废止死刑之路探索》，中国人民公安大学出版社 2004 年版，第 13 页。

④ 《马克思恩格斯全集》，第 8 卷，第 578 页。

⑤ 梁根林：《刑事裁判：方式与选择》，法律出版社 2006 年版，第 112 页。

了剥夺一个穷凶极恶之徒的生命，一劳永逸的解除了他对社会的危害，但同时却人为地否决了罪犯悔过自新的可能，消灭了一个可以创造劳动价值的人的生命，这显然与现代刑罚所提倡的教育改造人的宗旨相背离。此外，如果是在被害人也有过错的场合对罪犯适用了死刑，还会使社会舆论对犯罪人产生忿忿不平的同情与怜悯，产生对死刑乃至所有刑罚的厌恶，从而影响到一国刑罚在国民心目中的公信力与认同感，更会导致社会积怨，激化社会矛盾。以发生在美国的案例来佐证，一个女囚因谋杀罪被判处死刑，在上诉和等待执行死刑的过程中，她认真聆听了牧师的教诲，虔诚地忏悔了自己的罪恶，并通过大量的善举来弥补自己的罪行，然而州长最后还是对其签发了死刑的执行令，但却因此引起了对死刑违背刑事政策的猛烈抨击。

另一方面，限制死刑是对人格尊严的尊重。1996 年《公民权利和政治权利国际公约》的第六条规定，“不得任意剥夺任何人的生命”，“在未废除死刑的国家，判处死刑只能是作为对最严重的罪行的惩罚”，“任何被判处死刑的人应有权要求赦免或减刑。对一切判处死刑的案件均得给予赦免或减刑”等，该公约虽然没有禁止死刑，但对死刑却给予了严格的限制。同时，限制死刑的适用，有利于国际和区际刑事司法合作。在当前大多数国家废除或严格限制死刑的国际形势下，我国如果继续无限制地保留死刑制度无疑与国际潮流背道而驰，这样巨大的反差，不仅不利于我国法治现代化的实现，同时还会影响我国的国际形象。此外，作为剥夺生命的刑罚，死刑误判难纠，执行错误，则必然造成无法挽回的冤杀无罪之人的悲剧。人非圣贤孰能无过，哪怕法官明察秋毫，但因证言的虚伪、自白的不实或鉴定有误等主客观情况的作用，均有可能导致错误的裁判，而错误的死刑裁决一旦付诸执行则无法逆转，即错杀无辜，根本无法得到真正意义上的救济。在我国，错判、误判的情况亦非个别案件，近年来相继见诸报端的聂树彬案、呼格吉勒图案等，都充分印证了慎重适用死刑的必要性。

当前，我国所秉持的是保留死刑、限制死刑、少杀、慎杀的死刑政策，结合当前我国的基本国情以及司法实践，笔者认为，现阶段，坚持这一死刑政策具有合理性。

死刑政策的未来走向不应桎梏于抽象地理论争鸣，这样的做法无异于空中楼阁，我们必须结合一个国家的实际状况。正如日本学者正田荡三郎所提出的，“死刑作为理念是应当废除的。然而抽象地论述死刑是保留还是废除，没有多大意义。关键在于重视历史的社会的现实，根据该社会的现状、文化水平的高下等决定之”① 在我国，死刑的废止已成为学者之间的共识，只是在废止死刑的时间问题上，曲新久等少数学者提倡“现在废除论”，认为“死刑必须立即予以废除，而且越快越好，哪怕提早一天都是好的。”② 但以赵秉志教授为代表的多数学者主张“将来废除论”，如赵秉志教授曾于2004年12月10日在西南政法大学的演讲中提出了在2050年“废除死刑的50年具体构想”，笔者也赞同“将来废除论”，认为现在不应当废除死刑，并且在未来短时期内也不可能废除。保留死刑符合我国国情。那么在保留死刑的同时，如何限制死刑的适用呢？

回答这一问题，笔者认为可以从限制对死缓犯执行死刑的角度来解答。从刑罚执行的层面来看，在保留死刑的同时，将死缓制度视为实际意义上的死刑替代措施。虽然死缓被我国刑法典规制为死刑执行方式的一种，但结合我国司法实践，被判处死缓的绝大多数罪犯均可免予死刑的执行，因而死缓制度的存在，既满足了在形式上保留死刑的历史使命，又保证了在实质上限制死刑被实际适用的价值意义。

《刑法修正案（九）》将现行《刑法》中的对于执行死缓罪犯之死刑的条件由“故意犯罪”提升至“故意犯罪，情节恶劣的”，尽管只是内容上细微调整，但却凸显着巨大的进步价值，是对我国刑罚执行政策限制死刑的精神内涵的解读。

通过对执行死缓犯死刑的条件的调整，体现了立法者对执行死缓犯死刑的限制的价值目标的继承与发展。1979年《刑法》针对死缓犯执行死刑的条件，做出了如下规定：“抗拒改造情节恶劣、查证属实的”。根据当时主流的《刑法》理论观点，“抗拒改造情节恶劣”，不是意味着罪犯不认罪，也不是

---

① 马克昌：《比较刑法原理——外国刑法学总论》，武汉大学出版社2002年版，第844页。
② 曲新久：《推动废除死刑：刑法学者的责任》，载《法学》2003年第4期。

指罪犯一般违反监规的行为，而是指罪犯再犯了新的且较重的罪。[①] 在1979年《刑法》颁行伊始，该规定尽管存在但却很少被审判者引用，死缓对死刑立即执行的限制达到了明显的效果。然而，随着20世纪80年代“严打”的启动，对于死缓犯执行死刑的标准逐渐作了扩大解释，不少违反监规但尚不构成犯罪的死缓犯被界定为“抗拒改造情节恶劣”而被执行了死刑，直接导致了死缓犯被执行死刑的数量急剧增加，这一时期，死缓对死刑的限制失去了应有的功效。面对社会各界对这一制度的质疑，也为了限制死缓犯被执行死刑的界限，1997年《刑法》将死缓犯执行死刑的条件修改为“故意犯罪”。从立法本意上讲，这较之于1979年刑法典的“抗拒改造情节恶劣、查证属实”显然要更为严格，在实践中也发挥了限制死缓犯执行死刑的积极作用。不过，由于立法上对何为“故意犯罪”未作明确的界定，导致司法实践中对于死缓犯执行死刑的解释依然存在扩大化、宽泛化的危机。至《刑法修正案(九)》对死缓犯执被行死刑的条件在原先“故意犯罪”的基础上增加了“情节恶劣”的要求，这是立法者对适用死刑的进一步限制，是对1979年刑法典和1997年刑法典相关规定的继承与发展，具有积极意义，体现了“严格限制、慎重适用死刑”的刑罚政策的要求。从严格限制死缓犯执行死刑的考虑，赵秉志教授对于“情节恶劣”的界定做了如下的设想：

以“故意犯罪，被判处五年有期徒刑以上刑罚”作为死缓犯被执行死刑的条件，即所谓的“情节恶劣”，是较为合理的。这有三个方面的理由：一是“五年有期徒刑以上刑罚”可以将犯一般的盗窃罪、轻伤害犯罪等社会危害性较轻且较常见的故意犯罪排除于死缓犯被执行死刑的条件范围之中，有助于从实质上限制死缓犯被执行死刑的可能。二是“五年有期徒刑以上刑罚”与过失犯罪的刑罚设置相比具有合理性。根据《刑法》的相关规定，死缓犯过失犯罪的，不会被执行死刑。其立法考虑是过失犯罪者的主观罪过相对较小。而在中国《刑法》上，除少数过失犯罪（如过失致人死亡罪和业务过失犯罪）以外，多数过失犯罪的法定最高刑都是“三年有期徒刑”。从刑罚匹配的

---

① 高铭暄主编：《新中国刑法学研究综述（1949—1985）》，河南人民出版社1986年版，第427页。

角度看，故意犯罪被判处的刑罚只有高于过失犯罪的这一刑罚设定，对死缓犯执行死刑才相对合理。反之，如果故意犯罪可能判处的刑罚还轻于过失犯罪，却被执行死刑，则与《刑法》区分故意犯罪与过失犯罪的初衷不相吻合。三是“死刑缓期执行期间重新计算”制度可以防止死缓犯利用该规定逃避法律制裁。《刑法修正案（九）（草案）》规定①：死缓犯“故意犯罪未执行死刑的，死刑缓期执行的期间重新计算”。根据这一规定，如果死缓犯在死刑缓期执行期间多次故意犯轻罪的，则其死刑缓期执行的期间要多次重新计算。可见，死刑缓期执行期间的延长本质上也是对罪犯的惩罚，可在一定程度上防止滥用死缓犯执行死刑制度。②

（二）刑罚执行政策视野中的非监禁化导向

机构内处遇对于罪犯而言消极的成分、负面的作用往往更多，尽管各国在适用刑罚的选择上仍然是以监禁刑为主，但从刑罚的历史维度考察，刑罚的轻缓化、人道化趋势在世界范围内已是蔚然成风。监禁刑带来的负能量之多不言而喻，根据吴宗宪教授的观点，主要包括以下几个方面：监禁刑对改善犯罪人的效果不大；监禁刑使坏人变得更坏；监禁刑不符合人道精神；监禁刑的行刑成本很高；监禁刑与现代刑罚目的不符；监禁刑对被害人无益。③鉴于以上所述的有关监狱行刑的弊端，联合国第六届犯罪预防和罪犯处遇大会通过的秘书处工作报告曾指出：“监禁不可能促使犯罪人过一种守法的生活，也不可能减少犯罪率，我们应当寻求‘在监狱外’或者‘不用监狱’来矫正罪犯。”④ 在现代教育刑主义的刑罚政策的视野中，监狱行刑所无法克服的封闭性、他律性和易感染性不符合是罪犯重新回归社会的基本目标，虽然监禁刑在一定的历史阶段是人类刑罚观念进步的体现，但历经几百年岁月的荡涤，监禁刑之弊端逐渐显露，监狱行刑并非是惩罚和矫正罪犯的良方。因此，许多国家开始了恢复性司法的尝试，在这一理念的指导下，刑罚执行方式的

---

① 赵教授发表此文时，《刑法修正案（九）》尚未通过。

② 赵秉志：《中国死刑立法改革新思考——以〈刑法修正案（九）（草案）〉为主要视角》，载《吉林大学社会科学学报》2015 年第 1 期。

③ 吴宗宪等：《非监禁刑》，中国人民公安大学出版社 2003 年版，第 83 ~ 101 页。

④ 谢望原：《欧陆刑罚制度与刑罚价值原理》，中国监察出版社 2004 年版，第 8 页。

改革重点体现在与管制、缓刑、假释以及监外执行等刑罚执行措施相联系的社区矫正制度之上。

2003 年，我国最高人民法院、最高人民检察院、公安部、司法部发布了《关于开展社区矫正试点工作的通知》，确定了在北京、天津、上海、江苏、浙江和山东等省（市）进行社区矫正的试点工作，这表明我国对非监禁刑的重视已迈入到了一个崭新的阶段，但现阶段，相关问题仍然存在：

在刑罚的适用上，非监禁刑不受待见。由于受到传统的重刑主义刑罚观的影响以及出于应对社会治安形势的考虑，我国现行的刑罚结构仍是以自由刑为中心封闭性重刑刑罚结构。司法实践中除判处死刑以外的定罪案件中，近 90% 以上被审判机关判处了有期徒刑以上的刑罚，其中，3 年以上的有期徒刑成了我国刑罚体系中最为重要且适用频率最高的刑罚执行措施。

在推行过程中，非监禁刑面临着各种阻力。任何一种公共政策的选择，带来的对社会机制以及生活规范的调节，都会不可避免的引起矛盾对立面的冲突与阻碍。行刑的非监禁化是为了追求罪犯的再社会化、避免监狱亚文化对罪犯的侵蚀而制定的刑事政策指引下的刑罚模式的改革，将本应置于监狱接受惩罚的罪犯转移至开放的社区环境之中，必然是对人们传统认知的冲击，如何权衡行刑非监禁化与社区安全之间的博弈关系，是推行非监禁刑需要解决的首当其冲的难题。

为此，笔者就刑罚非监禁化在中国的实现路径提出以下几点设想：

转变行刑理念，提高非监禁刑的适用律。任何一种制度的确立都需要以超前的理念为先导，西方社会因为接受了民主、法治之风的洗礼，得以在文明、开放的沃土上勾勒出非监禁刑的蓝图。我国的情况恰恰相反，源远流长的中心主义、根深蒂固的报应刑思想，诸多背离人道、公正的落后思想大大阻碍了刑罚非监禁化在中国的进程，笔者认为，若想在我国实现真正意义上的非监禁化，首先要让裁判者在心中树立起慎用监禁刑的刑罚理念，目光时常去审视监禁刑的弊端，在正义的价值观的指导下，树立起科学的刑罚观。

扩大缓刑的适用。缓刑制度在现代刑事司法中占有举足轻重的地位。缓刑作为一种非监禁化手段，在一定程度上有效地克服了短期自由刑的诸多弊病，从而为西方各国所青睐。尽管缓刑的价值已经得到广泛认同，但是，缓刑适用率偏低是我国司法实践中一个不争的事实，这也成为困扰我国刑罚现代化发展的一个难以突破的瓶颈。因此，克服缓刑适用中的保守倾向，加大缓刑适用的力度，应当是当前我国司法机关实现刑罚非监禁化的一个重要突破口。

在适用非监禁刑的过程中，裁判者应当参考社区公众的反应以及被害人的态度，斟酌适合非监禁刑的对象。非监禁刑是服刑人员、被害人与社区公众之间的博弈，坚持保障服刑人员权利与保障社区安全相统一的原则，不能为了保障服刑人员的权利而不顾社区秩序的安全稳定，也不能为了妥协社区的要求而侵犯了服刑人员依法享有的各项权利。执法过程中，监管的内容和方式都必须有法可依，不能借着社区的外衣，而让非监禁刑只剩下形式上存在的可能。

（三）刑罚执行政策视野中的监狱行刑科学化

随着科学技术的发展，面对日新月异的社会，作为指导实践的灵魂必须与时俱进，否则只会成为实践活动的累赘与负担。特别是在监狱行刑的过程中，如何克服监狱自身的封闭性、复杂性所带来的消极影响而不打破监狱自身的安全与稳定的秩序，是刑罚执行政策的制定主体需要思考的命题。

2007 年 5 月，司法部认真贯彻落实党中央、国务院关于信息化工作的决策部署，坚持把信息化建设作为监狱工作的重要任务来抓，正式拉开了全国监狱信息化建设工作的序幕。到 2010 年，全国监狱信息化建设实现了跨越式发展，取得了显著的成绩，监狱信息化建设规划、立项顺利完成，网络硬件平台、基础信息资源库、应用系统、技术防范工程、标准体系建设不断加强，监狱工作信息化水平显著提高。2012 年 6 月，司法部在在湖北省召开全国监狱信息化管理和应用座谈会，更进一步加快和推进全国各地监狱信息化的应用及建设进程。

刑罚执行政策视野下的监狱信息化，主要是指将先进的信息技术应用到监狱工作过程中，为监狱工作建立起以信息系统为基础的信息化管理体系，实现监狱管理的数字化、智能化、集成化。① 当前我国监狱信息化建设的总体

① 董兰、秦娇蔓：《论述监狱信息化建设的现状及保障》，载《东方企业文化》2013 年 7 月。

目标，是构建覆盖全国监狱系统的网络互联互通、信息资源共享、标准规范统一、应用功能完备的信息化体系，明显提高监狱信息资源综合开发利用水平，形成全员应用、资源共享的信息化工作格局，显著提高监狱执法、安全防范、罪犯改造等工作的信息技术应用能力，为推进司法行政系统信息化建设奠定基础。

关于监狱信息化建设的价值。首先是对于监狱行刑的安全管理水平的提升。安全与稳定是监狱工作永恒的主题。维护监狱的持续安全稳定，既是监狱实现刑罚与改造职能的前提基础，也是监狱发挥社会职能、服务和谐社会建设的必然要求，而实现监狱建设的信息化有利于提高监狱的安全防空能力。在监狱信息化建设的过程中，监狱通过加快监控系统、门禁管理系统、报警系统、监狱管理信息系统、会见系统建设，形成了全方位监控、高效率处置的监狱安全防范与应急指挥系统。过去，监狱的安全工作主要靠“人海”战术进行严防死守，稍有疏忽就会发生问题；现在，面临警力有限的处境，监狱通过广泛应用科技，可以更有效地保障监管安全，对罪犯实施全方位、全天候、全过程监控，形成了人防、物防、技防一体的监管安全防范新格局。例如，通过监控系统对在押人员行为实施视、听监控，通过对监舍、生活区、劳动区、监狱医院、禁闭室、会见室、军械室、监狱周界等重要场所进行全天候监控保障监狱安全，监狱工作人员能掌握到在押人员动态、开展狱内侦查、深挖犯罪。由于监狱信息化建设是近年来监狱工作的重要任务之一，监狱的安全稳定呈现出可喜的态势。一项数据表示，从2005年至2011年，司法部完成了15项业务标准的制定工作，28个省（区、市）监狱管理局完成了省级网络联通，全国70%以上的监狱建立了应急指挥中心、智能报警系统和综合门禁系统，80%以上的监狱建立了视频监控系统。同时，全国监狱基本完成了AB门建设，建立完善了狱墙周界隔离、多层报警设施和智能化监管系统。鉴于此，与过去相比，如今全国监狱罪犯脱逃人数下降了86.7%以上，狱内重大案件发案数下降了72.7%，安全生产事故死亡人数下降了91.5%。

其次，是对监狱服刑人员人权的保障。监狱服刑人员的人权问题，是整个人权领域中一个重要组成部分。监狱服刑人员由于其人身自由被依法剥夺，其他一些权利的行使必然被限制或停止。监狱应充分保障服刑人员作为一个人或作为一个公民享有的由宪法规定而又未被依法剥夺或者限制的权利。在这个过程中，监狱信息化建设将进一步加强监狱服刑人员人权保障的力度。近年来在监狱的信息化建设过程中，司法部要求大力推进教育改造资源信息化、模式信息化、机制信息化，建立覆盖面广、信息量大、应用性强的教育改造信息化应用系统，不断提高和改进教育改造罪犯的针对性和实效性。而实施监狱工作信息化建设是建立在传统改造模式的基础上，运用现代科技手段，提高对服刑人员的改造质量。我国的监狱工作一直注重服刑人员的矫正回归，坚持惩罚与改造相结合，以改造人为宗旨的监狱工作方针。监狱的核心目标是提高罪犯改造质量，预防和减少犯罪，因此监狱的一切工作必须以提高改造质量为出发点和最终归宿，而“将罪犯改造成守法公民，使其重新做人，顺利回归社会，这是对监狱服刑人员最好的、最负责任的人权保障。”①

此外，实现监狱信息化建设有利于保障监狱职能的实现。现代监狱的基本职能是惩罚犯罪和改造矫正罪犯，如何保障监狱各项工作能够围绕基本职能并发挥发作用，是现代监狱的重要话题。积极推进监狱信息化建设，有助于进一步提高执行监狱各项工作的效率与质量，从而充分发挥监狱职能。通过监狱信息化建设这项系统工程，一方面，它有助于使监狱工作高效率运作；另一方面，它有助于提高监狱矫正工作者的办公效率和决策水平，实现科技强警。例如，以办公自动化为典型的办公技术在监狱的应用，可以提高监狱行政机关的工作效率，降低各项行政开支，规范执行工作流程；多媒体技术及心理矫正系统在监狱的应用，极大地丰富了教育改造手段，让监狱工作者对罪犯的教育改造更易触及罪犯的心灵深处，提高教育改造质量；监管安全防范的信息建设有助于构建更加完善的监管体系，在维护监狱的安全稳定、保障公正严格执法、贯彻落实“首要标准”等诸多方面发挥着重要作用，以此保障监狱有效履行职能，维护社会和谐安宁。

最后，监狱信息化建设能够促进监狱的刑罚执行活动的良性发展。“传统监狱工作模式朝前发展，给监狱事业的发展只会带来量变，而信息技术在监狱广泛应用，将变革传统监狱工作模式，给监狱事业的发展带来质变，为监狱

---

① 冯建仓：《信息化与监狱人权保障》，载《人权》2013年第2期。

事业良性循环发展提供可能。”① 随着监狱押犯数量的增加、罪犯结构的日趋复杂，繁重的监狱工作成为监狱事业发展的羁绊，司法部提出“科技强警”的政策就是为了解决这一问题。创建现代化文明监狱，不注入科技的力量只会走入“死胡同”。推进监狱信息化建设，就是在坚持走“科技强警”之路，在以科技武装监狱工作者，以信息化提高监狱民警队伍的综合素质。在监狱信息化建设的过程中，通过向科技要警力，向信息化要警力，不仅可以减轻警察的工作强度和负担，又能有效缓解警力不足的矛盾；不仅可以促进监狱工作者自身学习的网络化、提高其信息技术的应用能力、促进思想观念的解放和工作作风的转变，还可以推进警务管理的信息化，如通过应急指挥系统对监狱民警所执行的监狱警务的运行情况进行日常性监督，及时发现和纠正监狱民警执法工作过程中存在的问题。此外，在监狱信息化建设过程中，通过建设监狱网络平台，发布相关监狱信息，为社会提供相应的咨询服务，有助于增强监狱工作的透明度，塑造监狱系统文明形象，提高监狱的社会服务水平，使社会公众认识监狱，从而支持监狱工作、参与罪犯的改造、矫正，进一步促进监狱的改造和矫正质量的提高。新形势下，“让权力在阳光下行使”已成为我国民主法制建设的重要内容，推进监狱信息化建设使监狱接受社会监督，使社会了解监狱，有利于提升监狱形象，促进监狱事业良性发展。

如何更进一步完善监狱行刑过程中的信息化建设，提升监狱教育改造罪犯的质量，笔者针对这一问题，有以下几点看法：

首先，在政策上给予监狱足够的资金保障。监狱信息化建设离不开资金的支持，但作为一项长期复杂的系统性工程，想一蹴而就显然不可能，但眉毛胡子一把抓同样不可取。对于建设资金的投入，笔者认为应分清主次、循序渐进，集中有限的财力资源保障重点项目的建设可持续发展，满足监狱信息化建设对资金的迫切需求。根据监狱的基本职能，当前，安防管理信息化和安防设备信息化改造应是监狱信息化建设的重中之重。

在资金来源方面，应以政府投资为主，首先，要把信息化建设资金，纳

---

① 姜明：《信息化引领监狱工作科学发展的实践与思考》，载《安徽警官职业学院学报》2013年第2期。

入财政年度预算，积极争取政府财政的专项资金投入，并保证投入到位，从而稳步推进各监狱信息化建设进程。其次，监狱自身要切实加强对监狱信息化建设的重视，分析监狱实际情况，编制监狱信息化建设项目建议书、可行性研究报告和实施方案，上报国家和各省市有关部门进行立项，争取中央和省市区展项政策支持，鼓励其采取一些政策性倾斜，加快监狱信息化基础设施建设。信息化建设不是一次性建设，而是一项长期工程，要保证监狱信息化不断地建设和完善，特别是系统的维护和更新，理应需要有足额的资金保障，因此要想加快监狱信息化建设的步伐，除了依靠政府的财政拨款，监狱自身也须发展经济，多渠道筹措资金，进一步实现监狱信息化。如相关学者提出的，“第一种方式是利用分期付款，由承建商先期垫付资金，双方共同协商付款期限及付款期数，实现互利互惠。对于有些大的资金垫付项目，可以尝试将其分解为几个小项目，由几个承建商分别承建和垫付；第二种方式是租用设备和线路等，租赁降低成本，还可以省却大笔的维修和维护费用。”①

鉴于我国监狱发展的历史背景，其原有的人才结构以监管改造和企业管理专业为主，信息化方面的人极度匮乏，推进监狱信息化建设，需要改变这一现状。近年来，监狱为了改变这一局面，在招录新进人员时增加了掌握信息技术如，自动化、通信技术及安防技术等相关专业的要求，希望通过加速信息化人才的引进来解决监狱缺乏信息化专业人才的窘境，但这种方式并没有产生持久的效果，由于招收的该方面人才大多来自理工院校，虽然专业知识扎实、技术过硬，但对监狱领域的工作的并不熟知，工作中出现了一系列不适应的状况，以致人才流失。对于如何为监狱信息化建设提供技术支持，笔者有以下看法：监狱信息化建设的关键在于应用，而信息化人才的配备则是应用的前提。在近几年的监狱信息化建设的过程中，监狱内部其实已经积累了不少既了解监狱业务又具有一定信息技术的非专业出身的监狱工作者，我们可以通过集中培训、以会代训等方式，对他们进行专业、系统的培训，切实加强监狱信息化队伍的自主建设。通过邀请专家开展信息技术专业的培训课程、应用系统软件操作讲座等形式，针对不同应用层次的工作人员，分

① 孙念：《监狱信息化建设的风险与防范》，载《社科纵横》2010年第5期。

期分批进行细化培训，培养具有较高业务素质的信息化专业队伍，保障监狱信息化建设的顺利推进。此外，在信息化建设过程中，监狱万不可固步自封，可以与开展相关课程的高校进行合作，以提供工作岗位为前提，吸引毕业大学生投身监狱工作，推进人才共享。

刑事政策的目的在于应对犯罪与防卫社会，刑罚执行政策作为刑事政策一种，自然不能脱离这一框架的限定。监狱是刑罚执行机关，监狱的安全与稳定是实现“改造第一、生产第二”这一刑罚执行政策的前提，在推进监狱信息化建设的同时，要强化安全意识，谨防发生安全问题，让不法行为威胁监狱工作，造成“捡了芝麻丢了西瓜”的局面。由于监狱内部信息涉及国家机密，在信息化建设过程中，监狱工作人员务必严格执行国家有关网络信息安全的各项规定，严格落实网络和信息安全工作责任制，确保信息安全。宏观上，应当出台相关的信息安全保障制度，切实保障监狱信息网络的安全和畅通。微观建设层面，要在监狱网络系统建立全方位的防入侵工具，涉及办公系统等方面，要培养定期升级，定期检测、定期扫描和查杀的习惯；要建立备份和恢复机制，采用双机备份、主机及网络冗余、线路备份、数据库备份等方法，可以最大程度地降低信息化建设的风险；考虑到网络环境下的信息具有可复制性、可修改性、易获得性等特点，还要加强电磁泄漏发射防护措施，采用电磁波的形式对网络信息设备电磁泄漏发射进行干扰，使对方不能窃取信息，确保监狱信息的网络安全。对于监狱信息化建设的开发商的选择，要严格审查资质，挑选专业技术强，具有良好的信用保证的合作商，同时在合同中应明确合作商的保密责任。鉴于监狱工作人员知识结构的特殊性，在开发商的选择方面，监狱可以通过符合条件的第三方来为自己提供咨询，如尝试与高校或科研院所合作，借助其技术理论方面的优势，客观分析监狱机关的现状和问题，帮助监狱机关选择适合的产品和服务，降低遭遇质量欠佳的服务的可能。

亲亲相隐：刑事政策的人伦启示

骆　群[*]

亲亲相隐是我国刑事法历史上具有典型意义的一项制度，其具有深厚的社会基础和悠久的历史渊源。它是对人类最原始本原而又时刻透发的人伦精神的让步，是人们智慧的结晶。通过对古今中外刑事立法中相关规定的考察，表现了建基于血缘、亲情基础之上的人伦已被广泛重视，而我国当代的立法中却无其踪影。刑事法律是以刑事政策为指导思想的，刑事政策中必须蕴含着人伦的思想，否则就无法贯彻实施。这种人伦思想也可以解释进我国现阶段的宽严相济刑事政策之中，但是我国的刑事立法还有待于跟进。

一、问题的提出

人类的任何活动都是为了追求生活的幸福，而“为使每个人能独立地形成其人格，追求幸福，首先必须安定社会秩序。而保持社会秩序安定之大敌是犯罪，因此，必须将扰乱社会秩序或威胁社会秩序的行为作为犯罪予以制止。”① 于是，古今中外产生了多种与犯罪作斗争的思想与制度。

刑事法律与刑事政策就是人类同犯罪作斗争的最直接、最显性的工具和表现。可以说“犯罪既是刑事政策和刑事法的作用对象，也是刑事政策和刑事法产生、存在并不断调整的根本动力。”② 在此共同基点上，对刑事法律和

* 作者简介：骆群，上海政法学院刑事司法学院副教授。

① ［日］大谷实：《刑事政策学》，黎宏译，法律出版社2000年版，第3页。

② 侯宏林：《刑事政策的价值分析》，中国政法大学出版社2005年版，第89页。

刑事政策的理解和应用就不能成为互不兼顾的“两层皮”，而应该有机地统一于治理社会的根本目的之中，使得人们追求的幸福得以实现。就像我国台湾地区学者林纪东说明刑事政策和刑法的关系那样，“刑事政策的观念是刑法的基础，刑法的定罪科刑，本身不是目的，而只是为达到防卫社会和预防再犯的手段。刑事政策也就是刑法定罪科刑基础的政策。所以刑法的制定与运用，罪刑的确立与执行，都应由刑事政策的观点出发，以是否合乎刑事政策的精神为指归。离开刑事政策的立法、裁判、执法，必是不良的立法、裁判、执法。因此刑法的研究，也不只是在法条上的咬文嚼字，更重要的是应该培养刑事政策的观念。刑事政策的研究是刑事法研究的最基本的工作和终极目标。”“研究刑事法而不知刑事政策，至多只看到现代刑事法的形式，而没有把握到更高一层、更深一层的灵魂。”① 言下之意，刑事法律离不开刑事政策的指导，否则刑事法律就缺乏灵魂、没有活力，刑事政策体现于刑事法律之中。

亲亲相隐制度在我国历史上的刑事立法中，经久传承，绵延不断，直至新中国成立时共达二千余年。同样，在现代世界各国（除极少数的国家之外）和港、澳、台地区的刑事立法中，仍然具有亲亲相隐制度的身影。所谓亲亲相隐，虽然不同的时期、不同的地方表现形式有一定的差异，但是简单来说，就是亲属可以容隐犯罪。亲亲相隐体现的是人类最原始也是最崇高的“人伦”，将其制度化，于刑事法律中予以设立，反映了立法对人之常情的尊重，对人类亲情的爱护和宽容。据此也就影射了相应的刑事政策的价值取向。那么，作为指导刑事法律的刑事政策之中是否应当包容“亲亲相隐”所体现的“人伦”呢？亲亲相隐对我国当下的刑事政策又有何启示？首先我们必须对亲亲相隐制度于古今中外立法中的相关规定做一考察。

二、亲亲相隐在我国的建构历程

起源于我国的亲亲相隐制度，在中国传统法律制度中作为一项典型的正式制度，对国家的统治、人民的生活一直发挥着重要的规范作用。从思想的

---

① 林纪东：《刑事政策学》，正中书局1969年版自序。

萌芽到进入正式制度的规定直至新中国成立废止为止，总体而言还是逐步细密和完善的过程。亲亲相隐制度是古代立法者对“情与法”在社会政治生活中的地位进行调和的产物，显示了一定的立法智慧和技术。

（一）亲亲相隐的思想渊源

“礼”在中国是一个历史久远且含义又是十分复杂的产物。根据“礼”字的结构来看，其左边从“示”，指上天对人间所呈现的吉凶之兆；右边从“丰”，即祭祀之器皿。就字形分析，可见礼实源于宗教，乃祭祀时所遵循的仪式。到了后来，其应用范围逐渐伸延到俗世领域，初时限于气氛肃穆的场合，如宫廷饮宴、出征等有关盛典，继而扩及日常生活，泛指适当的、斯文的以及良好的行为方式。[①] 在我国西周时期，经“周公制礼”的活动，就使“礼”的内容复杂化和系统化。其调整内容，“包括政治、经济、伦理、婚姻、习俗等各个方面，涉及刑法、民法、行政法和诉讼法等多种法律内容。”[②] 而亲亲、尊尊就是西周时期与宗法等级制度相适应且贯穿于周礼之中的两条基本原则。“亲亲”要求父慈、子孝、兄友、弟恭，主要从家庭方面着眼；“尊尊”不但要求父子、夫妻之间尊卑有别，而且在贵族之间、贵族与庶民之间，特别是君臣之间，尊卑都是截然不同的。

亲亲、尊尊的原则也是亲亲相隐思想的萌芽。据我国古代典籍《国语·周语》记载，卫大夫元恒诉其国君卫成公于当时的盟主晋文公，周襄王反对晋文公受理此案，说道：“君臣皆狱，父子将狱，是无上下也。”周襄王此话已经体现有“亲亲相隐”之意。又如《尚书·康诰》所言：“子弗祇服厥父事，大伤厥考心；与父不能字厥子，乃疾厥子。于弟弗念天显，乃弗克恭厥兄；兄亦不念鞠子哀，大不友与弟。”其中特别强调的是子告父是不孝，弟告兄、兄告弟是不友，而不孝不友，乃“元恶大憝”（是最大的犯罪），故在反对、禁止之列。[③] 儒家思想的代表孔子将“君臣皆狱，父子将狱，是无上下也”的思想发展为“父子相隐”。如《论语·子路》记载：“叶公语孔子曰：‘吾党有直躬者，其父攘羊，而子证之’。孔子曰：‘吾党之直躬异于是，父为

① 张德胜：《儒家伦理与社会秩序——社会学的诠释》，上海人民出版社2008年版，第35页。

② 张晋藩：《中国法制史》，群众出版社1991年版，第15页。

③ 李交发：《中国诉讼法史》，中国检察出版社2002年版，第57~58页。

子隐，子为父隐，直在其中矣’。”叶公与孔子有不同的道德标准，叶公认为父亲偷羊，儿子作证，是正直的表现；孔子认为父亲犯罪，儿子包庇，正直就包含在里面了。[①]

儒家的另一位代表孟子也主张“父子相隐”。据《孟子·尽心上》记载：“桃应问曰：‘舜为天子，皋陶为士，瞽瞍杀人，则如之何？’孟子曰：‘执之而已矣。’‘然则舜不禁与？’曰：‘夫舜恶得而禁之？夫有所受之也。’‘然则舜如之何？’曰：‘舜视弃天下犹弃敝蹝也。窃负而逃，遵海滨而处，终身䜣然，乐而忘天下。’”也就是说，如果舜的父亲杀人，作为国君，自不应干涉司法，但是作为儿子，舜可以放弃天下，与父亲一同逃往海滨，过着父子同乐的生活。从孟子的回答来看，当忠于职守和孝敬父母的义务发生冲突时，他认为应以孝为先，于是，孟子是将“亲亲”的“孝”置于法律之上，也主张“亲亲相隐”。总之，在此之前我国“亲亲相隐”还只是停留于理论上的探讨，并未形成法律制度中的规定。

（二）亲亲相隐的制度流变

将亲亲相隐制度化从而进行法律规定，一般都认为是从秦代开始，根据秦墓竹简记载：“子告父母，臣妾告主，非公室告，勿听。而行告，告者罪。”[②] 由此可见，秦朝虽然是在法家思想指导下建立的，但是并没有完全禁止亲属相隐，只是明确规定子女不许告发父母或证实父母有罪，而没有规定尊亲属容隐卑亲属的义务。因此，秦律这种单向的“子为父隐”的规定，相对于以后的亲亲相隐制度来说还很不完善。

首次将单向的亲亲相隐转变为双向的亲亲相隐是在汉宣帝时所实行的“亲亲得相首匿”制度。汉宣帝地节四年时，专门下诏说：“父子之亲，夫妇之道，天性也。虽有祸患，犹蒙死而存之，诚爱结于心，仁厚之至也，岂能违之哉！自今子首匿父母，妻匿夫，孙匿大父母，皆勿坐；其父母匿子，夫匿妻，大父母匿孙，罪殊死，皆上请廷尉以闻。”[③] 不过，汉代的“亲亲得相首匿”的范围还仅限于父母与子、夫与妻和祖父母与孙，即所谓的大功之亲

---

① 高绍先：《中国刑法史精要》，法律出版社2001年版，第217页。

② 睡虎地秦墓竹简整理小组：《睡虎地秦墓竹简》，文物出版社1978年版，第195页。

③ 王怀国：《汉书·宣帝纪》，北京图书馆出版社2003年版，第20页。

的范围内。并且还规定了首匿的顺序不同所具有的不同效果，凡属子匿父母、妻匿夫、孙匿大父母这一顺序的，犯罪不坐；凡属父母匿子、夫匿妻、大父母匿孙这一顺序的，若犯死刑，可以上请。因此，汉代虽是双向的亲亲相隐，但并非对等的双向。但是，汉宣帝地节四年颁布的诏书，“首次从人类亲情的本性出发解释容隐制度的立法理由；首次用容许隐匿的形式正面肯定妻、子、孙为夫、父、祖隐在法律上的正当性；也首次间接或部分承认尊亲属为卑亲属隐的‘权利’”。① 这些规定此后为历代刑律所遵循。

东晋元帝时，官居大理的卫展上书曰：“今施行诏书，有考子正父死刑，或鞭父母问子何在。近主者所称《庚寅诏书》：举家逃亡，家长斩。若长是逃亡之主，斩之，虽重犹可。设子孙犯事，将考祖父逃亡，逃亡是子孙，是祖父婴其酷。伤顺破教，如此者众。相隐之道离，则君臣之义废；君臣之义废，则犯上奸生矣。”② 元帝采纳了他的意见。据此可见，东晋时期的亲亲相隐制度不仅得到延续，而且内容也进一步得到扩大。不仅包含了亲亲之间不得告发犯罪，而且官吏也不得让亲亲之间互为作证。南朝宋高祖时，侍中蔡廓建议：“鞫狱不宜令子孙下辞明言父祖之罪，亏教伤情，莫此为大。自今但令全家人与囚相见，无乞鞫之诉，使民以明伏罪，不须责家人下辞。”③ 此建议被采纳，于是法律不再要求子孙作证，从而使容隐的范围进一步扩大。在梁武帝时任提女坐诱口当死，其子景慈对鞫，证实母罪，法官虞僧虬称：“子之事亲有隐无犯……陷亲极刑，伤和贬俗，凡乞鞫不审，降罪一等，岂得避五岁之刑，忽死母之命？宜加罪辞。”诏流于交州。④ 至此，容隐作为一项法定义务，不履行不仅要承担伦理道德的谴责，而且要承担相应的法律责任。

至唐朝时，也是我国古代立法的鼎盛时期，《唐律疏议》不仅是唐朝也是中华法系的代表，使得亲亲相隐也发展成为一项十分完备的制度。其中《名例律》规定了“同居相为隐”的总原则：“诸同居，若大功以上亲及外祖父母、外孙，若孙之妇、夫之兄弟及兄弟妻，有罪相为隐，部曲、奴婢为主隐，

---

① 范忠信：《中西法律传统中的“亲亲相隐”》，载《中国社会科学》1997 年第 3 期。
② 《晋书·刑法志》。
③ 《宋书·蔡廓传》。
④ 《隋书·刑法志》。

皆勿论。即漏露其事，摘语消息，亦不坐。其小功以下相隐，减凡人三等。若犯谋叛以上者，不用此律。”据此看出，唐律规定的是同居相为隐，即凡是同财共居者，不论是否同一户籍，也不论有无服制关系均可相隐。为了落实这个总原则，唐律作出了10种规定：1. 不仅藏匿上述犯罪亲属不罚，“及匿得相容隐者之侣（亲属的同案犯）亦不坐”。2. 通报捕摄消息令亲属脱逃者不罚。3. 审问官不得逼亲属作证，违者有罪。4. 不得告发尊亲属。告祖父母父母为不孝，处绞；告其他有服尊亲属亦有罪。被告发的尊亲属视同自首减免处罚。期亲以下尊卑“相侵犯”者可以告发。5. 不得告发卑亲属。“告缌麻小功卑幼，虽得实，杖八十，大功以上递减一等。”但父祖告子孙即使诬告亦不坐。6. 帮助父祖逃脱囚禁后不得因惧罚复捕得送官。7. 不得捕缚与自己共同犯罪的亲属赴官自首。8. 在审讯中不得已附带吐露亲属之犯罪者，不视为告发。9. 捉奸时因捕捉与亲属行奸的外人而牵露亲属之奸罪者不视为告发。10. 谋叛以上国事重罪不得相隐，必须告发。①

宋朝时的《宋刑统》的规定沿袭了《唐律疏议》，元朝的《大元通制》也对“亲亲相隐”有所规定：“诸子证其父，奸讦其主，及妻妾弟侄不相容隐，凡干名犯义为风化之玷者，并禁止之。”“妻得相容隐而辄告讦其夫者，笞四十七。”明、清时期的法律规定也基本继承唐宋以来的法律规则与精神，但略有变化。主要变化有：1. 关于《名例》“亲属相为隐”原则，明清律增加妻之父母、女婿得相容隐，又改“部曲奴婢为主隐”为“奴婢雇工人为家长隐”。2. 关于谋反等不得容隐，自明律至清末《现行刑律》均于《诉讼》门增列“窝藏奸细”一项，明定不得容隐。3. 在“知情藏匿罪人”条，取消“匿得相容隐者之侣（同案犯）并不坐”之规定，明清律皆同。4. 合唐律“告祖父母父母”“告期亲尊长”“告大功尊长”等条为一条曰“干名犯义”，刑罚大为减轻。如告祖父母父母从唐律绞刑减为杖一百徒三年。此外，自明律至清《现行刑律》增加妻之父母女婿见义绝者许告发得不容隐之规定。5. 关于告卑幼，明清律增加被告发之女婿亦同自首免罪、被告发质小功缌麻亦得减本罪三等之规定，比唐律对远服卑幼更加优惠。《现行刑律》还增加亲属行

---

① 范忠信：《中西法律传统中的“亲亲相隐”》，载《中国社会科学》1997年第3期。

强盗时被盗之亲属得不容隐可告发、亲属犯流罪而逃回者惟父祖子孙夫妻雇工人得容隐，其余亲属不许容隐等规定。①

近代以来，由于受西方法律制度与法学思潮的深刻影响，我国法律进行了大规模的变革与转型，使长期形成的中华法系诸多特征都已消失，但是，亲亲相隐制度被改造后仍然得以保留。主要体现在以下几个方面：1. 关于藏匿人犯及湮灭证据，《大清新刑律》第一百八十条、《中华民国暂行新刑律》同条、1928 年《中华民国刑法》第一百七十七条、1935 年《中华民国刑法》第一百六十七条均规定为亲属利益而为者“免除其刑”或“减轻其刑”。2. 关于放纵或便利脱逃，1935 年《民国刑法典》第一百六十二条规定间接便利亲属脱逃者得减轻其刑。3. 关于伪证及诬告，1928 年《民国刑法典》第一百八十三条规定为保存自己或亲属名誉而为者免刑。4. 关于顶替自首或顶替受刑，民国暂行新刑律之《补充条例》第二条及 1935 年《中华民国刑法》第一百六十四、一百六十七条均规定为保护亲属而为者免刑。5. 关于赃物罪，1935 年《民国刑法典》第三百五十一条规定为亲属匿赃销赃者得免刑。6. 关于亲属拒绝作证权及不得令亲属作证，1935 年《中华民国刑事诉讼法》第一百八十条、第一百八十六条、第一百九十一条，同年公布的《中华民国民事诉讼法》第三百零七条分别规定：近亲属得拒绝证言，其自愿作证者不得令具结（宣誓），司法官不得讯问恐证言有害亲属而不愿作证之人。7. 关于对尊亲属不得自诉。1935 年《民国刑诉法》第三十二条规定对直系尊亲属（包括姻亲）或配偶不得提起自诉。②

在我国的历史长河中，亲亲相隐制度一脉相承、经久不衰，但是，至新中国成立后，于 1979 年制定的第一部《刑法》和《刑事诉讼法》，均废除了国民党的“六法”，亲亲相隐制度作为封建思想糟粕而被彻底抛弃。

---

① 范忠信：《亲亲相为隐：中外法律的共同传统——兼论其根源及其与法治的关系》，载《比较法研究》1997 年第 2 期。

② 范忠信：《亲亲相为隐：中外法律的共同传统——兼论其根源及其与法治的关系》，载《比较法研究》1997 年第 2 期。

三、亲亲相隐国（境）外的立法考察

亲亲相隐作为一项法律文化传统和法律制度，在我国大陆的立法中虽已成为历史，然而在国（境）外无论是实体法还是程序法中都随处可见其身影。正如有学者所言："到目前为止，只有中国、朝鲜、古巴、越南四个国家的《刑法》、《刑事诉讼法》等，不允许亲情回避。全世界，无论是西方的三大法系：大陆法系、英美法系和前苏联社会主义国家法系；还是东亚法系，韩国、日本与我国的台湾地区等，都将容隐制保存了下来。"① 据此，可以看出人类血亲之爱是一种无法摆脱的生物本能，折射出人类伦理亲情的同一性。下面仅就法国、德国、意大利、日本、英美以及我国港、澳、台地区的刑事法律中亲亲相隐的有关规定做一考察。

（一）国外的立法考察

1994 年《法国刑法典》第四百三十四—六条规定："向重罪之正犯或共犯本人提供住所、隐蔽场所、生活费、生活手段或其他任何逃避侦查逮捕之手段的，处 3 年监禁并科 30 万法郎罚金。经常实行此种犯罪的，所受之刑罚加重至 5 年监禁并科 50 万法郎罚金。下列之人不属于前述规定之列：1. 重罪之正犯或共犯的直系亲属、兄弟姐妹以及这些人的配偶；2. 重罪之正犯或共犯的配偶或者众所周知同其姘居生活的人。"第四百三十四—十一条规定："明知被暂时拘禁或已因重罪、轻罪受到判决的人有无罪的证据，故意不向司法当局、行政当局提供证明的，处 3 年监禁并科 30 万法郎罚金（但报告会给自己或近亲属带来刑事责任者除外）。"②《法国刑事诉讼法典》第三百三十五条规定："下列人作证，可以不令其宣誓：1. 被告人以及出庭受同案审判的其他被告人的父母或任何其他直系尊亲；2. 儿女或任何其他直系卑亲；3. 兄弟姊妹；4. 与前三项同等级的姻亲；5. 配偶（虽已离婚，也可不宣誓）；

---

① 郭齐勇：《"亲亲相隐""容隐制"及其对当今法治的启迪——在北京大学的演讲》，载《社会科学论坛》2007 年第 8 期（上）。

② 《法国刑法典》，罗结珍译，中国人民公安大学出版社 1995 年版，第 167～169 页。

6. 民事当事人；7. 十六岁以下未成年人。"①

1999 年《德国刑法典》第一百五十七条规定了"具有紧急避难性质的陈述"，其中第一款规定："证人或鉴定人犯虚伪宣誓或未经宣誓的伪证罪，如果是为了避免其亲属或者其本人受刑罚处罚或剥夺自由的矫正与保安处分的，法院可根据规定酌情减轻其刑，未经宣誓而陈述的，则免除其刑罚。"第二百五十七条规定的是"包庇罪"，紧接着第二百五十八条规定了"使刑罚无效的情况"，该条的第六款规定："为使家属免于刑罚处罚而为上述行为的，不处罚。"② 1994 年《德国刑事诉讼法典》第五十二条第一款规定："以下人员，有权拒绝作证：（1）被指控人的订婚人；（2）被指控人的配偶，即使婚姻关系已不再存在；（3）与被指控人现在或者曾经是直系亲属或者直系姻亲，现在或者曾经在旁系三亲等内有血缘关系或者在二亲等内有姻亲关系的人员。"第五十五条规定，每个证人均可以对如果回答后有可能给自己、给第五十二条第一款所列亲属成员中的一员造成因为犯罪行为、违反秩序行为而受到追诉危险的那些问题，拒绝予以回答。对证人要告知他享有拒绝证言权。③

2006 年修订的《意大利刑法典》第三百零七条是"为参加预谋或武装团伙的人提供协助罪"的规定，即"除共同犯罪或者包庇的情况外，为某一参加前几条列举的团伙或武装团伙的人提供藏身地、食宿、招待、交通工具或通讯器材的，处 2 年以下有期徒刑。"其中第三款规定："为帮助自己的近亲属而实施上述行为的，不予处罚。"同时第四款规定："在刑事法律的意义上，近亲属是指直系尊亲属、直系卑亲属、配偶、兄弟、姐妹、同一亲等的姻亲、叔舅和甥侄；但是，如果配偶已经死亡并且没有子女，姻亲不被称为近亲属。"第三百八十六条关于"协助脱逃罪"的规定中，近亲属帮助因犯罪而被依法逮捕或监禁的人脱逃的，或者为脱逃提供方便的，刑罚予以减轻。第四百一十八条关于"帮助集团成员罪"的规定中，为帮组参加犯罪集团的近亲

① 《法国刑事诉讼法典》，余叔通、谢朝华译，中国政法大学出版社 1997 年版，第 128 页。

② 《德国刑法典》，徐久生、庄敬华译，中国法制出版社 2000 年版，第 136 ~ 179 页。

③ 《德国刑事诉讼法典》，李昌珂译，中国政法大学出版社 1995 年版，第 13 ~ 17 页。

属而提供藏身地、膳食、接待、交通工具或者通讯器材的，不予处罚。[①] 1988年《意大利刑事诉讼法典》第一百九十九条关于“近亲属的回避权”的规定：“（1）被告人的近亲属没有义务作证。但是，当他们提出控告、告诉或申请时或者他们的近亲属受到犯罪侵害时，应当作证。（2）法官应当告知上述人员有权回避，并且询问他们是否行使此权利。（3）第一款和第二款的规定还适用于同被告人有收养关系的人。上述规定还适用于下列人员，但以在配偶共同生活期间发生或者从被告人那得知的事实为限：1）虽然不是被告人的配偶，但与其象配偶一样共同生活的人或者曾经与其共同生活的人；2）已同被告人分居的配偶；3）对其宣告撤销、解除或者终止同被告人缔结的婚姻关系的人。”[②]

1907年《日本刑法典》第一百零五条规定，犯人或脱逃人的亲属，为了犯人或脱逃人的利益而犯隐匿犯人罪或隐灭证据罪的，可以免除刑罚。[③] 未产生法律效力的日本刑法修改按第一百五十九条第三项则将以上条款修改为：直系血亲或者配偶，为了犯人的利益而犯隐匿犯人罪或伪证、隐灭证据罪的，不处罚；其他亲属犯前两项罪的，可以免除处罚。[④]《日本刑事诉讼法》第一百四十七条关于“近亲属的刑事责任与证言拒绝权”的规定：“任何人在下列人员可能被追究刑事责任或者可能被处有罪判决时均可拒绝作证：（1）自己的配偶、三等亲以内的血亲者或者二等以内的姻亲者以及同自己有过这些亲属关系的人；（2）自己的保护人、监护人或者保佐人；（3）使自己作为保护人、监护人或者保佐人的人。”[⑤]

英美刑法虽然容隐的范围较窄，但仍然具有亲属相隐的规定。第一，亲属相盗不发生诉权，特别是不许夫妻间互相指控盗窃。第二，关于藏匿罪犯罪，规定夫妻间互匿者不罚。第三，关于隐瞒犯罪不报，规定如出于亲密关系并未接受任何报酬而隐瞒犯罪事实者不罚。第四，关于帮助罪犯罪，一般

---

① 《最新意大利刑法典》，黄风译，法律出版社2007年版，第111页、第138页、第149～150页。

② 《意大利刑事诉讼法典》，黄风译，中国政法大学出版社1997年版，第102页。

③ 《日本刑法典》（第2版），张明楷译，法律出版社2006年版，第42页。

④ 干朝端：《“亲亲相隐”与现代拒证权》，载《江苏公安专科学校学报》2001年第2期。

⑤ 丁杰：《浅谈“亲亲相隐”规则》，载《山东大学学报》（哲学社会科学版）2001年第3期。

均把主犯的家属或房东以正常方式为主犯提供食宿或劝说有关方面不要提起控诉之庇护行为排除在外。英美刑事诉讼法关于容隐的规定主要体现在两个方面。一是在有些案件中，法院拒绝子女作证。二是夫妻之间一般不得互相证明对方有罪。① 比如美国的《加州证据法典》就详细地规定了秘密的婚内交谈特免权。其第九百八十条规定：配偶一方（如他有监护人或保护人，则是监护人或保护人），不管是不是当事人一方，如果他主张特免权的话，他就有权在婚姻存续期间或之后拒绝披露以及阻止另一方披露当他们是夫妻时秘密做出的交谈。

（二）港、澳、台的立法考察

众所周知的历史原因，我国现代的亲亲相隐制度极不统一。香港于1840年成为英国殖民地后，法律承袭于英、美法系，澳门地区殖民地的时间更长，法律受大陆法系的影响，我国台湾地区法律虽以大陆法系为主但又采英美法系之长，并都已脱离了中华法系的窠臼。然而这三个地区处于中西文化交汇之地，虽然充分感受着西方民主科学的气息，但都无一例外地仍然坚持“亲亲相隐”的历史传统。

香港《诉讼证据条例》第六条规定：“本条例的规定，并不使丈夫有资格或可予强迫在任何刑事法律程序中为妻子提供证据或提供证据指证妻子，亦不使妻子有资格或可予强迫在任何刑事法律程序中为丈夫提供证据指证丈夫。”第七条规定，在刑诉中，丈夫妻子双方都不得被迫透露在婚姻存续期间双方之间所做之任何通讯。第八条和第十一条还规定，在任何证供中，配偶双方不得被迫在婚姻期间是否有行房、通奸等情事作证。第五十五条规定，在刑诉中，除由被告提请外，不得强迫被告之配偶出庭作证；被告配偶不愿作证，原告不得提出异议；配偶之间在婚姻期间之音讯不得强使其揭露。

《澳门刑法典》第三百二十八条关于“刑罚之特别减轻及免除”的规定：“如属下列情况，则特别减轻第三百二十三条、第三百二十四条及第三百二十七条所规定之刑罚或免除刑罚：……b. 作出该事实，系为避免行为人自己、

① 范忠信：《亲亲相为隐：中外法律的共同传统——兼论其根源及其与法治的关系》，载《比较法研究》1997年第2期。

配偶、收养行为人之人或行为人收养之人、行为人二亲等内之血亲或姻亲，又或与行为人在类似配偶状态下共同生活之人，在其后有受刑罚或受保安处分之危险。”也就是说，证人为避免第三百二十八条 b 项所列人员免受刑罚或保安处分而作虚假之证言、鉴定、传译或翻译（即作伪证）、拒绝陈述、拒绝提交报告、资料或翻译（即拒绝作证），借着赠送或承诺给予财产利益或非财产利益，说服或试图说服他人作出第三百二十三条或第三百二十四条所规定之事实，即贿赂他人作虚假之证言、鉴定、传译或翻译，贿赂他人使其拒绝陈述或拒绝提交报告、资料或翻译或贿赂当事人使其作虚假陈述或声明等，或当事人为达上述目的作虚假陈述或声明，要特别减轻或免除其刑。[①]《澳门刑事诉讼法典》第一百二十一条规定：“下列之人有权拒绝以证人身份作证：①嫌犯之直系血亲卑亲属、直系血亲尊亲属、兄弟姊妹、二亲等之内的姻亲，收养人、嫌犯所收养之人及嫌犯之配偶，以及与嫌犯在类似配偶的状况下共同生活的人；②曾为嫌犯之配偶或曾与嫌犯在类似配偶状况下共同生活之人，就婚姻或同居存续期间所发生之事实。”

我国台湾地区“刑法典”第一百六十二条第五项规定：“配偶、五亲等内血亲或三亲等内姻亲犯第一项之便利脱逃者，得减轻其刑”，即配偶、五亲等内血亲或三亲等内姻亲纵放依法逮捕、拘禁之人，或便利其脱逃者，减轻其刑。除此之外，第一百六十七条关于“亲属间藏匿或顶替人犯罪”、第三百五十一条关于“亲属赃物罪”都有亲亲相隐的相关规定。我国台湾地区“刑事诉讼法典”第一百八十条规定：证人有以下情形之一者，得拒绝证言：①现为或曾为被告或自诉人之配偶、五亲等内之血亲，三亲等内之姻亲或家长、家属者；②与被告或自诉人订有婚姻者；③现为或曾为被告或自诉人之法定代理人，现由或曾由被告或自诉人为其法定代理人者。

四、刑事政策的人伦情怀

通过以上对我国历史上以及国（境）外立法上的“亲亲相隐”的考察，

① 唐治祥：《我国港澳台地区“亲亲相隐”制度比较研究》，载《杭州商学院学报》2003 年第 1 期。

总体来看，在人类的历史维度和现实中还是普遍维护伦理道德的人伦情感的。正如范忠信教授所言："法律中的亲亲相隐制度，不是某一国家或民族文化传统中的特有现象，不是人类历史进程中某一阶段的特有现象，也不与特定的法系和特定的社会制度共存亡。"① 进而言之，作为指导刑事立法的刑事政策对"亲亲相隐"所体现的"人伦"的态度也不应该因为文化传统、社会制度等方面的差异而不同。

（一）刑事政策中必须蕴含着人伦情怀

刑事政策是国家和社会针对犯罪或者犯罪人做出的一种合理反应，是人类理性在刑事领域的产物，是社会法治文明程度的体现。一个国家的刑事政策是否适时适度，是否科学合理，直接影响着惩罚和预防犯罪的整体效果，直接关系到社会和谐稳定和国家长治久安。而科学合理的刑事政策，必须要符合人类发展的客观规律和历史发展的趋势，首先就要符合人之为人的本性。建立在血缘、亲情基础上的人伦就是这种本性的体现。

首先，人伦形成的纽带无法阻断。马克思曾经指出：人类社会的本质在于其社会属性，即社会关系。人类社会最基本的组成单位是家庭，而能使家庭得以维持和延续的最基本因素无疑是家庭成员之间的亲情关系。亲属之爱是一切爱的起点，亲情联系是人类最基本最无法逃脱的联系。于是，由此衍生的人伦将家庭成员牢牢地粘合在一起，以至于形成共同的行动目标。正如爱德华·O·威尔逊所言："人类个体行为决策过程中的细节因人而异，但是个人遵守的规则却是相当一致的，导致他们作出的决定多有重叠，从而出现一种非常强大的趋同性，我们把它叫做人性。"② 亲亲相隐之中所体现的人伦情怀就是这种内在的趋同力量，潜意识地渗透出而无形地规范着人们的行为。"'亲亲相隐'是传统文化、传统法律制度，更是在传统的法律与文化中积累起来的人们的行为规范、行为模式。这样的一种传承了几千年的制度，只要其依附的社会结构没有根本变革，是不会被轻易地一刀切断的。因此，'亲亲相隐'无疑是影响国民个体行为选择、群体行为判断的重要惯性因素，即使

① 范忠信：《中西法律传统中的"亲亲相隐"》，载《中国社会科学》1997 年第 3 期。

② ［美］爱德华·O·威尔逊：《论人性》，方展画、周丹译，浙江教育出版社 2001 年版，第 61 页。

没有显性的形式，它仍然是流淌于人们血液中的汩汩暗流，于不经意间悄无声息地左右着国人的行为。”① 这就是内化于我们身体之中的人性的力量。“人性的力量包括保护伦理的本能式的力量是基本的、强大的，对人性深处既隐稳而微弱，又本真而强大的力量。企图无视并超越之，如非根本不可能，也是极其困难的。”② 当然，我们运用外力强硬地割断人们内在的亲情纽带，当人们屈服于这种强力时，带来的危害已史有所鉴。比如在十年“文革”动乱时期，任何人都必须向组织汇报自己的履历和思想，并且无条件的配合对他人的调查，父母、夫妻、兄弟、朋友、同事等许多人为保自己一时能够脱身，不得不违心抛弃自己的亲友。出身剥削阶级家庭的子女必须同父母划清界限，甚至断绝关系；夫妻一方犯了错误或者有政治、历史问题，另一方必须站稳立场，甚至离婚。家庭成员之间的基本信任关系遭到很大破坏。人们习惯了伤害别人也习惯了被人所伤害，形成一种普遍的、没有信任和亲情的、人人自危的社会气氛。亲情的沦丧，家庭关系的紧张与裂痕，导致了人们道德水平的滑坡、社会政治的不稳定，国家经济也处于崩溃的边缘。③ 所以，刑事政策的制定不能为了对社会中极少数犯罪人的惩治，而以大多数人的良心沦丧为代价，良心的沦丧是对社会更深刻、更长久的损害，诚如意大利刑法学家贝卡里亚所言：“道德的政治如果不以不可磨灭的人类感情为基础的话，就别想建立起任何持久的优势。任何背离这种感情的法律，总要遇到一股阻力，并最终被其战胜。正如一种虽然极小的力量，如果不断地起作用，就能战胜任何传入肌体的强烈冲力一样。”④

其次，人伦的规范作用是制度的基础。无论是自然界还是人类社会，都是在动态的平衡中有序地存在和发展，美国法学家 E·博登海默曾言：“对我们周遭的宏观世界所作的观察表明，它并不是由无秩序的和不可预测的事件构成的一个混乱体，相反它所表现的则是意义重大的组织一致性和模式化。

① 蔡昱、龚刚：《“亲亲不能相隐”的经济学分析——兼论“亲亲相隐”于民间发的归隐》，载《南开经济研究》2008 年第 2 期。

② 张国钧：《亲属容隐的合法性与合理性》，载《伦理学研究》2005 年第 2 期。

③ 陈士果：《论亲亲相隐与刑事法治》，载《管子学刊》2007 年第 1 期。

④ ［意］贝卡里亚：《论犯罪与刑罚》，黄风译，中国大百科全书出版社 1993 年版，第 8 页。

至少在那些对这颗行星上的生命体的日常生活起着决定性影响的外部自然界的现象中，秩序似乎压倒了无序，常规性压倒了脱轨现象，规则压倒了例外。”① 而在规范人们行为的所有规则中，建基于人伦之上的道德情感是最基本的、最普及的，是其他所有规则的渊源。就像达尔文用进化论理论研究人类的理智能力和道德感情等问题后得出的结论那样，“道德感作为人类行动的一个原则，理应居于其他一切原则之上。”② 当然，法律等制度的建立也应如此，“法律不是作为一个规则体，而是作为一个过程和一种事业，在这种过程和事业中，规则只有在制度、程序、价值和思想方式的具体关系中才具有意义。从这种广阔的前景出发，法律渊源不仅包括立法者的意志，而且也包括公众的理性和良心（reason and conscience），以及他们的习俗和惯例。”③ 美国学者约翰迪金森也说：“我们所需要的不只是一个具有确定的一般性规则的制度，我们还需要该制度中的规则是以正义为基础的，换言之，是以对人性的某些要求和能力的考虑为基础的。否则这个制度就会不可行；而且由于它违反了根深蒂固的判断倾向和标准，所以它会不断地被人们所违反，进而它也不可能提供确定性，而这种确定性则是该制度存在的理由。”④ 也就是说，法律等制度若违背了人性的基础，必然会受到人们的抵制和规避。如此，也就会产生贝卡里亚所说的结果：“一切违背人的自然感情的法律的命运，就同一座直接横断河流的堤坝一样，或者被立即冲垮和淹没，或者被自己造成的旋涡所侵蚀，并逐渐地溃灭。”⑤ 并且，这种起源于人伦的行为规范在社会的发展过程中也会进行“自洽”性的调整，从而始终成为各种制度的基础。“作为内生于社会的一种制度，它们可能凝结了特定社会的环境特征、某种解决人与人冲突的信息，抑或是人们在反复博弈后形成的日常生活必须遵循的‘定式’。如果没有这些制度的支撑和配合，国家正式的制度也就缺乏坚实的基

---

① ［美］E·博登海默：《法理学：法律哲学与法律方法》，邓正来译，中国政法大学出版社 1999 年版，第 220 页。

② 宋希仁：《西方伦理思想史》，中国人民大学出版社 2003 年版，第 395 页。

③ ［美］哈罗德·J·伯尔曼：《法律与革命——西方法律传统的形成》，贺卫方等译，中国大百科全书出版社 1993 年版，第 13 页。

④ ［美］E·博登海默：《法理学：法律哲学与法律方法》，邓正来译，中国政法大学出版社 1999 年版，第 320 页。

⑤ ［意］贝卡里亚：《论犯罪与刑罚》，黄风译，中国大百科全书出版社 1993 年版，第 30 页。

础，缺乏制度的配套。”① 因此，刑事政策中若忽视人类行为中已成定式的人伦因素，也就失去了运行的基础，其“效力”也会自行萎缩。

最后，实现刑事政策目的的需要。人们在社会实践的过程中，其背后总是具有一定的目的。正如恩格斯所指出的：“在社会历史领域内进行活动的，全是具有意识的，经过深思熟虑或凭激情行动的，追求某种目的的人；任何事情的发生都不是没有自觉的意图，没有预期的目的的。”② 刑事政策作为国家和社会针对犯罪或者犯罪人做出的一种合理反应，也具有一定的目的性。根据我国著名刑法学家陈兴良教授的看法，“刑事政策是以预防犯罪为根本目的的，这是刑事政策作为一种公共政策的根本特征。”③ 所谓预防犯罪，就是防止犯罪的发生，避免社会秩序受到不正当的破坏，保护人们的合法权益。根据预防对象的不同，预防犯罪可以分为一般预防和特殊预防。一般预防是指防止社会上的一般人实施犯罪，特殊预防是指防止犯罪人重新犯罪。但是，无论是达到哪种预防的目的，“刑事政策在追求合目的性和有效性的过程中，必须同时顾及人类社会既存的文化情感及价值观念，符合人类社会公正合理的正义判断，从而达成效率与公正、有效性和正当性的协调统一。”④ 而建基于亲情基础之上的人伦就是最基本的“文化情感和价值观念”，若刑事政策中不顾及这种“文化情感和价值观念”，刑事政策的目的落空将成为必然。先从一般预防来看，其本质就是通过对犯罪或者犯罪人的态度使社会上一般人认识到实施犯罪行为的后果，从而不至于犯罪，达到预防犯罪的目的。但是，要社会上一般人认可这种态度，又必须符合他们能够接受的底线标准，这道底线标准往往就是建基于亲情基础之上的人伦。故此，在司法实践中，遇到冒着犯罪的代价而藏匿犯罪的亲属或者提供假证言等情形，也就不足为怪。正如台湾学者韩忠谟所说的：“亲属间有犯罪行为而相互容隐者，乃人情之常，无足深责，其基于如此动机而收受赃物者尤属惯见，即或出于图利之目

① 王芹、李国卿：《论亲亲相隐制度的合理性》，载《前沿》2006 年第 2 期。

② 《马克思恩格斯选集》第 4 卷，第 243 页。

③ 陈兴良：《刑事法治视野中的刑事政策》，载陈兴良、梁根林主编：《润物无声——北京大学法学院百年院庆文存之刑事一体化与刑事政策》，法律出版社 2005 年版，第 215 页。

④ 梁根林：《解读刑事政策》，载陈兴良主编：《刑事法评论》第 11 卷，中国政法大学出版社 2002 年版，第 16 页。

的，其情亦容有可原，在刑事政策上宜斟酌事实，谋个别处置之道。"[①] 也如有人所设之问："有谁会欣欣然将多年福祸与共的丈夫或妻子的有罪之躯投入牢狱而不受良心的煎熬？又有谁能够将环膝儿女置于刑罚的刀俎之上而乐陶陶？又怎么可以想象，一个人在将生身父母送入囹圄甚至因此而致父母终结生命之后，仍能笑对生活，坦然面对亲人、朋友和社会？若果能觅得此种人，恐怕他（她）不是超越人性的圣人，就是迷失人性的狂人。"[②] 我国某地曾发生这样一个案例：一位 12 岁的少年在发现其父亲有盗窃行为后，向公安机关举报，其父被逮捕后，该少年也失去了生活来源。她的母亲恨他，将他拒之门外，亲戚、邻居也反感他把自己的父亲送进监狱的行为，拒绝提供帮助。公安机关只好与当地政府协商，由政府提供他每月的生活费直至长大。[③] 这种"大义灭亲"不但没有受到人们的赞扬，反而招致大家的唾弃。这也说明，在人伦面前，哪怕是最严重的否定评价——犯罪也都退居其次。因此，弃人伦而不顾的刑事政策，其一般预防的效果也就可想而知。再从特殊预防来看，其本质在于使犯罪人承担因犯罪行为而带来的不利，以至于不再犯罪，从而达到预防犯罪的目的。但是，这里犯罪人在当下有机会犯罪进而是否实施犯罪，或者以后是否犯罪，在某种意义上也要取决于犯罪人对这种"不利"的评价与衡量。同样，犯罪人将亲情伦理与之前因犯罪而带来的不利进行衡量时，仍然会将亲情伦理放置首要维护之列，仍然会认为亲情伦理是最大的"利"。所以，弃人伦而不顾的刑事政策，其特殊预防的目的也会受到阻滞。

总之，随着血液在我们全身流淌的血缘亲情而形成的纽带，是不能够轻易被外力所折断的，并且建基于此的伦理道德从古到今一直规范着我们的行为，是其他各种制度产生的基础。也正因为此，刑事政策中必须蕴含着人伦情怀，才能使其预防犯罪的根本目的得以实现。

（二）宽严相济刑事政策中应有的人伦暗含

新中国成立以来出现过多种刑事政策，比如"少杀慎杀，可杀可不杀不

---

① 韩忠谟：《刑法各论》最新增补版，台湾三民书局 2000 年版，第 473 页。

② 江学：《亲亲相隐及其现代化》，载《法学评论》2002 年第 5 期。

③ 李秀平：《法也容情——关于现行法律可否"亲亲相隐"研讨》，载《法律与生活》2001 年第 10 期。

杀”的政策、“坦白从宽，抗拒从严”的政策、“严打”的政策、“社会治安综合治理”的政策以及“惩办与宽大相结合”的政策等等。在当前，我国刑事政策领域的最新形态是宽严相济的刑事政策。2005 年 12 月 5 日至 6 日召开的全国政法工作会议上罗干同志提出了“宽严相济”的刑事政策。2006 年 3 月 1 日最高人民法院院长肖扬在十届全国人大四次会议作最高人民法院年度工作报告时两次提到“宽严相济”。2006 年 12 月 19 日最高人民检察院检察长贾春旺在全国检察长会议上再次强调“宽严相济”的刑事政策。但是，宽严相济刑事政策并不是一项全新的刑事政策，从内容上来看，其最早可以追溯到二十世纪八十年代英美等西方国家开始实行的两极化刑事政策，杨春洗教授称之为“轻轻重重”刑事政策，即“对轻微犯罪，包括偶犯、初犯、过失犯等主观恶性不重的犯罪，处罚更轻；对严重的犯罪，处罚较以往更重。”①

目前，在我国关于宽严相济刑事政策的内涵较权威性的解释是：“对刑事犯罪区别对待，做到既要有力打击和震慑犯罪，维护法制的严肃性，又要尽可能减少社会对抗，化消极因素为积极因素，实现法律效果和社会效果的统一。”“一方面，必须坚持‘严打’方针不动摇，对严重刑事犯罪依法严厉打击，什么犯罪突出就重点打击什么犯罪，在稳、准、狠上和及时性上全面体现这一方针；另一方面，要充分重视依法从宽的一面，对轻微违法犯罪人员，对失足青少年，要继续坚持教育、感化、挽救方针，有条件的可适当多判一些缓刑，积极稳妥地推进社区矫正工作。”② 据此可知其精神实质就是根据犯罪轻重的不同情况，该宽的从宽，该严的从严，宽与严之间还要具有一定的平衡，即宽严适度。故此，宽严相济刑事政策与西方两极化刑事政策没有本质区别。具体而言，宽严相济刑事政策中的“宽”是指对危害轻微、情节轻微、人身危险性小的犯罪和犯罪人以及初犯、偶犯、过失犯、未成年犯等尽可能适用除罪化、非刑罚化、非监禁化的措施，以充分体现刑法的谦抑性，节约刑罚资源。“严”是指对特定的犯罪和犯罪人适用严格的刑事措施，如对严重暴力犯罪、跨国有组织犯罪、预谋共同犯罪、恐怖主义犯罪、黑社会性

---

① 杨春洗：《刑事政策学》，北京大学出版社 1994 年版，第 397 页。

② 参见罗干同志在 2005 年 12 月 5 日至 6 日召开的全国政法工作会议上的讲话。

质组织犯罪、体现行为人严重人身危险性的犯罪，在制刑、量刑、行刑等环节上严格法律的适用，充分体现刑罚严厉的一面。①

刑事政策是刑事法的指导思想，我国现阶段提出宽严相济刑事政策，为刑事立法、司法活动指明了方向。宽严相济刑事政策之中的“宽”除以上所概括的情形外，笔者认为亲亲相隐所体现的人伦情怀也应是题中应有之意。因为顾及血缘、亲情等人伦规范而犯罪的，主观动机具有纯净的善，一般来说，其危害较轻，人身危险性较小。于是，宽严相济刑事政策中的人伦情怀在刑事立法、司法活动中也应有所体现。现取我国《刑法》中的窝藏、包庇罪予以说明。《刑法》第三百一十条规定：“明知是犯罪的人而为其提供隐藏处所、财物，帮助其逃匿或者作假证明包庇的，处三年以下有期徒刑、拘役或者管制；情节严重的，处三年以上十年以下有期徒刑。”“犯前款罪，事前通谋的，以共同犯罪论处。”也就说，目前在我国窝藏、包庇犯罪的亲属仍然构成窝藏、包庇罪。而如前文所述，在我国历史上以及国（境）外的刑事立法中一般是减轻或免除处罚，甚至于将其作为一种义务。关于此类情形，陈兴良教授早有提及：“我国刑法对同居相隐不为罪是持否定态度的，但在当前家庭仍是社会基本细胞，人伦关系仍是人际关系之基础的情况下，如何处理好人伦关系与社会关系的矛盾，仍是一个重大问题。如果对于亲属犯罪予以庇护者一律定罪处刑，恐怕不太符合当前社会的伦理道德。”② 但是，现在我们可以根据宽严相济刑事政策的指导，在司法中进行从宽。比如，量刑时可以在法定刑内选取较轻的刑种或较低的刑期，尽量适用缓刑，在执行过程中也可使用减刑、假释等措施。至于立法上，可在第三百一十条中再加上第三款：“亲属犯第一款罪的，可以从轻或减轻处罚。”以体现出亲亲相隐的人伦情怀。除了《刑法》第三百一十条之外，第二百九十四条的包庇、纵容黑社会性质组织罪，第三百零五条的伪证罪，第三百零七条的帮助毁灭、伪造证据罪，第三百四十九条的包庇毒品犯罪分子罪，第三百九十九条的徇私枉法罪，第四百一十七条的帮助犯罪分子逃避处罚罪等等，都会牵制到亲情伦理

① 周海洋：《宽严相济刑事政策的刑罚执行制度重构——以我国监狱行刑为视角》，载谢望原等主编：《中国刑事政策报告》（第三辑），中国法制出版社2008年版，第93页。

② 陈兴良：《刑法哲学》（修订二版），中国政法大学出版社2000年版，第350页。

的问题，在司法中也应在宽严相济刑事政策指导下从宽对待，在立法上也有待于进一步完善。

五、结语

法律是来源于社会并且也非独立于社会而存在的，对此，马克思主义经典作家早有论述："社会不是以法律为基础。那是法学家们的幻想。相反地，法律应该以社会为基础。[①]"而血缘、亲情所形成的人伦情怀是社会运行的基本规范，是无法脱离也是不能轻易运用外力强硬分割开的，这也就决定了我们任何社会政策、法律制度都不能无视人间亲情伦理的存在，否则它们将无法得到有效地执行和遵守，进而会被人伦的规范所架空。

---

① 《马克思恩格斯全集》第6卷，第291～292页。

刑事立法政策的转型与调整

张峰瑞*

本文从我国刑事立法政策的历史沿革为逻辑起点，对刑事立法政策的界定，我国刑事立法演变与刑事政策模式价值的分析。着重分析了“严打”的立法原意以及在“宽严相济”指导下的刑事立法政策的执行和存在的不足，并提出了刑事立法完善的相关建议。在文章中，还提及立法的政策导向是刑事政策催生刑事立法、刑事立法的严格化以及刑事立法的改革方向，及非罪化、非监禁化和非刑罚化，并对风险社会所影响下的刑事立法做出了前瞻性的预测。本文采用文献分析的研究方法，研究中华人民共和国成立以后的刑事政策的发展方向，并引用社会学的观点，对刑事立法的发展做出简要的评析。

一、我国刑事立法政策的历史沿革

（一）刑事立法政策概念界定

刑事立法政策，即进行刑事立法所奉行的政策，它不仅指刑法立法政策，也包含刑事诉讼立法政策等。[①] 任何刑事立法都是在一定的政策指导下进行的活动，那么，有什么样的刑事立法政策就会有什么样的刑事立法。1996 年和 1997 年对《刑事诉讼法》和《刑法》的修改，就是在比较科学的刑事立法政

---

* 作者简介：张峰瑞，上海政法学院 2014 级刑法学硕士研究生。

① 马克昌主编：《中国刑事政策学》，武汉大学出版社 1992 年版，第 74 页。

策指引下，果断废除了收容审查、免于起诉、类推等不利于人权保障的制度，吸收了无罪推定、罪行法定等原则的合理内核，将“反革命罪”修改为“危害国家安全罪”，使我国刑事法制朝着现代化方向迈进了一大步。[①] 我国台湾地区学者韩忠谟先生在论述犯罪行为与不法行为之界限时，就刑事立法政策提出了这样的见解：“刑罚之运用不可不慎，国家决定某种不法行为应否接受刑罚制裁，首先考虑加制裁所生之害，与不加制裁索生之害，孰轻孰重，苟不加制裁，其害较轻，则宁措刑不用，必也不加制裁，其害较重或至少与加制裁之害相等，始不得已而用刑焉。”[②] 从具体的内容来看，刑事立法政策包括了刑事实体与刑事程序、价值层面与规范层面、打击犯罪与保障人权等多方面的政策内容。

刑事立法政策中的重要部分是所谓的定罪政策。定罪政策基本刑事政策主要表现为扩张或收缩刑法干预范围以及确定刑法干预重点的战略选择。如果国家意志倾向于扩张刑法干预范围，即扩大刑法圈，那么定罪基本刑事政策往往表现为犯罪化，具体表现为扩大刑法延伸的范围和对行为构成犯罪不作定量限制。如果国家意志倾向是收缩刑法干预范围，即收缩刑法圈，则定罪基本刑事政策一般就变现为非罪化，具体表现为将刑法规定为犯罪的行为从刑法中予以排除，或者提高行为构成犯罪的定量标准。[③]

犯罪化与非犯罪化代表了定罪刑事政策的两个完全不同的方向，刑事立法必须随着刑事法理论与刑事思潮的演进，以及政治、经济、社会、文化等现实的演变，随时检讨刑事实体法规定的各种犯罪行为及其法律效果以及刑事程序法规定的追诉与审判的规则，而将原本不属于犯罪行为的不法行为犯罪化，或者将犯罪行为非罪化，使刑事实体法与程序法能够适应社会现实的需要，更能发挥有效抗制犯罪或者预防犯罪的效果。因此，犯罪化与非犯罪化在刑事立法政策上虽然属于两个对立的概念，但是在刑事立法的运用上却具有互补的功能。[④] 在现代国家刑事政策的实践中往往存在着犯罪化与非犯罪

---

① 刘仁文：《刑事政策初步》，中国人民公安大学出版社 2004 年版，第 53 页。

② 林山田：《刑法的革新》，学林文化事业有限公司 2001 年版，第 127 页。

③ 杨春洗：《刑事政策论》，北京大学出版社 1994 年版，第 16 页。

④ 谢望原、卢建平等主编：《中国刑事政策研究》，中国人民大学出版社，第 238 页。

化并存的现象，在将一部分行为犯罪化的同时将另一部分行为非犯罪化，在一段时间中突出犯罪化，另一时期则突出非犯罪化的一面，从而调解社会的矛盾。西方国家刑法传统存在着严重的刑法高度道德化、道德高度刑法化的倾向，犯罪构成又没有定量限制，导致刑事法网过于严密，因此，在20世纪中期之后的刑法改革运动中，对传统道德犯罪、行政犯罪以及其他轻微犯罪的非犯罪化成为刑事政策运动的主流。但是，在20世纪80年代后，随着全球化时代的到来，知识经济、信息社会以及生物科技的高速发展，西方国家的刑事政策运动中，犯罪化又重新成为一种不可忽视的国际潮流，围绕着有组织犯罪、跨国洗钱犯罪、计算机技术、网络技术，与生物医学技术相关的人体实验、胚胎实验，人体器官的提取、移植、转让以及克隆等一系列领域，各国立法展开了一场影响广泛的犯罪化运动。与此同时，对传统的道德犯罪特别是同性恋、卖淫、吸毒、堕胎、赌博等无被害人犯罪的非犯罪化过程似乎也还没有终结。因此，犯罪化和非犯罪化似乎构成了20世纪中期以来国际刑法改革和刑事政策运动的基本潮流，也勾画了各国定罪基本刑事政策的主要面貌。①

（二）我国刑事立法政策的演变

1. 中华人民共和国成立后：刑事政策代替了《刑法》，把刑事政策视为党和国家政策体系的重要组成部分

（1）新中国成立初期，以刑事政策为主导

新中国成立后，共产党的政策开始转化并上升为国家政策。新中国成立初期，由于特定的历史条件限制，我国在刑事法制方面，除20世纪50年代初期制定的《惩治反革命条例》《惩治贪污条例》等个别单行法律之外，没有系统完整的刑事法律。这一时期，由于刑法典的阙如，办理刑事案件主要依靠刑事政策，政策在很大程度上承担着刑事法律代替的角色。其基本刑事政策，无论是在提法上，还是在内容上，皆沿袭了战争年代形成的“镇压与宽大相结合”的刑事政策，并在一系列文件中予以明确和强调。例如，在镇压反革命运动中，1950年7月23日，由政务院、最高人民法院联合发布的

① 谢望原、卢建平等主编：《中国刑事政策研究》，中国人民大学出版社2006年版，第239页。

《关于镇压反革命活动的指示》指出："对一切反革命活动采取严厉的及时的镇压，而在实行镇压和处理一切反革命案件中，又必须贯彻实行镇压与宽大相结合的政策，即首恶必办，胁从不问，立功者受奖的政策，不可偏废……"在"三反""五反"运动中，处理"五反"问题的基本方针"过去从宽、今后从严；多数从宽、少数从严；坦白从宽、抗拒从严；工业从宽、商业从严；普通商业从宽、投机商业从严。"可见，在新中国成立初期，法律在国家政治生活中没有占据应有的位置，在当时的条件下，谈刑事政策与刑事法律的关系没有多大的必要，因为实际上几乎没有刑事法律，刑事政策代替了刑事法律。那时的刑事政策，处了一些原则外，还大量存在带有法律规范意义的具体刑事政策，是定罪量刑以及进行诉讼的直接依据。①

1953年五六月间，最高法院鉴于奸淫幼女犯罪突出，对此类案件进行了检察总结，于1954年年初制定了《关于处理奸淫幼女案件的经验和对奸淫幼女犯罪的处刑意见》。这个总结中共中央于5月22日批转下达，它开了人民法院对类型案件进行总结的先河。随后最高人民法院召开总结审判经验座谈会，推动各地人民法院进一步开展这项工作。此后，最高人民法院和地方各级人民法院先后开展了劳资纠纷案件，行车责任事故案件以及贪污、盗窃、烟毒、赌博、婚姻、债务等类型案件审判经验总结活动。此时，就刑事政策本身的发展来说，镇压与宽大相结合的政策已演变成为惩办与宽大相结合的政策。镇压与宽大结合的刑事政策，毕竟产生于战争年代，明显具有政治斗争的色彩，在革命战争年代及新中国成立初期，它基本上是作为对敌斗争中的政治手段或策略而产生并加以运用的，适用于解决敌我矛盾。随着历史的演进，在我们党和国家面对同犯罪作斗争的任务的时候，逐渐把它作为同犯罪作斗争的策略，并最终成为同犯罪作斗争的基本刑事政策。② 当我国的主要矛盾不再是阶级矛盾时，该政策的历史使命亦即终结，而应代之以新的刑事政策，此即惩办与宽大相结合的刑事政策。作为一项基本刑事政策，惩办与宽大相结合政策是对镇压与宽大相结合政策的扬弃。首先，从形势变迁来说，

---

① 卢建平：《刑事政策与刑法变革》，中国人民公安大学出版社2011年版，第125~126页。

② 肖扬主编：《中国刑事政策和策略问题》，法律出版社1996年版，第63~64页。

镇压与宽大结合的刑事政策成型于战争年代，适应对敌斗争的需要，在抗日战争时期、解放战争时期其存在的合理性和必要性；甚至在新中国成立初期国内外敌对势力对新生的中国政权虎视眈眈时，为了打击和瓦解敌对势力，巩固新生政权，该政策的存在亦有其合理性和必要性。但是，随着1956年社会主义三大改造的基本完成，社会主义制度在中国的初步建成，阶级矛盾已不再是主要矛盾了。1956年9月，中国共产党第八次全国代表大会指出：社会主义制度在我国已经基本建立起来，我们还必须为解放我国台湾地区，为彻底完成社会主义改造，最后消灭剥削制度和继续肃清反革命残余势力而斗争。但是，国内的主要矛盾已经不再是工人阶级和资产阶级的矛盾，而是，人民对于经济文化迅速发展的需要同当前经济文化不能满足人民需要的状况之间的矛盾。1956年三大改造完成后，反革命分子以外的其他犯罪分子也应成为刑事政策调整的重要对象。所以在新的条件下，“惩办与宽大相结合”提法及内涵比“镇压与宽大相结合”更为科学、合理并可行。执政党已清醒地认识到了上述问题，并及时地予以调整。正如有学者指出的：“从镇压与宽大相结合到惩办与宽大相结合，经历了一个从政治斗争策略到刑事政策的转变过程。”①

惩办与宽大结合的刑事政策与1956年正式定型。1956年9月15日，党的第八次代表大会的政治报告指出：“我们对反革命分子和其他犯罪分子一贯地实行惩办与宽大相结合的政策，凡是坦白的、悔过的、立功的，一律给以宽大处理。大家知道，这个政策已经收到了巨大的成效。”② 这是首次正式将惩办与宽大相结合的政策定型化为我国的基本刑事政策，并适用与包括反革命罪在内的各种类型的犯罪，标志着镇压与宽大相结合的政策向惩办与宽大相结合的刑事政策转换的完成。至此，在政治上与理论上，将惩办与宽大相结合的作为我国的基本刑事政策也已经确立。在实践上，更加明确地指出了两个必然要求：一是惩办与宽大必须兼顾，不可偏废；二是惩办与宽大都必须有必要的限度，即宽有边，严有度。可见，惩办与宽大相结合的刑事政策

---

① 陈兴良：《刑事法治视野中的刑事政策》，载陈兴良主编：《中国刑事政策检讨》，中国监察出版社2004年版，第120页。

② 参见《刘少奇选集》（下卷），人民出版社1985年版，第254页。

是中国共产党在长期革命斗争和新中国的建设中，在总结正犯两方面经验的过程中，逐步形成和发展起来的一项基本刑事政策，① 是对镇压与宽大相结合政策的继承与发展。

（2）1957－1978：刑事政策的政治化

由于当时我们党对法律、法治的认识局限和制度缺陷，新中国成立初期那种“通过法律的统治”的努力很快就直接被党的政策甚至个人的命令所取代，从而走上了“通过政策的统治”或“通过运动的统治”之路。而胡风案开始了罪行由“领导人定”的先河。1955 年 5 月 13 日、5 月 24 日、6 月 10 日，《人民日报》把胡风上书党中央的《关于几年来文艺实践情况报告》和私人之间的信件公开发表，中共中央主席毛泽东则为发表的亲自撰写案语，指出“胡风一伙或是帝国主义国民党的特务，或是共产党的叛徒，由这些人做骨干组成一个暗藏在革命阵营内的反革命派别，一个地下的独立王国。”胡风的罪与非罪的性质问题，由毛泽东一笔划定。7 月，胡风因反革命罪被撤去一切职务；8 月，经全国人大常委会批准，胡风被公安部逮捕。关押 10 年后，北京市高级人民法院才判处胡风有期徒刑 14 年，剥夺政治权利 6 年。②

由此可见，在此时，政策与法律之间并没有正确的定位。用党的指示和命令取代法律的倾向在 1957 年的“反右”运动中发展到高潮，开始了罪刑由“执政党定”的历史。“反右”扩大化，从法律程序上看，是有相当缺陷的。第一，由党来划分右派分子的标准，很不妥当。第二，由党来具体执行划分右派标准的规定，也不稳妥。把“通过法律的统治”看作是“依法抗党”“反对党的领导”，认为依法审判是“反对无产阶级专政”，严格执法是资产阶级的“法律万能论”，大批法官被打成了右派。随着司法系统的“大跃进”，提出“无反革命、无抢劫、无强奸……”的口号，司法系统中公检法的分工制约被“一长代三长”，“一员顶三员”的做法所取代。必要的法律程序也被取消了，辩护制度也消失了。法庭审判中加入了群众公众辩论，形成了所谓“群众路线的审判方式”。有的地方干脆将公检法三机关合并成为“政法

① 谢望原、卢建平等主编：《中国刑事政策研究》，中国人民大学出版社 2006 年版，第 247 ~ 248 页。

② 卢建平：《刑事政策与刑法变革》，中国人民公安大学出版社 2011 年版，第 131 页。

部”。审判案件只服从法律的法院干部被讥讽为：“对法有迷信，甚至使法成为了自己的一个’紧箍咒’，把法律神秘化、偶像化，甚至成了束缚自己对敌斗争手脚的绳索，有时还想强加于人，束缚兄弟部门的手脚。”要求审判员“有案办案，无案生产”，要做“多面手”“万能人”。这意味着法律被政策、指令取代后，随之而来的是专门的司法机关也被其他机构和组织取代，专业化的法官也被非专业化的人员取代。此后尽管中央领导人和最高人民法院努力更正，并取得一定的成效，但是，随着“文化大革命”的到来，通过政策的统治终于取代了通过法律的统治。罪行由“革命群众定”，倡行于“文化大革命”期间。“四人帮”在上海的亲信要求“第二武装”（民兵）“要唱政法工作的主角”，说民兵办案“是政法工作的大方向”；他们在辽宁的死党推行什么“群侦、群审、群定、群判、群办”的“五群”经验；“文化大革命”前期，三五个人凑到一起，代表什么群众组织，就可以对公民抄家、游斗、通缉、劳改等，合法的公检法组织被砸烂，代之以诸如“贫下中农高等法院”之类的荒唐组织。[①] 而且，法律逐步刑法化，整个社会变成了一个“惩罚的社会”。

在“弥散性惩罚”的社会中，罪与非罪之间没有明确和可以预测的标准，判别标准模糊、富有弹性、灵活、摇摆、处于变化中的。甚至可以说，我们每一个人可能都是有罪的，因为他存在私心，这正是导致犯罪的根源。为此，强世功先生指出：在“文化大革命”时期，各种各样的惩罚标准、纷杂复杂的惩罚机关、形形色色的惩罚手段、种种不同的惩罚对象相互重叠、相互配合、相互支持、相互交织形成一个惩罚的网络，整个社会到处弥散着这种惩罚的气氛。从自己到他人，从灵魂到肉体、从思想到行为、从家庭到社区、从农村到公社、从穷乡僻壤到中心城市、从社会组织到政府机关、从群众团体（共青团、妇联）到党的各级组织，实现了惩罚的整体化，这实际上也就是《刑法》功能的弥散化。在这样一个惩罚的社会中，国家正式的刑罚为其他的种种刑罚实践提供了动力，其他种种惩罚实际上成了国家刑罚的延伸或

---

① 孙丽娟：《我们是怎样逐步实现“罪刑法定”的？——建国以来法学界重要事件研究（六）》，载《法学》1997 年第 11 期。

变种。国家正式的刑罚和各公社、各大队自己的批斗融合在一起。① 在这样的状态下，估计任谁也分不清什么是政策，什么是法律。

总体来说，自新中国成立至十一届三中全会召开前，这一时期的政策既领先于法律，又混同于法律。诸如1956年3月中共中央批准的《中央十人小组对〈关于反革命分子的解释及处理的政策界限的暂行规定〉的补充解释》等，都是司法实践中可以直接援引的法律依据。② 对于政策所起的法律作用，新中国成立初期领导法制工作的董必武也予以了明确肯定，指出："我们通常说依据党和国家的政策办事，这里所指的政策也起着法律的作用。"③ 分析其中的原因我们就会发现：一是政策本身的地位特殊，二是当时斗争的需要，三是人民的法律仍不完备。④

2. "文革"后：刑事政策被刑法吸收，遵循惩办与宽大相结合，以及"严打"提出的背景与其所提出的原意的分析

（1）1979年的《刑法》标志着刑事政策的主流化

在之前，政策与法律的复杂关系，从历次《刑法》草案稿关于政策与法律的定位中可见一斑。有的草案在规定"类推适用"时指明政策与法律的关系，大部分草案是在规定"溯及力"时同时提及政策与法律，在表述时基本上都是政策优先于法律，在没有法律时则由政策直接适用。但是，这种情况到了1979年《刑法》即将出台的时候发生了变化，法律的优先地位开始确立起来。

1979年6月30日第38次稿第九条将政策排在了法律、法令之后，规定，本法自1980年1月1日起生效。中华人民共和国成立以后本法施行以前的行为，如果当时的法律、法令、政策不认为是犯罪的，适用当时的法律、法令、政策。如果当时的法律、法令、政策认为是犯罪的，依照本法第四章第八节的规定应当追诉的，按照当时的法律、法令、政策追究刑事责任。但是，如

① 强世功：《法律移植、公共领域与合法性——国家转型中的法律（1840－1980）》，载苏力、贺卫方主编：《20世纪的中国：学术与社会》（法学卷），山东人民出版社2001年版，第159页。

② 肖扬主编：《中国刑事政策和策略问题》，法律出版社1996年版，第8页。

③ 董必武：《董必武选集》，人民出版社1985年版，第450页。

④ 卢建平：《刑事政策与刑法变革》，中国人民公安大学出版社2011年版，第135页。

果本法不认为是犯罪或者处刑较轻的，适用本法。还有一个现象应当注意，即1954年9月30日《刑法指导原则草案》、1956年11月12日《刑法草案》（第13次稿）、1978年12月第34次稿、1979年2月第35次稿等四个草案在相关规定中却没有“政策”字眼。

党的十一届三中全会后，我国的法制建设逐步完善。在1978年宪法中恢复人民检察院的设置，被砸烂的公、检、法或公、检、法合而为一的“政法部”逐渐地各自复位、各司其职。社会主义法制建设开始得到加强，要求采取一种合理、稳定、可以预测、界限明确的法律惩罚方式来取代司法的政治化、政策化惩罚，最后转变为整个治国方式上的转变，即用法治代替人治。刑事政策与刑法也各自复位。① 邓小平同志在1978年12月13日中央工作会议上所做的《解放思想、实事求是，团结一致向前看》的讲话中，专门谈到立法工作，他指出：“为了保障人民民主，必须加强法制。必须使民主制度化、法律化，使这种制度和法律不因领导人的改变而改变，不因领导人的看法和注意力的改变而改变。现在的问题是法律很不完备，很多法律还没制定出来。往往领导人说的话当‘法’，不赞成领导人说的话就叫做‘违法’，领导人的话改变了，‘法’也就跟着改变。所以，应该集中力量制定刑法、民法、诉讼法和其他各种必要的法律，……经过一定的民主程序讨论通过，并且加强检察机关和司法机关，做到有法可依、有法必依、执法必严、违法必究。……现在立法的工作量很大，人力很不够，因此开始可以粗一点，逐步完善。……修改补充法律，成熟一条就修改补充一条，不要等‘成套设备’。总之，有比没有好，快搞比慢搞好。”② 到1979年5月29日，《刑法草案》获得中央政治局原则通过，接着又在法制委员会全体会议上讨论，6月7日提交第五届全国人大常委会第八次会议进行审议，又经修改后，正式提请第五届全国人民代表大会第二次会议审议，在审议中又根据代表们的意见，再做修改和补充，最后于1979年7月1日获得大会一致通过，7月6日由中华人民共和国全国人民代表大会常务委员会委员长叶剑英予以公布，自1980年1月

① 卢建平：《刑事政策与刑法变革》，北京，中国人民公安大学出版社2011年版，第137页。

② 参见《邓小平文选》（1975年－1982年），人民出版社1983年版，第136～137页。

1 日起施行。至此，新中国的第一步刑法典终于诞生了![1] 这不仅是新中国刑法史上的里程碑，同样也是新中国刑事政策的里程碑。

在此时，惩办与宽大相结合的刑事政策也进入相对成熟期，在实践中发挥着重要的作用。1979 年《刑法》，整部《刑法》的各部分主要内容，都贯彻了惩办与宽大相结合的刑事政策，使这一政策具体化、条文化。这标志着作为基本刑事政策的惩办与宽大相结合进一步完善，党和国家在各个不同历史时期所提出的惩办与宽大相结合的刑事政策思想已经得到系统的总结。[2] 该政策在立法上的指导作用主要体现在我国刑法针对犯罪及犯罪人的不同情况，做出了一系列区别对待的规定。

在这样的大背景下，1981 年中央召开的京、津、沪、穗、汉五大城市治安座谈会上，对新的犯罪对策思想作了高度的概括，在《会议纪要》中提出了“全党动手、实行全面‘综合治理’”这一新时期的刑事政策。同时对这一刑事政策作了详细的阐述：对于极少数杀人犯、放火犯、抢劫犯、强奸犯、爆炸犯以及严重危害社会的犯罪行为坚决依法从重从快惩处；对于大量的有轻微违法犯罪行为的人，既不判罪劳改，也不送去劳教，而是依靠全党、全社会力量，加紧进行教育、感化、挽救工作，预防犯罪；对于一部分现行刑事犯，根据轻重，区别对待，该劳教的劳教，该逮捕的逮捕，该判刑的判刑。1982 年 1 月，中共中央《关于加强政法工作的指示》中再次肯定和强调了“必须加强党的领导，全党动手，认真落实‘综合治理’”的方针，同时指出综合治理的中心环节是青少年教育，综合治理要发挥各方面的作用，要采取思想的、政治的、经济的、行政的、法律的各种措施和多种方式。应当说，这一时期面对严峻的治安形势，我国已经提出了完整的刑事政策，即社会治安综合治理的总政策和“两极化”政策，并在实践予以执行。[3] “严打”的在两极化的刑事政策背景下孕育而生。

在改革开放以后，针对青少年犯罪突出的问题，从预防犯罪、惩处犯罪、

---

① 该刑法分总则、分则两编，共 13 章 192 条。参见高铭暄教授在《中华人民共和国刑法的孕育与诞生》(法律出版社 1981 年)。

② 肖扬主编：《中国刑事政策和策略问题》，法律出版社 1996 年版，第 66 页。

③ 严励：《中国刑事政策的建构理性》，中国政法大学出版社 2010 年版，第 11 页。

维护稳定的社会秩序的需要，提出的“社会治安综合治理方针”“打防结合、预防为主”“依法从重从快严厉打击严重刑事犯罪活动”的方针、对轻微违法犯罪者“教育、感化、挽救”的方针，乃至构建和谐社会，反思“严打”的经验教训后提出的“宽严相济”的刑事司法政策，以及由此引发的社区矫正的试点，刑事和解制度的尝试等一系列改革措施。这些都足以说明，中国的刑事政策的立足点在于预防犯罪、改造犯罪，而不局限于以刑罚打击。

（2）“严打”误读及其原意

误读一，把严打集中统一行动理解为全部“严打”政策。早在1980年，彭真同志复出工作不久，就鲜明地提出了对严重刑事犯罪要实行依法从重从快惩处的方针。①“严打”刑事政策的正式确立在1981年中央召开的全国五大城市治安座谈会，即“对于极少数杀人犯、放火犯、抢劫犯、强奸犯、爆炸犯以及其他严重危害社会的犯罪行为坚决依法从重从快惩处”，简称“依法从重从快严厉打击严重刑事犯罪活动的方针”，为引用方便又简缩为“严打”方针。“严打”方针作为针对刑事政策具有丰富的内涵：其一，“严打”提出背景的特定性，即严峻的治安形势和工作中多出现的打击不力的现象。其二，“严打”对象的确定性，即严重危害社会治安的刑事犯罪分子。其三，“严打”方式的全面性，“依法从重从快”。“依法”是区别于《刑法》、《刑事诉讼法》没有颁布以前的整顿社会治安的群众动员方式，使对刑事犯罪的对策法律化，包括严格执行实体法和严格执行程序法两个方面；“从重”就是指对于严重破坏社会治安的刑事犯罪分子，在查明犯罪事实前提下，在《刑法》和有关法律规定的量刑幅度内予以从重惩处、严厉制裁，所以“从重”是针对实体法而言；“从快”是指根据《刑事诉讼法》和有关法律规定的程序，在法定的时间内迅速而及时地办案，及时侦查、及时起诉、及时审判、及时执行，尽快处理结案，所以“从快”是针对程序法而言；其四，“严打”形式的多样性。“严打”的工作方式可以分为集中打击和经常性打击。通过上述分析可见，“严打”刑事政策与“严打”集中统一行动不是统一概念，严格

① 刘复之：《严打就是专政—记邓小平同志对“严打”的战略决策》，载《人民公安报》1992年1月14日。

地说集中打击只是“严打”的一种工作方式，并不能代替全部“严打”工作。①

误读二，把新时期刑事政策片面化理解，使“严打”刑事政策出现了越位、膨胀的现象。全国五大城市治安座谈会是在政法系统拨乱反正、解放思想的情势下召开的，这次会议确定了新时期的刑事政策。彭冲同志在这次会议上的讲话中指出：“五市治安座谈会所解决的问题，我认为，最重要的是三条：一条强调了要全党动手，依靠群众抓治安，实行‘综合治理’；一条是明确地提出了要纠正打击不力和打击不及时的现象，对极少数重大的现行犯分子要依法从重从快惩处，对犯罪活动的嚣张气焰要集中打击，下决心把它压下去；一条是强调对大多数一般刑事案件、违法犯罪分子区别情况处置，特别是对失足的青少年要实行教育、感化、挽救。”② 彭冲所讲的三条原则则是对新时期刑事政策的高度概括，即总的刑事政策和“两极化”政策，而在理论界和实务界一直认为我国不存在“两极化”政策。在实务界甚至总的刑事政策都忽略或轻视了，缺乏对我国刑事政策的整体和层次的把握，片面地强调打击。自1983年开展“严打”战役以来，其从未停止过，几乎成为维护社会治安的唯一手段。对“严打”的片面追求，造成了“严打”这一具体刑事政策的越位、越权和恶性膨胀，造成了对预防犯罪和社会治安综合治理的极大漠视和忽略。这实质上是以“严打”代替基本刑事政策和总的刑事政策。③基本的刑事政策成为“严打”这一具体刑事政策附庸和陪衬。

误读三，“两极化”的刑事政策变成一极化、片面化、极端化。在1983年“严打”战役之中，决策层反复强调要在“严打”的同时对轻微违法犯罪青少年实行教育、感化、挽救。“近几年的实践充分证明，只有下决心组织几个战役，按照依法‘从重从快，一网打尽’的精神，对犯罪分子毫不留情地予以坚决打击，才能震慑犯罪分子，教育挽救一大批失足青少年，更好地贯

① 严励：《中国刑事政策的建构理性》，中国政法大学出版社2010年版，第19页。

② 中央社会治安综合治理委员会编：《中国社会治安综合治理年鉴（1991－1992）》，法律出版社1996年版。

③ 严励：《中国刑事政策的建构理性》，中国政法大学出版社2010年版，第21页。

彻执行对社会治安进行综合治理的方针，扭转目前的不正常状况。"① 可见，"严打"不是目的，"严打"只是手段，其目的是要教育、挽救、感化一大批失足青少年。但在理论界和实务界都忽略了我国"两极化"的刑事政策。理论界只注意到"严打"战役的不足之处，而没有充分论证我国另一极刑事政策的合理性与必要性，使得我国刑事政策的"轻轻"一面长期处于冷遇和被遗忘之中，没有理论上的建树。实务界自 1983 年开展"严打"战役以来，已经形成了"严打"的惯性思维，在急功近利的心态下，在政绩工程的利益驱动下，"严打"战役成为应对犯罪的唯一手段。由于过乱、过滥地盲目进行"严打"战役，"严打"中存在的问题也凸显出来，并产生了一系列的副作用："严打"在某种意义上是在浪费司法资源；"严打"将会导致重打轻防的倾向；"严打"容易导致司法不公，甚至出现错案；"严打"破坏法治，难以形成良性的法律运行机制等等。② 除了上述的现象，在刑事政策视野中最大的弊端就是使我国与国际接轨"两极化"刑事政策受到了破坏。

3. 宽严相济刑事政策的提出以及对立法的影响

进入 21 世纪以后，依法治国、司法为民，以人为本的呼声日益高涨，法治文明不断发展，构建和谐社会成为时代的主旋律。我国的刑事政策也渐渐转入突出预防犯罪，坚持打防结合，坚持依法办事，坚持保障公民权利与保护社会秩序相结合的新时期，刑事政策开始出现了向预防倾斜的趋势。③

2004 年 9 月，中共十六届四中全会第一次把建设"和谐社会"放到与经济建设、政治建设和文化建设同等突出的位置，构建"和谐社会"已成为执政党社会建设的新理念，也成为在转型时期整合各种矛盾的新思路。时任中共中央政治局常委、中央政法委书记罗干同志在 2005 年 12 月 5 日至 6 日召开的全国政法工作会议上提出要注重贯彻宽严相济的刑事政策。2006 年 3 月，时任最高院院长肖扬在向十届全国人大四次会议作最高人民法院工作报告再

① 《中共中央关于严厉打击刑事犯罪活动的决定》，载谢安山、严励主编：《综合治理社会治安工作手册》，吉林人民出版社 1986 年版。

② 严励：《中国刑事政策的建构理性》，中国政法大学出版社 2010 年版，第 22 页。

③ 张正新、吴加明：《宽容地对待犯罪—和谐社会视域下刑事政策的必然选择》，载赵秉志主编：《和谐社会的刑事法治—上卷：刑事政策与刑罚改革研究》，中国人民公安大学出版社 2006 年版，第 298 页。

次强调了“宽严相济”的刑事政策，要求“贯彻宽严相济的刑事政策，对罪当判处死刑但具有法定从轻或具有从轻、减轻处罚情节或者不是必须立即执行的，依法判处死缓或无期徒刑”；强调“坚持宽严相济的刑事政策，对犯罪情节轻微或具有从轻、减轻、免除处罚的情节的，依法从宽处罚。”① 由此，有的学者认为，“宽严相济”刑事政策应该是我国现阶段惩治和预防犯罪的基本刑事政策。这是刑事政策制定者对犯罪现象认识的进一步科学化、理性化，开始意识到法律工具论并不能很好实现政策预期的背景下所作出的理性选择。“宽严相济”刑事政策的提出，是对刑法工具论的扬弃，其目的不仅在于要通过贯彻这一政策来维持治安，还要保持社会的稳定与良性运行，有利于和谐社会的构建，为社会发展进步提供保障。“宽严相济”刑事政策的提出具有十分重要的时代意义。该政策的提出，是我们正视社会稳定与犯罪增长关系后的理性回应，是惩办与宽大相结合的政策在新时期的发展与完善，体现了新时期党和国家解决社会问题的新思路。② 我国著名刑法学家马克昌教授在2006年刑法学年会上将宽严相济的刑事政策的内容概括为“当宽则宽，该严则严；宽以济严，严以济宽；宽严有度，宽严审时”。这是准确对“宽严相济”刑事政策的解读。在宽严相济刑事政策中，宽与严这两种手段不是孤立的，而是相互依存、相互补充、相互协调、有效统一的。

在“宽严相济”刑事政策的指导下，我国刑事立法也有了进步。严厉刑事政策的立法表现有：首先，提高“影响社会治安最大的重大犯罪”的刑期，设置长期监禁、无期徒刑甚至死刑，限制假释条件；其次，对累犯、慢性习惯犯等规定加重处罚、不适用缓刑和不得假释等规定。③ 宽松的刑事政策的立法表现有：对非暴力犯罪限制死刑；扩大缓刑适用范围；减少监禁刑的适用，将罚金刑升为主刑等。④

---

① 参见《新京报》2006年3月12日。

② 卢建平：《刑事政策与刑法变革》，中国人民公安大学出版社2011年版，第144页。

③ 许福生：《刑事政策学》，中国民主法治出版社2006年版，第423页。

④ 汪明亮：《刑事政策研究新视角》，法治出版社2008年版，第104页。

（三）国家—社会双本位型刑事政策的初步确立①

当历史进入到1979年，以邓小平同志为代表的中国共产党人，在认真总结经验的基础上，本着对社会主义事业负责、为中华民族负责的精神开始了前所未有的改革。迄今为止，这场改革运动已经走过了三十余年的历程。这期间，虽然经历了困惑、艰险、反复，但以政治国家为核心的二元社会结构在改革大潮的冲击下逐渐形成、发展，其取代一元社会结构之势日趋明显。综合治理的刑事政策经历三十余年的历练和洗礼也逐渐完成了模式转换的量变阶段，而进到质的飞越，从而进入确立国家—社会双本位的二元结构模式的时期。

1. 国家—社会双本位型刑事政策的理论基础

社会治安综合治理的刑事政策虽然超前启动，但它随着一元社会结构向二元社会结构转型的发展趋势，而逐步地确立了它的总的刑事政策的地位。支撑它的基础条件主要是：

（1）国家与社会二元社会结构的初步形成和发展，为国家—社会双本位刑事政策的确立奠定了社会基础

在计划经济管理体制下，不断地强化政治国家的职能，市民社会受到了很大的压抑。市民社会不仅没有培育起来，反而被政治国家全面取代；政治国家不仅管理政治事务，而且管理经营几乎所有经济事业、文化事业，管理几乎所有社会事务，以至个人、家庭的生活事务。市民社会的所有特殊利益形成，都几乎失去了存在的人格权利。② 在这一时期，市民社会与政治国家之间具有高度的同一性，政治国家就是市民社会，市民社会就是政治国家，市民社会的每一个领域无不带有政治国家的烙印，因而，在市民社会与政治国家之间，市民社会小而又小，政治国家大而又大，市民社会没有自己的运行逻辑，只有政治国家的政治逻辑。“在这里，政治国家本身是市民的生活和一直的真正的唯一的内容。”③ 经过三十余年的改革，以政治国家与市民社会相对分离为特征的二元社会结构体系从无到有，从弱小到强大，充分显现出二

---

① 严励：《中国刑事政策的建构理性》，中国政法大学出版社2010年版，第447页。

② 杜万华：《二元社会结构体系及法理学思考》，载《现代法学》1996年第1期。

③ 《马克思恩格斯全集》第一卷，人民出版社1995年版，第284页。

元社会结构的基本格局，并具有明显的特征：政治国家与市民社会不再具有同一性，由于财产关系成为市民社会生活的主要因素，市民社会形成了自己的运行逻辑，这种运行逻辑强调市民社会的自主地位和自治能力，反对政治国家对社会生活的过度干预以及与此相伴随的专制主义倾向。因此，市民社会是政治国家的目的指向，政治国家的全部目的在于使市民社会的自主地位和自治得到维护、促进和发展。但是，中国已经开上改革开放的快车道，二元社会结构体系取代一元社会结构体系已成为不可阻挡的历史必然。[①] 随着改革开放的深化，不仅开放了经济领域、金融领域也在逐步开放，今年来逐步兴起的私人保安业务与私家侦探都是改革开放的加深的信号。这些业务也是市场经济孕育而出的，并受到市场的极大追捧。在可以预见的将来，随着政府职能的转变，这些公安安全等领域服务业私人公司会发展的更加蓬勃，这也从侧面印证了国家－社会双本位刑事政策已经初步具有了一定的社会基础。

（2）社会主义法制的完善，为国家—社会双本位型刑事政策的确立提供了法制基础

党的十一届三中全会以后的 30 年，是中国法制建设辉煌的 30 年。在邓小平民主法制思想指导下，我国法制建设取得了举世瞩目的巨大成就。[②] 立法工作也在快速地发展着，从计划经济的法律虚无主义，1979 年我国连同《宪法》只有 9 部法律。在经过三十余年，除了修改颁布 1982 年《宪法》和 3 个《宪法修正案》外，全国人大及其常委会制定了法律和有关法律问题的决定 400 余件；地方人大及其常委会制定了 7000 余件地方性法规；国务院制定行政法规 800 余件；国务院各部委和省、市地方政府制定行政法规 3 万余件。

在立法工作加速的同时，也在逐步完善司法制度，司法成为社会纠纷的基本。在十一届三中全会以后，我国逐步恢复了检察院、司法部及仲裁、律师、公正制度，改革和完善了侦查制度、审判制度、劳动改造和劳动教养制

---

① 杜万华：《二元社会结构体系及法理学思考》，载《现代法学》1996 年第 1 期。

② 江泽民：《高举邓小平理论伟大旗帜，把建设有中国特色社会主义事业全面推向二十一世纪》，人民出版社 1997 年版，第 36 页。

度①、人民调解制度等，形成了有关机制各司其职、相互配合、相互制约的机制。并加大对律师群体的培养，法律服务水平也随之上升。在当前的经济生活中，律师、企业法律顾问、公证员等越来越受到人们的重视。还逐步兴起了私人法律顾问，不再是有了官司再找律师，而是把风险控制在事前。随着人们思想的转变，这是对当前法治社会的认同，也是对国家—社会双本位型刑事政策的肯定。

这些改变不仅只存在经济生活，在公民间也是如此。现在生活中，如果遇到什么问题，不再会诉诸私人救济，而是会选择法律救济。取得这样的成绩，与普法宣传的普及是密不可分的。同时，政府依法行政和法律监督得到了加强都是对这一刑事政策模式的保障。

（3）罪刑法定原则的确立为国家—社会双本位型刑事政策的确立指明了方向

1997 年《刑法》第三条明确规定了罪刑法定原则，这对于中国刑事政策有着重要而深远的意义。罪刑法定原则蕴含的内在价值是中国刑事政策追求的价值目标。在刑事立法上，也具有指导的意义。这就要求刑事立法不再像 1979 年《刑法》那样，存在大量的不明确的条文，进而需要不断完善我国《刑法》，才能做到罪行法定这一基本规范；同时也要做到坚持谦抑性原则，正确认识刑法功效。要正确认识《刑法》的补充性、不完整性、宽容性，对于危害行为，只有在排除了《民法》《行政法》《经济法》等其他法律手段予以调控的可能性之后，才有将其规定为犯罪，或者动用刑罚手段予以规制的必要；坚持及时性原则，反思“严打”政策。不论是刑法先哲还是现代学者，都认为刑罚的及时性是犯罪与刑法客观规律的反映，比刑罚的严厉性更加重。在以往的刑事政策，都认为严厉性比及时性更加重要，主要表现在“依法从重从快严厉打击严重刑事犯罪分子”的政策上，在这里“从重”是在“从快”之前，也就是说“从重”是第一政策。但是，不论从特殊预防还是一般预防的角度来讲，还是从“严打”的效果来讲，“从快”都应该放在第一位，

① 在 2013 年十二届全国人大常委会第六次会议通过了《关于废止有关劳动教养法律规定的决定》。

这就要求在进行刑事立法工作时，不能只注重刑罚，也应当注意处罚的时间；坚持协调性原则，追求刑事一体化。田宏杰教授认为，协调性原则就是要求刑法规范体系在内容上和谐统一，在逻辑上严密一致，相互之间不能存在矛盾与冲突。“刑法的协调性，当然包括刑事实体法与刑事程序法、刑法典与特别刑法规范等之间的协调，但主要的仍然是指犯罪之间的刑罚协调，对于社会危害性基本相同的犯罪，在刑罚处罚上应当大致相同，不应存在太大的出入。”① 从刑事政策的事业出发，协调性还包括以《刑法》为核心而与犯罪学、刑罚学之间的协调性。储槐植教授早在 1989 年即提出建立刑事一体化思想，即将犯罪学、刑事政策学、刑法学、行刑学作为一体进行研究的思路。② 这主要是建立刑事法制思想，在目前刑法学、犯罪学、刑事诉讼法学各吹各的调进行整合，解决犯罪概念刑法学与犯罪学之争，犯罪学与刑法学谁大谁小，刑事诉讼法与刑法谁之上之争（程序优先、程序正义、程序正义等），所有这些现象既不利于各自学科的发展，更不利于现代法学的创立。因而，完善刑事一体化就不可或缺，并要逐步完善刑事法之间的衔接的问题。

2. 国家—社会双本位型刑事政策的确立与发展

中国历史上的 1997 年注定要成为法治起始之年。继 1997 年《刑法典》的完善（《刑事诉讼法典》也修改完善），党的十五大提出依法治国，建设社会主义法治国家之后，在 1997 年，我国也确立了基本刑事政策，即“打防结合、预防为主”的方针。

这一基本刑事政策确定后，党中央适时地调整了犯罪对策，由突出打击，转向以防为主。1997 年 9 月 18 日，中央社会治安综合治理委员会作出了《关于进一步开展基层安全创建活动的意见》，进一步强调要“坚持‘打防并举，标本兼治，重在治本’的原则，进一步加强社会治安综合治理的基层基础建设，最大限度地调动广大人民群众维护社会治安的积极性，努力提高基层预防、发现和控制违法犯罪的能力，维护社会治安秩序和生活秩序，保障人民群众安居乐业”。在接下来的数年间，中共中央办公厅、国务院、办公厅中央

① 参见田宏杰：《中国刑法现代化研究》，中国方正出版社 2000 年版，第 27 页。
② 储槐植：《刑事一体化与关系刑法论》，北京人民大学出版社 1997 年版，第 45 页。

社会治安综合治理委员会、司法部、公安部、民政部等数个部门先后发布通过关于社会治安综合治理的文件，在这些文件中先后肯定了“打防结合、预防为主”的方针，并特别强调指出了：“发放结合、预防为主”是做好社会治安综合治理工作的指导方针，要坚持打击与防范并举，治标与治本兼治，重在防范，重在治本。实践证明，加强社会治安综合治理是建立和保持良好的社会治安秩序、维护社会政治稳定的基本方针，是解决社会治安问题的根本途径。①

二、“宽严相济”刑事政策指导下的刑事立法完善

（一）立法现状的思考：以《刑法修正案》为视角

在《刑法修正案》出台之前，我国对刑事立法的补充主要采取单行刑法的范式，但在“宽严相济”的刑事政策提出之后，最高人民法院与最高人民检察院先后制定了与之相匹配的指导意见。从 2009 年的《刑法修正案（七）》与 2011 年的《刑法修正案（八）》的出台，“宽严相济”的刑事政策对刑事立法的指导作用已经毫无疑问地表现出来了。②

1. 在“宽严相济”刑事政策指导下的刑事立法

《刑法修正案（七）》打破了过去刑法修正案仅注重扩大犯罪圈以及提高法定刑的从严从重之立法惯例，开始注意入罪与出罪相结合、从严与从宽相协调，从而较好地贯彻了宽严相济的基本刑事政策：“严”的一面，包括严厉刑罚和严密法网，即提高了巨额财产来源不明罪的法定刑，扩大了受贿罪的主体范围，新增了十余种事关改善民生和人民群众切身利益的罪名，如出售、非法提供公民个人信息罪，组织、领导传销活动罪，组织未成年人进行违反治安管理活动罪，等等。“宽”的一面，首先，将原来的偷税罪更为合理地表述为逃税罪，并为其设置了出罪制度，规定经税务机关下达追缴通知后，补

---

① 以上资料详见中央社会综合治理委员会办公室编：《长治久安之策》，长安出版社 2002 年版，第 25 页。

② 卢建平、刘春花：《我国刑事政策的演进及其立法影响》，载《人民检察》2011 年第 9 期。

缴应纳税款和滞纳金，并且接受行政处罚的，可不追究刑事责任。[①] 这样就通过非犯罪化的处理方式适当缩小了逃税罪的犯罪圈，在维护国家税收利益的同时又对逃税行为的犯罪化进行了合理的限制；其次，对绑架罪增加了一档从轻的法定刑量刑档次，使得绑架罪的罪刑单位重中有轻、严中有宽，更加适应司法实践复杂的案件情形的处理需要。[②]

《刑法修正案（八）》的出台，则更加贯彻了“宽严相济”的刑事司法政策。它的出台本身就是为了满足中央关于深化司法体制改革和工作机制改革意见中对“进一步落实宽严相济的刑事政策”的要求；换言之，《刑法修正案（八）》就是在宽严相济刑事政策的指导下为使刑法更好地适应当前促进构建和谐社会的需要而拟定的。[③] 宽严相济刑事政策对《刑法修正案（八）》的指导也可以分为“宽”与“严”两方面。

“宽”的一面主要表现为：（1）取消了今年来较少适用或基本未适用过的13个经济性非暴力犯罪的死刑。主要是走私文物罪，走私贵金属罪，走私珍贵动物制品罪，走私普通货物、物品罪，票据诈骗罪，金融凭证诈骗罪，信用证诈骗罪，虚开增值税专用发票、用于骗取出口退税、抵扣税发票罪，伪造、出售伪造的增值税专用发票罪，盗窃罪，传授犯罪方法罪，盗窃古文化遗址、古墓葬罪，盗窃古人类化石、古脊椎动物化石罪。这次《刑法修正案》一共废除了13个死刑罪名，在社会上引起了巨大反响，充分体现了我国“宽严相济”刑事政策中“宽”的一面；（2）完善了对未成年人和老年人犯罪从宽处理的规定，主要体现在这五个方面：①对犯罪时未满十八周岁的人不作累犯。②对不满十八周岁的人和已满七十五周岁的人犯罪的，只要符合条件，应当予以缓刑。③已满七十五周岁的人故意犯罪的，可以从轻或者减轻处罚，过失犯罪的，应当从轻或者减轻处罚。④对已满七十五周岁的人，不适用死刑（但以特别残忍手段致人死亡的除外）。⑤对未满十八周岁的人犯

① 黄太云：《刑事立法的理解与适用—刑事立法背景、立法原意深度解读》，中国人民公安大学出版社2014年版，第424页。

② 赵秉志主编：《刑法修正案最新理解适用》，中国法制出版社2009年版，第16页。

③ 卢建平、刘春花：《我国刑事政策的演进及其立法影响》，载《人民检察》2011年第9期。

罪被判处五年有期徒刑以下刑罚的，免除其前科报告义务；[①]（3）完善假释制度。《刑法修正案（八）》第十六条规定，在其实际服刑最低年限后，如果表现良好、确有反悔表现，经过人民法院确认犯罪分子并没有再犯罪的危险，并且假释后能够进行有效监管的，可以假释；[②]（4）明确了缓刑的适用条件；（5）完善管制刑及缓刑、假释的执行方式，明确将社区矫正纳入《刑法》。将社区矫正纳入《刑法》，成为刑罚执行手段的一种带来了传统刑罚观的转变，同时也丰富刑罚执行手段，对改造罪犯，发挥着积极的意义；（6）进一步完善了坦白从宽的刑事政策，规定对虽不具有自首情节，但能够如实供述自己罪行的犯罪分子，可以从轻处罚。

“严”的表现在严密法网与严厉打击严重刑事犯罪并举，主要体现在这几个方面：（1）修改“死缓”二年期满减刑的规定。为应对实践中“死缓犯”实际服刑期限较短，一些罪行严重的犯罪分子难以真正得到惩戒和改造，为此，将1997年《刑法》第五十条修改为：“判处死刑缓期执行的，在死刑缓期执行期间，如果没有故意犯罪，二年期满以后，减为无期徒刑；如果确有重大立功表现，二年期满以后，减为二十五年有期徒刑；如果故意犯罪，查证属实的，由最高人民法院核准，执行死刑。对被判处死刑缓期执行的累犯以及因故意杀人、强奸、抢劫、绑架、放火、爆炸、投放危险物质或者有组织的暴力性犯罪被判处死刑缓期执行的犯罪分子，人民法院根据犯罪情节等情况可以同时决定对其限制减刑。”通过立法延长“死缓”的实际执行期间，既有利于惩罚犯罪，又缩小了与死刑立即执行的差距，使刑罚结构更加合理；（2）适当延长有期徒刑数罪并罚的刑期。根据1997年《刑法》规定，数罪并罚刑期总和最高不能超过二十年，而实践中部分犯罪分子罪行较多，总和刑期较高，判处二十年徒刑，难以体现罪刑相适应的刑法原则，应当适当提高这种情况下数罪并罚时有期徒刑的上限；（3）扩大累犯的范围，加大对恐怖活动犯罪、黑社会性质组织犯罪的惩处力度；（4）完善黑社会性质组织犯罪的规定，加大惩处力度。《刑罚修正案（八）》将全国人大常委会法律解释的

---

① 卢建平、刘春花：《我国刑事政策的演进及其立法影响》，载《人民检察》2011年第9期。

② 黄太云：《刑事立法的理解与适用—刑事立法背景、立法原意深度解读》，中国人民公安大学出版社2014年版，第426页。

内容全部吸收，对黑社会性质组织的特征在法律上作出明确规定；同时，增加规定财产刑，对这类犯罪除处以自由刑外，可以并处罚金、没收财产；（5）加强对民生的保护，修改强迫劳动罪，协助组织卖淫罪，生产、销售不符合安全标准的食品罪，生产、销售假药罪和重大环境污染事故罪，加大惩处力度；增加醉酒驾车；飙车等危险驾驶的犯罪，拒不支付劳动报酬的犯罪，非法买卖人体器官的犯罪等。①

在经过数次的刑法修正案后，《刑法修正案（八）》的出台第一次削减了死刑罪名，这一点就足以说明刑法立法对“宽严相济”刑事政策贯彻，也证明了“宽严相济”刑事政策对我国当前刑事立法有着积极的指引作用。

2. 修正案对立法技术不足的完善

在上文已经指出，我国的刑事政策是由国家型转向国家—社会型双本位模式，这就要求在进行刑事立法的过程中，不能像以往那样只注重国家政治生活，也要把民众的生活给考虑进来，并且要占到很大的一部分。这就要求刑事立法技术的转变，从以往的“国权刑法观”开始慢慢地转向“民权刑法观”。经过上文对我国刑事政策的梳理，已经有了一个比较明显的发展方向，即我们已经从单纯强调刑罚惩罚的报应刑思想过渡到宽严有度的路径上来，实现了从单极化刑事政策向“轻轻重重”双极化刑事政策的积极演进。这一理念的变化是对刑事法律自身及其实践运作的重新反思，尽管刑事法律作为其他法律的保障法，具有补充性与不得已性的内在特性，但是并不代表它可以实现我们前期未能实现的任何法治畅想。刑事法律作为法律体系中的一环，它仍然只能担当部分职责，并在有限空间内发挥调控社会秩序的效果。② 立法技术不仅受到技术规则的影响，同时还立法思路、立法环境等制约，因此应当将其放到一个更加宏观的度进行考察。

首先，要更新立法理念。自从改革开放以后，我国几乎所有的工作都是围绕着经济建设进行展开，立法工作也是如此。这种做法符合以经济建设为中心的国家战略需求，但是随着经济的发展，我国的法制建设慢慢的跟不上

① 卢建平、刘春花：《我国刑事政策的演进及其立法影响》，载《人民检察》2011 年第 9 期。
② 陈伟：《刑事立法的政策导向与技术制衡》，载《中国法学》2013 年第 3 期。

时代的步伐，尤其是刑法立法的工作。长期以来，我国刑事立法的推进往往并不是主动性的自我更新，而是被动地应对经济和社会生活出现的新问题。故而立法者所考虑的不是刑事立法本身是否合理、是否合乎公正的要求，而是是否与经济发展相适应。这种经济化的法律发展思路导致“内含于立法中的法治成了附属品，立法也失去了自身的独立品格，法治秩序的建构也就失去了意义”。① 也正如哈耶克所指出的：“如果在一种制度安排中，最高权力机构的关注点主要在于政府治理方面而不在法律方面，那么这种制度安排只会使政府治理的工作越来越压倒法律的工作。”② 因此，我国的刑事立法活动应当放弃以往以经济建设为中心的立法思路，转变为经济建设与社会需要相结合的前提下，立足于法律的独立品质，从而构建法治秩序的宏伟蓝图。③ 从机械的接受社会问题到预防犯罪的发生，指引社会法治秩序的有序运行。并且要加强对刑事立法语言的完善，做到明确、准确，包括按照事物本来面目表达法规的内容、准确用词、该量化的内容加以量化、适当引入注释条文的运用等方面的内容。④ 不仅仅《刑法》条文要明确，后来出台的司法解释也要明确的包含罪状、罪名，才能有效的避免“口袋条文”的出现。

其次，要加强对立法环境的研究。《刑法》作为社会活动的重要行为准则，自然不能脱离其依赖的社会。法律作为社会经济、文化、政治等生活的重要保障，其产生于与之相适应的社会环境之中，也随着社会的变化而做出相应的调整。在过去的几十年中，中国的刑事政策历经变化，从以往代替法律的存在到现在指导刑事立法的变迁中，不难看出，刑事政策越来越注重对民众利益的保护与关注。立法层面上研究也从以往的吸收外国经验、政治导向开始慢慢地往服务社会这一开放性的模式转变，从过去单纯的理论研究逐步加入了实证调研的实用性社会研究。当前的刑事立法主要考虑现阶段对《刑法》的需求，而未充分论证过往和未来的《刑法》走向与发展，从而导

---

① 于兆波、程鸿勤：《论当前我国立法思路的转变》，载周旺生主编《立法研究（第四卷）》，法律出版社2003年版，第461页。

② 弗里德里希·冯.耶克：《法律、立法与自由（第23卷）》邓正来等译，中国大百科全书出版社2000年版，第313页。

③ 刘文：《我国刑事立法技术的反思与完善》，载《黑龙江社会科学》2009年第1期。

④ 吕晓伟：《我国刑事立法技术的完善》，载《经济研究导刊》2015年第15期。

致刑事立法往往滞后于现阶段社会的法律需求，继而在实践中暴露种种的弊端。要完善我国的刑事立法，就必须对刑事立法的产生、变迁的社会进行考察，从大的社会背景中提炼出影响社会的犯罪因子以及犯罪走向，进行立法研究，从而总结出法治社会所需要的刑事法律。

最后，还要加强立法技术的理论研究。只有完善了基础理论，才能在基础理论的支持下建构科学的立法技术。如果说立法思路的转变以及刑事立法环境的研究为刑事立法技术提供了外在的理性支撑的话，那么，为了立法能够准确反映上述成果所采用的方法和技巧则是刑事立法技术的根本落脚点。完善的刑事立法技术必须具备三个方面的内涵：（1）基于刑事立法技术而完成的刑事立法应当具备内在的统一性。即刑事立法必须体系明确、前后一致、不相互矛盾。这就需要加强刑事立法活动的系统性研究，以求建构完整的法律体系；（2）刑事立法技术应当确保现行立法满足实践的需要。法源于实践，最终也将应用于实践，实践是衡量立法技术的最直观标准；（3）完善的刑事立法技术应当具有确保立法能够随客观实践的变迁而适时发展的能力。我国传统的刑事立法技术对实践中的新问题适应性差，要改变这种状况，刑事立法技术必须具有超前性。[①]

（二）刑事立法的完善

1. 对死刑罪名的减少以及绝对死刑的适用

《刑法修正案（八）》所废除的13个关于死刑的罪名里，多数都是长久不适用于死刑判决的罪名，也都是非暴力犯罪的罪名。

在“宽严相济”的刑事政策指导下，严重的犯罪处以严厉的刑罚，较轻的犯罪则处以较轻的刑罚。此即所谓“重重轻轻”。[②] 而死刑则是所有刑罚之中最严厉的刑罚，在国际上废除死刑的大潮流中，保留死刑的国家大多是针对严重的暴力犯罪和危害社会治安犯罪，换言之，只对最严重的犯罪行为作出处罚。最严重的犯罪，一般是指故意侵害或者危及人的生命的犯罪，联合国人权委员会“极力主张仍然保留死刑的所有国家应确保死刑不适用于非暴

---

① 刘文：《我国刑事立法技术的反思与完善》，载《黑龙江社会科学》2009年第1期。

② 马克昌：《“宽严相济”刑事政策与刑罚立法完善》，载《法商研究》2007年第1期。

力的经济犯罪、非暴力的信仰习惯或者内心的表达”,[①] 也证实了这一点。在我国刑法所规定的67种死刑罪名中，其中“破坏社会主义市场经济秩序罪”就有15条。无论是从“宽严相济”的刑事政策还是从国际上刑法发展趋势来看，废除死刑，尤其是废除非暴力犯罪的死刑罪名都是大势所趋。我国正是顺应这一潮流，对《刑法》所规定的死刑进行的废除，笔者预计，在以后的刑法修正案中，将会更多的对死刑罪名的废除。但废除的死刑主要集中在金融、经济等这类非暴力犯罪，随着时间的推移，人民对刑罚观的认识不再是简单的报复刑，那么我国全面废除死刑将会到来。

修改绝对死刑的法定刑。1997年《刑法》对于死刑的规定，大多是将其与10年以上有期徒刑、无期徒刑并列或者只与无期徒刑并列作为选择的法定刑的一种加以规定，这样规定便于法官根据案件的具体情况，按照“宽严相济”的刑事政策对案件作出恰当的处理。可是也有7种犯罪（劫持航空器罪、绑架罪、拐卖妇女、儿童罪、暴动越狱罪、持械聚众劫狱罪、贪污罪、受贿罪）的死刑是作为绝对确定的法定刑加以规定的，具备法定条件时，即应按照规定“处死刑”，法官没有丝毫选择的余地，这不利于贯彻“宽严相济”的刑事政策。因为案件的情况是极为复杂的，即使具备“处死刑”的法定条件，也可能有其他从轻情节。但由于刑法将上述犯罪的死刑规定为绝对确定的法定刑，因而就不可能在法定刑的幅度内从轻判处，这就难以做到严中有宽，从而也就违背了罪责刑相适应的原则。正因为绝对确定的法定刑存在这样的缺陷，所以当今世界各国刑法典大都采用相对确定的法定刑，而很少规定绝对死刑。[②] 为了彻底的贯彻“宽严相济”刑事政策，也为了更好的教育犯罪分子，对其“网开一面”未必就是坏事。参考外国的做法，应当将这几种绝对死刑，修改为“处无期徒刑或者死刑”。

2. 修改“死缓”的适用条件

死缓作为死刑的执行制度，在司法实践中被广泛、大量的适用。在我国的刑法制度中起着举足轻重的作用，它的存在大大减少了死刑立即执行的适

① 邱兴隆主编：《比较刑法》第1卷，中国检察出版社2001年版，第190页。

② 马克昌：《“宽严相济”刑事政策与刑罚立法完善》，载《法商研究》2007年第1期。

用，成为限制和减少死刑适用的有力的制度。[①] 在《刑法修正案（八）》中，对“死缓”的适用条件也做了修改，以适应新时代的刑事政策。

首先，修改了“死缓”二年期满减刑的规定。在实践中“死缓犯”实际服刑期限较短，一些罪行严重的犯罪分子难以真正得到惩戒和改造，为此，将 1997 年《刑法》第五十条修改为：“判处死刑缓期执行的，在死刑缓期执行期间，如果没有故意犯罪，二年期满以后，减为无期徒刑；如果确有重大立功表现，二年期满以后，减为二十五年有期徒刑；如果故意犯罪，查证属实的，由最高人民法院核准，执行死刑。对被判处死刑缓期执行的累犯以及因故意杀人、强奸、抢劫、绑架、放火、爆炸、投放危险物质或者有组织的暴力性犯罪被判处死刑缓期执行的犯罪分子，人民法院根据犯罪情节等情况可以同时决定对其限制减刑。”其次，通过立法延长“死缓”的实际执行期间，既有利于惩罚犯罪，又缩小了与死刑立即执行的差距，使刑罚结构更加合理。

3. 对无期徒刑的修改

无期徒刑，在中国刑事处罚的严厉性仅仅次于死刑。1997 年《刑法》第七十八条规定：“被判处……无期徒刑的犯罪分子，在执行期间……可以减刑……减刑以后实际执行的刑期，判处无期徒刑的，不能少于 10 年。”但是对于无期徒刑服刑多长时间开始减刑和减为多少有期徒刑，《刑法》均没有规定。在 1997 年《刑法》规定实际执行的刑期是不能少于 10 年，换言之，也就是服刑超过 10 年后，就可以出狱获得自由。在服刑这么短的情况下，很难做到与死刑的衔接，造成量刑上的空白。因此，不少学者都建议将无期徒刑的最少服刑年限，从 10 年上升到 20 年，一方面能够更好地处罚犯罪分子，另一方面可以完善我国刑罚体制的衔接性。笔者是赞成这一观点的，能够判处无期徒刑一般都是对社会秩序造成重大的破坏的，但尚不足以判处死刑的。面对这样的犯罪分子，仅仅关了 10 年就让其回归社会。先不说能不能很好的处罚犯罪分子所犯的行为，在这 10 年中能不能把罪犯彻底改造还是一个疑问，如果没有改造成功，出狱后继续危害社会不就酿成大错了吗。

---

① 陈兴良：《宽严相济刑事政策研究》，中国人民大学出版社 2007 年版，第 38 页。

4. 对有期徒刑的完善

根据1997年《刑法》第四十五条的规定，有期徒刑的期限为6个月以上15年以下，数罪并罚时最高不能超过20年。这一规定在按照“宽严相济”刑事政策减少死刑罪名、修改“死缓”、无期徒刑立法的形势下，已明显不符刑罚协调性的要求。因为如果无期徒刑实际执行20年以上才可以假释，或者经过多次减刑实际执行的刑期不得少于20年，无期徒刑实际执行的刑期将大大延长，那么有期徒刑刑期的现有规定与之就悬殊较大，难以相互衔接。为了解决这一矛盾，我国可以借鉴国外或我国其他地区的立法。关于有期徒刑的期限，《意大利刑法典》第二十三条、第七十八条规定为15日至24年，数罪并罚时不得超过30年。《中华人民共和国澳门特别行政区刑法典》第四十一条、第七十一条规定为最低一个月、最高25年，数罪并罚时不得超过30年。参考上述规定，结合上文提出的关于完善无期徒刑的设想，使有期徒刑能够与之衔接，马克昌教授认为有期徒刑刑期的上限宜提高至25年，数罪并罚时不超过30年。即有期徒刑刑期的上限与数罪并罚最高刑期均较现行刑法的规定增加10年，拟完善的无期徒刑实际执行的刑期比现行刑法规定的实际执行的刑期也是增加10年，这样两者之间就可以保持均衡。①

5. 加入社区矫正为刑罚辅助执行手段

根据最高人民法院、最高人民检察院、公安部、司法部《关于开展社区矫正试点工作的通知》（以下简称《通知》），社区矫正是指将符合社区矫正条件的罪犯置于社区内，由专门的国家机关在相关社会团体和民间组织以及社会志愿者的协助下，矫正其犯罪的心理和行为恶习，促进其顺利回归社会的非监禁刑罚执行活动。社区矫正适用的对象为：被判处管制、被宣告缓刑、被暂予监外执行、被裁定假释、被剥夺政治权利的罪犯。社区矫正适用的时间为：人民法院依法判决、裁定或决定的期限。社区矫正的工作主要是：对社区服刑人员进行管理和监督，进行法制教育和思想道德教育，解决他们的心理障碍、就业困难，组织他们参加社会公益劳动。《通知》首先从北京、上海等城市作为试点城市进行推广，并且逐步扩大其适用的省市。根据实施的

① 马克昌：《“宽严相济”刑事政策与刑罚立法完善》，载《法商研究》2007年第1期。

情况来看，接受社区矫正的犯罪分子再犯罪的可能性比传统的刑事监禁要低得多。之所以会这样是因为接受社区矫正犯罪分子首先要经过监狱的初步审查，把具有危险性的罪犯已经排除在外；其次，社区矫正最大限度的保障了犯罪分子的自由，在其接受刑罚的同时，也在不断地接触社会，避免了在监狱交叉感染的状况；最后，犯罪分子在接受社区矫正的同时，所在的社区也在积极为其工作而忙碌。帮助他们找到合适的工作，并且培训他们一些基本的工作技能，这些工作的收入也都是犯罪分子自己的。这样一来，在其还未结束刑罚的时候已经正常的接触了社会，并且以后的工作也有了，自然不会再次铤而走险的进行犯罪活动。将社区矫正纳入刑罚的执行体系，是“宽严相济”刑事政策最好的体现，让一部分情节不严重的犯罪分子提前接触一是减少了被社会排斥的可能性，二来也最大限度地保障了犯罪犯罪分子权利，也是我国刑法与国际接轨的重要标志。

（三）总结与评价我国目前的刑事政策情况

刑事政策可以说是刑事立法的灵魂之所在，它对于刑事法治建设具有重要的意义。“宽严相济”的刑事政策是刑事法对构建起着不可忽视的作用，在“宽严相济”刑事政策的指导下，我国近几年的刑事立法呈现出合理化的趋势，不再一味扩大犯罪圈，而是适当的缩小犯罪圈，重点打击重点犯罪现象。

“宽严相济”的刑事政策在我国当今阶段的体现可以从“宽”“严”和“济”这三个关键词进行分析，这三个关键词也很好地概括了我国现阶段的刑事立法工作。

宽严相济的“宽”是指宽大、宽缓和宽容，有这两个含义：一是该宽的宽，二是该严的宽。[①] 该宽的宽，是罪责刑相适应理所应当遵循的理论依据。对于那些本来就比较轻微的犯罪，本来就应当轻微处理的要继续保持。对于那些该严的犯罪情节，但是存在自首、立功等情节也要宽大处理，本来该判较重的罪行，要在法律准许的范围内进行宽大量刑。具体表现有三点：非犯罪化、非监禁化、非司法化。

宽严相济的“严”是指严格、严厉和严肃。这里的严格是指法网严密，

---

① 陈兴良：《宽严相济刑事政策研究》，中国人民大学出版社2007年版，第399页。

有罪必罚；严厉是指刑罚苛厉，从重处罚；严肃是指司法活动循法而治，不徇私情。储槐植教授曾指出四种刑罚模式：严而不厉、厉而不严、不严不厉、又厉又严。严而不厉是指法网严密，刑罚并不苛厉。厉而不严则是指刑罚苛厉，法网并不严密。从上述中，我们应当严而不厉的政策，编制严厉的法网，但对犯罪并不处理严苛的处罚。这样才能贯彻“宽严相济”的刑事政策。

宽严相济中的“济”可以有这三种解读：1. 救济，即所谓以宽济严、以严济宽。刑罚中的宽与严是个相对的概念，就如死刑与死缓之间的联系。正因为有了相对性，没有宽就没有严，因此可以宽来体现严，通过严来彰显宽；2. 二是协调，即所谓“宽严有度、宽严审势”。“宽严有度”是指保持宽严之间的平衡：宽，不能宽大无边；严，不能严厉无比。“宽严审势”是指宽严的比例、比重不是一成不变的，而应当根据一定的形式及时地进行调整；3. 三是结合，即所谓“宽中有严、严中有宽”。[①] 二者互相结合才能做到该宽的宽、该严的严，从而倒向一极化的模式。

纵观我国近些年的刑事立法工作，无不是贯彻上述这些原则所进行的。废除死刑、放宽死缓的适用标准、将社区矫正作为刑罚执行的辅助手段等等就是体现了“宽”的一面。而完善罚金刑、增设暴恐犯罪的刑法条文等则是“严”的一面的展现。我国正在朝着以“宽严相济”为基本刑事政策，在各个阶段做出微调的刑事立法时期迈进。

三、刑事立法政策的发展方向

随着我国的“宽严相济”刑事政策日益走向成熟，但是我国遗留历史刑事立法问题仍尚未全部解决，在这里，笔者就对今后的刑事立法政策做一个简略的分析。

（一）立法的政策导向：刑事政策催生刑事立法的产生

刑事立法作为不同于其他类别的立法活动，其特别之处就在于，它以犯罪与刑罚这一特殊性质的内容设定方式界分了其与一般违法行为的悬殊所在。

---

① 陈兴良：《宽严相济刑事政策研究》，中国人民大学出版社 2007 年版，第 402 页。

由于刑事惩罚是最为严厉的责任承担方式，世界各国刑事立法在设置罪名与法定刑时都保持着极为谨慎的态度和最为慎重的方式。尽管从整体视角来看，刑事立法囊括了入罪化与出罪化的整体性内容，但是，就犯罪圈划定的客观情形而言，犯罪化仍然是当前世界各国刑事立法的主流。如此一来，刑事立法要把先前尚未进入犯罪圈的行为纳入到犯罪体系之中，在探讨其合理性与正当性之前，自然要对已经进入视线的危害行为进行一番考量与审视，即法律文本正式出台的背后必然存在着把该行为上升为犯罪的外在作用力——刑事政策的直接推动。①

1. 刑事政策为刑事政策提供理论依据

刑事政策是关注犯罪现象的政策学，对所面临的危害行为是否要采用《刑法》进行规制，这就需要刑事政策的审查。当然，刑事立法也可以限制刑事政策的盲目扩张，即"刑事立法具有国家意志性，由于法律是客观中立的，通过法定程序产生的立法一经确立，便具有了绝对的权威性，因此，通过立法来固定刑事政策，可以抵制不符合立法基本原则的不适当的刑事政策"。②可以说，刑事立法是呼应刑事政策的结果显现，同时也是刑事政策导引下的立法现实化。③ 不难看出，刑事政策为刑事立法提供了理论依据，作为刑法正式出台的调研与前奏，同时指导着刑事立法工作。其立法规范都由刑事政策所推动，与刑事政策所要反映价值遥相呼应。

刑事政策是一个抽象的、观念性的存在，是一个宏观的范畴，体现了统治阶级对现阶段刑事立法所期待的走向，普通的民众很难参与进去。有学者就此提出"公民个人并不是刑事政策的主体，公民不可能以公民个人的身份参与到刑事政策决定——无论是元刑事政策、基本刑事政策还是具体刑事政策"。④ 从这就可以看出，刑事政策并不是针对一般个体，也不是针对某个犯罪行为，更非一个现实化、特定化的犯罪人。而是作为刑事立法的方向性的指导，它没有规范性的限制，刑事政策是要把自己的政策指向具体化法律法

① 陈伟：《刑事立法的政策导向与技术制衡》，载《中国法学》2013 年第 3 期。
② 张朝霞、刘涛：《宽严相济刑事政策立法研究》，载《人民检察》2009 年第 1 期。
③ ［法］米梅依尔·戴尔玛斯．马蒂：《刑事政策的主要体系》，法律出版社 2000 年版，第 1 页。
④ 曲新久：《刑事政策的权力分析》，中国政法大学出版社 2002 年版，第 69 页。

规，这就必须通过刑事立法与刑事司法支持，帮助其实践。“刑事政策自身的诸多缺陷如确定性、强制性的不足以及在人权保障方面存在的隐患往往直接产生了制定刑事法的需要。在这个意义上，我们也可以说，在特定的情况下，是刑事政策的不足催生了刑事法”。[①] 刑事政策作为贯穿刑事活动全过程的指导性理念，刑事立法是离其最贴近并首当其冲的刑事法律活动，同时也是受到如上政策理念冲击最强的阶段。[②] 因而，大谷实教授认为：“抑制犯罪的对策是通过刑事法来实现的，与犯罪形势和社会、经济状况变化相适应的刑事立法，对于刑事政策特别是抑制犯罪对策来说，是不可或缺的”。[③] 刑事政策要把自己理念转化为具体法律法规，就必须进行现实化的转换。

我国刑法修正案的出台，都是跟随刑事政策的调整而进行的。从历次的刑事立法修正案的完善，基本上都是集中式的内容修订，要么集中在当前社会矛盾点较为突出的某一类犯罪，要么只针对某一个犯罪。就比如在《刑法修正案（五）》出台之前，我国的刑法修正案主要针对社会经济犯罪进行规制，通过这些修订内容可以看出，刑法修订的重心仍然在经济领域的犯罪，这与市场经济政策确定之后的社会背景息息相关，由于经济活动本身的复杂、多样性，再加上法律、法规惩治不足所导致的严重危害行为的甚嚣尘上，刑事立法及时做出弥补无疑是对其他法律、法规的效力保障，同时也是对市场行为与利益分配的一种积极干涉。这一时期可以看出经济生活对刑事立法的影响，也反映了刑事立法局限于当前的社会背景，无法超越社会现实。

但是，从《刑法修正案（六）》之后，我国的刑事立法就从单一性慢慢地转变为混合型模式。较为突出的是《刑法修正案（八）》，不仅对刑法总则进行了较大幅度的修改，而且对分则也做了修订，并且不再局限于某一类犯罪或者某一个罪名。这一变化也体现了这一时期刑事立法指导思想的转变，从以往零散的、单一的逐步走向系统性修订。正如刘艳红教授提出的：《刑法修正案（八）》“从宏观到微观，从总体到具体的修改，从而使我国的刑事立

① 侯宏林：《刑事政策的价值分析》，中国政法大学出版社 2005 年版，第 99 页。
② 陈伟：《刑事立法的政策导向与技术制衡》，载《中国法学》2013 年第 3 期。
③ ［日］大谷实：《刑事政策学》，黎宏译，中国人民大学出版社 2009 年版，第 105 页。

法真正做到了系统性、整体性与全局性”。① 之前的刑事立法可以看作“堵漏式”立法，是为了完善当前社会某一领域的不足进行针对刑事立法活动。从后期的刑法修正案来看，由于“宽严相济”刑事政策的提出，得到了理论界和实务界的认可，围绕这一政策展开了激烈讨论，使得其能够抽象性慢慢的具体起来，后来刑事立法也受到这一政策的诸多影响。由此可见，刑事政策作为刑事立法的先到，是推动刑事立法的直接动力。随着社会的不断变迁，在不同时期都会有不同的刑事政策为刑事立法做出相应的指导。

2. 理论与立法间的差异

从位阶的先后顺序来看，刑事政策作为指导刑事立法的先导性存在，是高于刑事立法的上一阶层，刑事立法则是与刑事政策相对隔离的另一层级。这就告诉我们，两者是刑事活动不同阶段的活动表现行为。刑事政策作为整个刑事活动的前导，它的存在已经前置性的为后面的刑事立法与司法定下了基本格调，在它辉映之下的刑事立法不可能偏离刑事政策的基本主题，刑事政策的内涵并非孤立静态的事实性陈述，既然它有价值性追求与目标设定，那么它必然通过动态性方式把这些内容映射到具体的立法制定与司法践行中去。② 并且，“刑事政策又是普遍的社会政策中的一个部分，而且，基于整体机制的视角，人们必须将刑事政策解释成为社会政策的规则机制”。③ 刑事政策的制定是对社会政策进行各个方面综合之后进行的提炼，虽然与社会现实相比有一定的抽象性，但是其根源是社会现实的反映。因而，在制定刑事政策的时候，是对刑事立法所需要的环境进行了考察得出了一般结论，从而使得立法语言始终围绕刑事政策，而不会产生越界行为。

首先，刑事政策作为类似于原则性的条文与刑事立法存在一定的距离，最大的表现在于刑事政策的落后性。作为一项基本政策，不会因为个别案件的发生而进行修改的，但是随着时间的推移，社会生活的进步，原先的刑事

---

① 刘艳红：《刑法修正案（八）的三大特点——与前七部刑法修正案相比较》，载《法学论坛》2011 年第 3 期。

② 陈伟：《刑事立法的政策导向与技术制衡》，载《中国法学》2013 年第 3 期。

③ ［德］罗克辛：《刑事政策与刑法体系》，蔡桂生译，中国人民大学出版社 2011 年版，第 55 页。

政策难免会落后于时代。那么，对刑事立法的影响也是不容忽视的。虽然，政府会不断地赋予新时代背景下刑事政策的新的内涵，但是，立法毕竟是落后于时代的，况且是指导立法的政策；其次，就是刑事政策不能直接当作刑法来进行适用。在新中国成立初期，长期将刑事政策作为刑法来进行适用，这就造成刑事政策的刑法化，但是刑事政策是原则，不细化，就导致了我国长期的司法混乱的状况；最后，刑事政策与刑事立法存在上下位阶关系，如何把刑事政策很好的贯彻到刑事立法亦是一个问题。有学者所指出的："刑事政策学是以犯罪学的研究为前提的，犯罪现象论及犯罪原因论是事实学，建立在此基础上的刑事政策学具有事实学科的属性：而刑事政策的法律化使得研究刑事政策本身的刑事政策学又具有了规范学科的属性。因此，刑事政策学既是事实学科又是规范学科。"① 这就很容易看出刑事政策与刑事立法存在层级上的先后位阶关系，但是由于其动因、内涵与目标高度的一致性，也决定了二者之间呈现出一种动态的关联，彼此相互依存。

从上述分析中，就可以看出刑事立法的转型与刑事政策的支持是密不可分的，刑事政策只有紧跟时代的潮流进行科学、合理的转变才能够更好地指导刑事立法的工作。

（二）刑事立法的严格化

在 1979 年《刑法》通过之前，邓小平同志曾经提到过：现在立法的工作量很大，人力很不够，因此开始可以粗一点，逐步完善。……修改补充法律，成熟一条就修改补充一条，不要等'成套设备'。总之，有比没有好，快搞比慢搞好。② 我国的第一部《刑法》就是在这样的背景下出台的。当时的社会背景不允许慢慢的搞《刑法》，这就导致了《刑法》过于宽泛，没有一个明确的适用范围。之后的刑法修正案是对这一时期刑法宽泛的弊端进行查漏补缺，以使我国《刑法》更加完善与合理。故而，刑事立法的严格化逐步提上了立法日程。

《刑法修正案（七）》对刑事立法严格化就很好地进行了贯彻。首先，

---

① 张明楷：《罪刑法定与刑法解释》，北京大学出版社 2009 年版，第 21 页。

② 参见《邓小平文选》（1975 年 - 1982 年），人民出版社 1983 年版，第 136 ~ 137 页。

《刑法修正案（七）》将行政违法行为犯罪化，主要修改的条文是组织未成年人进行违反治安管理活动罪。组织未成年人进行违反治安管理活动能否入罪，有学者提出质疑，认为既然未成年人所实施的盗窃、诈骗、抢夺、敲诈勒索等违反治安管理活动的行为本身并不构成犯罪，那么，组织者也应该按照治安管理处罚法的相关规定追究责任，而不应该作为犯罪处理。① 从国际刑事政策的角度，将行政违法行为犯罪化，不符合当今世界非犯罪化、非刑罚化刑事政策的发展趋势，反映了我国刑事政策的单一化。“宽严相济”刑事政策的指引，应当是合理配置刑罚资源，协调与其他社会防卫政策的关系，化解违法行为，将控制犯罪的防线前移。② 正如前文所讲，刑事立法政策首先要符合本国的国情。我国现在正处于社会的转型期，人口流动幅度大，这样也给国家的治理带来了巨大的压力，家庭的教育缺失，传统的伦理道德在现代经济背景冲击下摇摇欲坠。一些犯罪分子利用未成年人心智尚未成熟、教育不够完善迷惑其进行有组织的犯罪活动，严重危害了社会秩序，也不利于未成年人健康的成长。对该种行为予以犯罪化，刑事立法政策的现实考虑是，这样的组织行为已经具备了应受刑罚惩罚程度的严重的社会危害性，不以犯罪论处而仅以治安管理处罚等方式处理，会放纵这种严重危害社会的行为。这正是刑事立法严格化的体现。

其次就是严密法网。严格：反腐形势的要求。严格，是“宽严相济”刑事政策的应有之意。严格，要求法网严密，有罪必罚。③ 面对复杂多样的贿赂腐败案件，2007 年中纪委《中共中央纪委关于严格禁止利用职务上的便利谋取不正当利益的若干规定》、两高的《关于办理受贿刑事案件适用法律若干问题的意见》，似乎并不足以遏止住这股贪腐之风。主要是 1997 年《刑法》中受贿罪的主体是国家公务人员，并未规定国家公务人员之外的利用影响力受贿的行为。一些犯罪分子正式利用这一《刑法》上漏洞进行钱权交易，并且

① 中国人民大学刑事法律科学研究中心举行对《刑法修正案（七）草案的讨论》，资料来源：http：//www. criminallaw. com. cn，2016 年 10 月 13 日访问。

② 翁凯一：《宽严相济在刑事立法中的适用及前景——以〈刑法修正案（七）〉为例》，载《法学杂志》2009 年第 6 期。

③ 陈兴良：《解读宽严相济的刑事政策》，载《光明日报》2006 年 12 月 11 日。

愈演愈烈。为了打击这一犯罪现象，也为了使《刑法》的漏洞减少，因此扩大了受贿罪的主体范围，对于严明吏治、打击腐败、重塑国家工作人员的形象具有积极意义。并且在立法语言上也逐步严格化，就如利用影响力受贿罪这一条文中所规定的“关系密切的人”，《刑法修正案（七）》就规定了规定近亲属或其他关系密切的人可以独立构成受贿罪。

逐步修改的刑法条文不仅仅是对社会现象突出矛盾的治理，更是对我国刑法本身的严谨性的一个补充。在“宽严相济”刑事政策指导下刑事立法工作，一张一紧、宽严有度，慢慢地完善我国刑法体系。

（三）风险社会对刑事立法政策的影响

工业革命与现代科技深刻改变了人类的生活秩序与方式。提供了传统社会无法提供的便利，但是也造就了更多风险来源。现代社会越来越多的面对各种技术风险（电子病毒、核辐射、环境污染等）、政治风险、经济风险和金融风险等等。与传统的风险来源相比，现代风险主要呈现两个特征：1. 一是风险认为化；2. 二是风险兼具积极与消极意义。① 人民大众风险意识的增加加剧了不安全感，使得在刑事立法中也要进行衡量。

在以往的刑事立法中，罪名的设立主要跟着社会现状走，有学者就提出，在风险社会下的刑事立法应当具有前瞻性。也有学者主张刑法立法的适时性应当立足现实、预见未来，而以超前立法为要旨。② 但是，笔者认为，社会的演变过程是个极其复杂的轨迹，不具有可预测性，这样的立法活动会脱离现实基础，故而是不牢靠的。但是对于风险社会的刑法立法来说，应当具有前瞻性。罪名的设立关系到犯罪圈的大小，犯罪圈过大会导致司法资源浪费，阻碍经济发展；犯罪圈过于狭窄，又有放纵犯罪之嫌。在风险社会，前瞻性地设立罪名，就要满足于现实社会的需要，更要着眼于未来的需求。③

在传统的刑事立法中，以个体作为调整对象，即使是一般共同犯罪也不过是个人行为的集合。但在风险社会中所产生的大多数风险，是来自于组织

---

① 劳东燕：《公共政策与风险社会的刑法》，载《中国社会科学》2007 年第 3 期。

② 王作富：《刑法完善专题研究》，中央广播电视大学出版社 1996 年版，第 268 页。

③ 田鹏辉：《风险社会视野下的刑法立法技术——以设罪技术为视角》，载《吉林大学社会科学学报》2009 年 5 月。

而非个人。对个人的追责必然无法满足刑法的处罚作用，但是对组织或单位的处罚又不健全，这就导致了犯罪的主体由个人向单位或群体的延伸。首先就是拓宽单位犯罪的种类，就如环境犯罪来讲，是由单位的经营者为了谋取利益而进行的非法活动，但是承载实施的是单位，而非个人。在传统的《刑法》中一般会对单位的负责人进行惩处，而对单位本身并未进行实质性的处罚。那么在风险社会背景下，就要求加大对单位的处罚力度；其次就是扩大有组织犯罪的范围。在现代有组织犯罪活动中，个人与组织的罪行交叉，难以分辨其确切的责任，如果一味遵循传统的《刑法》将很难制裁这类犯罪活动。

突出《刑法》的预防功能。在传统的《刑法》制定中往往以惩罚犯罪为主要目的，在我国往往根据有没有实害乃至严重程度的实害把犯罪与一般违法严格区分开来，以至中国《刑法》把绝大多数犯罪限定在实害的范围之内，即将犯罪的结果、数额、情节等作为定罪和量刑的基本依据，从而提高了入罪门槛。现代社会是风险遍布的社会，法律规范应与社会形影相随。刑法不止单纯惩罚犯罪，为了满足中国当下社会发展的需要，还要强化预防的功能。这就要求增加故意危险犯和过失危险犯以满足这一需要。①

① 田鹏辉：《风险社会视野下的刑法立法技术——以设罪技术为视角》，载《吉林大学社会科学学报》2009 年 5 月。

刑事司法政策的转型与调整

刘　昊*

通常所说的刑事司法一般是指狭义上的刑事司法，指的是各类刑事司法机关将刑事法律规范适用于具体个案的各项活动，包括刑事侦查、刑事检察和刑事审判这三个环节。刑事司法政策，即是在刑事司法活动的全过程中所应遵循的刑事政策，我国刑事司法政策的选择与确立经过了一定时期的历史演变。随着科学犯罪观的确立和人权观念的勃兴，刑事诉讼的目的与价值追求发生变化，相应的，我国的刑事司法政策模式也呈现出由国家本位到国家—社会双本位的转型。这种指导思想和价值模式上的转型与变化，必然也引起了我国刑事司法政策在侦查程序、起诉程序以及审判程序等刑事司法各个领域中的转型与调整。

一、我国刑事司法政策的历史沿革

（一）刑事司法政策的基本内涵

通常所说的刑事司法一般是指狭义的刑事司法，指的是各类刑事司法机关将刑事法律规范适用于具体个案的各项活动，包括刑事侦查、刑事检察和刑事审判这三个环节，狭义的刑事司法不包括执行环节。刑事侦查是刑事诉讼的启动阶段，其任务在于全面收集涉案证据，查明案件事实，并为后续的刑事检察及审判工作做好准备；刑事检察在刑事诉讼中居于承上启下的地位，

* 作者简介：刘昊，上海政法学院2014级刑法学硕士研究生。

是指检察机关对侦查机关移送审查起诉的案件，决定提起公诉或者不起诉，以及对其他司法机关的职能活动进行法律监督；刑事审判的任务在于对被告人是否构成犯罪以及如何承担刑事责任做出裁决，人民法院的审判活动主要体现在定罪与量刑上。由于在各类刑事法律规范中普遍规定了自由裁量权，司法人员可以根据犯罪人和犯罪行为的不同情况酌情决定采取何种实体或者程序处遇，这些具有张力的法律规范为贯彻刑事司法政策提供了现实可能。

所谓刑事司法政策，即是在刑事司法活动的全过程中所应遵循的刑事政策，它不同于在刑事立法阶段所应遵循的刑事立法政策，也与刑罚执行阶段所遵循的刑事执行政策相区别，刑事司法政策涉及的主要领域在于侦查、起诉与审判三个环节。根据程序特色和实施机关的特点，刑事司法政策可以分为全局性的刑事司法政策，侦查机关、检察机关和人民法院的刑事司法政策等。①

（二）我国刑事司法政策的历史演变

任何一种刑事司法政策的选择与确立，都必然与其所处的社会历史条件和刑事政策所追求的价值目标相一致，并且会随着社会历史条件和刑事政策价值目标的变化而做出相应的变化与调整。

自新中国建立60多年以来，中国的刑事政策大体上经历了一个由“惩办与宽大相结合”到“严打”再到“宽严相济”的政策演变过程。1956年9月，中共第八次全国代表大会明确提出：“我们对反革命分子和其他犯罪分子，一贯地实行惩办与宽大相结合的政策。”随后，时任公安部部长的罗瑞卿同志在中共八大第一次会议上将该政策的基本内容概括为“首恶必办，胁从不问，坦白从宽，抗拒从严，立功折罪，立大功受奖。惩办与宽大，两者是密切结合不可偏废的。”在此基础上，1979年新中国制定的第一部《刑法典》和第一部《刑事诉讼法典》均明确规定了“惩办与宽大相结合”的基本刑事政策。此后相当长的一段时期内，这一政策在中国刑事司法实践中发挥了积极作用。

然而，自20世纪80年代中国在有关部门主导下开展系列“严打”斗争

① 谢望原、卢建平等：《中国刑事政策研究》，人民大学出版社2006年版，第239页。

之后，强调“从重、从快”打击严重刑事犯罪的“严打”刑事政策逐渐偏离甚而取代了“惩办与宽大相结合”的基本刑事政策。但20多年的“严打”实践证明，重刑主义所追求的遏制和减少犯罪的预期目标并没有实现；相反，“严打”的负面法治效应和社会效应却日益凸显。为了构建社会主义和谐社会，在总结“严打”刑事政策利弊得失的基础上及新时期发展和完善惩办与宽大相结合刑事政策的思想的指导下，中国现阶段所倡导的“宽严相济”刑事政策逐步应运而生。

2004年12月，时任中共中央政法委书记罗干同志在中央政法工作会议上首次提出“宽严相济的刑事司法政策”，并在2005年12月召开的全国政法工作会议上，中央政法委明确将宽严相济视为中国在维护社会治安的长期实践中形成的基本刑事政策。2006年10月，中共十六届六中全会正式提出要实施“宽严相济”的刑事司法政策。历史地看，“宽严相济”的刑事政策是惩办与宽大相结合刑事政策在新时期的继承、发展和完善，是中国在构建社会主义和谐社会新形势下提出的一项基本的刑事政策。① 为了贯彻落实“宽严相济”的基本刑事政策，最高人民检察院、最高人民法院先后于2006年12月28日和2010年2月8日分别发布了《关于在检察工作中贯彻宽严相济刑事司法政策的若干意见》和《关于贯彻宽严相济刑事政策的若干意见》。“宽严相济”的刑事政策遂以司法文件的形式正式确立下来，成为中国刑事司法的基本政策指导。

二、刑事司法政策的价值目标与模式选择

（一）刑事诉讼目的与价值取向的转型

刑事诉讼的目的是指国家根据各种刑事诉讼主体的客观需要及其对刑事诉讼价值的认知所预先设计的、希望通过刑事诉讼立法和司法而实现的理想的诉讼结果。刑事诉讼价值是指刑事诉讼程序本身所固有的、不依赖于刑事

① 赵秉志、袁彬：《论中国刑事司法政策的现状及趋势——以三起典型死刑案件为切入点》，载《刑法论丛》2013年第2期。

诉讼主体及其需要而独立存在的、能够通过刑事诉讼活动对国家、社会和所有公民的合理需要和要求的满足具有积极意义的一种特性。① 坚持惩罚犯罪与保障人权并重无疑应是我国刑事诉讼中的双重目的,《刑事诉讼法》第一条便是这种目的观的法律表述。②

从近代以来的刑事诉讼发展历史看，不同国家在设计具体诉讼制度时，受到政治、经济、文化条件、历史传统、社会治安状况、社会价值观念的影响，在刑事诉讼的双重价值追求上有所侧重。在两大法系日益明显地互相吸收、融合发展的趋势背景之下，大陆法系国家在强调犯罪控制的同时，注意加强对被告人人权保护的力度，侧重正当程序的英美法系国家也逐步注重刑事诉讼的犯罪控制机能。

即使是同一国家，在不同的历史时期，其刑事诉讼制度的价值追求也处在不断的变化、调整之中。“刑事诉讼的双重目的在抽象本质上的静态统一，总是通过具体诉讼过程中的动态对立而现实化的。但这种动态的对立，绝不是没有主要方向的‘钟摆式’摇动，就世界范围刑事诉讼历史发展的整体来看，在犯罪控制过程中进一步尊重和保障个人的正当权益，不断扩大被告人的合法权益，是一致公认的国际性趋势。”③ 我国的刑事诉讼制度长久以来侧重对犯罪人惩罚与对犯罪形势的控制，国家利益观占有绝对优势，因此我国在刑事司法政策调整与转型的过程中，必然更加注重对人权保障的价值追求。

我国伊始于20世纪80年代的三次“严打”使我国刑事政策逐步走上重刑化的轨道，但“严打”并未从根本上解决我国社会转型时期的社会问题和犯罪问题，其过分依赖惩罚与打击犯罪，而忽视犯罪客观规律以及对人权保障严重不足的弊端逐渐暴露出来。总体来讲，我国刑事诉讼目的与价值取向的转型主要是基于以下两点：

1. 科学的犯罪控制观的建立

发生于1981年的犯罪高峰说明了当时非常严峻的犯罪形势，对于“严

---

① 陈建军:《刑事诉讼的目的、价值及其关系》，载《法学研究》2003年第4期。

② 我国《刑事诉讼法》第一条规定：“为了保证刑法的正确实施，惩罚犯罪，保护人民，保障国家安全和社会公共安全，维护社会主义社会秩序，根据宪法，制定本法。”

③ 汪建成:《冲突与平衡——刑事程序理论的新视角》，北京大学出版社2006年版，第124页。

打”政策的产生起到了直接的推动作用。[1] 而“严打”毕竟是在特殊时期针对某些特定的严重犯罪所采取的特殊手段，人们逐渐认识到不能寄希望于通过“严打”消灭犯罪，更不可能通过“严打”来实现社会的长治久安。

犯罪虽然可以在一定规模上被控制，但却不能完全被消灭，这是合乎社会发展基本规律的、科学的犯罪控制观。因而，应对犯罪的正确方式应当是科学地、系统地研究其发生发展的客观规律，综合应用包括刑事制裁在内的各种社会管理和控制手段尽可能地预防和控制犯罪，将刑事政策纳入社会政策的范畴之内，使之在防控犯罪中发挥应有的作用。

2. 人权观念的勃兴

人权的实现是同人类社会的物质文明，制度文明和精神文明的发展水平分不开的，它随着时代的进步而不断扩展其范围、丰富其内容。在一切政策体系中，刑事政策与人权的关系最为紧密最为至关紧要。一方面，对严重侵犯公民权利和自由的犯罪行为处以刑罚，即惩罚犯罪，是刑事法最根本的任务，体现的正是人权保障问题。另一方面，刑事法对人权的保护是通过动用刑罚权，惩罚犯罪来实现的。[2]

2004 年随着“国家尊重和保障人权”明确写入我国《宪法》，在这一背景下，我国刑事政策也必然要求在依法打击犯罪的同时必须注重对人权的保障，这里对人权的保障主要是指对被告人合法权利的保障，即保障被告人受到合法、公正、文明的刑事追诉与审判。对犯罪嫌疑人、被告人合法权益的保障体现在刑事诉讼过程中就是要切实做到认定案件事实清楚、证据确实充分，严格坚持追诉法定主义，切实做到定罪准确、量刑适当，确保无罪的人不受刑事追究，有罪的人受到公正的审判，保障犯罪嫌疑人、被告人的一切合法的诉讼权利。

（二）刑事司法政策模式分析

刑事政策是决策者依据一定的政治、经济和社会形势下的犯罪态势所作出的有组织地应对犯罪活动的策略。而依据不同的标准，从不同的角度出发，

---

① 何挺：《“严打”刑事政策研究》，中国政法大学 2008 年博士学位论文，第 36 页。
② 何挺：《“严打”刑事政策研究》，中国政法大学 2008 年博士学位论文，第 57 页。

对刑事政策可以进行不同的模式划分。法国著名刑事政策学者戴尔玛斯·马蒂教授将国家关系与社会关系的主导现象作为刑事政策模式构造的基本法则。根据这种法则将刑事政策模式分为三类：第一类是完全国家性的；第二类是完全社会性的；第三类是混合性的即自由社会国家模式。在此基础上，我国学者将刑事政策模式分为三类：第一类为国家本位型刑事政策；第二类为国家与社会双本位型刑事政策；第三类为社会本位型刑事政策。①

所谓国家本位型刑事政策是“以国家为出发点，而以国民为对象的”，“国家不受任何外部标准的干预，也没有任何的限制……强行要求对统治规范的绝对服从”，“国家反应可以随心所欲地指向犯罪人，也指向越轨者”。② 社会本位型刑事政策则“排斥了一切国家反应，而以社会为本位，呈现出自主、自律、权力和权威共享的特征，其目的是要在没有任何国家干预的情况下成功地保持在互相密切团结的人的共同体内部的凝聚力，以使共同体发展。这是人们向往和追求的理想模式类型。”③ 国家与社会双本位型刑事政策则同时考虑了国家和社会两方面主体在对犯罪反应中的地位。

（三）国家本位：早期刑事司法政策模式

国家本位型刑事政策是国家至上理念在处罚犯罪中的表现形式。国家至上理念是一种以国家权力为核心，以权力至上为价值追求的意识形态观念。这种理念是与自然法哲学同时代的产物，它在反对封建主义和天主教会关于“信奉教皇极权”的主张中起过积极的进步作用。按照黑格尔的分析论述可以看出国家至上理念包括三个方面的内容：第一，国家是客观精神的最高阶段，国家理念作为意志的实体性的统一，是绝对不受他物推动的自身目的，意志向国家理念的推进活动，实质上是国家这一伦理理念自我认识和自我实现的过程。第二，国家是社会的最高形式，它居于至上的地位，拥有对社会的最高权力。第三，意志的各种形式的活动都以国家理念的伦理精神为自己的目

---

① 严励：《刑事政策模式建构的理论基础》，载《山西大学学报（哲学社会科学版）》2003 年第 3 期。

② ［法］米海依尔．戴尔玛斯·马蒂：《刑事政策的主要体系》，卢建平译，法律出版社 2000 年版，第 55 页。转引自汪明亮：《刑事政策研究新视角》，法律出版社 2008 年版，第 96 页。

③ 严励：《刑事政策的模式建构》，载陈兴良主编：《刑事法评论》（第 13 卷），中国政法大学出版社 2003 年版，第 215 页。

的，并因此获得实体性的自由和存在的价值，成为国家整体的不可缺少的部分。①

在国家至上理念支配下，国家本位型刑事政策表现出泛道德主义倾向。泛道德主义表明了这样一种社会事实，即为支持某种形式的专制统治，而愈来愈多地将模糊的、极为弹性的、过于广泛的和不准确的规定引入法律制度（特别是刑法领域）中，这意味着放弃法律。② 在刑事政策中则表现为，为了保护国家利益、社会利益，一切违反统治者主流道德的行为都被视为犯罪，并不惜采用严刑苛罚。在国家至上理念的支配下，国家本位型刑事政策又表现在漠视个人权利和利益，个人没有任何权利值得国家尊重，只是国家惩罚的对象。这是因为国家利益占绝对优势地位，其他所有社会成员在与国家关系中都只是臣民与服从者，任何触犯国家利益（封建君主）的行为，必然要受到严惩，刑事政策不过是实施惩罚而设置的专门手段。③

结合国家本位型刑事政策的内涵及特点，不难发现，我国早期的刑事司法政策是因循该模式而建立起来的。我国的刑事政策模式中，对违法犯罪的反应基本上是国家本位的、以国家权力特别是国家刑罚权的运作为核心的实践样式，可谓专属国家模式。集中表现为早期的刑事司法政策极度注重社会保护，刑罚可以轻易发动，并且将刑罚运用到极致。对进入刑事司法程序中的犯罪嫌疑人、被告人的权利保障非常薄弱，这种薄弱不仅体现在制度设计上，落实在具体的司法实践中更是如此，甚至不乏严重侵犯人权的情况。

（四）国家—社会双本位：新时期刑事司法政策模式的转型

国家本位型模式对待犯罪的反应是基于“为惩罚而惩罚”，“这种国家本位型的刑事政策模式是报应性正义的体现，与“宽严相济”刑事政策所追求的恢复性正义目标不相契合。在“宽严相济”刑事政策的实现过程中，刑事

---

① 严励：《国家本位型刑事政策模式的探讨——刑事政策模式研究》，载《社会科学》2003年第9期。

② ［美］博登海默：《法理学法哲学及其方法》，华夏出版社1987年版，第223页。转引自严励：《国家本位型刑事政策模式的探讨——刑事政策模式研究》，载《社会科学》2003年第9期。

③ 严励等：《中国刑事政策原理》，法律出版社2011年版，第221~222页。

政策的模式选择应当实现由国家本位型向国家与社会双本位型转向。"①

所谓国家—社会双本位的模式是指在制定实施刑事政策的过程中，国家和市民社会同处主导地位，与国家本位型刑事政策模式不同的是，其对待犯罪的反应是"预防犯罪、治理犯罪"。预防犯罪不仅指刑罚的一般预防和特殊预防，同时也包括社会预防，即由国家和社会共同预防和控制犯罪。我国有学者认为，在我国，综合治理的刑事政策经历多年的历练和洗礼也逐渐完成了模式转换的量变阶段，而进到质的飞跃，进而确立国家—社会双本位的二元结构模式的时期。

国家—社会双本位型刑事政策在运作过程中，能够避免国家本位型刑事政策的弊端，尊崇法律权威，尊重人权，维护秩序，较好地平衡和协调处理公平与效率、秩序与自由的关系，是较理想的模式类型。在"社会先于国家"理念的支配下，刑事政策构成的形式要素与实质要素在国家—社会双本位型刑事政策模式中呈现出不同的变项，形成了不同的形态特征：②

1. 国家和社会共同行使控制和预防犯罪的权力

2. 严格罪行法定，国家惩罚的对象受到严格限制，即只是惩罚法定犯罪，越轨行为由社会处理

3. 国家处于预防犯罪的目的，对犯罪分子通过惩罚、教育、改造使之重新回归社会，任何惩罚方式都是为了目的服务。

4. 以保障人权和保护社会为价值取向。

国家—社会双本位决定了刑事政策必然以保障人权和保护社会为价值目标。国家行使刑罚权，决定《刑法》天生具有社会保护的机能。《刑法》具有保护国家所关切的重大法益的功能。③ 但刑法对社会利益的保护不是无限的，它必须受到一定的制约，否则就会使普通公民和犯罪人因刑罚权的恣意行使而受到侵害，使刑罚权这种社会利益的保护利器异化为一种侵害社会的

---

① 刘晓梅：《中国构建社会主义和谐社会刑事政策的选择》，载《天津大学学报》（社会科学版）2006 年第 1 期。转引自汪明亮：《刑事政策研究新视角》，法律出版社 2008 年版，第 96 页。

② 严励等：《中国刑事政策原理》，法律出版社 2011 年版，第 233 ~ 239 页。

③ ［日］木村龟二主编：《刑法学词典》，顾肖荣、郑树周译，上海翻译出版公司 1991 年版，第 9 ~ 10 页。转引自严励等著：《中国刑事政策原理》，法律出版社 2011 年版，第 239 页。

新的犯罪，从而失去其社会保护的机能。[①] 所以，《刑法》还必须具有人权保障的功能，只有保障人权和保护社会相统一，才能使自由和秩序的价值目标有机地统一起来。

一方面，犯罪现象是极其复杂的，是社会各种问题的综合体现，犯罪原因学的研究也向人们揭示犯罪的发生原因是多重的、复杂的，某种程度上说，应对犯罪问题也是综合应对、解决社会问题的过程，因此在国家本位的模式上，应当注重动用社会力量解决犯罪问题，这也是国家—社会双本位模式的应有之义。

其中最为典型的例证便是正方兴未艾的“恢复性司法”（Restorative Justice）。联合国经社理事会《运用恢复性司法方案与犯罪问题的基本原则宣言》中将恢复性司法定义为，运用恢复性过程或目的的实现恢复性结果的方案，恢复性方案是指作为恢复性过程的结果而达成的协议，如赔偿、社区服务和其他任何设计来实现被害人和社会的恢复以及被害人和犯罪人关系重新整合的方案或反应。对犯罪事件的处理仅仅有国家的制裁和隔离措施是远远不够的，这是传统的、单一的、封闭的刑事司法制裁措施，恢复性司法倡导社区居民的参与、犯罪人与被害人的和解、社会关系的重建，这种模式完全不同于传统的刑事司法处理犯罪的模式，是一种崭新的、具有建设性的解决纠纷冲突的方式。

另一方面，国家—社会双本位模式在注重打击、控制犯罪的同时，也十分注重人权保障，体现社会防卫与保障人权并重的指导思想。加强人权保障是人类社会刑事司法制度的进化趋势之一，在很长的历史时期内，中国的刑事司法制度一直是片面强调打击犯罪而忽视人权保障的。直到 20 世纪末，伴随着沉默权问题的讨论，刑事司法制度中的人权保障问题才越来越受到人们的重视。2012 年修订的《刑事诉讼法》第二条明确地把“尊重和保障人权”规定为刑事诉讼法的任务之一，这是一个重要的进步。

2013 年 11 月，十八届三中全会通过的《中共中央关于全面深化改革若干重大问题的决定》（以下简称《决定》）明确提出了“推进法治中国建设”的

① 严励等：《中国刑事政策原理》，法律出版社 2011 年版，第 239 页。

目标总要求，为我国人权司法保障建设阐明了基调。《决定》强调“国家尊重和保障人权”，要“完善人权司法保障制度，进一步规范查封、扣押、冻结、处理涉案财物的司法程序。健全错案防止、纠正、责任追究机制，严禁刑讯逼供、体罚虐待，严格实行非法证据排除规则。逐步减少和适用死刑罪名”。《决定》为把尊重和保障人权这一宪法原则落到实处，第一次提出了“人权司法保障制度”的新概念。[①]“严打”作为被过分强调和依赖的单极化刑事政策的弊端逐渐被人们认识之后，学界和实务界开始在轻缓刑事政策领域寻求突围，但由于单极化轻缓刑事政策只强调刑罚的教育、改善功能，忽视刑罚所应有的报应、社会保护功能，再加之现实社会严峻的犯罪态势，同样无法独立解决转型时期的社会问题和犯罪问题。正是在这种背景下，宽严相济的刑事政策应运而生。[②] 社会防卫与人权保障并重是当前刑事司法政策的基本指导思想，在宽严相济刑事政策的实现过程中，必然要实现国家与社会双本位型刑事政策模式的转型。

三、侦查程序中刑事司法政策的转型与调整

（一）侦查程序中刑事司法政策概述

侦查程序是刑事诉讼程序的重要的一个环节，侦查活动的结果更是在一定程度上影响诉讼程序的走向和进行。根据我国《刑事诉讼法》的规定，侦查是指“公安机关、人民检察院在办理案件过程中，依照法律进行的专门调查工作和有关的强制性措施”。据此，进行专门调查工作和采取强制性措施属于侦查活动的两大组成部分。所谓“专门调查”，是相对于其他非侦查机构的调查活动而言的，也就是由侦查机构为收集犯罪证据、查获犯罪嫌疑人而进行的调查活动。我国现行《刑事诉讼法》规定的专门调查有讯问犯罪嫌疑人、询问证人、被害人、勘验、检查、鉴定等六种，司法实践中还可能有辨认、侦查实验等调查活动。所谓“强制性措施”，是指侦查机构采取的涉及限制或

① 樊崇义等：《底线：刑事错案防范标准》，中国政法大学出版社 2015 年版，第 52 ~ 53 页。
② 赵亮：《当代中国社会转型时期的刑事政策调整》，法律出版是社 2013 年版，第 107 页。

者剥夺个人人身自由、财产、隐私等权益措施，它既包括法定的五种“强制措施”，即拘传、取保候审、监视居住、拘留和逮捕等，也包括诸如搜查、扣押、查询、冻结、通缉等侦查措施。刑事侦查程序的基本任务在于查明犯罪事实、查获犯罪嫌疑人以及收集能够证明犯罪嫌疑人有罪或者无罪、罪重或者罪轻的各种证据材料。因此，“从技术的角度来看，侦查可以被视为侦查机构为收集犯罪证据、查明犯罪事实而进行的一系列调查活动。对于这些活动，侦查机构必须按照一定的程式、步骤和顺序进行，并履行一些形式上的手续。”①

从“严打”到“惩办与宽大相结合”再到“宽严相济”，刑事侦查作为整个刑事司法活动链条重要的一环节，相应的刑事司法政策必然应得到充分的贯彻。在刑事侦查环节犯罪嫌疑人在刑事诉讼活动过程中处于特殊的诉讼地位，但其同时也享有正当合法的权利。一般认为，在刑事诉讼活动过程中，刑事诉讼的侦查阶段与犯罪嫌疑人的人权保障联系最为密切，侦查机关的侦查活动必然会涉及对犯罪嫌疑人人身自由权利的限制或剥夺、对犯罪嫌疑人个人隐私权的侵犯以及对其财产权利的扣押等。因此，我国的刑事司法政策对于侦查环节具有十分重要的意义。

（二）侦查程序中刑事司法政策的转型

1. 遏制刑讯逼供

我国的侦查模式中，长久以来存在着以口供作为“证据之王”的观念与做法。反观近些年来的冤假错案，每一件案件的背后无不存在着刑讯逼供的祸根。2012 年《刑事诉讼法》在遏制刑讯逼供上实现了重大改革与突破，集中体现为“一个原则（不得强迫自证其罪原则）、一个规则（非法证据排除规则）、一套制度（全程录音录像制度）”。② 新《刑事诉讼法》第五十条规定：“审判人员、检察人员、侦查人员必须依照法定程序，收集能够证实犯罪嫌疑人、被告人有罪或者无罪的、犯罪情节轻重的各种证据。严禁刑讯逼供和以威胁、引诱、欺骗以及其他非法方法收集证据，不得强迫任何人证实自

① 陈瑞华：《刑事侦查构造之比较研究》，载《政法论坛》1999 年第 5 期。

② 樊崇义等：《底线：刑事错案防范标准》，中国政法大学出版社 2015 年版，第 152 页。

己有罪。”这一规定初步确定了“不得强迫自证其罪”原则。第五十四条规定：“采用刑讯逼供等非法方法收集的犯罪嫌疑人、被告人供述和采用暴力、威胁等非法方法收集的证人证言、被害人陈述、应当予以排除。收集物证、书证不符合法定程序，可能严重影响司法公正的，应当予以补正或者作出合理解释；不能补正或者作出合理解释的，对该证据应当予以排除。”该规定初步确立了非法证据排除规则。第一百二十一条明确规定：“侦查人员在讯问犯罪嫌疑人的时候，可以对讯问过程进行录音或者录像；对于可能判处无期徒刑、死刑的案件或者其他重大犯罪案件，应当对讯问过程进行录音或者录像。录音或者录像应当全程进行，保持完整性。”为了进一步防止侦查机关刑讯逼供行为的发生，新《刑事诉讼法》还明确了拘留、逮捕犯罪嫌疑人后立即移送看守所的规则。第八十三条和第九十一条分别规定：“拘留后，应当立即将被拘留人送看守所羁押，至迟不得超过25小时。”“逮捕后，应当立即将被逮捕人送看守所羁押。”此外，《刑事诉讼法》还确立了侦查讯问地点应该限于看守所内的规则。

2. 全程录音录像

从某种意义上说，刑讯逼供是导致绝大多数刑事冤假错案的罪魁祸首，而侦查讯问全程录音录像制度设立的初衷，就是要遏制长期以来侦查讯问犯罪嫌疑人过程中的刑讯逼供现象。希望通过全程录音录像制度对形成对侦查讯问人员强大的监督效应，切断刑讯逼供与刑事错案的链条，实现对犯罪嫌疑人权利的有效保障。2012年修正后的《刑事诉讼法》第一百二十一条规定：“侦查人员在讯问犯罪嫌疑人的时候，可以对讯问过程进行录音或者录像；对于可能判处无期徒刑、死刑的案件或者其他重大犯罪案件，应当对讯问过程进行录音或者录像。录音或者录像应当全程进行，保持完整性。”随着《刑事诉讼法》的修改和正式实施，同步全程录音录像制度的适用范围越来越扩展。

大量的司法实践证明，犯罪嫌疑人、被告人在庭审过程中的翻供，都是以讯问笔录是在遭受等非法侦查行为的情况下取得为由。在过去多年的司法实践中，由于没有侦查讯问阶段的录音录像作为印证材料，法庭控辩审三方很难达成一致意见。自侦查讯问录音刑讯逼供录像制度产生以后，这一过去法庭上的棘手问题便可以得到有效的解决，即通过播放侦查讯问的全程录音录像资料以形成对讯问笔录形成的有效印证。另外，侦查讯问全程的录音录像制度也是保护侦查人员自身免受诬陷的重要手段。总之，通过侦查讯问的全程录音录像，能够真实的还原侦查讯问的全貌。

3. 辩护律师的及时介入

侦查程序是刑事诉讼程序的重要的一个环节，侦查活动的结果更是在一定程度上影响诉讼程序的走向和进行。长期以来，我国侦查程序往往只是强大的控诉机关针对犯罪嫌疑人的一种单方面的行政性治罪活动。① 就司法实践现状来看，侦查权的过于庞大容易构成对犯罪嫌疑人各项权利的严重威胁，而刑事辩护更是在整个刑事司法程序中，尤其是在防范刑事错案中不可忽视的力量，辩护力量再一旦变得弱小，犯罪嫌疑人的各项权利就更难得到有效的保障。

在侦查程序中，辩护律师的参与范围不断扩大，辩护权得到越来越多的尊重与保障。在2012年《刑事诉讼法》修改以前，侦查阶段律师无法以正式的“辩护人”身份开展各项诉讼活动，律师角色的严重缺位。新的《刑事诉讼法》在辩护制度方面做出了重大修改。最主要的变化在于辩护律师以辩护人身份介入案件时间提前，即犯罪嫌疑人自被侦查机关第一次讯问或者采取强制措施之日起，就有权委托辩护人。为了保证这一权利的真正落实，侦查机关在第一次讯问犯罪嫌疑人或者对犯罪嫌疑人采取强制措施的时候，就应当告知犯罪嫌疑人有权委托辩护人。辩护律师在侦查期间可以为犯罪嫌疑人提供法律帮助；代理申诉、控告；申请变更强制措施；向侦查机关了解犯罪嫌疑人涉嫌的罪名和案件有关情况，提出意见。

此外，辩护律师会见犯罪嫌疑人更为容易，辩护律师持律师执业证书、律师事务所证明和委托书或者法律援助公函即可要求会见，看守所至迟要在48小时内安排会见。在“宽严相济”的刑事政策下，律师的会见也有受限制的一面，即在侦查期间，辩护律师如果会见危害国家安全犯罪、恐怖活动犯罪、特别重大贿赂犯罪案件的犯罪嫌疑人，应当经过侦查机关许可。新的

① 樊崇义等：《底线：刑事错案防范标准》，中国政法大学出版社2015年版，第173页。

《刑事诉讼法》的修改也体现了对辩护律师意见的更多重视。根据新《刑事诉讼法》第八十六条和第一百五十九条的规定，人民检察院审查批准逮捕，可以听取辩护律师的意见；辩护律师提出要求的，应当听取辩护律师意见。在案件侦查终结前，辩护律师提出要求的，侦查机关应当听取辩护律师的意见，并记录在案；辩护律师提出的书面意见的，应当附卷。新的《刑事诉讼法》也加强了律师申请司法救济的权利，规定当事人和辩护人等对于司法机关及其工作人员采取的某些强制措施和侦查手段不满的，有权向该机关申诉或者控告，受理申诉或者控告的机关应当及时处理。对处理不服的，可以向人们检察院申诉。司法救济作为获得权利保障的最后一道防线，具有十分重要的意义。

4. 探索羁押必要性审查

为了贯彻“少捕慎诉”的政策，杜绝“一押到底”的现象，保护犯罪嫌疑人、被告人的合法权益，2012 年《刑事诉讼法》新增羁押必要性审查制度，第九十三条规定：“犯罪嫌疑人、被告人被逮捕后，人民检察院仍应当对羁押的必要性进行审查。对不需要继续羁押的，应当建议予以释放或变更强制措施。有关机关应在十日以内将处理情况通知人民检察院。”

羁押必要性审查的具体方式包括：对嫌疑人、被告人进行羁押的必要性评估；向侦查机关了解侦查取证的进展情况；听取犯罪嫌疑人、被告人及其法定代理人、近亲属、辩护人、被害人及其诉讼代理人或者其他相关人员的意见；调查核实犯罪嫌疑人、被告人的身体健康状况；查阅有关案卷材料，审查有关人员提供的证明不需要继续羁押犯罪嫌疑人、被告人的有关证明材料以及其他方式。

（三）侦查程序中刑事司法政策的调整

1. 侦查行为缺乏必要的司法控制、强化侦查权的司法控制

在现代法治国家，为了保障犯罪嫌疑人的合法权益，防止侦查机关滥用侦查权，对侦查机关的侦查行为进行必要的司法控制已经是各国同行的做法。侦查机关将要采取诸如查封、扣押、冻结等强制性措施或者诸如监听、监视等技术侦查手段时，必须经过中立的第三方即法院的许可。否则，侦查机关的侦查行为将被视为非法行为，而由非法侦查行为所获得的证据既不能作为

检察机关指控犯罪的根据，也不得作为法官最终定案的根据。

而在我国的刑事诉讼中，对于侦查行为的司法控制相当薄弱。一方面，对于查封、扣押、冻结等强制性措施的采取都是由公安机关自行决定、自行实施，不需要经过任何中立的第三方的许可。实践中，对于各种技术侦查手段的运用，同样不需要法院的许可。另一方面，对于强制措施的适用，公安机关除了在实施逮捕时需要经过检察机关审查批准外，其他强制措施也都是由公安机关自行决定、自行执行，而不需要法院事先签发司法令状或者经过任何司法审查。侦查行为不受司法控制，在实践中给侦查机关留下了大量的非法取证的空间，是造成冤假错案的一个重要原因，同时也极有可能造成对犯罪嫌疑人合法权益的侵犯。

2. 建立强制措施动态变更机制

随着案件所处阶段的不同，办案机关对案情了解程度的越来越深入以及对证据掌握得更加丰富，对犯罪嫌疑人是否存在社会危险性、是否会妨碍诉讼活动的正常进行会有越来越客观、准确的评价。为了更好地保障犯罪嫌疑人的正当权益，需要建立反应灵敏的强制措施动态变更机制，及时依据客观情况的变化采取合理的相应的强制措施。

四、起诉程序中刑事司法政策的转型与调整

（一）起诉程序中刑事司法政策的概述

1. 起诉程序重要性与刑事司法政策的介入

所谓起诉是指人民检察院对公安机关侦查终结移送起诉的案件和自行侦查终结的案件进行审查，依法决定是否对犯罪嫌疑人提起公诉、不起诉或者撤销案件的诉讼活动。

起诉程序作为衔接侦查程序和审判程序的纽带，对于惩罚犯罪和保障人权具有十分重要的意义。一方面，根据《刑事诉讼法》第一百六十八条第一项的规定，检察机关应当查明犯罪的事实、情节是否清楚，证据是否确实充分，犯罪性质和罪名是否正确等问题。检察机关在起诉程序中负有审核侦查结果的正确性、合法性的职责，确保案件的质量，实现惩罚犯罪的目的。另

一方面，通过对侦查结果的审核，对于不符合起诉条件的犯罪嫌疑人做出不起诉决定，对侦查机关移送的案件起到了过滤作用，这不仅有利于节约司法资源，同时也是人权保障的体现。

起诉程序所具有的这种上承侦查下承审判的功能，使得它在整个刑事司法领域中获得了独特的、重要的地位，也正是基于这种重要性，使得刑事司法政策在该程序中发挥了作用。最初，“宽严相济”刑事司法政策在起诉程序中的体现主要在于不起诉制度的萌芽。1996 年以前，检察机关在审查起诉程序中秉持着“起诉法定主义”原则，即指公诉机关依法负有追究犯罪的义务，只要认为被告人犯罪事实清楚，证据确实充分的，依法应当受到刑事处罚的，就毫无例外地向有管辖权的法院提起诉讼，换言之，公诉机关没有自由裁量权，符合条件的，必须起诉；不符合条件的，不得起诉。“起诉法定主义”是以报应刑理论为基础的，其背后是“国家刑罚权”的独占，在当时“严打”政策的背景下，其所发挥的作用与价值并未受到质疑。然而，随着刑罚观念的转变，教育、挽救犯罪人使得犯罪人复归社会的理念冲击了单一的报应刑目的，除了惩罚犯罪外，保障人权、重视公共利益、诉讼经济被搬上了刑事政策的舞台，使得起诉从“起诉法定主义”走向“起诉法定主义为原则，起诉便宜主义为例外”。所谓的“起诉便宜主义”是指检察机关对于虽已具备充分证据和追诉条件的犯罪，仍可基于自由裁量权，酌定是否提起公诉，包括两方面：第一，案件已经符合起诉条件；第二，基于某些特殊因素的考虑，检察官享有自由裁量权决定是否提起公诉。这种“起诉便宜主义”原则在 1996 年修改的《刑事诉讼法》中被正式确立为三大不起诉制度，使得“宽严相济”刑事政策在起诉程序中得到了法定化。除不起诉制度外，“宽严相济”的刑事司法政策随后在起诉程序中开始介入特殊对象如未成年人、特殊程序如刑事和解等中。

2. 刑事政策在起诉程序中的实践体现

“宽严相济”的刑事政策在起诉程序中的贯穿不仅在《刑事诉讼法》中得到了法定化，同时也是司法实践的具体工作中的指导思想，在实践中得到了贯彻落实。

2006 年，最高人民检察院出台的《关于在检察工作中贯彻宽严相济刑事政策的若干意见》（以下简称《意见》）规定："在审查起诉工作中，严格依法掌握起诉条件，充分考虑起诉的必要性，可诉可不诉的不诉。"此外，《意见》对审查起诉工作提出了指导性的意见：第一，合理运用对轻微刑事案件的相对不起诉制度、依法运用对未成年嫌疑人的附条件不起诉规定。第二，适度推行刑事和解制度（2012 年已正式确立刑事和解制度）。刑事和解制度通过科学司法，起到维护社会稳定，促进社会环境有序和谐的作用。第三，正确行使量刑建议制度。检察机关对于移送起诉的案件可以根据具体情况提出法定及酌定的量刑情节、刑罚幅度、刑罚种类。公诉人员应立足宽严刑事政策下，充分行使自由裁量权，做到宽严适当。① 此外，《人民检察院办理未成年人刑事案件的规定》中对未成年人犯罪案件在起诉程序中如何落实宽严相济刑事政策做出了特殊规定，如安排在押的未成年犯罪嫌疑人与其法定代理人等进行会见、通话等。

刑事政策虽然从"严打"转向"宽严相济"，但是，在司法实践中并未对犯罪嫌疑人、被告人一律采取宽容政策，"宽严相济"中的"严"的一面依然有所体现。例如 1997 年《关于加强毒品犯罪批捕起诉工作的通知》中，要求对走私、贩卖、运输、制造毒品的，不论毒品数量多少均应提起公诉；2003 年《关于进一步加大对毒品犯罪打击力度的通知》中要求检察机关在起诉工作中体现对毒品犯罪依法从重从快打击的精神。除了毒品案件外，如杀人、强奸、抢劫等严重危及公民人身财产安全的案件、如防火、爆炸等严重危及公共安全的案件、如恐怖犯罪和黑社会性质的组织犯罪等；此外，对于未成年人犯罪案件，在特殊案件中同样应当坚持"严"的一面，如《人民检察院办理未成年人刑事案件的规定》中要求，对未成年人与成年人共同犯罪的案件，原则上应当分案起诉，但是有"未成年人系犯罪集团的组织者或者其他共同犯罪中的主犯的"等 4 类情况下，可以不分案起诉。

（二）起诉程序中刑事司法政策的转型

1. 检察官角色的转变

自检察制度产生以来，检察官的角色就一直被冠以"国王的守护人"的

---

① 杜文星：《宽严相济刑事政策若干问题研究》，吉林大学 2013 年硕士学位论文。

称谓，直到现在，一些大众仍然存在着这样的观念。然而，检察制度发展至今，检察官的客观能动性正逐渐在司法实践中显露，其从“国家守护人”逐渐转型为“法律的守护人”或者说“公共利益的看护人”。① 检察权的客观性在审查起诉程序中表现为：检察官在履行职责的过程中，要客观公正地搜集、审查和运用证据，特别是对于有利于犯罪嫌疑人或被告人的证据，要认真对待。其能动性表现在享有自由起诉裁量权。检察裁量权起源于英国，是由英美法系国家的法律传统、当事人诉讼理念以及奉行起诉便宜主义等诸多因素决定的，检察官对案件享有广泛的检察裁量权。从检察裁量权起源和发展的分析来看，检察裁量权是由检察机关对犯罪人作出刑法意义上的评价的一项权力。检察裁量权的实质是对已经犯罪的人形式上不定罪，其立法目的在于更好地改造犯罪人，同时提高司法效率，降低司法成本。② 检察官的这种角色的转变，尤其是对检察裁量权的运用，是“宽严相济”刑事司法政策得以开展的基础。

2. 法定不起诉的确立

法定不起诉，又称绝对不起诉，是指人民检察院对公安机关侦查终结移送起诉的案件或者自己侦查终结的案件进行审查后，认为犯罪嫌疑人的行为不构成犯罪或依法不应追究刑事责任，从而作出不将犯罪嫌疑人诉至人民法院审判的一种处理决定。根据《刑事诉讼法》第十五条的规定，我国的法定不起诉适用于以下情形：（1）情节显著轻微、危害不大，不认为是犯罪的；（2）犯罪已过追诉时效期限的；（3）经特赦令免除刑罚的；（4）依照刑法告诉才处理的犯罪，没有告诉或者撤回告诉的；（5）犯罪嫌疑人、被告人死亡的；（6）其他法律规定免予追究刑事责任的。

我国作为以“起诉法定主义为主，兼采起诉便宜主义”的国家，“法定不起诉”是“起诉法定主义”原则的重要体现，它在检察官的审查起诉过程中，对于不起诉决定的作出，具有重大影响与关键作用，是“宽严相济”刑事政策贯彻落实的重要体现。

---

① 郭天武：《相对不起诉制度若干问题探析》，载《政法论坛》2008 年第 9 期。

② 宋孟阳：《论存疑不起诉》，载《周口师范学院学报》2007 年第 1 期。

3. 相对不起诉的确立

相对不起诉制度是刑法个别化和轻刑化的刑事政策在公诉活动中的体现，是贯彻“宽严相济”刑事政策的重要载体。所谓相对不起诉，又称为酌定不起诉，是指人民检察院对侦查终结移送起诉的案件，在经过审查后，认为犯罪嫌疑人的犯罪行为情节轻微，依照《刑法》规定不需要判处刑罚或者免予刑事处罚时，依法作出不起诉的决定。在相对不起诉的条件下，人民检察院享有对案件的自由起诉裁量权，既可以作出不起诉决定，也可以作出起诉决定。

相对不起诉应当符合以下三个条件：第一，犯罪嫌疑人的行为已经构成犯罪，即案件事实清楚，证据确实充分，可以追究刑事责任；第二，犯罪情节轻微，即从犯罪嫌疑人实施犯罪行为的手段、对象、危害后果、动机、目的等情况以及犯罪嫌疑人的年龄、一贯表现等综合考虑，认为犯罪情节轻微；第三，依照《刑法》规定不需要判处刑罚或者免除刑罚。其中，“不需要判处刑罚”是指《刑法》第三十七条的规定；“免除刑罚”是指《刑法》中规定的10种免除刑罚的事由，如正当防卫、自首、未成年人犯罪、预备犯等。

4. 存疑不起诉

存疑不起诉制度是1996年《刑事诉讼法》修改的一大亮点，它吸收了“无罪推定原则”的理念，不仅符合诉讼经济，同时也符合刑罚个别化和轻缓化的刑事政策，最为重要的是，它保护了当事人的合法权益，是现代人权保障理念的体现。

存疑不起诉又称为证据不足不起诉，根据《刑事诉讼法》的相关规定，对于证据不足的案件，检察机关本着打击犯罪的原则，一般应当退回侦查机关进行补充侦查，不宜直接做出不起诉决定；对于经过两次补充侦查的案件，证据仍然未达到确实、充分标准的，不能再退回侦查，只能做出不起诉决定。存疑不起诉以“两次补充侦查为限”，既有惩罚犯罪的目的，又不忽视保障人权，是宽严相济政策的良好体现。

5. 附条件不起诉的制度化

附条件不起诉是对犯罪的未成年人实行教育、感化、挽救方针，坚持教育为主、惩罚为辅原则在审查起诉阶段的具体落实，是对未成年人从宽处理理念在立法上的具体体现。

附条件不起诉是指未成年人涉嫌《刑法》分则第四章、第五章、第六章规定的犯罪，可能判处一年有期徒刑以下刑罚，符合起诉条件，但有悔罪表现的，人民检察院可以决定暂时不予起诉，对其设置一定的考验期，进行监督考察，根据其表现再决定是否起诉的制度。附条件不起诉应当符合以下条件：第一，罪名条件；第二，刑罚条件；第三，证明条件，即证明案件符合起诉条件；第四，表现条件，即有悔罪表现；此外，在程序上，还应当听取被害人和公安机关的意见。

从“宽”而言，附条件不起诉使得未成年人犯罪嫌疑人有机会复归社会，重新改造；从“严”而言，附条件不起诉设置考察期，对考察期内不符合要求的做出起诉决定，从而起到打击犯罪，保护社会的作用。

6. 刑事和解制度的法律化

1996 年，《刑事诉讼法》规定了自诉案件的和解程序，但是对于公诉案件而言，其长期以来被认为是对社会秩序的破坏，应由国家机关代表国家专门行使追诉犯罪的权力，从而在立法上排除了公诉案件适用和解程序。然而，随着构建和谐社会的理念和“宽严刑事”政策的提出，一些地方率先开启公诉案件刑事和解的尝试，实践证明，适用刑事和解来办理公诉案件有着明显的法律效果和社会效果。首先，有效化解当事人之间的纠纷和矛盾，降低了刑事发案率。其次，切实保护了被害人的权益，教育挽救了犯罪人。最后，降低了诉讼成本，节约了司法资源。于是，2012 年，刑事和解制度在公诉案件中也得到了法律化。

刑事和解作为一种法定化制度，根据《刑事诉讼法》第二百七十七条的规定，其适用须符合以下条件：第一，犯罪嫌疑人、被告人真诚悔罪；第二，犯罪嫌疑人、被告人获得被害人谅解；第三，被害人自愿和解；第四，满足一定的罪名与刑罚条件，即（1）因家庭矛盾、邻里纠纷等民间纠纷引起，涉嫌刑罚分则第四章、第五章规定的侵犯公民人身权利、民主权利罪和侵犯财产罪，可能判处三年以下有期徒刑刑罚的故意犯罪案件（2）除渎职犯罪以外的可能判处七年以下刑罚的过失犯罪案件；除此之外，《刑事诉讼法》还将“五年内曾故意犯罪”的情形排除在适用范围之内，体现了对人身危险性大的犯罪嫌疑人的从严打击。

刑事和解制度适用于公检法的各个阶段，对于检察院的审查起诉阶段而言，若达成和解协议的，有两种处理方法。第一，对于犯罪情节轻微，不需要判处刑罚的，可以做出相对不起诉决定。第二，对仍需判处刑罚的，则向人民法院提出公诉，并提出从宽处理的建议。[①] 刑事和解的目的在于恢复加害人破坏的社会关系、弥补受害人的损失、恢复加害人与被害人之间的和睦关系，并使加害人改过自新、复归社会，它是实现宽严刑事政策中的宽松刑事政策的重要途径。

（三）起诉程序中刑事司法政策的反思与调整

从“严打”到“宽严相济”的刑事司法政策的转型，不论在法律效果还是社会效果上来看，无疑是一种肯定。然而，理念的转变与实践的贯彻总有着一定的差距，尽管在司法实践中确立了各种“宽宽严严”的制度亦或是探索，但依旧存在着很多与“宽严政策”相背离之处，起诉程序中亦不例外。

1. 起诉程序中刑事政策的反思

在审查起诉阶段，虽有一系列以“宽严相济”为理念而设计的制度，但是这些制度在设计上依旧存在着操作性上的不足，导致无法良好贯彻“宽严相济”政策，主要表现在以下几方面：

第一，不起诉制度的缺陷。首先，在法定不起诉中，案件适用的范围过于狭窄。根据《刑法》的规定，合法行为、一般违法行为、正当行为等并不构成犯罪，但是基于法定不起诉条件的限制，在审查起诉阶段对上述案件往往采用退回公安机关处理的方式，而不是直接做出不起诉决定，这种方式不仅可能使无罪之人的权利长时间处于待定状态，不利于人权的保障；其次，在酌定不起诉中，自 1996 年刑事诉讼法中规定酌定不起诉至今，近 19 余年，酌定不起诉在运行中出现使用率低，这与当时的立法初衷相背离，主要在于：（1）酌定不起诉的适用空间过于狭窄，只适用于非常轻微的案件，且对于该“轻微”条件规定得过于模糊；（2）适用程序过于繁琐，以基层检察机关为例，若要适用酌定不起诉，须经承办人员、公诉部门负责人、分管副检察长

---

① 陈卫东、程雷：《刑事诉讼法修改条文理解与适用》，中国法制出版社 2012 年版，第 78 页。

以及检察长逐级认可后提交检委会讨论，对于讨论通过的，还要报请上级检察机关的检委会讨论。① 这种繁琐的程序在一定程度上使得享有自由裁量权的检察官选择做出起诉决定；（3）不合理的考核机制的影响，检察机关在内部的工作考评中普遍规定了“不起诉率”，这使得办案人员为了自身的利益需求，从而形成“可诉可不诉的就诉”的心理，与制度设计初衷不温和，背离了“宽严相济”的刑事政策。最后，在存疑不起诉中，同样存在不足：(1) 被不起诉人的合法权益保障缺失。我国在《刑事诉讼法》中明确赋予了相对被不起诉人对不起诉决定不服的申诉权，而没有规定在存疑不起诉情况下被不起诉人向检察机关申诉的权利，实质上是剥夺了被不起诉人对存疑不起诉决定的申诉权利，与现代的人权保障理念相背离；（2）监督制约机制不足。存疑不起诉是以检察官的自由裁量权为基础的，在现实中“证据不足”在一定程度上成了检察官规避难办案件的一个避风港，滥用存疑不起诉，② 不利于打击犯罪，使得“宽严相济”中“严”的一面成为虚置，而“宽”的一面成为假象；（3）表述不精确。根据“有利于被告人”和“无罪推定的原则”，当证据不足无法证明案件事实时，即不具备起诉条件，检察机关无权自由裁量，而是“应当”做出不起诉决定。③

第二，附条件不起诉制度的缺陷。一方面，适用范围过于狭窄。附条件不起诉制度目前只适用于未成年人，而将其他主体排除在外，不利于全面贯彻“宽严相济”政策；另一方面，所附条件不具有针对性。附条件不起诉中所附条件基本为指导性规定，较为概括，且并未针对未成年人特殊心理设计，而是完全参照管制、缓刑罪犯的规定，尤其是没有落实矫治教育的具体方案，使无法起到教育、感化、挽救未成年人的作用。④

第三，刑事和解制度的缺陷。一方面，适用范围局限。《刑事诉讼法》将刑事和解的公诉案件局限于《刑法》分则第四章、第五章的规定，将其他案件中犯罪嫌疑人有意愿与被害人达成和解协议的情形排除在外，隔断了适当

① 刘沛谞：《宽严相济刑事政策系统论》，中国人民公安大学出版社 2010 年版，第 39 页。
② 宋孟阳：《论存疑不起诉》，载《周口师范学院学报》2007 年第 1 期。
③ 卢建平：《刑事政策与刑法变革》，中国人民公安大学出版社 2011 年版，第 47 页。
④ 杜文星：《宽严相济刑事政策若干问题研究》，吉林大学 2013 年硕士学位论文。

的表达悔意的渠道，限制了刑事和解的适用数量；另一方面，赔偿无标准，和解方式单一。当下，和解方式呈现出“赔偿—谅解—减刑”的模式，容易造成“以钱买刑”的不良风气，不利于社会和谐稳定。

2. 起诉程序中刑事政策的调整

在不起诉制度的调整上，首先，扩大法定不起诉的适用范围，将下列四类纳入法定不起诉中：（1）根据《刑法》规定，不构成犯罪的；（2）犯罪行为并非犯罪嫌疑人实施的；（3）证据不足的；（4）共同犯罪、集团犯罪中，能够与司法机关提供实质性合作的轻微犯罪分子（前提—无被害人犯罪）。①其次，扩大酌定不起诉案件的适用范围，包括两方面，第一，适用对象为可能判处三年以下有期徒刑、拘役、管制、单处罚金的公诉案件；第二，扩大酌情考虑的因素，即除了依照《刑法》规定不需要判处刑罚或免除刑罚的以外，还可以将特殊主体、人身危险性、犯罪后表现、犯罪性质等。② 再者，取消不合理的考核指标，为了使办案人员能够大胆地适用不起诉制度，真正贯彻落实“宽严相济”政策，应当调整考核标准，改进考评方法。此外，应当完善不起诉决定程序，包括两方面：第一，化繁为简，简化做出不起诉决定的程序；第二，达成控辩合意，不起诉决定涉及犯罪嫌疑人的正当权利，应当征求其意见；第三，赋予被害人知情权与参与权。最后，完善监督机制，不起诉制度中由于检察官享有自由裁量权，导致实践中不起诉制度的滥用，不利于打击犯罪。

在附条件不起诉制度的调整上，应当放宽附条件不起诉制度的适用范围，应以罪行轻重为标准，而非以未成年人为标准。同时明确附条件不起诉的附加条件，根据犯罪人自身的身心特点、案件性质、案件情节设置考验期内应遵守的条件，例如对于有上网、毒瘾等嗜好的，可以附加戒毒治疗；对于缺乏爱心和责任心的，可以附加参加公益劳动等。此外，建立帮教组织，针对不同的犯罪嫌疑人制定个性化的帮教方案，包括在生存技能、职业教育等方面提供帮助，使其早日复归社会。

---

① 卢建平：《刑事政策与刑法变革》，中国人民公安大学出版社 2011 年版，第 89 页。

② 朱立恒：《宽严相济刑事政策与刑事审前程序》，中国法制出版社 2008 年版。

在刑事和解制度的调整上，一方面，适度放宽刑事和解案件的适用范围。对超出《刑法》第四章、第五章规定的轻罪案件，当事人就赔偿数额、精神抚慰、赔礼道歉等事项达成和解共识，当这种和解行为最终使得犯罪嫌疑人的再犯可能性、社会危险性降低时，检察机关可以在量刑建议时要求从宽处罚，但对于是否从宽到不起诉则应当慎重。①

五、审判程序中刑事司法政策的转型与调整

（一）审判程序中刑事司法政策概述

在我国，刑事审判是指人民法院在控辩双方和其他诉讼参与人的参加下，依照法定的程序对于被移交审判的刑事案件进行审理并作出裁判的活动，刑事审判活动由审理和裁判两部分活动所组成。所谓审理，是指人民法院在控辩双方和其他诉讼参与人的参加下，调查核实证据、查明案件事实并确定如何适用法律的活动。所谓裁判，是指人民法院依据认定的证据、查明的案件事实和有关法律，对案件的实体和程序问题作出处理结论的活动。审理是裁判的前提和基础，裁判是审理的目的和结果。在现代法治社会，刑事审判具有维护追诉正当性、保护被告人不受错误追究、保障辩护权等多方面的意义。

刑事司法政策对整个刑事司法程序起着引导作用，贯穿侦查、起诉和审判三个阶段。“严打”时期，“从重从快”的政策指引下，我国《宪法》和《刑事诉讼法》明确规定的公、检、法三机关“分工负责、互相配合、互相制约”的关系遭到破坏。一方面，侦查中心地位突出，在刑事诉讼流程居后的审判程序沦为“走形式”，这种现象也被通俗地表达为“公安机关是做饭的，检察机关是端饭的，审判机关是吃饭”。另一方面，在严厉打击犯罪目标的引领下，三机关相互间制约不足，配合突出，人权保障和司法公正遭到破坏。为了构建社会主义和谐社会，总结“严打”刑事政策利弊得失，发展完善惩办与宽大相结合刑事政策，“宽严相济”的刑事政策呼声高涨。最高人民法院于2010年2月8日发布《关于贯彻宽严相济刑事政策的若干意见》，该意见

① 杜文星：《宽严相济刑事政策若干问题研究》，吉林大学2013年硕士学位论文。

指出：宽严相济刑事政策中的从“严”，主要是指对于罪行十分严重、社会危害性极大，依法应当判处重刑或死刑的，要坚决地判处重刑或死刑；对于社会危害大或者具有法定、酌定从重处罚情节，以及主观恶性深、人身危险性大的被告人，要依法从严惩处。在审判活动中通过体现依法从“严”的政策要求，有效震慑犯罪分子和社会不稳定分子，达到有效遏制犯罪、预防犯罪的目的。宽严相济刑事政策中的从“宽”，主要是指对于情节较轻、社会危害性较小的犯罪，或者罪行虽然严重，但具有法定、酌定从宽处罚情节，以及主观恶性相对较小、人身危险性不大的被告人，可以依法从轻、减轻或者免除处罚；对于具有一定社会危害性，但情节显著轻微危害不大的行为，不作为犯罪处理；对于依法可不监禁的，尽量适用缓刑或者判处管制、单处罚金等非监禁刑。

随着“两高”先后以司法文件的形式将“宽严相济”的刑事政策正式确立下来，刑事司法政策也完成了从“严打”到“宽严相济”的演变。回归到刑事审判程序，在刑事司法政策的指引下，1996 年和 2012 年对《刑事诉讼法》进行修改时，审判程序的修改都占很大篇幅，公正优先，兼顾效率，人权保障不断加强。

（二）审判程序中刑事司法政策的转型

1. 控辩式庭审模式确立

根据 1979 年《刑事诉讼法》规定，我国刑事审判方属于超职权主义审判模式，庭审过程中法官占据绝对主导地位，控辩双方参与审判程序十分有限。控诉人方面，法庭审判过程中，法官在程序上指挥诉讼进行，在实体上进行举证质证，主动讯问询问，审判职能与控诉职能界限迷糊；被告人方面，不仅辩护人向被告人发问必须事先得到审判长许可，而且当事人辩护人对证人、鉴定人的询问也需要事先得到审判长的允许，过分强调法官的职权作用和惩罚犯罪，被告人的辩护权受到极大限制，很难影响审判的进程和诉讼结果。1996 年《刑事诉讼法》修改，大量吸收英美法系当事人主义审判方式的某些积极因素，降低法官法庭调查程序中的主导地位，增强控辩双方在庭审中的对抗性，形成法官居中裁判，控辩双方平等对抗的控辩式庭审模式。根据 1996 年《刑事诉讼法》规定，法官只对控辩双方的举证、质证活动进行补充，仅做庭审程序性事项以及其他必要性补充发问。法官在庭审过程中的消极、中立地位得到提高，更好地承担主持法庭、维护控辩双方公平对抗的职能[①]，这样的无偏地位有利于减轻倾向追诉的心态，加上辩方参与庭审的机会增加，被告人权利保障增强。

2. 量刑程序庭审化

根据1996年《刑事诉讼法》第一百六十条的规定，控辩双方在庭审中只能就证据和“案件情况”发表意见，法律也未规定“案件情况”的具体范围。因此，实践中，法庭审理具有明显的只关注“定罪”而忽视“量刑”问题的特点。完全依赖法官自由裁量决定量刑的做法，显然侵犯了被告人的程序和实体权益，极易造成严重的司法不公。2012年《刑事诉讼法》规定，“法庭审理过程中，对与定罪、量刑有关的事实、证据都应当进行调查、辩论。经审判长许可，公诉人、当事人和辩护人、诉讼代理人可以对证据和案件情况发表意见并且可以互相辩论。审判长在宣布辩论终结后，被告人有最后陈述的权利。”也就是说，量刑问题正式成为法庭审理的对象，在庭审程序中的地位提高，控辩双方可以对与量刑有关的事实发表意见和互相辩论，缩减了法官的自由裁量权，控辩双方对于事实、证据或者适用法律方面的对抗程度，法官可以充分考虑从而正确心证，被告人量刑部分的权益得到维护。

3. 简易程序完善

1996年《刑事诉讼法》修改时设置了简易程序，2012年《刑事诉讼法》修改对简易程序加以完善，在节约司法资源的同时，适用程序更加规范，更加突出了公平正义。第一，扩大了简易程序的适用范围。根据1996年《刑事诉讼法》的规定，简易程序只能适用于基层法院、由法官采用独任制审理的三类案件：（1）事实清楚、证据充分，检察院建议或者同意适用简易程序的可能判处3年以下有期徒刑、拘役、管制、单处罚金的公诉案件；（2）告诉才处理的案件；（3）被害人起诉的有证据证明的轻微刑事案件。可见，依据1996年《刑事诉讼法》，简易程序只是处理刑事案件的一种例外形式。“两院”、司法部在2003年发布了《关于适用普通程序审理“被告人认罪案件”

---

① 陈瑞华：《刑事诉讼的前沿问题》，中国人民大学出版社2000年版，第359页。

的若干意见（试行）》，在一定程度上扩大了简易程序的适用范围。2012 年《刑事诉讼法》第二百零八条规定：“基层人民法院管辖的案件，符合下列条件的，可以适用简易程序审判：（1）案件事实清楚、证据充分的；（2）被告人承认自己所犯罪行，对指控的犯罪事实没有异议的；（3）被告人对适用简易程序没有异议的。”这一规定吸收了司法解释的相关规定，将简易程序的适用范围扩大到基层法院管辖的所有被告人认罪、不存在事实、证据争议的案件，有利于充分发挥简易程序的功能。第二，完善了简易程序的启动程序。根据 1996 年《刑事诉讼法》的规定，控方建议或者同意是适用简易程序的前提，被告人对于审判方式的这种变动并无参与决定权。2003 年“两院”、司法部发布的《关于适用简易程序审理公诉案件的若干意见》第三条对此作了修审理之前应当征得被告人、辩护人的同意；《关于适用普通程序审理“被告人认罪案件”的若干意见（试行）》强调，适用“普通程序简化审”除了要确认被告人认罪的有效性外，还要明确“适用本意见审理可能导致的法律后果，确认被告人自愿同意适用本意见审理”。2012 年《刑事诉讼法》第二百一十一条规定，“适用简易程序审理案件，审判人员应当询问被告人对指控的犯罪事实的意见，告知被告人适用简易程序审理的法律规定，确认被告人是否同意适用简易程序审理。”简易程序不仅对控方的程序义务作了减免，更对被告人的程序权利作了限制，因此，作为对被告人不利的程序处分，其启动必须获得被告人有效同意。现行《刑事诉讼法》以规定法官确认和告知义务的方式进一步强调了被告人放弃无罪辩护以及相应程序权利的有效性，体现了程序公正的基本要求。第三，明确了不适用简易程序的案件范围。2012 年《刑事诉讼法》第二百零九条规定：“有下列情形之一的，不适用简易程序：（1）被告人是盲、聋、哑人，或者是尚未完全丧失辨认或者控制自己行为能力的精神病人的；（2）有重大社会影响的；（3）共同犯罪案件中部分被告人不认罪或者对适用简易程序有异议的；（4）其他不宜适用简易程序审理的。”这些例外规定一方面强调被告人对于认罪以及适用简易程序的同意必须有效，因而排除了共同犯罪案件部分被告人不认罪或不同意适用的情形，且对行为能力低于一般人、属于指定辩护范围的被告人作了例外规定；另一方面，对于有重大社会影响的案件，基于程序公正的考虑，也排除简易程序的适用。

第四，完善了简易程序的审理程序。根据1996年《刑事诉讼法》规定，简易程序对普通程序进行了极大地简化，不仅检察院可以不派员出席法庭，审判组织、庭审过程也多有省略。2012年《刑事诉讼法》在程序部分作出如下修改：（1）强化公诉人的出庭义务；（2）以被告人可能判处的刑罚为标准配备审判组织；（3）增设法官对简易程序的告知和确认义务；（4）强调对辩护权的保护；（5）延长了可能判处3年以上刑罚案件的审限。从“宽严相济”刑事政策的视角出发，新《刑事诉讼法》关于简易程序的修改充分体现了“宽严相济”刑事政策中的“宽”一面。更加重视被告人对于案件事实与简易程序的适用意见，如果被告人不承认自己所犯罪行，或者对指控的犯罪事实、适用程序存有异议，简易程序均不可，突出体现了对被告人诉讼主体地位的尊重与其合法权益的保障。这样的选择权的赋予体现了审判程序中刑事司法政策的宽和。

4. 证人出庭作证制度的完善

2012年《刑事诉讼法》对证人出庭作证制度加以完善，以期减少实践中证人不出庭作证对审判程序的公正性和对抗性造成的损害。第一，明确了证人应当出庭作证的条件。2012年《刑事诉讼法》第一百八十七条分三款对此问题进行了规定。其中，第一款规定：“公诉人、当事人或者辩护人、诉讼代理人对证人证言有异议，且该证人证言对案件定罪量刑有重大影响，人民法院认为证人有必要出庭作证的，证人应当出庭作证。”这一方面赋予了法院在决定出庭作证的证人方面的主导权，另一方面也限制了应当出庭作证的证人范围，增加了证人作证的操作性与有效性。第二款规定：“人民警察就其执行职务时目击的犯罪情况作为证人出庭作证，适用前款规定。”中国刑事诉讼中警察出庭作证的历史由此开启。第三款规定：“公诉人、当事人或者辩护人、诉讼代理人对鉴定意见有异议，人民法院认为鉴定人有必要出庭的，鉴定人应当出庭作证。经人民法院通知，鉴定人拒不出庭作证的，鉴定意见不得作为定案的根据。”此外，第一百九十二条第二款还规定：“公诉人、当事人和辩护人、诉讼代理人可以申请法庭通知有专门知识的人出庭，就鉴定人做出的鉴定意见提出意见。”这意味着鉴定人出庭作证制度的正式建立，禁止鉴定意见不经法庭质证直接作为定案根据，使得控辩式庭审模式具有良好的运作基础，不仅充分体现了程序公正，也对当事人的人权构成较好的保障。

5. 对判处死刑的严格控制

死刑是最为严厉的刑罚处罚，涉及对一个人最重要的利益即生命权的剥夺，如果发生错判，不仅会造成被告人生命无法挽回的严重后果，同时也会极大地损害司法公正与司法权威。2012 年《刑事诉讼法》对可能判处死刑的被告人适用的刑事审判程序更加严密周全，同时也注重保护死刑案件被告人的诉讼和其他合法权益，提高案件的审判质量。一方面，慎重判处死刑，具体表现在对于可能判处死刑的案件，在审理期限上，可以“经省、自治区、直辖市高级人民法院批准或者决定”，在普通审限两个月的基础上再延长两个月，给予审理死刑案件的法院充分的全面查清事实和准确适用法律的时间；将被告人被判处死刑的上诉案件列入二审开庭审理的范围。另一方面，完善死刑复核程序，具体表现：（1）规定死刑复核必须讯问被告人，体现了适用死刑的慎重态度，强化了死刑复核程序对被告人实施最后救济的特征。（2）规定在辩护律师提出要求的情况下，必须听取辩护律师的意见，提供与检察官相对立的专业意见，协助复核法官准确评估死刑适用的正确性和必要性。这对于扭转死刑复核行政化、程序保障不足的状况有很大帮助；（3）规定了检察机关的参与。2012 年《刑事诉讼法》第二百四十条第二款规定：“在复核死刑案件过程中，最高人民检察院可以向最高人民法院提出意见。最高人民法院应当将死刑复核结果通报最高人民检察院。”最后，扩展了死刑复核的裁判方式。在本次《刑事诉讼法》修改之前，最高法院在死刑复核后只能作出核准或不核准的裁定，而无权改判。这一方面限制了最高法院对于错误适用死刑的案件进行纠正的能力，另一方面也因为不核准的案件将被发回重审而导致程序的“回溯”和“周转”。最高法院改判的权力的赋予，使得最高法院的审判权复归完整，是死刑复核程序回归审判程序。

（三）审判程序中刑事司法政策的反思与调整

在现代法治社会中，“法庭审判作为在特定时空按照特定程序进行的诉讼活动，有保障真实和保护人权的一系列制度保障。……庭审活动将对侦查、起诉的有效性作出结论性评断并最终决定诉讼的命运，应当是诉讼活动的中心与重心。”[①] 尽管刑事审判程序诸多制度的转型不断突出人权保障，提高刑事审判的公正性，不断贯彻落实“宽严相济”的刑事政策，然而，审判程序的中心地位不突出，使得审判程序公正不足依然比较突出。

审判程序公正性不足主要表现为证据制度不完善。法院定罪量刑的事实是法律上的事实，依据各项证据予以还原，证据制度完善与否直接影响审判程序的公正性。具体表现：非法证据范围仍较为粗糙、简略，相关规则操作性不强；没有对程序性问题的证明标准与控辩双方的证明标准作进一步的细分与规定，导致司法实际部门难以对不同问题、不同阶段的证明标准进行准确的判断与适用；证人是否应当出庭在很大程度上取决于法院的裁量，即法院是否“认为证人有必要出庭作证”。而这就带来很大的随意性，被告人对质的机会可能会被轻易剥夺；证人不出庭作证的，其庭外证言是否可以采用，没有明确说法。2012 年《刑事诉讼法》第一百八十八条第二款规定了证人不出庭的后果：“证人没有正当理由拒绝出庭或者出庭后拒绝作证的，予以训诫，情节严重的，经院长批准，处以十日以下拘留”。但是，证人不出庭在诉讼法上的后果，2012 年《刑事诉讼法》以及相关司法解释却只字未提。相反，2012 年《刑事诉讼法》第一百九十条规定，“对未到庭的证人的证言笔录……应当当庭宣读”，这等于变相肯定了庭外证言的证据资格。换言之，修改后的《证据法》条款尚未形成一个足以保证公正审判的体系。

为了实现公正审判提供充分的证据法保障，除了根据社会发展循序渐进修改立法外，可以从以下两个方面补充完善：第一，在与新法不相冲突的范围内，继续执行“两个证据规定”。“两个证据规定”作为中央司法体制改革的重要成果，是在中央政法委具体部署和全国人大常委会法工委牵头下，“两高三部”经过深入调研取得一致意见后，于 2010 年 6 月出台的，其中很多规定带有制度创新的特点，如《死刑案件证据规定》关于证据裁判原则、庭审质证原则、死刑案件证明标准、对来源不明的实物证据以及不符合法定要件的言词证据予以排除、瑕疵证据补正与排除规则、原始证据优先规则、意见证据规则、侦查人员出庭作证的规定，《非法证据排除规定》关于非法言词证

① 龙宗智：《刑事庭审制度研究》，中国政法大学出版社 2001 年版，第 28 页。

据范围、非法证据先行调查程序、被告人审前供述的证据能力、未到庭证人或被害人的书面证言或书面陈述合法性的证明责任等方面的规定，都是以往法律、司法解释或其他司法文件所没有出现的，对于规范证据的收集和运用具有极其重要的现实意义。由于立法规定本身不可能太细，加之对有些问题一时难以统一认识以及其他原因，这些创新性规定没有得到刑事诉讼法修正案的完全吸收。但两个证据规定本身仍然是有效的规范性文件，除被刑事诉讼法修正案吸收的内容以外，其他规定仍然是我国《证据法》规范体系的组成部分，在与新的法律规定不相冲突的范围内，应当继续在司法实践中予以贯彻。第二，通过司法解释和指导性案例弥补法律规定的不足。无论是刑事诉讼法修正案，还是“两个证据规定”，本身都有一定的局限性，在实体性规范方面界限不明、在程序性规范方面空白之处比比皆是。如刑讯逼供之后的“等”字如何理解？对技术性侦查措施收集的材料如何由审判人员在法庭以外进行核实？专家辅助人如何出庭提供质证意见？收集程序违法的物证、书证在哪些情况下应当予以排除？检察机关如何在审查起诉阶段排除非法证据？第二审法院对排除非法证据的申请如何进行审查处理？等等。这些问题在“两个证据规定”和刑事诉讼法修正案中均没有具体规范，要想公正、合理地解决这些问题，有必要通过司法解释作出更加明确、具体的规定，以便实务操作。同时，鉴于最高人民检察院和最高人民法院均已建立起案例指导制度，如果能够通过指导案例对具体证据的收集、审查和判断程序提出明确的指导性意见，对于规范地方公安司法机关侦查取证和审查判断证据的行为，维护司法公正也会有积极的促进作用。①

---

① 孙长永：《论刑事证据法规范体系及其合理性建构——瓶刑事诉讼法修正案关于证据制度的修改》，载《政法论坛》2012年第5期。

由故意伤害引发的伪证案

邱晨帆　吴　圆*

一、案情简介

2007年2月2日，公安机关对陈志腾被伤害一案立案侦查，2007年2月，犯罪嫌疑人周伟立、周伟池、周伟生故意编造虚假事实，找来第三人林小丕，告知其被害人陈志腾在本案中具有持木棒先行殴打、攻击周伟立等三人的情节，并请求林某以现场目击者的身份向公安机关提供上述证言。林小丕案发时不在现场，其对案件的了解完全出于周伟立等三人对案情的虚假叙述，但林某本人深信周伟立等三人对其讲述的情况是案发时的真实情况，遂于2007年2月14日、2007年2月25日两次到公安机关，指控陈志腾在本案中持木棒先行殴打、攻击周伟立等三人。林小丕在作证时隐瞒了上述情况系自周伟立等三人处听闻的事实，声称自己当时在现场附近目击了案件发生情况。由于林小丕的证言，公安机关于2007年3约6日对被害人陈志腾进行刑事拘留，严重影响了陈某被伤害一案侦查活动的正常进行。

二、问题的提出

这是一个看似简单实则较多争议的案例。围绕此案，我们难免产生如下

* 作者简介：邱晨帆，厦门市思明区检察院反贪局；吴圆，华东政法学院法学硕士，厦门市集美区人民检察院侦查监督科科员。

疑问：

（1）林某本人并未目击本案的真实情况，林某是否具备伪证罪构成要件所要求的证人身份？（2）如果林某具备证人身份，林某的行为是否符合伪证罪其他要件从而构成伪证罪？（3）对于周伟立等三人指使林某向公安机关反映上述虚假事实的行为应如何定罪处罚？

三、分析与结论

伪证罪是身份犯，第一个问题关系着林某的犯罪主体适格问题。在该案的讨论中，赞成意见认为林某在听到周某立等三人对其讲述案件情况并到公安机关作证时，就已经具备了证人资格；否定意见则认为，林某案发时不在现场，对案件情况没有任何感知、记忆，不属于刑事诉讼法上的证人，因此林某不符合伪证罪主体要件，自然也就不构成伪证罪。

本文认为，我国《刑事诉讼法》并不排除传闻证据的法律效力，因此证人并非仅指在现场亲身获知案件情况的人，通过听闻、他人转告等方法知晓案件情况的人也应属于证人范畴，林某从周某立等人之处获知了案件有关情况（尽管这一情况是周某立等编造的），应当视为证人。

更为重要的是，《刑法》和《刑事诉讼法》是位阶平行，而功能迥异的两大法律部门，有着各自的规范重心和运行逻辑，这决定了刑法伪证罪中的“证人”概念完全可以拥有与《刑事诉讼法》上“证人”概念不同的内涵。《刑事诉讼法》理论对于“证人”概念进行界定时的考量重心在于确定作为法定证据种类之一的证人证言的内在品格，故而刑诉法上的“证人”强调的是该主体与案件事实之间的认知关系；《刑法》伪证罪的机能则着眼于规制以证人身份进入刑事司法程序之人的行为，避免该人通过不正行为误导、扭曲司法追诉程序，保障国家刑事司法活动的有效开展，因此伪证罪上的证人概念关注的是该主体与侦查、起诉、审判等刑事司法活动之间的程序性关联。从这一立场出发，任何被刑事司法机关确定为证人，并以此身份进入刑事司法程序的人，均是伪证罪所欲规制的“证人”，负有如实作证的义务；一旦该人做虚假陈诉并由此影响到刑事追诉工作的有效进行，便可视情节轻重追究其伪证罪的刑事责任，至于其本人究竟是否知晓案件事实情况，是否是实质意义上的“证人”则在所不问。概而言之，刑事程序法上的证人，应当是实体意义上的证人－知晓案件情况；而刑事实体法上的证人只需是程序意义上的证人即可。因此本文认为林某属于伪证罪中的“证人”，具备了伪证罪的主体身份。

关于第二个问题，在本案讨论中，有一种意见认为，作证时林某故意向公安机关隐瞒了他从周某立等人处获知案件情况的事实，假称他本人在现场目击了案发经过，而他提供的证言在客观上完全违背案件真实情况，并最终干扰了公安机关对该案的侦查。林某的行为符合伪证罪各个要件，构成伪证罪。

本文不赞成此项意见。首先，从构成要件上看，伪证罪属于目的犯，要求行为人必须具备陷害他人或隐匿罪证的意图。本案中林某深信周某立对其讲述的是真话，在主观上林某不具备陷害他人或隐匿罪证的意图，在林某行为中，伪证罪的主观要件并不齐备，林某不构成伪证罪。

其次，该意见将林某故意假称他本人在现场目睹了案件经过的行为评价为伪证罪的实行行为，这种观点也值得商榷。林某在此故意向司法机关做了虚假陈述，但这一行为并不能简单地等同于伪证罪中的故意做伪证行为。伪证罪的实行行为应当是能够不当影响到刑事司法工作正常开展的行为，一般来讲，应限定为对案件本身真实内容的虚假陈述。林某的假话虽然能够增强公安机关对其证言的采信度，但并不是对于案件自身真实过程的扭曲，没有从本质上干扰、影响公安机关对案件真实的发现，并不具有值得刑事处罚的法益侵害性。设想，假若有一个眼睛近视的证人，就自己目击的案件经过向公安机关做了如实陈述，但只是为了增加证言的可信度，向警察谎称自己的双眼裸眼视力均在1.5左右，难道我们能就此对其以伪证罪相绳吗？显然是不行的，故此，林某在本案中假称自己案发时在现场的行为并不具有伪证罪的行为定型性。而本案中林某向公安机关陈述的案件本身情况虽然最终被证明与客观事实不符，但林某在内心对该部分证言信以为真，并无做伪证的故意，对此也不得论以伪证罪。

行文至此，也许有人会提出，一旦如此评价林某行为，那么只要伪证罪的犯罪嫌疑人辩称提供证言时坚信自己听闻的情况是真实的，就可以洗清罪名，将形成放纵犯罪的局面。本文认为上述的担忧实际上是一个在刑事诉讼中如何认定、证明犯罪嫌疑人主观罪过的问题，这一问题不仅存在于伪证罪中，也存在于对一切其他犯罪的刑事诉讼之中。我们不能因为对犯罪嫌疑人主观罪过证明的难度，就放弃对该项内容的证明，毕竟主客观相一致原则是现代刑法的基本原则。实际上即使伪证罪的犯罪嫌疑人均为自己做如上辩护，司法机关还是可以从其他方面结合各种证据来认定该辩解的真实性，如该犯罪嫌疑人是否还从其他渠道了解到过相反的案件事实；犯罪嫌疑人相信该传闻内容的原因何在，该传闻是否符合逻辑或常态等。

本案的最后一个争议点在于第三个问题，即对于周某立等三人指使林某向公安机关反映上述虚假事实的行为应如何定罪处罚。

由于林某并不知道周某立等告诉他的案件事实是虚假的，周某立等人与林某之间不存在伪证罪的意思联络，所以无论林某是否成立伪证罪，周某立等人均无法构成伪证罪的教唆犯。那么周某立等三人是否成立伪证罪的间接正犯呢？如果单纯从本案的行为样态上着眼，周某立等三人利用其在全案真相掌握上相对于林某的优势地位蒙蔽了林某，诱使林某在不知情的情况下向公安机关提供虚假证言，周某立等三人虽然没有亲自向公安机关作伪证，但在实质上以其行为直接支配了上述的整个事实流程，属于间接正犯中的“利用无犯罪故意者为工具”的形态，似乎应当成立伪证罪。① 但如果检视伪证罪的构成要件，我们就会发现伪证罪在传统刑法理论上被认为是典型的亲手犯，并无成立间接正犯的余地，如果将周某立等三人论以伪证罪的间接正犯，理论上依据不足。②

本文认为，周某立等三人的行为，实际上符合了妨害作证罪的构成要件。《刑法》分则第三百零七条第一款规定：“以暴力、威胁、贿买等方法阻止证

---

① 间接正犯的处罚根据在于幕后行为人虽未直接参与犯罪事实，但对犯罪流程有实质上的支配力，能够等价于直接正犯。间接正犯理论创立初期，法律界仅仅在比较物化的层面理解幕后行为人对犯罪事实的支配，眼光局限于利用精神病患者、未成年人等无自我意思决定能力人的案型；但随着各类案例的丰富、积累，以及刑法理论的不断深入，利用心智健全，但因不知情从而缺乏犯罪故意者的间接正犯形态也逐渐被学术界和实务部门所接受。在这类案例中，幕后行为人因全盘掌控了案情事实而相对直接行为者居于优越地位。

② 亲手犯指因自身构造的特殊而不能由间接正犯来构成的犯罪类型。亲手犯的存否，以及伪证罪是否为亲手犯近年来理论上颇有争议，本文持传统观点，认为伪证罪属于亲手犯。

人作证或指使他人做伪证的，处三年以下有期徒刑或者拘役，情节严重的，处三年以上七年以下有期徒刑。”周某立等三人的行为属于“指使他人做伪证”，成立妨害作证罪。

针对该观点存在下述反对意见：周某立等人始终在欺骗林某，告知林某他们所讲的全是案件真实，并未明确要求林某为他们做伪证，林某也并不清楚自己提供的证言与真实案情不符，所以不能认定周某立等人指使林某做伪证。反对意见实际上是认为“指使”仅在指使人、被指使人就指使的真实内容存在双向的认识、沟通时才成立；“做伪证”要求伪证者主观上对自身证言的虚假性有所认识。应当承认，反对意见对“指使他人做伪证”的理解符合这一语句的通常含义。但是，对法律条款的理解和把握并不能仅仅依据法条文字的通常含义进行。现代《刑法》解释方法认为，在探究个罪构成要件规范内涵时首先要做的是勘定法条文义的“射程距离”，也即该罪法条文义的最大涵盖可能性，然后以文义的可能覆盖范围为边界，在此框架下进一步对法条进行解释，运用体系、逻辑、历史、目的等多种方法确定是直接采用文义的最大覆盖面，还是对此进行限缩，以及如何限缩。而文义射程范围的标定，又以普通国民对该文字含义解释结论的一般预测可能性为基准，因此虽然对个罪文义进行了相较通常理解更为宽泛的解释，但只要没有超出国民的一般预测可能性，该解释就仍然处于法条文义的射程范围之内。[①] 在本文看来，“指使”能够被理解为使用包括欺骗、蒙蔽等多种方法来建立对他人的实质支配、操纵关系；“做伪证”一语也能够包含“主观不知情，但客观上提供了不实证言”的情形，以上解释均未超出国民对文义解释的一般预测可能性。同时，妨害作证罪的规范意旨在于防止证人以外的其他人通过对证人（如前所述，此处证人指程序意义上的证人）施加影响而干扰、扭曲司法活动，从法益保护的立场出发，不应该对行为人影响证人的具体方式进行限缩，添加不必要的要素，使本应受到刑事处罚的妨害作证行为逸脱出该罪构成要件的掌握。此外，指使者欺骗蒙蔽被指使者向司法部门提供虚假证言的危害性并不

① 以上法律解释方法的具体内容可参见【台】杨仁寿：《法学方法论》，中国政法大学出版社2004年版，第132～148页。

小于指使者在告知被指使者实情后指使其做伪证的情形，从刑事政策上看，我们也找不出对前种行为予以出罪的理由，因此，本文认为“指使他人做伪证”并不要求被指使人清楚地认识到自己是在做伪证，更不要求指使者与被指使者之间就做伪证一事存在主观上的意思联络。只要有人受其他人的实际操纵、支配向司法部门提供证言，而该证言在客观上违背了案件真实，就属于“指使他人做伪证”。周某立等三人的行为显然属于指使他人做伪证，符合了妨害作证罪的犯罪构成。

周某立等人的行为虽然符合妨害作证罪，但并不意味着就一定要对此定罪处罚。本文认为，周某立等身为故意伤害罪的犯罪嫌疑人，指使林某就该案犯罪事实作伪证，希望能够为自己脱罪，这一行为因欠缺期待可能性从而不可罚。期待可能性是大陆法系刑法教义学和司法判例中发展出来的超法规的责任阻却事由，近年来也逐渐被我国刑法学继受。[①] 虽然期待可能性的概念属于舶来品，但实际上，期待可能性的原理一直存在于我国传统刑法理论和司法实践中。例如，对于窝藏罪、赃物犯罪等连累犯形态的犯罪，如果实施者是本犯的话，我国刑法理论和实践一向主张不罚，这实质上就是从期待可能性立场出发得到的结论。[②] 因此在我国，以欠缺期待可能性为由，阻却犯罪行为的可罚性是能够成立的。

---

① 由于我国犯罪构成要件理论的独特性，期待可能性在我国刑法上也有着不同于大陆法系刑法的体系地位。在大陆法的三阶层犯罪评价架构上，期待可能性欠缺作为超法规的责任阻却事由直接阻却犯罪的成立；而在我国，本文认为期待可能性欠缺仅仅只是刑法上的不可罚事由。关于期待可能性理论，可参见马克昌：《比较刑法原理》，武汉大学出版社 2002 年版，第 496 ~ 506 页。

② 赃物犯罪在德、日等国被视为财产犯，所要保护的法益为物权的追及性，本犯不可罚的根据主要是赃物犯罪惹起的法益损害状态已经被综合评价在本犯之中。但在我国，赃物犯罪的保护法益在于国家刑事追诉工作的正常开展，因此只能在期待可能性的欠缺上寻求本犯不罚的根据。亦有理论认为赃物犯罪均是消极身份犯，本犯原本就不具有赃物犯罪的主体资格，故而不罚。但如若要追问立法者将赃物犯罪设计为消极身份犯构造的理由，恐怕还是要回到期待可能性欠缺的立场上来。

废除寻衅滋事罪的缺陷及对策

俞俊俊*

作为当今三大“口袋罪”之一的寻衅滋事罪，学界对其一直有所争论。本文从该罪的由来出发，随后通过案例的穿插着重分析了该罪的一些缺陷与不足，同时对于将该罪分散至他罪的可能性进行了一些思考，提出了自己的一些看法。

一、罪名由来

我国1979年《刑法》第一百六十条规定了流氓罪：聚众斗殴、寻衅滋事、侮辱妇女或者进行其他流氓活动，破坏公共秩序，情节恶劣的，处七年以下有期徒刑、拘役或者管制。流氓集团的首要分子，处七年以上有期徒刑。这其中就有有关寻衅滋事的规定。但是随着我国法律指制度的不断完善、法律工作者的不断努力，流氓罪这一“口袋罪”终于在1997年《刑法》中被彻底删除。但这并不仅仅是简单的删除流氓罪，而是将流氓罪进行了细化，细化为寻衅滋事罪，聚众斗殴罪，强制猥亵、侮辱妇女罪，猥亵儿童罪和聚众淫乱罪这五个罪名。其中1997年《刑法》在第二百九十三条对寻衅滋事罪的行为方式进行了规定，包括随意殴打他人，追逐、拦截、辱骂他人，强拿硬要或者任意毁坏、占有公私财物，在公共场合起哄闹事这四种典型的行为方式。

---

* 作者介绍：俞俊俊，上海政法学院2015级刑法学硕士研究生。

2011年2月25日《刑法修正案（八)》对寻衅滋事罪又进行了修改，最终形成了现在的《刑法》第二百九十三条寻衅滋事罪：有下列寻衅滋事行为之一，破坏社会秩序的，处五年以下有期徒刑、拘役或者管制：（一）随意殴打他人，情节恶劣的；（二）追逐、拦截、辱骂、恐吓他人，情节恶劣的；（三）强拿硬要或者任意损毁、占用公私财物，情节严重的；（四）在公共场所起哄闹事，造成公共场所秩序严重混乱的。纠集他人多次实施前款行为，严重破坏社会秩序的，处五年以上十年以下有期徒刑，可以并处罚金。

二、立法与实践上的缺陷

（一）口袋罪

从流氓罪规定的模糊不清到寻衅滋事罪的相对清晰，这对《刑法》来说无疑是一个巨大的进步。但这个进步，也隐藏着一些立法和实践上的缺陷。在1997年修订《刑法》以前，流氓罪被法律界公认为典型的“口袋罪”，而其继任者寻衅滋事罪似乎也脱离不了“口袋罪”这一称号。“口袋罪”并没有一个专门的定义，而是法律工作者在司法实践中慢慢发现的，有些罪名规定得比较模糊，因此在实践操作中就将一些不好定性，不便判断的行为都归到这些罪名中去，这些罪名就像一个口袋一个，“什么都往里面装”，因此就将此罪称为“口袋罪”，而寻衅滋事罪明显接过了流氓罪的接力棒，成了新的“口袋罪”。

虽然寻衅滋事罪已经规定了四种行为类型，但是明显还是不够细化，不够具体。“随意”，“情节恶劣的”，“任意”这些词都出现在这一法条中。而这些词往往都是需要进行解释的，但是遗憾的是现在并没有一个解释的标准。因此在司法实践中，司法机关也很“随意”“任意”的对这些词进行理解，这就造成了案件审判在司法实践中具有相当的随意性，这就很难保证公平公正。2010年6月24日与8月29日，《财经》杂志编辑方玄昌与打假斗士方舟子先后被两名男子袭击，方玄昌经鉴定为轻微伤。2010年10月10日，石景山区人民法院审理该案后作出一审判决，参与袭击的肖传国等人构成寻衅滋事罪，被判处拘役，时间不等。2010年11月4日北京一中院二审驳回上诉，维持原判。其实在2010年9月21日，方舟子被袭案主要犯罪嫌疑人肖传国因故意伤害罪在上海浦东机场被警方抓获。警方初步审查，该案是因为肖传国认为方舟子通过媒体、网络对其学术“打假”，从而导致其未能入选中国科学院院士。肖传国为报复逐指使戴建湘，由戴建湘组织龙光兴等人实施犯罪行为。警方最初是以涉嫌故意伤害为由对肖传国进行抓捕的，但是由于方玄昌经鉴定仅仅为轻微伤，并不符合故意伤害罪的要求，即连轻伤都达不到，那么就不能对肖传国等人以故意伤害罪对肖传国等人进行处罚。于是法院只好用寻衅滋事罪对肖传国等人做出了判决，乍一看好像法院的做法是正确的，在不能判此罪的情况下，找到了彼罪，让犯罪分子不能逃脱法网，似乎“大快人心”。但是仔细分析案情，肖传国等人的行为是一种明显的报复行为，其针对的是方玄昌和方舟子个人，其犯罪行为并不具有恣意性，其殴打行为也不是“随意”，而是有目的性，有针对性的报复行为。然而法院却以寻衅滋事罪对肖传国等人定罪，是不恰当的。肖传国等人的殴打行为是有针对性的，但是由于其造成的伤害仅仅是轻微伤，并没有触犯《刑法》值得保护的法益，所以不能由《刑法》对其进行评价。肖传国等人应当无罪，而是用《治安管理处罚法》对其进行评价。虽然这种说法可能并不一定能得到大众的认可，但确实是能够保证公平的。虽然法院没有理论上的支撑，但还是以寻衅滋事罪作为最终判决，从这里就能看出寻衅滋事罪的“口袋化”。

（二）罪罚不当

2015年11月19日凌晨山东省平邑县八十多岁的王常聚夫妇被一伙人员强行拖出自家屋外，随即房屋遭强拆。两位老人分别已有82岁和80岁，在天气寒冷的晚上从自己家里被抬出，受到了一定程度的惊吓，身上也被犯罪嫌疑人用凶器划伤。12月7日16时，山东省平邑县公安局官方微博“平邑公安”发布了一则警情通报，通报中称：“11月19日凌晨，平邑县发生一起开发商强拆涉嫌寻衅滋事案件。公安机关接警后，迅速开展调查，于次日抓获并刑事拘留六名犯罪嫌疑人”。

我国《刑法》第二百五十七条规定，故意毁坏公私财物，数额较大或者有其他严重情节的，处三年以下有期徒刑、拘役或者罚金；数额巨大或者有其他特别严重情节的，处三年以上七年以下有期徒刑。根据山东高级人民法院对于八种财产犯罪起刑数额的认定，其中故意毁坏财物罪，数额较大为五千元以上；数额巨大为五万元以上。在该案中，受害人被人强行抬出自家房子，且房子连夜遭到拆除，损失超过五万元。且“9.14 事件”也被该县定位开发商的私自行为，因此完全符合故意毁坏财物罪的构成要件，且数额巨大。根据量刑标准应当处以处三年以上七年以下有期徒刑。而平邑警方将行为人的行为定性为寻衅滋事罪，寻衅滋事罪最多处五年有期徒刑，这在主观上就有开发商的违法行为减轻罪责的倾向。虽然众所周知强拆和政府肯定脱不了关系（即使平邑县政府认定该案系开发商私人行为）。但是没有证据，目前尚不能判断平邑警方、政府是否与开发商有猫腻行为。但是抛开这些来看，开发商的行为是完全符合故意毁坏财物罪的构成要件的，但是却因为寻衅滋事罪的存在，给予了其避重就轻的可能性。虽然不能说政府一定会“包庇”类似的行为，通过这个案件我们确实看到了一种“避重就轻”的情况。而当类似的案件再一次发生的时候，如果没有监控视频，没有媒体曝光，罪名又会怎么定呢，我们谁也不知道。如此看来，寻衅滋事罪不仅仅是一个可以将其他“轻罪名”装进来的“口袋罪”，还是一个可以将其他“重罪名”剔除出去的“过滤器”。

（三）违背罪刑法定

有学者认为，相对于故意杀人罪、故意伤害罪、故意毁坏财物、抢劫罪和敲诈勒索罪等相关犯罪而言，寻衅滋事罪是一个堵截性罪名。即破坏社会秩序的行为如符合上述相关犯罪的犯罪构成，就按该相关犯罪定罪处罚；只有在既未达到各相关犯罪的犯罪标准，但又确实严重破坏社会秩序，因而应当受到刑法处罚的，才以寻衅滋事罪定罪处罚。①我认为这种说法是不恰当的。首先，我国《刑法》第三条明确规定罪刑法定原则：法律明文规定为犯罪行为的，依照法律定罪处刑；法律没有明文规定为犯罪行为的，不得定罪处刑。如果对于一个行为，它不符合《刑法》明确规定的罪名的构成要件，那么这个行为就应当，也只能是无罪的。“只有在既未达到各相关犯罪的犯罪标准，但又确实严重破坏社会秩序，因而应当受到《刑法》处罚的，才以寻衅滋事

① 杜启新、安文录：《论寻衅滋事罪的合理定位》，载《政治与法律》2004 年第 2 期。

罪定罪处罚”如果某行为没有达到各相关犯罪的犯罪标准时，则可以有《治安管理处罚法》对其进行评价，不然则有“为罚而设”的嫌疑。寻衅滋事罪的规定本身就具有一定的模糊性，更不要说在司法实践中运用了。

2012 年 10 月 24 日，浙江蓝孔雀幼儿园老师虐待幼儿的照片在网上曝光，引起社会和舆论广泛关注。对此，温岭警方第一时间介入事件调查，于 25 日以涉嫌寻衅滋事罪将犯罪嫌疑人颜某刑事拘留，并及时回应网友质疑，向社会公布了以寻衅滋事进行立案侦查的理由：一、不符合虐待罪、侮辱罪和故意伤害罪的刑事立案标准。二、符合寻衅滋事罪“随意殴打他人，情节严重的”规定，因为颜某的行为造成受害人恐慌、害怕等后果。事实上，按照罪刑法定原则的要求，再结合寻衅滋事罪的具体规定来看，将该案定性为寻衅滋事罪是很牵强的，但是当时温岭警方就是这么做了。好在 2012 年 11 月 16 日，温岭公安官方微博称：“温岭城西街道蓝孔雀幼儿园女教师虐童事件经警方深入侦查，根据罪刑法定原则，认为涉案当事人颜艳红不构成犯罪，现依法撤销刑事案件，对其作出行政拘留十五日的处罚，羁押期限折抵行政拘留。”这样恰恰说明了寻衅滋事罪在司法实践中容易出现问题的可能性。

“口袋罪”对人权保障事业构成了巨大的威胁，也背离了现行《刑法》确立‘罪行法定’原则的初衷。如果将故意伤害致他人轻微伤的行为人以寻衅滋事罪追求其刑事责任可以成立，那就完全违背了罪刑法定原则。”①

三、分散至他罪的可能性

我国《刑法》二百九十三条规定了“随意殴打他人，情节恶劣的”“追逐、拦截、辱骂、恐吓他人，情节恶劣的”“强拿硬要或者任意损毁、占用公私财物，情节严重的”“在公共场所起哄闹事，造成公共场所秩序严重混乱的”这四种典型的行为方式，这些行为方式都与其他的罪名中的行为方式具有相似性，甚至一致性。

对于“随意殴打他人，情节恶劣的”中的“随意”学界一般有多种看

① 叶子章：《浅谈现行刑法中的口袋罪》，载《法制与社会》2010 年第 24 期。

法。有学者认为，分析行为人实施殴打行为时主观上是否具有随意性，应从以下三点把握：一要看行为人是否因争强斗狠、寻求刺激等心理因素决定其临时产生殴打的故意；二要看行为人实施殴打行为时是否为了实施殴打，寻找理由作借口；三要看行为人是否经常实施殴打行为。通过以上三点的确定，就能正确把握寻衅滋事罪中行为人主观上是否具有随意性。①也有学者认为，在司法实践中对于随意性的考察应当从动机来看刺激行为人实施殴打他人的内心起因或内心冲动以及看所谓的“事出有因”是否属实。②但是无论在该罪中去怎么认定行为人的“随意性”，行为人的殴打行为在主观上都应该是故意的。殴打行为一定是受到行为人自己控制的（被人强迫或者不可抗力不在此列），因此行为人自己控制自己去殴打他人就一定是遵循了自身的意愿，行为人自身希望通过殴打行为来寻求精神刺激等目的，而且也会造成损害他人身体健康的结果，这是一种主观上的故意，这种故意并不能用“随意”两个字来进行掩盖。而且殴打他人再客观上一定会造成受害人身体上、心灵上的伤害，只不过是程度轻重不同而已。所以随意殴打他人，完全符合故意伤害罪的构成要件，再根据受害人的受伤程度进行区分。如果是轻伤以上，则可以直接将这种情况以故意伤害罪来论处。如果是轻伤以下，达不到故意伤害罪的要求，也可以根据《中华人民共和国治安管理处罚法》第四十三条处 5 日以上 10 日以下拘留，并处 200 元以上 500 元以下罚款或者情节较轻的可以处 5 日以下拘留或者 500 元以下罚款。

而对于“追逐、拦截、辱骂、恐吓他人，情节恶劣的”这一情况，笔者认为加到寻衅滋事罪中，是不合适的。对于“追逐、拦截”这两种行为，《中华人民共和国治安管理处罚法》第二十六条有明确规定处 5 日以上 10 日以下的拘留，可以并处 500 元以下罚款；情节较重的，处 10 日以上 15 日以下拘留，可以并处 1000 元以下罚款。在此处，不仅规定了一般的追逐拦截也规定了情节较重情况下的处罚方法。且对于“辱骂、恐吓他人”，该法第四十二条也有相关的处罚规定，同时也细分为情节严重或不严重。在《治安管理处罚

① 徐卫东：《认定寻衅滋事罪需要注意三个要点》，载《检察日报》2011 年 5 月 10 日。

② 王伟文、徐翌黎：《“随意殴打他人”行为认定的难点和对策》，载金华市人民法院网 2010 年 6 月 2 日。

法》本身就对这些行为方式有处罚规定的同时，再将其加入到刑法罪名，是不合适的。而且“辱骂、恐吓”这种行为很难界定情节恶劣与否。譬如在农村地区，邻里吵架时的污言秽语，更有些比较记仇的人会骂上个几天、甚至几个月。但是对于吵架的双方来说，这并没有对对方造成实质性的伤害，他们也并没有意识到辱骂别人会造成什么后果，甚至双方都觉得这是一种习惯。同时诸如“你给我等着”“明天我就弄死你”之类的恐吓性语言也层出不穷。但是怎么去界定情节恶劣与否，是看辱骂、恐吓时间的长短，还是看次数呢。如果因为此条规定，将双方定罪，处以刑罚，是对双方十分不利的，且也是没有必要的。因此对于“追逐、拦截、辱骂、恐吓他人，情节恶劣的”这一情况的，完全可以由《治安管理处罚法》进行处罚。更何况，对于“追逐、拦截”这一行为，根据同类解释，属于非法拘禁罪中“使用其他强制方法，非法剥夺他人人身自由”的行为，如果情况确实恶劣、危害严重、导致他人失去自由的时间很长，确定了非法拘禁行为的性质，完全可以用非法拘禁罪予以定罪量刑。

至于“强拿硬要或者任意损毁、占用公私财物，情节严重的”这一行为，可以用抢劫罪和故意毁坏财物罪进行转移。首先，《治安管理处罚法》二十六条对于“强拿硬要或者任意损毁、占用公私财物”这一行为就已经明确规定可以处5日以上10日以下的拘留，可以并处500元以下罚款；情节较重的，处10日以上15日以下拘留，可以并处1000元以下罚款。也就是说对于这一行为，《治安管理处罚法》与《刑法》本身就是有一定的冲突性的，区别就在于情节是否严重。对于其中较轻的，可以直接用《治安管理处罚法》进行处理，那么对于数额较大，情节确实特别严重的，笔者认为可以用抢劫罪进行处理。抢劫罪是指以非法占有为目的，对财物的所有人、保管人当场使用暴力、胁迫或其他方法，强行将公私财物抢走的行为。抢劫罪的暴力，是指对被害人的身体施以打击或强制，借以排除被害人的反抗，从而劫取他人财物的行为。这里的其他方法，是指行为人实施暴力、胁迫方法以外的其他使被害人不知反抗或不能反抗的方法。而强拿硬要并不一定对被害人的身体施以打击，往往是用暴力以外的胁迫或者其他方法，情节也十分恶劣。而且行为人既然强拿硬要，肯定是以非法占有他人财物为目的。其次对于任意损毁财物的行为，如果情节特别严重，也可以用故意毁坏财物罪进行定罪量刑。当然，不论是将强拿硬要行为在情节特别严重情况下转向抢劫罪还是将任意损毁财物转向故意毁坏财物罪，其中怎么界定情节严重，怎么界定是属于《治安管理处罚法》管理范围还是上升到《刑法》的高度，应当设立一个具体的标准。如果不设立一个具体的标准，就无法做到公平公正，就将仍然存在模糊界限。例如，2008年6月25日，最高人民检察院、公安部《关于公安机关管辖的刑事案件立案追诉标准的规定（一）》，将“强拿硬要或者任意损毁、占用公私财物价值2000元以上，或强拿硬要或者任意损毁、占用公私财物3次以上或者具有其他严重情节的”作为寻衅滋事案的立案标准之一，那么如果废除寻衅滋事罪之后，上述标准也完全可以继续运用。

对于“在公共场所起哄闹事，造成公共场所秩序严重混乱的”这一行为在《治安管理处罚法》并没有与之相对应的条文。但是在该法第三章第一节第二十三条至第二十九条详细列明了扰乱公共秩序的行为和处罚方法，对于没有造成公共场所秩序严重混乱的可以依照处罚。而是对于其中起哄闹事造成公共场所秩序严重混乱的，可以按照聚众扰乱社会秩序罪进行定罪处罚。对于起哄闹事这一说法，笔者认为起码要两人才属于起哄闹事，如果只有一个人，力量不足，影响力很小，不会造成影响公共场所混乱的情况，更不要说严重混乱了。所以“在公共场所起哄闹事，造成公共场所秩序严重混乱的”这一行为是符合聚众扰乱社会秩序罪的要件的。聚众扰乱社会秩序罪，是指聚众扰乱社会秩序，情节严重，致工作、生产、营业和教学、科研无法进行，造成严重损失的行为。例如，2012年2月24日20时许，5名被告人李某、黄某、杜某、韦某甲、韦某乙（未成年）参加南宁市南晓街建街206周年活动，见黎某等人于当天负责维护治安的南宁市公安局良庆分局治安大队民警发生冲突，5名被告乘机起哄闹事，打杂执勤民警以及车辆，造成多名执勤民警不同程度受伤以及公共场所秩序严重混乱的后果，被打砸的车辆损失价值29595元。后被法院寻衅滋事罪判刑。[①] 但是仔细一看就可以发现本案的行为人有聚众扰乱社会秩序的行为，而且情节严重，后果严重，因此也可以用聚众扰乱

① 刘冬冬：《起哄闹事打砸，领刑方知悔恨》，载南宁市良庆区人民法院网2012年9月11日。

社会秩序罪进行定罪。另外聚众扰乱公共场所秩序罪似乎也可以应用到本案中来。

对于寻衅滋事罪规定的四种典型行为方式来说，他们都可以在《刑法》条文中找到其他的罪名来进行替代，情节轻的我们可以用《治安管理处罚法》进行处理，重的可以用其他适用的罪名来进行处理。而对于多次作案，但是每一次的行为都不构成犯罪，但是屡次从事该行为的，《治安管理处罚法》也有相关的规定。如果适用《刑法》其他罪名，那么可以直接适用累犯的情况。

四、对策

既然寻衅滋事在具有分散致他罪的可能性，那么就应当可以考虑废除寻衅滋事罪。有的学者认为取消或者废止寻衅滋事罪是没有任何可取之处的，取消寻衅滋事罪这一罪名而用《治安管理处罚法》来调整，这实际上是将轻罪行为降为行政处罚来处理，因而难免造成轻纵罪犯的后果。[①] 但是笔者并不这样认为。寻衅滋事罪成为“口袋罪”已经是学界共识，在司法实践中经常出现本不该为罪却为罪的情况。《刑法》的根本目的是为了预防犯罪，不仅仅预防别人主动犯罪而破坏刑法值得保护的法益，更要预防让无罪的人因为法律的漏洞而变成有罪的人。法律的存在首先是为了保护守法的人的利益，所以宁愿放过坏人，也不错抓好人才应当是法律遵循的信条，“疑罪从无”“无罪推定”很好地说明了这一点。因此取消寻衅滋事罪在事实上可能会让某些轻罪行为降为行政处罚来处理，但是能使更多的人得到安全感，也是十分有意义的。

五、结语

寻衅滋事罪是从流氓罪发展而来，主要包括四种典型的行为方式，该罪

---

① 孟庆华，马章民：《刑事案例诉辩审评—寻衅滋事罪》，中国检察出版社2014年版，第126页。

对打击犯罪、维护社会秩序确实起到了一定的作用，这是不可否认的，但是其缺点也是显而易见的，容易导致法律的不公与混乱。而从法条中规定的四种典型行为方式来看，其也是符合其他罪名的，对于其中情节严重的完全可以按照其他罪名进行处罚。而即使分散造成的漏洞也可以用其他诸如《治安管理处罚法》的法律法规进行弥补，所以寻衅滋事罪作为一个单独的罪名，显然已经不再合适了。

知识社会条件下的罪犯改造模式论

刘崇亮*

内容提要：罪犯改造模式与社会变迁、经济关系变革之间具有内在的关联性。农业社会的罪犯改造因监狱惩罚机能处于绝对支配地位可称之为控制式改造模式，工业社会的罪犯改造模式为基于科学主义的矫正刑。中国特色的改造刑历经着政治模式到法治模式的蜕变，同时大有矫正刑全面取代改造刑之虞。站在知识社会的当口，应当坚持对改造刑进行适应性的改造，以契合当今知识社会中罪犯改造未来的发展趋势，对改造刑改造的方向即为以知识为主的综合改造刑。以知识为主是指坚持改造主体、改造内容和改造手段的知识化；综合的改造刑是指改造刑是开放的改造模式和改造刑内部的综合。

一、问题的提出

邓正来在谈到中国当下究竟需要什么样的法律秩序时曾指出，涉及应当如何认识或定义“中国”时，在一个开放的全球性世界结构中，不仅作为定义对象发生了巨大的变化，而且定义本身赖以为凭的话语系统也需要根据当下的立场进行重构，否则我们将没有基本的哲学根据去谈论所谓“中国”法律秩序问题。① 自迈入新世纪以来，中国监狱处于政治化向法治化剧烈转型的

---

* 作者简介：刘崇亮，上海政法学院刑事司法学院讲师，法学博士，研究方向为刑法学和刑事执行法学。

① 邓正来：《中国法学向何处去——建构“中国法律理想图景”时代的论纲》，商务印书馆2006年版，第30页。

裂变期，发展面临着巨大的瓶颈。当西方发达国家监狱早已历经了启蒙和探索时期，狱制转而走向了一种较为成熟的社会治理，而我们国家的监狱发展似乎契合了中国社会发展情状，既在传统的“劳改思维”中挣扎，又在再一次的西风渐进中理性地借鉴；既在法律文本主义的驱动下依法治监，又受制于长期“劳改经验”的巨大习惯性运作的樊篱。[①] 另一方面，我国监狱的人口规模自1988年至2012年的二十五年的时间内由105万猛增至164万，人口监禁率2005年为10万分之120，而2012年则达到了10万分之126。[②] 面对如此严峻的形势，作为行刑内容之一的罪犯改造，在刑罚知识系统中从应然的角度上看处于非常重要的位置，但是对它进行理性的反思总是有意或无意的疏忽。极具个性的罪犯改造在刑罚知识系统中被疏忽，将在行刑实践中不可避免地带来消极影响。中国社会的发展阶段仍处在工业化的进程中，传统农业社会的影子已经渐行渐远，同时，知识社会表征又在中国现阶段呈现出蓬勃景象。在知识社会条件下，罪犯改造更应当在刑罚知识结构中处于中心位置，刑罚、罪犯、监狱和社会四个面的聚焦点是罪犯改造，它决定了刑罚的效益、社会的反应、罪犯的未来和监狱的走向。

但在行刑理论中，我们没有对当前中国改造模式进行深入的反思，却急切引入了西方以矫正刑理念为导向的改造模式，即便在西方，矫正刑似也成明日黄花，完全照搬矫正刑在中国特殊背景是否是刻舟求剑？已经诞生六十多年中国式的罪犯改造模式，是否在知识社会化条件仍然大行其道，还是需要进行合理化的“改造”？本文在对上述问题进行深入分析的同时，尝试着提出“以知识为主的综合改造刑”这一命题，以回应知识社会前提下罪犯改造模式的选择。

二、社会形态的变迁与罪犯改造模式的嬗变

马克思在他的《政治经济学批判》序言里，明确地指出不是人们的意识

① 刘崇亮：《本体与维度：监狱惩罚机能研究》，中国长安出版社2012年版，第1~2页。

② 刘崇亮：《“重重”刑罚观对监狱行刑的影响——以刑法修正案（八）对刑罚结构的调整为分析视角》，载《法制与社会发展》第6期。

决定人们的存在，相反是人们的社会存在决定人们的意识。社会的物质生产力发展到一定阶段，便同它一直在其中活动的现存生产关系发生矛盾。随着经济基础的变更，全部宏大的上层建筑也或快或慢地发生变革。[①] 毋庸置疑，有什么样的社会形态就会有什么样的制度形态，而社会形态取决于彼时社会形态的经济关系，所以经济关系在最终意义上决定了制度形态。

社会形态——经济关系——刑罚制度——特定的罪犯改造模式，四者之间存在着递进的逻辑关系，探寻罪犯改造模式与社会变迁的内在关联性，把握其本来意义上的运行规律，是行刑理论的重要课题。只有深入地探寻两者间的客观关联，才能抽象起罪犯改造模式的历史形态和勾勒起与当前的社会形态相契合的中国罪犯改造模式。

（一）农业社会形态与罪犯改造模式

农业社会的经济关系表现为自给自足的小农经济，社会分工和社会分化程度都较低下，社会关系主要以血缘和地缘关系为主，社会管理原则主要是体现家长制，强调稳定而缺乏竞争机制。作为政治制度中的行刑制度，表现出为经济关系的稳定而设置。农业社会的罪犯改造模式本质上由农业社会的经济关系所决定的。在分散与简单的生产方式面前，对罪犯与监狱的认识不可能达到科学的层面，在简单的经济生产方式前提下，劳动就顺理成章地成为国家惩罚甚至奴役罪犯的一种手段。正如韦伯指出，在农业社会中，为了控制土地，国家强化统治权是必然的，等级和宗法、神意三者狼狈为奸，互相勾结，一种超稳定的社会经济形态自然容易形成。所以农业社会的刑罚总是具体性，与工业社会的抽象性刑罚形成分明对比，并以追求实质目的，可以不计成本，包括人的生命与尊严，可以残酷随意。[②]

农业社会中的罪犯改造机能相较于惩罚机能属于次要的地位，监狱惩罚机能在历史和逻辑上都决定了改造机能。[③] 虽然当代法律文本把惩罚与改造并列于条文中告诉人们两者都是监狱行刑的机能，但惩罚生来就是监狱的本质

---

① ［德］H. 科殷：《法哲学》，林荣远译，华夏出版社 2002 年版，第 37 ~38 页。

② ［德］韦伯：《新教伦理与资本主义精神》，于晓等译，三联书店 1987 年版，第 5 页。

③ 刘崇亮：《监狱惩罚机能与改造机能的冲突与融合》，载《河北法学》2012 年第 9 期。

属性，改造是监狱在人类文明艰难史演变中嫁接而来的。[①] 农业社会中的行刑基本以惩罚机能的发挥为主导机制，但这也并不意味着在农业社会监狱的改造机能无立足之地，早在西周的监狱中已有“令人幽闭思衍，改恶从善”的罪犯教育改造制度，只是农业社会中的罪犯改造模式并没有形成带有鲜明的特色，但如果真要给农业社会中的罪犯改造制度配置一个恰当的“模式”称呼，可以以“控制式罪犯改造模式”来概括。控制式的罪犯改造模式通常具有以下几种特征：一是封闭式的改造环境，监狱与社会的与世隔绝导致改造几乎完全封闭；二是改造的运行机制以权力为主导式的运行机制，权力对于惩罚而言不但贯穿其中，而且改造是在权力的压迫下实施的；三是政治形态在改造过程中形影相随，政权的政治理念伴随着改造的全过程；四是改造强调政策的调控，因为法治建设的缺乏，所以政策成为改造的依据，改造明显缺乏稳定性；五是改造的知识与理论系统的空缺，改造的经验性运作不可避免，所以改造的水平低下而且效果极差。

（二）工业社会形态与罪犯改造模式

十八世纪中叶，欧洲的资产阶级在经济关系上已拥有巨大的力量，封建的经济关系严重束缚了资本经济关系的发展，政治上的变革日益引起经济占支配地位资产阶级的急切需要。但是，随着农业人口大量涌进城市，资本的残酷竞争，阶层之间的贫富差距扩大，失业贫困、酗酒、抢劫、盗窃等社会问题接踵而至，在这种社会背景下累犯、惯犯、常习犯呈激增之势。特别是监狱内的人口规模越来越大，那种所谓日复一日的终日监禁与惩罚不是使罪犯监狱化就是使罪犯对监狱制度的反抗，监狱越来越像一个“巨大的大染缸”。

自由到垄断资本主义的整个发展过程中，社会思想、文化与观念继而由正义的宏大叙事转向科学主义视野下的个别化与具体化，近代学派正是此时的社会产物。正是近代学派大力提倡监狱改革才有对罪犯改造的理性认识，工业社会条件下的科学主义与资本关系的双轨并合才是对罪犯改造的真正决定力量。资本主义集约化的经济关系，为罪犯改造提供了广阔的平台，在监

① 刘崇亮：《本体与属性：监狱惩罚的新界定》，载《法律科学》2012 年第 6 期。

狱外的经济关系是竞争关系，而狱内的经济关系是一种特殊的社会关系。它不是一般意义上的雇佣关系，但是一旦确立了某种经济关系，作为特殊身份的罪犯也可以被贴上“劳力资本”的标签。“行刑改变了生产关系的本性，因为提供了几乎免费的劳动力，从有利的情形来看，监狱回收了那些不愿意或不能参加到自由市场的劳动力，同时又震慑了那些企图从事非法活动的人们，监狱于是便成了劳动力市场的调节器。”①

正是因为资本经济关系需要那些被排斥的劳动力重回自由劳动市场，如何重新使得这些被排斥的劳动力回归社会是现代工业化国家的基本任务，这也就是罪犯改造最为隐秘的动力。于是，在科学主义与资本经济关系的双重推动下，工业化时代背景下的罪犯改造模式渐趋形成，这被后世称之为医疗模式、教育模式、康复模式等等。这种模式虽然因有些国家的具体理念及制度有些微差别，但可统称之为矫正刑模式。矫正刑模式相比在农业社会及资本经济关系初期的罪犯改造模式优势一目了然。“对受刑人应该治疗”的想法成为社会的主流观念，在这种理念的支配下，运用医学科学知识对受刑人进行诊断，基于这种诊断对受刑人给予分类，基于这种分类给予治疗构成了行刑的主要内容，行刑的主角不再是看守人员而是心理学者、行为科学者、精神病医生等。② 但矫正刑模式并不是万能良药，注重个体差异的医疗模式一旦“治疗效果”差其注定要受到理性的质疑。矫正刑模式自20世纪70年代开始受到人们的反省和批判。矫正管理人员总是以治疗为理由对罪犯施加暴力，大部分罪犯在矫正过程中无所事事，监狱秩序混乱不堪，另外这种强制性的治疗是否侵权也受到了广泛的质疑，特别是“马丁森炸弹”使得矫正无效甚嚣尘上。③ 在当代的西方，美国等一些国家在弃用矫正刑的改造模式后又重启威慑刑，被称之为新古典主义行刑模式。但历史不可能简单重复更不可能倒退，总体排除对罪犯改造的报应刑无论从经济关系还是从政治生态的适应性

---

① Roger Matthews: *Doing Time, An Introduction to the Sociology of Imprisonment*, ST. MARTINS PRESS, 1999 , p48.

② 王云海：《监狱行刑的法理》，中国人民大学出版社2010年版，第33页。

③ Norman A. Carlsoson, *Correction in the United States Today: a Balance Has Been Struck*, American Criminal Law Review, Volume 13, p621.

看，重回古典式报应论模式几无可能。矫正刑模式仍然将得到重视，但其中的内容和形式在新社会背景下——知识社会条件下将得到新的继承和发展。

（三）当代中国社会变迁与罪犯改造模式

作为一种社会主义国际经验因为特定的历史原因被契合进了新中国罪犯改造的发展历程中，“劳动改造”不但曾几何时在实践中从器物形态到制度形态的都是名副其实，而且在一定程度上形成了具有自身特色的理论体系。“该理论最为鲜明的特色就在于它把刑罚任务和社会理想最为密切地联系在一起，给刑罚制度以极高的地位，增加了改造的使命感。它的哲学基础就是‘人是可以改造的’的认识论，犯罪人也是人，所以犯罪人是可以改造的。”① 有学者把之概括为“劳改刑”,② 确实，“劳改刑”一定程度反映了中国行刑经验的本体，既在功能又在目的意义上成立。然而“劳改刑”无法涵盖中国监狱行刑中罪犯改造的全部，虽然劳动改造曾经甚至现在一直占据着罪犯改造的大部内容，但绝并不意味着可以代表中国罪犯改造的全部内容，并且仅以改造手段来概括中国罪犯改造模式，显然难以全面反映罪犯改造的本体。有学者以“改造刑”来概括中国行刑模式，以和西方的“矫正刑”相对应。③ 笔者赞同此种称谓，改造刑不但在本体上与矫正刑有着本质的区别，而且突出了“改造”在中国监狱对罪犯行刑中特定含义，故本文以“改造刑”来概括中国特色的罪犯改造模式。罪犯改造在中国六十多年的发展中，因社会的变迁和发展阶段的不同，大致可以划分为两个发展形态，即“政治模式”和“法治模式”。

改革开放以前，因为监狱工作的泛政治化倾向，罪犯改造一直以政治思想作为主线贯穿其中，可谓典型的政治模式。直至八十年代到九十年代初期，现代商品经济关系已经开始导入，以市场为导向的经济形态也开始在监狱行刑关系有所体现。但此时把罪犯改造成为“新人”仍然是监狱行刑的目标，政治话语权仍然成为罪犯改造过程中的主导性权力，所以，在这个时期罪犯

① 刘崇亮：《本体与维度：监狱惩罚机能研究》，中国长安出版社 2012 年版，第 85 页。

② 王云海：《监狱行刑的法理》，中国人民大学出版社 2010 年版，第 48 页。

③ 郭明：《改造：现代刑罚的迷误及其批判——兼及刑罚范式革命与制度变革的思考》，载《环球法律评论》2005 年第 5 期。

改造状况完全和当时社会发展形态相适应，即农业社会向工业社会过渡且并存的发展形态中，中国式的罪犯改造正处于政治模式向法治模式过渡阶段。上个世纪九十年代初期，中国社会改革迎来了春天，随着监狱法的颁布，中国监狱行刑法治化时代开始拉开了序幕。随着中国社会改革的深化，经济领域内市场化运作日益规范，市场经济关系本质是法制型经济形态，它进而蔓延到其他领域也要求法治化。同时市场经济对监狱本身运行机制产生巨大的冲击，监狱职能由分散到专一充分说明了经济形态决定政治形态的法则，当然也就对罪犯改造模式产生了深远而广泛的影响。在这场深广的社会变革过程中，农业社会开始向工业化社会转型，农业社会中的经验模式转而转向契约关系和市场关系来调整社会关系，监狱行刑由传统的政策主导型开始转向法治化，罪犯权利在法学界开始被讨论。“讨论罪犯的权利意味着政府开始走出了单纯从政治角度去理解犯罪，完全以政治原理解释监狱行刑及纯粹以政治标准对待罪犯的时代，开始迈向把犯罪与罪犯作为法律范畴的概念予以理解。”①

九十年代末以来，中国监狱仍持续深刻的变革，从“现代文明监狱”的建设到“监狱三化工作”的普遍开展，再到监狱体制改革，罪犯改造在沿着法治化前进的同时，西方狱制文明深深影响着中国的罪犯改造现状。这不仅体现在法治模式的契入，还包括西方的行刑社会化和行刑科学化的思潮引领着改造实践的勃兴，源于西方式的心理矫治、分级处遇等制度受到前所未有的重视，大有矫正模式全面取代现行改造模式之趋势。矫正一时成了中国当下监狱行刑理论及实践中最为时髦的词，基于政治理念的改造模式几乎全部否定，“劳动改造”所为众矢之的，“思想改造”被批得体无完肤，长大六十年的改造本体已经模糊不清。站在知识社会的当口，是全面迎合西方几乎弃置的矫正刑模式，还是全面坚守以劳动改造为主的改造模式？笔者认为未来的罪犯改造模式应当契合知识社会的发展情势，从而提出第三条道路——它应当是对改造刑主体性的坚持，又是知识社会视野下的创新。

---

① 王云海：《监狱行刑的法理》，中国人民大学出版社2010年版，第47页。

三、以知识为主的综合改造刑

（一）知识社会与罪犯改造模式

知识社会是以知识性为本质特征的社会。在知识社会中，知识与技术通过五个方面影响社会关系和我们看待社会的方式：一是以较低的成本生产出较多的物品，技术已经成为提高世界生活水平的主要动力；二是技术创造了一个以往社会所未有的、由工程师和技术人员组成的新阶段；三是技术创造了一个新合理性的定义，即一种新的思维模式，它强调功能关系和定量化，衡量其成效的标准是效率和优化，即以最小的成本和最少的努力来充分利用资源；四是交通和通信方面的革命是技术进步的结果，它们带来了新的经济相互依赖性和新的社会相互作用关系，新的密集性成为影响人类行动的基本力量；五是人们的审美观念，尤其是在时间与空间方面已经彻底改变。① 同时，知识社会条件下的知识与技术又是综合复杂化的。尼科．斯特尔认为对于决策组织和变化方向来说已经成为至关重要的是理论知识的中心地位，也就是理论对经验主义的优先地位，以及知识被整理成符号的综合抽象体系，可以被用来说明各式各样的经验领域。所以，在知识社会中，必须依靠革新和对于变化的社会控制而生存，并试图去预测未来，以便事前进行综合性的计划，并对于社会控制的投入将社会计划和预测的需求引入社会。②

知识社会既是知识性又是综合性的社会形态，它使得传统的监狱观、罪犯观和改造观面临诸多的困境。一是知识与技术的拓展使得科学认识罪犯和犯罪又大大前进了很多，使得传统的行刑观念遭受知识浪潮和行刑技术的巨大冲击。二是鉴于知识与技术在社会关系的建构中具有至关重要的作用，而现有行刑具有阻断罪犯与社会关联之虞，一定程度上使得罪犯重返社会困难重重。三是因为知识与技术的广泛介入，知识性产业阶层将成为社会阶层的生力军，而对于那些即将重返社会的罪犯在现在改造模式下将难以成为这个

---

① 丹尼尔·贝尔：《后工业社会的来临——对社会预测的一项探索》，高铦译，新华出版社 1997 年版，第 62 页。

② ［加］尼科．斯特尔：《知识社会》，殷晓蓉译，上海译文出版社 1998 年版，第 99 页。

知识性的产业阶层，故重新犯罪风险性大为增高。四是因为知识与技术的综合化运用，罪犯改造的专业化有了坚实的社会基础，单纯的诸如心理矫治或行为纠偏已经完全不能适应综合形态的要求。五是工业社会在向知识社会的转变过程中，规模与系统性风险大为增加，对风险的技术处理与控制成为知识社会控制的重要组成部分，监狱对罪犯的监管风险骤然升高。六是作为知识社会重要表征的效率与成本的投入产出比同样也应当在罪犯改造中体现才是科学化，但现有的粗放式罪犯改造模式与行刑效益化差距颇大等。

传统的罪犯改造模式已经无法适应知识社会的罪犯改造要求，当代中国的改造刑模式也不例外。所以，必须为改造刑寻找改革的突破口，它既应体现知识社会的知识性，又应体现知识社会的综合性。

（二）对“改造刑”的改造——以知识为主的综合改造刑

1. “改造刑”改造的理由

西方在整个九十年代末至今，“监狱里的矫正持续地受到弱化，尽管矫正无效的结论被驳斥着，在此背景下我们无法解释那些不成立的批评在理论界、政策的制订者和民众中获得了这么多的支持。人们对安全感的缺乏，以致民众更希望采取对罪犯更为严厉的措施从而控制他们，以保证理想中的安全。”[①] 所以，现在实际的情况是，西方对罪犯原先采取的医疗矫正模式的唯一化受到了质疑，取而代之的是新自由主义的行刑论、修复性司法论以及正义行刑论。同时，西方在对矫正刑质疑的同时，又对改造刑模式提出了质疑，认为中国式的思想改造是“洗脑”，强制性的劳动改造是对罪犯人权的侵犯。

但是，如前所述，我们没有对罪犯改造的自身进行准确的定位之前，却欲把西方早已经弃置的理论及制度引进我国的监狱行刑价值系统。在长达六十多年的实践中证明，劳动改造和思想改造具有现实与历史的理性，但却因为在知识社会条件下，改造刑的欠缺与时代的滞后性显而易见。一是改造刑在行刑实践中深受政治形态的影响，甚至在某些特殊阶段与政治改造相混淆，

---

① Roger Matthews, *Doing Time, An Introduction to the Sociology of Imprisonment*, ST. MARTINS PRESS, 1999 , p245.

在政治改造已经成为过去的时代，改造刑的相关内容似乎仍然具有政治改造的影子，在形式上的变革也存在着惰性。当代中国社会条件下的改造刑虽然实践中和政治改造作了一定的切割，但在某种程度上，行刑理念与文化总是具有顽强的历史延续性，政治说教式的思路仍然盛行。二是改造目标的定位虽然从“新人”被降为“合格的守法公民”，但在某种程度上仍然具有政治上的理想化。在西方大部分国家或我国台湾地区，通常把矫正目标定位于帮助罪犯适应社会生活为目的或使之顺利重返社会。而我国监狱法把改造目标定位“守法公民”仍然具有一定的政治理想化，使罪犯过上正常生活之需要是低限度的目标性层次要求，也符合改造的实际需要。① 三改造刑是以权力形态输进的行刑模式，行刑经验化运作一直被视为改造的实践形态，而且这种实践性形态一旦和政治性权力相互勾结，那么法治化的运行机制在设施内则有可能变得空洞。改造当然具有强制性，但如果改造和惩罚机制的界限模糊，则改造有可能会丧失生命力，改造的效益值得怀疑。四是改造刑的实现径路过于单一化。一方面本属于改造一部分的劳动改造不仅在手段意义上成立，甚至占据了改造的大部分内容，这种逻辑上的错误显而易见。另一方面，在行刑实践中，作为三大改造手段之一的劳动改造虽然在监狱法中得以明确，但面临的实际问题是，因为众所周知的原因，教育改造成了务虚的摆设，并且劳动借着改造的外衣，侵蚀了包括职业技术教育的综合性改造地位，进一步降低了改造的效果。五是改造刑在法治化的道路上缺乏与时俱进的勇气。中国特有的政治形态和文化形态曾经造就了罪犯改造的辉煌，因为经验性的运作在传统社会形态中可能能够取得较好的效益，但原来的经验化操作在知识化条件下明显不能适应，法治化的改造缺乏必定造成权力的扩张，处于弱势一方的权利在经验化的操作面前可能无法得到制度化的保障，因为经验总是随着国家行刑政策的改变而改变。六是改造刑过于强调秩序。监狱秩序对于监狱运行机制的稳定具有重要的意义，但监狱为了达到良好的秩序效果往往使纪律遵守变相得到执行，而且因为监狱是个绝对权力机构，纪律的推行往往依靠强大的警察权力来实施，这时如果纪律一旦成为惩罚的奴隶，那么

---

① 刘崇亮：《本体与维度：监狱惩罚机能研究》，中国长安出版社2012年版，第85页。

秩序和人道的天平往往向秩序倾斜。①

如上所述，改造刑本身存在的一些问题在知识社会条件下明显无法取得与时俱进的品质，但不管从法理还是从实践出发，改造刑仍然将处于支配地位，所以，唯一的出路只能对其进行改造，以使其与知识社会相契合。知识社会中的罪犯改造模式应当是以知识为主的综合改造刑，而不仅是矫正刑或者是劳改刑，以知识为主代表科学主义在罪犯改造中并不过时，而“综合改造”则意味着人类狱制文明应当是先进的改造理念、思想、制度的融合，而非单一性。

2. 关于以知识为主的改造刑

以知识为主的改造刑，应当包括在改造主体、改造内容、改造手段方面坚持以知识统率为前提，做到三者共同的知识化，互相形成紧密联系的知识场域。

第一，关于改造主体的知识化。从全世界范围内来看，对罪犯改造的管理体制大概有两种模式，一种是军警化模式，另一种是专业行政化模式，两者因为各国的行刑背景和发展阶段不同而不同。军警化管理模式通常在第一代和第二代狱制较为常见，它的优点就是权力运行机制通畅，具有绝对机构全程控制的优势，安全与秩序能够在最大限度内得到保障。当然缺点也显而易见，这是因为军警的权力具有极大地扩张性，权力总是极易触犯权利的边界；另外军警体制下的改造主体的改造知识较为缺乏，无法形成专业性的知识场域。专业行政化模式在一些高度发达的福利主义国家较为普遍，其不但能够克服军警体制权力控制的弊端，而且因为专业知识的普遍运用，改造主体与对象之间的关系较为和谐，改造对象的改造自主性较强。我国的罪犯管理模式也可归为军警化模式。监狱人民警察为罪犯改造的主体，监狱人民警察的专业化建设成为行刑科学化的一项重要内容，但当前的改造专业化离改造要求还有较大差距，特别在知识社会条件下，早先预备的主体专业化建设仍显不足。在单一的专业化队伍建设中，目前的措施不外是包括招聘、录用的公务员化，据笔者长期从事监狱行刑工作所知，监狱录用的监狱人民警察

① 刘崇亮：《监狱惩罚机能及其限制》，载《中国监狱学刊》2010年第6期。

的专业可谓五花八门，相较于检察官和法官的执业准入制度大为逊色。

改造主体的知识化主要方向应当是警察型向专家型迈进。福柯把诞生于十九世纪四十年代的梅特莱少年感化院作为“监狱体制”最终形成的日期，因为它是对各种行为进行强制的技术集大成的标本，该感化院的长官不能是纯粹的法官、教师、工头，他们在某种意义上是行为的技师，即品行工程师和个性矫正师，他们的学习技术训练导致了各种行为模式，产生了一整套的有关规训的知识与技术。① 福柯把监狱中的知识体系视为监狱权力归训的源流，但这也是近代狱制成型的标志，现代狱制的催化当然离不开改造主体的知识化。警察型向专家型的转化至少需要做到监狱体制下的改造知识主体合理化技术分工。这是建构在罪犯改造是一个庞大的技术合体的认识基础之上的，当学者在抱怨“矫正无效”的时候，可曾想过改造主体都不符合知识化？所谓改造主体的专家型建构应可以包括两个方向的路径：其一改造主体的职能应当具体细化，心理矫正师、法律实务工作者、职业技术教员、文化教员、政治思想教员都应该具有相应的职业资格；二是改造主体本身的知识化，即改变长久以来的看守型改造主体，知识与技术在改造主体的工作中全部贯穿其中，从而成为与检察官、法官一样集知识与技术类的专家型人员。

第二，关于改造内容的知识化。全世界范围内，不管是矫正刑模式，抑或是劳动改造模式，对罪犯改造内容的科学认识至少在现阶段还存在着欠缺。当美国的“马丁森炸弹”甚嚣尘上之际，一些学者开始对改造内容的本身提出了怀疑。他们认为，“马丁森炸弹”只是一个片面的看法，“问题不是在于治疗的无效，对特定的罪犯应当制订特定的改造方案，这一点相当重要”。② 在肯定者看来，矫正方案之所以失败，是因为具有三点原因：一是矫正方案制订的时候常没有进行合理的评估，大多只是在实施后很久才被怀疑是不是有效，在缺少正确的评估标准前提下，评估通常建立在传闻的基础之上，甚至是错误的。大量所谓富有成效的矫正方案通常是没有什么真正效果，也通常缺少有力的证据。二是很多矫正计划的评估使用了大量不合理的统计技术，

① ［法］米歇尔．福柯：《规训与惩罚》，刘北成、杨远婴译，生活．读书．新知．三联书店 2007 年版，第 337 页以下。

② Bonnie Szumski, *America's Prisons: Opposing Viewpoints*, Greenhaven Press, 1985, p63.

一些初始就不合理的计划被重复使用。三是很多矫正方案压根就没有理论的支撑，制订者和实施者对要取得什么的目标只具有模糊的概念。所以约瑟夫·罗格斯把矫正方案划分为四种情形：第一类是对任何罪犯都没有效果的矫正方案，第二类是只对一些罪犯有效果的矫正方案，第三类是某类特殊罪犯具有特殊的效果的矫正方案，第四类是因为极少数个别的罪犯根本不可能得到矫正，即本不是矫正方案本身的问题。[①] 所以改造内容本身是否科学才至关重要，反观中国原有罪犯改造基本内容，至少在知识社会条件下滞后于社会发展。从现实的情况看，罪犯改造的基本内容至少在以下几个方面存在着问题：一是思想改造泛政治化。思想改造在中国特殊时代取得巨大的改造成就，但在知识社会条件下，空洞的政治化说教显然无法契合时代的发展，这也是改造刑遭受批判的主要方面。二是劳动改造几乎成为罪犯从事生产劳动的代名词，劳动的惩罚属性得到一定程度的扩张。三刑罚执行的个别化原则在改造的基本内容很少得到体现，有针对性的个别化改造方案很少制订，道德式的说教无法有效。四是教育改造的内容简单而无法体现知识社会条件下的时代特征，从职业技术教育到心理矫治还是处于边缘化的地位，特别是与罪犯未来社会生活的相关内容很少触及。五是改造的基本内容常常和监狱惩罚机能相混淆，在形式上改造有意或无意具有了惩罚的影子。

针对上述改造内容存在的问题，解决的思路必须朝着内容的知识化迈进。改造内容的知识化的必要前提是改造内容去政治化。改造内容的去政治化并不意味着改造的政治方向的迷失，它必须坚持正确的政治方向。改造内容的去政治化是指在改造内容中不再以政治说教作为改造中的主线，不再以政治目标作为行刑的目的，而应当体现罪犯复归社会的国家预防主义作为指导原则。二是思想改造必须坚守，这是改造刑区别于矫正刑最为根本的特质，但是对罪犯思想的转化应当坚持导入完整的知识体系，其内容可以是有关中国传统观念中伦理观念，可以是能够增强罪犯羞耻感的法制观念，还可以是有关现代社会中的市民意识。三是改造内容的知识化关键在于职业技术教育的真正实施。改造实践中，职业技术教育和罪犯劳动相混淆了，劳动属于劳动

---

① G. Larry: *Essentils of Corrections*, Wadsworth Publishing, 2004, p17.

改造的范畴，职业技术教育属于教育改造的范畴。对罪犯的包括职业技术教育在内的教育改造应当顺应知识社会对公民的基本要求，所以在对罪犯的职业技术教育中，应当与面向未来社会生活相适应，有针对性的并且和罪犯劳动巧妙地结合在一起。

四是改造内容的知识化的重点在于罪犯心理矫治的专业化建设。心理矫治是西方舶来品，一直是矫正刑的重要特征。而要对罪犯的心理矫治本土化，必须坚持大量培育心理矫治工作人员的同时，还应当建立适应本土罪犯的心理评价系统、心理咨询系统和心理矫正系统，使罪犯心理矫治工作在对罪犯改造过程中真正发挥作用。五是对于每个罪犯制订的每个改造方案必须建立个别化的基础上。改造应当建立在此认识基础上，即罪犯在惩罚面前都是千人一面，而在改造机能面前却是千人千面。① 必须充分对罪犯自身的情况，包括从犯罪性质、犯罪类型、认罪表现到服刑前社会和家庭背景及服刑后家庭情况、服刑表现、心理特征和犯罪人格等，进行有依据的知识化鉴别，结合改造内容知识化的具体要求，制订详细的改造方案，使改造质量最大限度的效益化。

第三，关于改造手段的知识化。改造从本质上是一项具有权力特征的活动，具有权力意志的强制性贯彻其中，是罪犯接受的一种刑罚性义务。但改造一旦与警察权力相互勾结，则改造的效果很难理想，所以改造的自愿性在很大程度上决定了改造的效果。对于改造手段的自愿性，必须坚持以知识与技术为先导。“相较于第二代监狱，新生代监狱是一个全新功能性单元管理模式，其是建立在合作而不是强迫性的关系基础之上，监狱的改造设施是建立在这样的基础之上，即规范化和标准化都将对罪犯产生正常的行为。犯人在狱内更为接近社会的内部联系，看守人员尽力地处于人性化的中立地位，并鼓励单元成员渐渐知道把他人当作一个正常的个体对待，权力下放的生活方式增加了犯罪人控制环境的自信和减少挫折感。”② 如上所述，在新生代狱制中，改造活动应当可以是遵循一定程度的自愿性，这犹如病人如果自愿配合

① 刘崇亮：《监狱惩罚机能与改造机能的冲突与融合》，载《河北法学》2012 年第 9 期。

② Richard Wortly, Situational Prison Control: *cri me Prevention in correctional Institutions*, Cambridge University Prees, 2001, pp. 41 ~42.

医生的治疗效果可能会明显的道理一样，改造的自愿不但可以提高质量还可以稳定狱内的秩序。改造的自愿性则需要加强管理者的知识水平，这不仅需要政策与经验水平的提高，更需要管理者的理念、知识与技术的更新，因为制订一个罪犯改造自主性方案本身就是改造知识与技术的综合运用。

3. 关于综合的改造刑

改造刑不仅应当是以知识为主的，还应当是综合的。知识社会必须强调涉及根据可知性而已被组织起来的社会知识的综合，现代的工业化社会的诞生也代表着传统的各种社会一致性的基础之垮台的开始，社会差异持续地威胁社会的一致性，除非一种合法表现为形式的一致性与合作的新方式。① 罪犯改造在当代受到不少的质疑，这种质疑甚至在某些西方国家导致放弃对罪犯的改造，国内也存在着各种对改造怀疑的论调，甚至把改造的价值视为对权利的破坏。② 所以，在知识社会中应当找到一种合乎理性且又与其他行刑模式是可相结合的改造形态。此体现在两个层面，一是改造刑是开放的模式，二是改造刑内部的综合。

第一，关于开放的改造刑。开放的改造刑在这里不仅是指行刑社会化的理念，更为重要它指的是改造制度、改造伦理、改造文化、改造观念的融合。在知识社会的背景下，改造刑应当在更为广泛和更为深刻与他者全方位、立体式的融合，它摒弃了政治意识形态和传统思想改造内容的禁锢后，旨在引进其他改造模式的目标系统。特别是作为当前中国处在一个模糊化、复杂化，既有农业社会的尾声，又处在知识社会的雏形的发展阶段，综合的发展模式急需拓展。这种开放性的趋势首先表现在对矫正刑的包容。虽然矫正刑已被一些西方国家所怀疑甚至摒弃，但矫正刑作为工业化时代的文明产物，是对农业社会惩罚主义负面性能修正的结晶，它甚至直接促进了现代狱制的产生。所以当今中国的罪犯改造应当对其进行整合，但应当明确矫正与改造的融合是一种包容式的融合，即矫正在本质上是包含于改造刑的。矫正可以被视为改造刑的主要内容之一，仅在手段意义上成立。这在有关学者对矫正的内涵

① ［加］尼科．斯特尔：《知识社会》，殷晓蓉译，上海译文出版社 1998 年版，第 99 页。

② 郭明：《改造：现代刑罚的迷误及其批判——兼及刑罚范式革命与制度变革的思考》，载《环球法律评论》2005 年第 5 期。

界定就可以得出结论。如有美国有学者就认为，矫正是对治疗涉及罪犯社会化计划和服务的方面，以及传统意义上与治疗相关的心理学和精神病学相关的康复。[①] 当代中国监狱行刑实践中欲以矫正刑替代改造刑的错误认识中，正是无法深切了解改造刑包容式的开放性。当代中国形式上广泛借鉴西方发达国家狱制的心理矫治与行为纠偏，是改造刑的自我选择与修正，但矫正刑的有些内容正是和知识社会相契合，是科学主义的典型生成物，与改造刑并不相悖。所以在手段意义上成立的矫正刑中各种予罪犯改造有益并且适合本土化操作的内容都可以融合到改造刑中来。例如晚近的在欧洲盛行的“行为认知疗法”，这种最初用来治疗心理疾病的行为疗法后来被犯罪学家广泛应用在对具有变异人格与心理的罪犯身上，取得了良好的效果。再如日本的文化理念矫正，这种矫正模式试图通过教育培养民间的文化道德来改变受刑人的意识和行为方式，这里的文化道德并非存在于政治领域和法律领域，而是指一般社会中的“民间性规矩、习惯和价值”。[②] 其实，上述的“行为认知疗法”在国内虽未开展，但在理论上应当属于心理矫治的范畴，其只不过是心理矫治领域内的最新成果，所以所谓以医疗为理念的矫正刑的主要内容完全可以被改造刑的心理矫治内容所包容。而日本的文化理念矫正相关内容同样也可以被改造刑的相关内容所包括，部颁《监狱教育改造工作规定》的第三章第十五条规定：“个别教育应当与坚持法制教育与道德教育相结合，以理服人和以情感人相结合，戒之以规与导之以行相结合，内容的针对性与形式的灵活性相结合，解决思想问题与解决实际问题相结合。”

第二，关于改造刑内部的综合。在知识社会条件下，罪犯改造应当建立在改造的综合性之上的，这种综合性必须体现知识社会条件下的质量与效益的综合。正如谢尔斯基看来，技术与知识是与其被切入的这个社会的“支撑系统”完全融合在一起，并且统治着这个系统。换句话说，科学、它的技术应用和各自的含义、以及作为一种结果而被生成的社会的性质的关系含义，归根到底是被看作是一种在同样的逻辑条件下发挥作用的内在联系。[③] 在罪犯

---

① Jeanne B . Stinchcomb, *Introduction to Corrections*, Prentice - hall, 1999, p306.

② 王云海：《监狱行刑的法理》，中国人民大学出版社 2010 年版，第 47 页。

③ ［加］尼科．斯特尔：《知识社会》，殷晓蓉译，上海译文出版社 1998 年版，第 327 页。

改造的系统内，以质量与效益为导向的综合至少必须注意到下面几个综合。

首先是改造的强制性与罪犯权利保障的综合。改造本质上是一种行使具有强烈国家意志权力的活动，但改造因为不可避免地具有强制性，所以这种国家意志的权力活动在实践中总是容易侵犯罪犯的合法权利。“改造罪犯是以社会需要为基点的，在更多情形下，改造总是与罪犯权利保护存在着深刻的对立，这种对立的合理性，是因为罪犯权利与社会权利发生了强烈的冲突，是与社会和国家的利益发生了冲突。”① 但是这种对立应当只是形式或表层上的对立，罪犯改造效益的实现和罪犯的权利保障并行不悖，甚至可以这样认为，即在尊重罪犯个体的法定权利现实基础之上的人性与知识化的改造，将是最彻底的罪犯权利保障方式。

其次是改造的政策性与法制化的综合。监狱改造机能的实现相较于惩罚机能的实现，更强调政策性的运作，因为特定的历史原因，改造技术的运用总是依据行刑中出现的新情况而出台的政策，其表现形式为会议精神、工作决议，甚至领导人的讲话。即使在知识社会条件下，随着对罪犯个体认识的日益深入，改造内容与改造手段的日益知识化，这种政策性的运作也将支配着改造的全过程。但是在行刑实践中，在某些政策的指导下，具体制度性的措施可能会出现与法律相违背的情形。在前三十多年的改造历程中，改造机能甚至可以在行刑法规的空白境域下实现，在特定历史时期某些口号式的政策取代着法规的作用。在知识社会的条件下，改造日益要求精细化和专业化的情形下，以及行刑法制化的要求下，粗线条式的政策不可能起着行刑法规的作用。所以，与改造相关的政策的制订与落实必须以相关的法律法规为依据，同时，树立起法律至上的观念贯穿于改造活动的始终，真正实现政策与法律的良性互动。

最后是改造的国家主体性一定程度的弱化。在知识社会条件下，综合的改造刑还意味着改造的国家主体性的弱化。国家垄断对罪犯的改造权天经地义，是从行刑权诞生之日以来就得到确立和实践的观念，并成为支撑国家改造观的理论基石。但是，在知识社会的条件下，这种传统的观念越来越受到

① 王利荣：《罪犯改造的价值与冲突》，载《法学研究》2001年第1期。

挑战，挑战即来自于国家主体性的弱化。改造的国家主体性弱化是改造刑的综合化的结果，它包含着下述几层含义：一是代表国家行使改造权的主体唯一性将日渐多元性，包括警察权、司法权和社会力量的构成一体化。在日益民主与法治的知识社会中，司法权将不仅表现在对刑罚变更的行使，还将直接参与到罪犯改造来，如对罪犯改造质量评估进行一定程度的参与。另外，西方的私营监狱出现之后，技术化的社会改造力量开始在狱内的改造渐趋发挥作用，这也给我们启示，即设施外的诸如心理学专家、犯罪学专家及社会帮教志愿者应当在改造的主体体系中发挥积极作用。二是恢复性司法运用到监狱行刑过程中后，反对国家对改造权的绝对垄断，将日益强调包括被害人等非正式力量纳入对刑罚目的实现过程中来，促使罪犯主动承担刑罚义务，消弭罪犯与社会的紧张关系，从而深层次化解矛盾。三是改造的警察化体制渐趋向专业行政转型后，机构的绝对控制渴望得到一定程度的改善。专业行政化的管理体制相较于警察化体制，改造具有一定的自主性、选择性和技术性，命令与绝对服从的模式应将过渡到监督、指导与劝诫的模式。

依法治国视野下刑罚价值理念的融贯与刚性维持研究

蔡一军　李　昌*

当前，关于刑罚目的的理论研究多数集中在刑罚目的以及刑罚目的的实现之上，有多种不同的理论学说。在实际的刑罚立法中，刑罚目的也已实现多元化的发展状态。对刑罚的目的缺少纵向关注是造成了刑罚刚性进一步流失的重要原因。刑罚动态运行中出现刑罚目的的偏移与刚性流失的症状，而刑罚分隔化运行是这一问题的症结所在。因此，刑罚纵向运行的融贯技术与制度保障的确立和完善，是解决这一问题的最佳选择。

十八届四中全会以“依法治国”为主题，指出“全面推进依法治国，总目标是建设中国特色社会主义法治体系，建设社会主义法治国家。”刑罚权作为国家权力的重要组成部分，其运作主要体现在刑罚的制定、刑罚的裁量、刑罚的执行之中。刑罚虽然严厉，但其最终目的还是对公民合法权益的保护。对国家刑罚权的限制和刑罚权的良性运作是实现“依法治国”必不可少的要素之一。我们认为对刑罚权的限制和监督，需要科学的刑罚立法、正确的刑罚实施理念、完备的刑罚运行监督体系。刑罚运作应当自成体系，有一套立法者、执法者、司法者都不可违背的规则来规范刑罚活动的进行。而这一规则的形成需要正确的刑罚实施理念进行引导，所谓刑罚实施理念就是指刑罚实施过程中的相关人员对刑罚运行的心理态度和对刑罚目的的内在看法。[①] 刑

---

* 作者简介：蔡一军，上海政法学院刑事司法学院副院长、副教授、硕士生导师；李昌，上海政法学院2013届刑法学研究生。

① 这里的相关人员包括：刑罚立法工作者、法院从事刑事审判的法官、检察院检察官、公安机关从事刑事侦查的人员、关注刑罚运行的普通公民等。

罚运行不可能离开人而存在，正确的刑罚实施理念是刑罚科学运行的前提。刑罚运行的三个阶段分别由不同的工作人员进行，他们对于刑罚目的的理解不尽相同，刑罚在动态运行中出现了目的偏移的现象。那么，这种目的偏移的表现是怎样的？产生这种偏移的原因是什么？我们又应该采用怎样的手段或措施来解决这一问题？下面我们将对此进行详细探讨。

一、现实困境：刑罚动态运行的目的偏移与刚性流失

刑罚的动态运行，始终以刑罚权的实现为目的，分为刑罚的制定、裁量和执行三个阶段，这三个阶段是刑罚权实现的三个步骤，缺一不可，具有一定的连贯性。各阶段的刑罚的有效配置是保障该阶段刑罚权运行的重要手段，如果说刑罚的有效配置是从静态意义上保障刑罚权的实现，那么刑罚的运行则是从动态上来实现刑罚权的具体方式。由于刑罚动态运行中各阶段实施者对刑罚目的的理解存在差异，致使刑罚目的在此过程中发偏移，刑罚目的的偏移直接导致了刑罚生刑刚性的流失，刑罚刚性是刑罚公正的内在要求，生刑刚性的流失必然导致公众对生刑的信赖难以维持，影响刑罚目的的实现。我们认为，刑罚目的在动态运行中的偏移主要表现在以下三个方面：

（一）刑罚立法中，刑罚目的的横向整合模式缺乏共识

刑罚目的理论一直是刑法学研究的重点与热点问题之一，刑罚的目的就是国家运用刑罚的目的，即国家确立、适用与执行刑罚所追求的客观效果。当前，刑罚目的的多元化发展趋势已经不仅是一种理论需要，更成为一种立法现实。罪责报应、一般预防、特别预防都在我国《刑法》中得以体现。如《刑法》第一条规定：为了惩罚犯罪保护人民，根据……制定本法；第六十五条，累犯应当从重处罚；第七十三条，累犯和犯罪集团的首要分子，不适用缓刑等。刑罚目的的多元化发展不仅只在中国得以体现，它已经成为一种刑罚目的理论演进的世界性主流趋势。在美国、德国、瑞典、芬兰、荷兰、英国、俄罗斯等许多国家的刑事立法中，均有此类发展趋势的体现。

在我国，对于刑罚目的，有“刑罚目的二元论”“刑罚目的层次说”“分阶段刑罚目的论”等多种学说。第一，刑罚目的的二元论。陈兴良认为刑罚

目的应该是报应与预防的辩证统一，刑罚目的具有二元性，这种理论过于笼统，缺少可操作性。第二，刑罚目的的层次说。刑罚目的的层次说有二层次和三层次之分，其中二层次说又可以分为三种：一是“减少犯罪和消灭犯罪二层次说。”这种观点认为我国刑罚目的包含减少犯罪和最终消灭犯罪两个层次，这种观点很显然已经被淘汰；二是“三项内容——两个层次说”，认为刑罚目的分为三项内容，两个层次；三是“根本目的与直接目的的二层次说”，认为刑罚目的可分为根本目的和直接目的两个层次，根本目的是刑罚追求的最终目标，直接目的是具体指导刑罚的制定、适用和执行。三层次说认为刑罚目的包括三个层次：惩罚犯罪、预防犯罪、保护法益。第三，分阶段刑罚目的论。这种理论认为刑罚目的不应仅仅局限于量刑阶段，还应延伸到刑事立法阶段和刑罚执行阶段。我们暂且不分析上述论点的科学性与否，但无论上述哪种观点，都未能成为学界普遍赞同的观点，刑罚目的的横向整合并未达成共识。

在这种情况下，刑罚目的在刑罚立法中出现了散在化的现状。所谓散在化的刑罚立法目的就是指多种刑罚目的共同体现在刑罚立法当中，这些目的之间没有主次之分，缺少统一的体系结构，呈现散乱分布的现象。例如，在我国刑法分则中，大多数都是规定“……的，处……”，以此来规定犯罪的处罚方法和处罚程度，借以告诫社会中的一般公民，是刑罚一般预防目的的体现；此外，在《刑法》分则中也会规定从重、从轻或减轻处罚的情节，多数考虑到犯罪人的人身危险性，这可视为特殊预防在《刑法》立法中的体现；在我国《刑法》总则关于缓刑、假释、减刑、累犯、从犯等的规定，都是出于对犯罪人的人身危险性作出的考虑，是刑罚特殊预防目的的体现；整个《刑法》中的刑罚规定，在一定程度上都是刑罚报应目的的体现；另外，刑事政策虽然不属于刑罚立法的范畴，但却在很大程度上影响刑罚立法活动，随着人们对被害人关注的加强，恢复性司法也收到了重视，刑事和解的刑事政策的提出和实施是刑罚的关系修复目的的具体体现。我国《刑法》立法中，刑罚目的多样化，但呈现散在化现状，没有一个系统的刑罚目的体系，从刑罚制定之初，就不利于刑罚的动态运行。

（二）刑罚裁量中，刑罚个别化目的难以实现

笔者认为，刑罚的目的包括罪责报应、犯罪预防、关系修复三类，虽然关系修复目的已经逐步受到了人们的重视，但罪责报应和犯罪预防目的仍然占据主导地位。在刑罚裁量中报应目的得到了很好的体现，主要表现在以下三个方面：第一，在罪刑模式上，与1979年《刑法》相比，1997年《刑法》在立法规定的模式上，基本改变了简约、概括的立法模式，而基本采用了相对细密、具体的立法模式，这无论是在法条的数量上，还是在罪之规定的方式，刑之规定方式等方面都可以得到反映，而罪名数量（由1979年《刑法》的不足二百个罪名增加到1997年《刑法》的四百余个罪名）是一个比较明显的例证。罪刑模式规定的过于简约不利于限制法官自由裁量权，而规定的过于细致就很可能降低《刑法》的合理性。罪刑模式表现在刑罚裁量中，可以科学的知道法官以刑定罪和以罪行定罪，报应目的在此得以很好体现。第二，将多种情节规定与《刑法》之中，借以实现罪责均衡，为报应程度提供必要的界限。例如，已满十四周岁不满十八周岁的人犯罪应当从轻或减轻处罚；又聋又哑的人或着盲人犯罪，可以从轻、减轻或者免除处罚；累犯应当从重处罚等等。第三，量刑中除了法定情节之外还考虑多种酌定情节。一般认为，酌定情节包括犯罪动机、犯罪手段、犯罪的时间地点、犯罪结果、犯罪对象、犯罪分子的一贯表现、犯罪后的态度、被害人的申请等方面。例如，赔偿被害人损失、退赃、被害人过错、犯罪动机、初犯偶犯、与被害人关系、犯罪人一贯表现、被害人宽恕等等。

但是，我国《刑法》对于预防目的缺乏必要的关照，其最主要的表现就是对犯罪人人格问题缺乏适当的考量。我们知道刑罚的预防目的可以分为一般预防和特殊预防，而犯罪人人格测评属于特殊预防的范畴。笔者认为，人格是人在社会生活中，与自然环境相互作用而形成的一种内在的心理品格，是人的世界观、价值观、人生观、个人需求、兴趣、态度、气质、性格等的有机整合。人格是可以被人们所感知的，主要通过人的言语、行为来表现出来。从这个意义上讲，通过对人语言、行为的评测，即可得知一个人的人格现状、人格改变的程度等。由于人格内在心理品格，对人格的测量容易差生误差，另外如果行为人在一定的时间内刻意隐藏，用言语、行为等来表现出

一种“伪人格”，因此测量一个不诚实的人的人格存在一定的困难。

日本学者团藤重光认为人的意志是相对自由的，责任的基础除了具体行为之外，还应当考虑行为者背后的人格。大塚仁在团藤重光的理论基础上，进一步深化拓展，首次提出了人格刑法学这一概念，并且初步构建了人格刑法学的理论体系。之后，人格主义思潮被许多外国学者所接受，甚至有些国家已经将其规定与刑事法典之中。在我国，人格理论在刑法和刑事司法实践中都有所体现。比如，刑法中规定的坦白、立功、自首、犯罪中止、累犯等法定情节，这实际上就是对犯罪人人格的一种考量，而这些情节在刑事司法实践中也得以体现。人格因素在我国已经影响了我国的刑事司法实践是一个不争的事实，然而我们并没有一个体统的任何考核标准，仅仅依靠犯罪人犯罪前、犯罪时、犯罪后言语、行为的外在表现很难推测这个人是否真的悔改，是否因为这件事情的影响是否发生人格变化。

行为人实施了犯罪行为，那么他的人格很可能就是有缺陷的，这种人格上的缺陷可能在平时的生活中并没有表现出来，单纯的考虑行为人的一贯表现是不能反映他的人格状况的。至于在刑罚裁量中如何去考量一个人的人格，我们认为应当建立一套科学、专业的人格评估系统。社会危害性根据行为对社会造成的客观损害程度进行衡量，有一套相对完备的衡量标准，例如我国的量刑指南、轻重伤害量刑标准等等。而人身危险性仅仅考虑犯罪人犯罪前后的外在表现，多数依赖的是法官的判案经验，很少对其人格进行客观的系统测评，这种缺乏显然不能满足刑罚刑罚融贯目的的要求，导致重“社会危害性”，轻“再犯危险性”现象的出现。

（三）刑罚执行中，刑罚刚性出现严重流失

刑罚刚性，是指从刑罚制定到刑罚执行这一整体过程中，维持刑罚严厉的完整性，从而保证罪刑法定原则的有效实施。刑罚刚性是刑罚公正实现的必要条件和内在要求。刑罚公正就是刑罚正义，我们一直在强调实体正义和程序正义，我们研究了很多关于限制法官自由裁量权以实现司法公正，这些大多数都是立法、定罪、量刑方面的，而很少有人关注行刑的公正性。这实际上就是我们把目光都集中在了定罪量刑方面，而忽略了刑罚执行中刑罚正义的实现。刑罚刚性的维持，有助于增强公民罪刑罚权威性的认同感，树立刑罚威严，促进一般预防和社会防卫目的的实现。刑罚执行中减刑、假释、保外就医制度的不完善，是导致刑罚刚性严重流失的重要原因。

在我国，管制、拘役、有期徒刑的实际执行期限至少是原判刑期的二分之一，无期徒刑的为十三年，死缓的为二十年或二十五年。减刑、假释的执行条件都有限制，减刑的是累犯以及因故意杀人、强奸、抢劫、绑架、放火、爆炸、投放危险物质或者有组织的暴力性犯罪被判处死刑缓期执行的限制减刑，而假释是犯上述罪刑被判处十年以上有期徒刑的不得假释。我们认为在缓刑、假释的适用上存在以下三个问题：第一，实际刑罚执行的最低期限与原判刑期差距过大，致使刑罚刚性流失严重。无期徒刑作为对犯罪人人身自由的永久剥夺，其最低期限仅仅只有十三年，这有令人费解之处。第二，限制减刑、不准假释的条件限制过于狭隘。除了累犯之外，其他的几个条件都是严重的暴力犯罪，暴力犯罪造成的社会危害是实实在在的，容易被人觉察的，但是有些犯罪虽然没有暴力犯罪的这些特点，但其造成的社会危害要比这些单纯的暴力犯罪还要大。第三，减刑和假释之间的衔接问题。我们一般认为减刑是比假释更轻的制度，但是通过上文中对两者刑法规定的了解我们可以知道，如果一个人因为杀人被判处十一年有期徒刑，此人不可假释，但却可以适用减刑。假释是在执行二分之一之后才可适用，减刑可以减到原来的二分之一，如果我们把此人减刑减到还剩二分之一，那么缓刑对他来说似乎已经失去了意义，因为他刑罚执行二分之一就可以出狱了。因此，我们认为假释中关于执行二分之一、十三年的规定不能有效与减刑衔接，存在一定的不合理性。

至于保外就医，它的适用，更加在一定程度上加剧了刑罚刚性的流失。一个犯罪行为人被判处十年有期徒刑，减刑还剩五年，在监狱服刑两年之后符合保外就医的条件准予保外就医，最后十年是服刑了两年，这是一个很值得我们探讨的问题。通过上文对刑罚执行制度的详细论述，我们可以得知，刑罚制度本身存在的不合理性，必将导致刑罚执行中刑罚刚性的严重流失。在日常生活中，难免会听到有人很无奈地说，“有钱人，判个十年二十年的都无所谓，也就三五年就出来了”，这其实反映出的是人们对于刑事司法，对于刑罚的一种不信任。刑罚刚性的流失，必将导致公民对刑罚，乃至对整个法治的怀疑，不利于我国法治建设的顺利进行。我们认为归根结底导致这种刑罚流失的原因是因对预防目的的过分强调而忽视了报应目的的实现。一直以来我们一味地在强调监狱矫正、社区矫正，教育改造为主惩罚为辅，这就是我们对报应目的忽视的一个直接体现。

因此，从纵向观察的角度来看，由于刑罚在横向上没有形成一个统一的整合模式，在刑罚裁量中重社会危害性轻再犯危险性，在刑罚执行中刑罚刚性严重流失等现象的存在，导致刑罚的公正性在纵向运行中不断偏移，进而影响刑罚公正性的实现，不利于刑罚权威的树立，影响我国的法治建设。那么产生这一现象的原因何在？我们究竟应该采用怎样的手段或方式去解决这一问题？这些自然而然就成为我们研究的重点问题所在。下面我们对此进行详细探讨。

二、症结分析：刑罚分隔化运行的制度风险

（一）主体立场不一导致刑罚价值诉求的动态变化

刑罚纵向的动态运行包括刑罚的制定、刑罚的裁量、刑罚的执行三个阶段。这三个阶段分别由不同的国家机关分割化地进行操作。不同的机关有不同的职业要求，进而决定了不同的立场。在刑罚立法中，人大代表站在维护社会稳定，促进经济发展的角度，着重追求刑罚的威慑、预防作用；在我国，法官出于客观公正的立场审理案件，在案件处理中出于中立的地位。法官处理案件应当保证当事人不论民族、职业、宗教信仰、政治背景、社会地位、财富状况的差别，摒弃个人感情好恶，采用科学合理的措施，确保其中立地位；对于监狱来说，虽然我们一直在强调监狱矫正和罪犯的教育改造，但是监狱稳定才是监狱最重要的考核指标，因此，将罪犯刑罚执行完毕，安安稳稳不出任何事情，成为每一所监狱的最大追求，只有在稳定的基础上才能进行罪犯的教育改造。由此可见，在刑罚动态运行中，不同的立场产生了不同的刑罚价值诉求。在我国刑罚目的呈现多元化发展趋势，而在横向上又缺少一个有效的目的整合体系。立法者受这一缺陷的影响，在进行刑罚立法过程中，有一种过分强调刑罚的预防目的而忽视刑罚的惩罚目的；在刑罚裁量中，

由于法官处于中立地位，其价值诉求则是刑罚公正、正义的实现。公正、正义是刑罚的重要价值目标，法官作为国家刑罚权的唯一发动者，在捍卫刑罚公正、正义上起着举足轻重的作用。法官对于公正、正义的价值诉求，必然导致其重视刑罚的报应目的，进而过少的考虑刑罚的预防目的和关系修复目的；在刑罚执行过程中，由于监狱容纳量有限，犯罪却在源源不断地发生，监狱稳定又是监狱考核的重要指标，虽然我们一直在强调教育改造，但是与监狱稳定相比，监狱自然会选择后者。其最重要的价值诉求就是监狱稳定，而监狱改造在刑罚实际运行中则处于次要地位。

（二）人格评估技术缺失导致刑罚目的的阶段性偏移

在德国、瑞典、芬兰以及荷兰的刑事立法中，除将罪责报应作为刑罚适用的主要目的之外，还以此为基础刑罚适用必须考虑犯罪人人格、预防犯罪等其他非报应论目的。但目前，在我国刑罚立法以及刑罚适用中，对犯罪人人格的考量并没有得到很好的体现，更加没有专门的人格评估制度和相应的人格评估技术。我们对于犯罪人的人格考量，多数是从行为人的人身危险性出发，作为法定量刑情节规定与《刑法》之中。比如，累犯，坦白，自首，立功，犯罪中止等；在刑罚裁量中，法官除了考虑是否存在法定量刑情节之外，要有酌定情节，对于酌定情节的考量实际上就是法官根据自身的价值判断对犯罪人人格的一次简单评估，而这种简单评估缺少一定的科学性，仅仅是法官的主观评价，这就致使刑罚的轻重，在一定程度上取决于法官的业务素质，甚至法官的心情；在刑罚执行中，犯罪人的悔改表现、立功或者重大立功，都可以成为减刑、假释的适用条件。我们知道，尽管一个人的人格特征可以通过人的语言和行为来表现出来，但是仅仅依靠法官和监狱执行人员的价值考量，很难实现对其人格的准确评估。这就在一定程度上致使刑罚的特殊预防目的难以实现。在刑罚制定、裁量和执行过程中，权力运行者都是根据自己的经验和价值判断对犯罪人进行人格测评，这就导致了刑罚目的的阶段性偏移，刑罚目的在刑罚立法、刑罚裁量和刑罚执行中表现出不同的内容。在刑罚立法中，虽然我们给予了刑罚预防目的足够的重视，但是也仅仅局限于一般预防的实现，很少考虑到刑罚的特殊预防。这对于减少犯罪，降低累犯发生率从立法上就产生不良影响。我国立法中并没有人格评估制度的完整体现；在刑罚裁量中，法官多数站在中立的角度，主持正义，对犯罪人人身危险性的考量多数是为了正义的实现，当然也有出于对预防目的的考虑因素存在。这就是刑罚报应目的的具体体现；在刑罚执行中，刑罚执行人员在维持监狱稳定的前提下，才对罪犯矫正加以考量。总之，在刑罚运行中统一人格评估技术的缺失致使刑罚目的在刑罚立法、刑罚裁量、刑罚执行中表现出不同的内容，刑罚立法中惩罚和预防，刑罚裁量中注重正义目的的实现，刑罚执行中注重矫正和效益的实现。

（三）制度理念多元导致刑罚执行变更的定位偏差

刑罚立法者站在社会稳定、经济发展的立场，注重刑罚犯罪预防目的的实现。刑罚不是因为有犯罪才科处，而是为了将来不犯罪。所以，刑罚并不是犯罪的当然结果，而是预防将来犯罪，维护社会利益的手段。犯罪预防包括一般预防和特殊预防，由于我国人格评估制度的缺失，其实立法者更为注重的是刑罚的威慑作用，着重强调其一般预防的目的，但并没有完全忽视特殊预防目的。英国内政部1984年的一份研究报告也证明，大量的实证数据显示刑罚适用加重后，并没有对再犯率的减少产生明显作用。相反，一些研究显示个别威慑往往产生相反效果，行为人在承受更加严厉的刑罚之后更易再次实施犯罪。减刑、假释作为一种减免和附条件的减免罪犯服刑期限的方法，是作为对罪犯的一种奖励措施，规定于《刑法》之中的。对于接受认真教育改造、表现较好、遵守监规等的罪犯、可以减刑，这是对服刑人员认真接受监狱改造的一种鼓励，对于重大立功表现的应当减刑，更是在一定程度上鼓励罪犯去积极主动的做一些对社会有意义的事情。在刑罚执行阶段，刑罚执行机关在一定程度上与立法机关将减刑、假释作为一种奖励的理念发生偏差。只要是在监狱里没有违法乱纪现象，不问其是否真的悔改，就会对其减刑，刑罚执行机关把减刑当作了罪犯的一种权利。我们一直强调刑罚执行的人道性，禁止大骂罪犯，维护罪犯未被剥夺的权利，再加上刑罚执行机关对效益实现的重视，监狱有限的罪犯容量和源源不断的罪犯被送进监狱，这就使得其减刑、假释的执行理念发生转变，把奖励曲解成了权利。在刑罚立法和刑罚执行中对减刑、假释存在着多元化的制度理念。在刑罚立法阶段，将减刑、假释作为一种奖励措施，在刑罚执行阶段，将其作为了一种权利。假释之后实行社区矫正，多数学者对社区矫正的理念也存在偏差，一味地强调矫正，而忘记了惩罚，矫正的方式更是解决工作、住宿、贫困等问题，这在很大程度上混淆了社区矫正与社会保障之间的关系。理念是人们长期参与社会活动，在其内心深处形成的一种对事物的内在观念。理念是进行各项工作的心理基础，正确的理念才能够指引人们朝着正确的方向发展。刑罚作为最严厉的处罚方法，其制定、裁量和执行，都必须要有一套科学完整的刑罚理念深藏于法律工作者内心之中。刑罚执行中，理念发生偏差，尤其是对减刑、假释制度理念的不同理解，从而导致刑罚执行与刑罚立法的定位偏差。这也是导致上文我们所讲的刑罚刚性流失的深层次根源，必然影响刑罚公正价值的实现。

三、困境突破：刑罚纵向运行的融贯技术与制度保障

（一）目的融贯

在刑罚的纵向运行中，刑罚目的融贯的关键在于刑罚目的多元化趋势下，刑罚目的体系的整合。刑罚目的体系的整合必须以刑法目的体系的内在要求作为出发点进行建构，只有满足刑罚目的体系的内在诉求，方能实现多元化刑罚目的理论的内部和谐。笔者认为，刑罚目的首先是一个多元化体系，而且此种多元目的体系贯穿于刑罚应用的全部过程。同时，考虑到刑罚适用阶段的特殊性，各阶段之中也有有限目的的存在余地。也就是说，在法定刑配置阶段以积极的一般预防为有限目的，以犯罪的严重性为刑罚适用的主要依据，而在裁量刑配置阶段，以特别预防为优先目的，以犯罪人的人身危险为刑罚适用的主要依据。在刑罚执行阶段，也以特殊预防为优先目的，以针对犯罪人的矫正为主要依据。这样，刑罚适用诸目的之间不仅能够实现彼此的有机整合，而且呈现出刑罚目的理论在刑罚不同适用阶段的层次性效果，进而实现刑罚目的体系的内在统一。

（二）方法融贯

我们这里所说的方法的融贯就是统一、科学的人格评估技术在刑罚裁量和刑罚执行中的运用。刑法学应该建立起将犯罪行为与犯罪人格并重、以犯罪行为与犯罪人格二元因素为定罪与量刑机制的体系。笔者认为行为人的人

格评估，无论是在刑罚裁量阶段还是刑罚执行阶段，都应当像人身伤残鉴定或精神病鉴定一样，有一套专门的制度作为保障，有一个科学的评估技术为依托，有一群专业的人格鉴定人员提供专门服务，而且应当实现刑罚裁量与刑罚执行阶段人格评估制度和评估技术的统一。因为，只有统一的人格评估制度和技术，才能实现监狱矫正前后人格的对比，以此来验证罪犯的人格矫正情况，进而判断罪犯的再犯危险性。一方面，人格评估制度的建立。我们一直在强调刑罚裁量中要注重犯罪人的人身危险性和社会危害性，根据阶段优先理论在刑罚裁量阶段我们优先考虑刑罚目的中的特殊预防目的的实现。然而，通过上文论述我们知道，现阶段我国刑罚裁量，出现了重社会危害性，轻再犯危险性的状况。面对这一问题，我们应当建立人格评估制度，以确立再犯危险性在量刑中的地位，保障刑罚特殊预防目的的实现。人格评估制度建立的基础就是对人格评估制度的法律确认，即通过立法将人格评估制度规定与法律之中，并制定人格评估实施细则。另一方面，人格评估制度的施行。人格评估制度的实施需要科学完备的人格评估技术、专业的人格评估人员、专门人格评估机构的建立和人格量刑指导意见等四个方面的有力保障。

（三）价值融贯

减刑、假释制度只能是罪犯的奖励而非权利。这一部分所谈的价值融贯具体体现为减刑、假释制度的价值判断在刑罚动态运行中的统一和连贯。正如我们所言，在刑罚立法阶段，减刑、假释制度是作为对罪犯教育改造状况的一种鼓励而设立的奖励制度，而在刑罚执行中，由于刑罚执行机关过分追求稳定和效益价值，只要是遵守监规、听从教育的罪犯基本都能适用减刑，也就是说只要在监狱里本分做人，基本都能获得减刑或假释，减刑、假释在刑罚执行阶段不再是一种奖励而变成了罪犯的权利。这种减刑、假释理念的转变，是刑罚刚性在刑罚执行阶段严重流失的深层次原因所在。我们认为，减刑、假释只能是罪犯的奖励而非权利。罪刑相适应是刑罚的基本原则，它不仅指导定罪量刑阶段，也要延伸到刑罚的适用阶段。刑法公正性的最终体现不在于定罪量刑时的罪刑相适应，而在于最终的刑罚执行结果，定罪量刑只是一种宣告，最实质性的表现还在于刑罚的具体执行。刑罚刚性的流失致使刑法公正性严重失衡，刑罚执行机关相对刑罚立法，对减刑、假释价值理念的偏移，是其根源。若把减刑、假释制度当作罪犯的权利进行适用，其最终结果就是刑法公正受损。笔者认为减刑、假释制度是对罪犯的一种奖励，并不是所有的罪犯都能得到减刑、假释的“优待”。即使每一个罪犯在监禁中都认真接受改造，那也有优劣之分，只能对于优秀者进行奖励，也就是说只奖励一部分罪犯。减刑、假释在每一所监狱应当有名额的限制。考虑到司法效益和减刑、假释是对罪犯的一种奖励的问题，我们认为减刑假释的名额数，应当在本监狱罪犯人口数量的百分之四十到五十之间进行选择，因为我们认为奖励应当针对一半以下的人进行。

全面依法治国背景下行政执法与刑事司法衔接机制的重建

陈超然*

行政执法与刑事司法衔接机制，一般被称为“两法衔接”，是指行政执法机关将涉嫌犯罪的案件向刑事司法机关移送，在行政执法与刑事司法的过程中，对于可能涉嫌犯罪的案件，相关部门之间相互配合、相互制约，通过实体衔接与程序衔接确保能依法追究违法犯罪行为人法律责任。由于《中共中央关于全面深化改革若干重大问题的决定》、《中共中央关于全面推进依法治国若干重大问题的决定》等文件的多次强调，其重要性被广泛关注。以往侧重于从程序、办案协作或工作机制角度来定位行政执法与刑事司法衔接机制，但是立足于全面依法治国的背景，我们不能仅从技术层面理解“两法衔接”，而应该上升到制度层面，即行政权与司法权的合理分配，行政执法制度与刑事司法制度的有效融合。基于制度层面的要求，行政执法与刑事司法衔接机制需要重新构建。

一、行政执法与刑事司法衔接机制的发展历程

行政执法与刑事司法衔接的问题，最早体现在法律规定中。1996 年 10 月 1 日施行的《行政处罚法》第二十二条规定：“违法行为构成犯罪的，行政机关必须将案件移送司法机关，依法追究刑事责任。”随后在 1997 年 10 月 1 日施行的《刑法》第四百零二条也专门设置了徇私舞弊不移交刑事案件，即

* 作者简介：陈超然，上海市人民检察院侦查监督处检察官，法学博士。

“行政执法人员徇私舞弊，对依法应当移交司法机关追究刑事责任的不移交，情节严重的，处三年以下有期徒刑或者拘役；造成严重后果的，处三年以上七年以下有期徒刑。”《中华人民共和国最高人民法院公报》还专门刊登徇私舞弊不移交刑事案件罪的案例，[①] 以解决实践中如何认定应当移交而不移交刑事案件等问题。《行政法》和《刑法》都提出了行政执法和刑事司法如何衔接的问题。

借助于新世纪初党中央、国务院部署整顿和规范市场经济秩序工作，[②] 行政执法与刑事司法衔接从实体法的问题落实到程序规定层面。2001 年 7 月和 9 月，国务院和最高人民检察院分别颁布了《行政执法机关移送涉嫌犯罪案件的规定》和《人民检察院办理行政执法机关移送涉嫌犯罪案件的规定》。这两个规定为行政执法机关移送涉嫌犯罪案件，以及检察机关办理该类案件提供了具体的操作规范。随后，行政执法与刑事司法衔接机制从一开始的部门规定逐步发展为行政执法机关、刑事司法机关的联合规定，[③] 不久就被中央政法委列为司法改革任务。[④]

随着行政执法与刑事司法衔接工作的不断发展，“两法衔接”的重要性与日俱增，直至成为全面依法治国的重要组成部分。在行政执法与刑事司法衔接程序规定落地 10 年之后，中央办公厅、国务院办公厅以“两办”文件形式转发国务院法制办、中央纪委、最高人民法院、最高人民检察院、公安部等部门《关于加强行政执法与刑事司法衔接工作的意见》，标志“两法衔接”逐步成为国家层面的基本策略。党的十八届三中全会通过的《中共中央关于全面深化改革若干重大问题的决定》和十八届四中全会通过的《中共中央关

① 《江苏省宜兴市人民检察院诉丁锡方徇私舞弊不移交刑事案件案》，载《中华人民共和国最高人民法院公报》2003 年第 6 期。

② 2001 年 4 月 27 日国务院《关于整顿和规范市场经济秩序的决定》中，明确提出“加强行政执法与刑事司法的衔接，建立信息共享、沟通便捷、防范有力、查处及时的打击经济犯罪的协作机制。”

③ 2004 年 3 月，最高人民检察院与全国整规办、公安部联合下发了《关于加强行政执法机关与公安机关、人民检察院工作联系的意见》；2006 年 1 月，最高人民检察院、全国整规办、公安部、监察部联合下发了《关于在行政执法中及时移送涉嫌犯罪案件的意见》。这两个意见明确要求“建立起行政执法机关与公安机关、人民检察院相互配合的长效工作机制”。

④ 2008 年 11 月，中央政法委员会下发《关于深化司法体制和工作机制改革若干问题的意见》，将“建立和完善刑事司法与行政执法执纪有效衔接机制”列入司法改革任务。

于全面推进依法治国若干重大问题的决定》均提出“完善行政执法与刑事司法衔接机制”，尤其是后者对此进行专门论述，要求建立行政执法机关、公安机关、检察机关、审判机关共同参与，包含信息共享、移送标准、移送程序、处罚对接等多种内涵的制度。行政执法与刑事司法的衔接在全面深化改革和全面推进依法治国的背景之下，其意义与价值更加丰富与立体。

二、行政执法与刑事司法衔接的多重价值

（一）提高行政执法法治化水平

十八届三中全会、四中全会两个《决定》均将完善行政执法和刑事司法衔接机制置于“深化行政执法体制改革”之下，可见其对于“两法衔接”机制直接用意就是借此提升行政执法法治化水平。完善的行政执法和刑事司法衔接机制，一则可以通过规范行政执法自由裁量权，提高行政执法效率和规范化水平；二则可以通过加强对行政执法的监督，解决当前我国行政执法领域仍然存在的“有案不移、以罚代刑”问题，克服执法过程中的地方和部门保护主义；三则可以通过保证行政执法权力公开、透明、阳光运行，倒逼政府提升依法行政能力。

提高行政执法法治化水平，更进一步来说是为了加快建立竞争有序的市场体系。社会主义市场经济本质上是法治经济，必须依法全面履行政府职能，坚持法定职责必须为、法无授权不可为。行政执法权的不作为或者滥作为使得企业公平竞争的环境遭到破坏，市场的诚信受损，随之而来的交易成本上升和交易风险的难以预测，使得资本和资源的配置不再受市场规律调整，直接阻碍了市场化改革。完善“两法衔接”机制通过提高行政执法法治化水平、形成行政执法和刑事司法领域合力，保障市场健康有序发展，从而形成统一开放、竞争有序的市场体系。

（二）形成行政执法和刑事司法领域合力

行政执法机关与刑事司法机关虽然分属两个体系，工作职责与主管事项不同，但在服务大局、维护社会和谐稳定上有共同的使命。但以往在经济犯罪等领域却一直存在经济犯罪实际发生多、查处少，行政处理多、移送司法

机关追究刑事责任少，查处一般犯罪分子多、追究幕后操纵主犯和职务犯罪分子少，判缓刑多、判实行少的“四多四少”问题。① 四中全会《决定》对“完善行政执法与刑事司法衔接机制”进行了细化，明确提出完善案件移送标准和程序，建立行政执法机关、公安机关、检察机关、审判机关信息共享、案情通报、案件移送制度，实现行政处罚和刑事处罚无缝对接等具体措施，意在加强行政执法机关与司法机关之间的配合协作，维护社会主义法制统一，实现社会公正。这样不但能够保证达到刑事追诉标准的行政违法案件及时移送司法机关，使犯罪分子得到应有的惩罚，使国家利益得到有效的保护，还可以实现不同部门的信息共享，有效整合不同部门的执法资源，较好地解决在查处破坏社会主义市场经济秩序、妨害社会管理秩序领域的违法犯罪方面所存在的条块分割、主体多元、各自为政的体制性问题。

（三）落实检察机关在法治国家中的监督地位

从检察监督视角来看，检察机关作为专门的法律监督机关，承担着保障法律统一正确实施的职责。检察机关对行政权的运行进行监督和制约，既是履行检察机关法律监督职能的体现，又是推动国家治理体系和能力现代化的要求。检察机关对行政权的监督，可以通过职务犯罪侦查、行政诉讼监督等方式，但“两法衔接”仍然是检察机关开展行政执法监督的重要途径。在检察监督的意义上，“两法衔接”就是在行政执法中将超越行政执法范畴、涉嫌构成犯罪的案件从一般行政执法中分流出来，汇集到检察机关进行审查，有检察机关决定是否提起公诉并最终进入刑事审判的机制。行政执法与刑事司法衔接的机制的结构中心就是检察机关，表现在现象层面，就是相关信息、案件由行政执法机关向检察机关流动；衔接的关键就是检察权向其他行政权的适度渗透，因为没有渗透就没有行政执法机关移交刑事案件的现象，而如果渗透过度，势必侵扰行政权的正常运行。②

---

① 刘远：《金融欺诈犯罪立法原理与完善》，法律出版社2010年版，第237页。

② 刘远、赵玮：《行政执法与刑事执法衔接机制改革初探》，载刘远、王大海主编：《行政执法与刑事执法衔接机制论要》，中国检察出版社2006年版，第19～20页。

（四）发挥信息社会中大数据作用

信息就是力量。信息社会不但深刻地改变着我们的日常生活[①]，而且也改变着政府的管理模式。比如美国政府的大数据意识就紧跟信息社会发展。2009年1月，奥巴马入主白宫后，做的第一件事就是要求联邦政府各部门通过“一站式”政府数据下载网站（www. data. gov）向社会公开各类非保密的数据库。data. gov上线1周年，美国政府开放数据的总数就达到27万项。data. gov上的各类原始数据文件，涵盖了农业、气象、金融、就业、人口等近50个门类，汇集了数千个应用程序和软件工具。数据的集中、开放、共享及对数据的应用支持，极大地方便了美国各界对大数据的利用。[②] 对于行政执法与刑事司法衔接来说，通过行政执法机关之间、行政执法机关与刑事司法机关之间的信息、数据共享，是打通中国各个行政执法机关、刑事司法机关之间数据壁垒的重要途径。信息共享平台的建立，能够一体化收集、掌控、研判行政执法与刑事司法数据，发挥大数据在国家治理中的重要作用。

三、行政执法与刑事司法衔接中的结构性问题

行政执法与刑事司法衔接机制的意义重大，但“两法衔接”工作推进十余年来，遇到了不少瓶颈问题，如“有案不移、以罚代刑”问题仍较为突出、信息共享平台运行效率不高、案件协调缺乏有力部门、案件移送程序不规范、案件办理不及时等问题。[③] 问题背后是衔接过程中的结构性矛盾。

（一）衔接的层次性

衔接的层次性问题由表及里，可以依次体现为三个层面。

第一，形式层面，主要表现为文件的效力等级不高，谁也管不了别人家的事。衔接的法律依据，无论是是国务院《行政执法机关移送涉嫌犯罪案件

---

① 阿里巴巴在中国的飞速成长，“双十一”购物方式融入日常生活，都是信息社会巨大力量的体现。

② 涂子沛：《大数据：正在到来的数据革命，以及它如何改变政府、商业与我们的生活》，广西师范大学出版社2015年版，第204~208页。

③ 王传红、维英：《行政执法机关移送涉嫌犯罪案件机制研究》，载《中国刑事法杂志》2012年第3期。

的规定》，最高人民检察院《人民检察院办理行政执法机关移送涉嫌犯罪案件的规定》，还是一些部门“意见”等形式的联合发布的各种规定，在《立法法》上效力位阶不高，而且各自调控的范围有限。

第二，内容层面，大部分规定是对健全衔接机制所必然表现出来的相互配合、相互制约现象的描述，而这是改革成功后的效应，而对目前究竟如何改革以达成这种效应却回避了。比如《行政执法机关移送涉嫌犯罪案件的规定》基本上讲的是在假设行政执法机关向公安机关移送涉罪案件的情况下行政执法机关应该如何移送、公安机关应该如何处理的问题，而问题的症结却在于“不移送”如何处理。

第三，价值层面，大部分关于“两法衔接”的规定没有触动行政执法与刑事司法衔接机制中所存在的深层次问题，即行政权与司法权的分配问题，没有就建立健全衔接机制所需进行的体制性问题进行认真研究，文件中较多内容是口号性、倡导性、调和性、建议性的，缺乏规范性和刚性。“两法衔接”涉及行政权、司法权两大领域，仅仅依靠各管一段的规范性文件和联合发布的“意见”，显然难以解决衔接的层次性问题。①

（二）联动的能效性

行政执法与刑事司法的有效衔接，基础在部门协作，成果在案件处理。部门协作方面，由于没有法律层面的刚性规定，为实现符合刑事立案条件的行政处罚案件向刑事环节的移送，联席会议制度应运而生。行政执法机关和刑事司法机关通过建立联席会议制度对衔接工作推进、案件线索查处进行通报、沟通和协调。但联席会议牵头部门不统一、部门参与随意性很大且无相关制度约束，多数部门对参与会议不积极，除非存在涉及案件属于自己主管范围、与自己利益相关、个人关系或工作关系较好等情况。②

案件处理方面，信息的衔接只是案件衔接的前提性、基础性工作，而真正能够启动案件衔接的是案件证据的衔接。但是“两法衔接”案件移送缺乏

---

① 孙春雨：《行政执法与刑事司法衔接机制存在的问题及其完善》，载杨永华主编：《行政执法和刑事司法衔接的理论与实践》，中国检察出版社2013年版，第153页。

② 王传红、维英：《行政执法机关移送涉嫌犯罪案件机制研究》，载《中国刑事法杂志》2012年第3期。

统筹、证据取证效率低下却时常发生。例如在“两法衔接”中，相关案件往往是行政执法机关先行调查取证。行政执法机关由于取证手段受限、证据意识不强等问题，只注重收集行政处罚所需证据，对于其他该收集的证据未能及时收集，等司法机关介入时已时过境迁无法再收集，由此也导致一些涉嫌犯罪的案件在移送时，因为证据在收集、固定上达不到刑事证据的要求，案件移送司法机关后难以处理。新《刑事诉讼法》规定对行政执法机关收集的非言词证据材料在刑事诉讼中作为证据使用，在这个大背景下，如何规范行政执法机关收集证据行为、提高其收集证据能力问题凸显紧迫。①

（三）功能的单一性

目前的行政执法与刑事司法衔接，着眼于打击犯罪，忽视了服务与参谋的功能；着力于事后惩处，忽视了事前预防与事中干预。具体表现为：一是没有形成双向移转。行政执法机关向司法机关移送案件的单向衔接为主，而司法机关将不构成犯罪而应当行政处罚的案件线索及证据移送行政执法机关的少。二是难以应对突发性公共事件。现有机制仅能作用于常态下的两法衔接活动，对于一些突发的、需要紧急应对的公共案件，行政执法机关与刑事司法机关难以在“两法衔接”框架内迅速协调一致，主动作出必要反应。三是辅助社会管理作用欠佳。信息整合多停留在个案层面上，缺乏对本地区经济发展、社会治安以及社会管理状况进行综合分析研判，限制了其为加强社会管理提供参考依据的能动作用。② 有句话叫“君以此始，必以此终”，行政执法与刑事司法衔接的现实状态，是因为其起步就是源于整顿和规范市场经济秩序中建立健全打击经济犯罪的协作机制的需要，其发展脉络一直是在形成行政执法与刑事司法的打击合力上做文章，当十八届三中、四中全会赋予行政执法与刑事司法衔接机制多重意义的时候，原先机制的功能单一性问题就呈现出来。

---

① 元明、张建忠：《注重机制建设，推动“两法衔接”规范发展——基于上海、福建两地实践调查研究的思考》，载《人民检察》2013 年第 23 期。

② 张新宪、彭天广：《关于行政执法与刑事司法衔接机制效能状况与体制调整的思考》，载杨永华主编：《行政执法和刑事司法衔接的理论与实践》，中国检察出版社 2013 年版，第 324 页。

（四）数据的无效性

应该说，近几年全国行政执法与刑事司法信息共享平台的建设取得飞速发展，根据全国打击侵权假冒办公室的介绍，目前全国已有25个省（含自治区、直辖市）建成省级信息平台，4个省正在建设，其中20个平台已与中央信息平台对接，汇总数据10万余条。① 平台建设的目的是应用，但是多数平台中数据的实际应用情况却不乐观。表现之一是数据的范围较窄，许多信息平台对于行政执法机关信息录入没有刚性的要求，数据录入范围不全面极大限制了平台的工作效能，这既不利于行政执法机关和司法机关共享信息，也使部分可能涉嫌犯罪而已被行政处罚的案件脱离监督视野。表现之二是数据的对接性较差。现有的两法衔接信息共享平台与行政执法机关、司法机关内部执法办案系统不兼容，无法实现数据对接。实践操作中，行政执法机关的信息基本是由人工分两次录入，导致移送案件信息的录入与案件材料移送脱节，案件信息录入不及时、不全面等问题。表现之三是数据的实用性不强。"两法衔接"信息共享平台的数据除了传递案件信息的作用尚有体现外，其他功能都有待发挥。例如2015年新的《食品安全法》要求建立严重违法犯罪者的从业禁止，但当行政执法机关到"两法衔接"信息共享平台上寻找相关违法犯罪记录时，却发现数据残缺不全，无法使用。有的学者把"两法衔接"信息共享平台建设管理中存在的主要问题归纳为"五化"：建设的无序化、设计的形式化、准入标准的混乱化、管理的虚置化、运行的低效化。② 如何将平台中沉睡的数据激活，使平台真正发挥大数据作用，确实是一个关系到行政执法与刑事司法衔接生命力的问题。

四、行政执法与刑事司法衔接的重建路径

改革和完善行政执法与刑事司法衔接机制，已经成为共识，但是角度不同、立场不同，结论也不同。当我们从全面深化改革与全面依法治国的大背

---

① 来源于2015年全国检察机关两法衔接工作网络培训时全国打击侵权假冒办公室同志的介绍。

② 王宏平：《两法衔接信息共享平台建设管理亟待规范》，载杨永华主编：《行政执法和刑事司法衔接的理论与实践》，中国检察出版社2013年版，第238～240页。

景来审视“两法衔接”机制，就可以发现这不是一项孤立的事业，它实质上是我国政治体制法治化改革进程中的一个侧面，真正解决这一问题是一个长期的、艰苦的过程。但是“不积跬步、无以至千里”，立足于现实情况，以下几种路径是重建“两法衔接”机制需要优先考量的。

（一）完善顶层设计

完善顶层设计是解决行政执法与刑事司法衔接的组织问题。目前的共识是“两法衔接”涉及内容广，涉及部门多，牵涉到各方面的利益，需要协调相关部门解决思想认识、职责分工，利益分歧等问题。这项系统性工作由一个部门牵头很难有效推进，应当在党委统一领导下，建立行政、司法共同参与、分工协作的组织架构。有观点就认为行政执法机关和公安机关是建立移送机制的首要责任者，政府法制部门是移送机制的组织管理者，检察机关是积极推动者。①

在顶层设计中，基于中国政府管理体制和行政执法现状，由党委或者政府牵头组织、各部门协同推进是可行的一个路径。但是此路径中必须确立衔接机制的主导机构，否则会陷入大家都管而又无人负责的局面。“两法衔接”衔接的是行政权与司法权，其主导机构必须具备以下标准：一是权力范围的全局性，涵盖权力体系运行的各个阶段；二是权力位阶的中枢性，作为机制中的主导机构，所行使的权力在权力体系中的位阶应既是行政权的终结点，又是司法权的开启点；三是权力运行的积极性，“两法衔接”机制从根本上是一种主动性、先导性的机制，需要其中的积极性权力积极介入，疏通权力运行管道。② 从上述标准看，只有履行法律监督职能的检察机关可以成为衔接机制中的主导角色，因此在“两法衔接”机制的顶层设计中检察机关的作用至关重要，从某种意义上说行政执法与刑事司法衔接就是检察权向行政权的渗透的过程。一些地方的做法也反映了这一点，如四川省确立法制办和检察机关双牵头的“两法衔接”领导体制，徐州市则成立由市委政法委书记任组长、

① 王传红、维英：《行政执法机关移送涉嫌犯罪案件机制研究》，载《中国刑事法杂志》2012 年第 3 期。

② 刘远、赵玮：《行政执法与刑事执法衔接机制实证分析》，载刘远、王大海主编：《行政执法与刑事执法衔接机制论要》，中国检察出版社 2006 年版，第 36 页。

市检察院任副组长的全市“两法衔接”工作领导小组，领导小组办公室就设在检察机关。

（二）优化衔接机制

优化衔接机制是解决行政执法与刑事司法衔接的效能性问题。目前的衔接机制在标准、证据、程序上存在一些问题，但是仅仅“头疼医头、脚痛医脚”解决不了根本问题。衔接机制的问题根源在于二元化的体制。二元化首先是指我国行政执法与刑事司法两套职权机构独立运行的体制。该体制存在职权运行的樊篱，两种权力界限分明，容易产生封闭执法的现象；形成证据收集的障碍，行政执法机关执法手段有限，缺少对涉案人及证人采取保全措施的相应控制力，容易导致案件久查无果，甚至部分证据灭失；导致责任归属的分割，容易相互推诿，缺少主动担当。① 二元化其次是指行政立法与刑事立法双轨制并行的立法模式。刑法上的行政犯罪具有双重违法性，同时触犯行政法和刑事法，但是我国采取的行政处罚与行政刑罚分立的立法模式，行政立法与刑事立法在行刑衔接环节不仅经常发生脱节，而且作为前置法的行政立法采取“构成犯罪的，依法追究刑事责任”的概括性规定容易导致罪与非罪在认识上的模糊性。

对此，有人针对职权运行的二元化建议实行行政执法与刑事执法主体“一体制”，将破坏社会主义市场经济秩序犯罪的侦查交由相应的行政执法机关，② 有人针对立法模式的二元化建议改变刑法立法模式，以单行刑法的方式修改、补充、增设经济犯罪规范，③ 或者在附属刑法中规定相应的罪状和法定刑。④ 上述建议都抓住了“两法衔接”的体制性障碍，国内外也有类似成功

---

① 张新宪、彭天广：《关于行政执法与刑事司法衔接机制效能状况与体制调整的思考》，载杨永华主编：《行政执法和刑事司法衔接的理论与实践》，第324～326页。

② 童德华：《行政执法与刑事执法主体“一体化”之思考》，载刘远、王大海主编：《行政执法与刑事执法衔接机制论要》，中国检察出版社2006年版，第150～151页。

③ 肖中化：《集中是发展方向 散在为存在形态——论经济犯罪立法模式之抉择》，载《法治研究》2010年第5期。

④ 柳忠卫：《刑法立法模式的刑事政策考察》，载《现代法学》2010年第3期。

的实践经验。① 但是体制性问题需要体制化解决，上述建议可作为长期目标进行研究探索，目前优化衔接机制的关键在于如何抗拒二元化体制的固有力量。近期的目标应当是统一案件移送尺度和执法标准，针对在法律政策适用、案件定性、追诉标准、检验鉴定、证据标准容易发生争议和执法偏差的案件加强调研，沟通情况，统一认识，明确移送尺度，形成一类案件执法标准。

（三）提升平台功能

建设信息共享平台是解决行政执法与刑事司法衔接的动态性问题。目前平台建设管理的困境不在于平台本身。信息共享要求行政执法机关将全部或大部分行政处罚案件信息录入到信息共享平台，这对一贯强调行政执法权力的独立性和特殊性，习惯在信息封闭、权力运作不透明背景下行政执法机关来讲，执法信息的公开无疑将自身权力运作过程暴露在公众和监督机关的视野之中，其对公开行政执法信息有天然的抵触情绪。在缺乏法定准入标准的情况下，各地行政执法信息案件准入范围的大小实际是行政执法机关与刑事司法机关相互角力的结果。

平台建设必须打破部门壁垒，要站在大数据开放、提升国家治理能力的格局下，完善平台构造、提升平台功能。数据只有动态化、系统化，才能成为公共决策的资源。将来“两法衔接”信息共享平台一定是和行政执法信息公开、警务公开、检务公开、审判公开相结合，实现执法、司法信息互联互通。条件成熟时，借鉴国外做法向社会开放，使平台不仅具有监管功能还有公众查询功能，有利于信息的广泛使用，一方面便于公众监督行政执法权力运作，提升行政执法法治化水平，另一方面帮助公众建立清晰透明可操作的行为规则，明确行为的法律边界。

① 例如美国的食品药品监督管理局职权上具有实质上的调查取证权，可以收集食品药品类刑事犯罪的证据。又如中国的海关同时负责走私案件的行政执法和刑事执法，有关职权行使、证据收集、责任承担、绩效评价等问题，都无须再两个执法主体间选择。在立法上，美国、德国、日本等国家一般都采取行政处罚与行政刑罚合一的一体化立法。例如德国在《保险业监管法》第一百四十条将违反保险业准入制度的行为规定为犯罪，并设置相应的法定刑，即“没有保险法规定的经营许可非法经营保险业务的行为，违反法定的在服务行业直接保险的规定从事保险业务的行为，以及违反的其他法律明确禁止的规定从事保险业务的行为。对非法经营保险业务应当处 1 年以下监禁或者罚金；过失犯此罪的处 6 个月以下监禁或者 180 日单位罚金。”

（四）适时推进立法

推进立法是解决行政执法与刑事司法衔接的合法性问题。确立行政执法与刑事司法相衔接工作机制的地位，关键在于将其纳入法律体系中去规范和调整。合理的路径是从地方立法到国家立法。这首先要求积极尝试“两法衔接”的地方立法，以地方人大立法或出台地方性法规等方式，明确行政执法机关、公安机关、检察机关、审判机关在“两法衔接”中的地位、职责，并对涉嫌犯罪案件的移送标准、移送程序及相关法律后果作出规定。然后在时机成熟时，充分总结各地区“两法衔接”工作的经验做法，通过建议或提案等方式，推动中央对“两法衔接”专门立法，制定一部全面系统的行刑衔接法律，规范行刑衔接的职责部门、工作机制、内容和监督制约方法等，以增强衔接工作的法律保障。目前广东省珠海市于 2014 年率先制定了《珠海经济特区行政执法与刑事司法衔接工作条例》，成为全国首部规范“两法衔接”工作的地方性法规，为实现行政执法与刑事司法有效衔接提供了立法保障，这是强化行刑衔接的法律依据的有效途径，值得借鉴和推广。

论社区行刑的惩罚性及公众认同

张东平*

作为行刑领域的重大变革，社区矫正入刑不仅契合了和谐社会的时代背景，而且贯彻了“宽严相济”的刑事政策，为我国刑罚结构优化与行刑资源重组注入了强劲动力。随着社区矫正在我国全面推行，相辅相成的监禁行刑与社区行刑两大体系加速形成。“在未来的刑罚执行工作中，必将形成社区矫正与监禁矫正并立，甚至超过监禁矫正的格局。”①

一、社区矫正的“行刑”属性

尽管监禁行刑与社区行刑的时空向度及技术策略有所区别，但两者均具有惩罚与矫正罪犯的多重功能。由于社区矫正将服刑人员置于开放的社区进行监管改造，其对受刑人仅在一定程度上限制人身自由，较之监狱行刑中对服刑人员人身自由的完全剥夺来说，无疑在惩罚的强制性、苛严性及刑罚的威慑效果方面有所弱化。一言以蔽之，社区行刑改变了人们对传统刑罚外在表现形式的主观印象，对于这种迥异于监禁行刑的新的刑罚方式，如若不能合理界定其功能性质，则很可能在降低人们的刑罚感受性之余，总体上改变民众对刑罚的心理体验及认知态度。所以，准确定位社区矫正的属性，对于彰显社区行刑的功能价值而言至关重要。

---

* 作者简介：张东平，上海政法学院刑事司法学院副教授、法学博士。

① 吴宗宪：《目前中国社区矫正的问题与前景》，载《辽宁公安司法管理干部学院学报》2006年第4期。

（一）惩罚的内隐价值

作为奖惩机制的一端，惩罚明确地指向痛苦或不快乐的结果，它总能激发记忆进程。对不法的自然抵制及痛苦结果构成最有效的镇压，“每一个人，尤其是在早期生活年代，都接受了日常绝不能忘记的教训。”① 由于对痛苦刺激的想象和实际的痛苦刺激所引起的情绪反应，无论是主观感受还是身体反应都十分相似，所以惩罚对受刑者及间接体验者均能释放固有的惩戒价值。“作为痛苦的社会表现形式之一的刑罚一直是人类行为产生的一种直接动机，就像它由于是一种司法惩罚而无意识地加强了人们对法律的尊重，因此也总是对人类行为具有间接的引导作用一样。”②

在法国学者福柯看来，“处于刑罚核心的‘痛苦’不是痛苦的实际感觉，而是痛苦、不愉快、不便利的观念，即‘痛苦’观念的痛苦。”③ 惩罚不再通过公开处决的过度痛苦及羞辱仪式运用于肉体，而是运用于精神，即对有利与不利、快乐与忧愁的利益观念施加压力。更确切地说，惩罚作用于灵魂，那种直接或间接的痛苦体验可改变认知图式及意识倾向，并驱使人们看重与确信社会规则。所以，规训惩罚的特有理由即偏离准则，整个边际模糊的不规范领域均属惩罚之列；它在实质上是矫正性的，惩罚的目的既非将功补过，亦非压制，与其说是被践踏的法律的报复，不如说是对该法律的加倍重申。这种矫正效应可直接通过一种训练机制而获得，社会禁令的发布“不曾强迫人，而是教化人。它们在人作为孩童时即已映入其脑海：一种永恒的命令伴随人的终生。而且，人越是自愿地服从它们，他越是强烈地感受到遵守的有利和违背的不利。”④

广义的积极一般预防观点认为，“借助于刑罚，至少可以对将来的社会安全程度产生有利的影响——可以通过对犯罪人本人的特别预防作用来实现，可以通过对有犯罪倾向的人的一般预防性威慑来实现，也可以最终通过巩固

---

① ［意］菲利：《犯罪社会学》，郭建安译，中国人民公安大学出版社2004年版，第187页。

② ［意］菲利：《犯罪社会学》，郭建安译，中国人民公安大学出版社2004年版，第186页。

③ ［法］福柯：《规训与惩罚》，刘北成、杨远婴译，生活·读书·新知三联书店2003年版，第104页。

④ ［奥］埃利希：《法社会学原理》，舒国滢译，中国大百科全书出版社2009年版，第81页。

忠诚于规范的公民的意识来实现。”[①] 然而，对刑罚本质具有重要性的是刑罚适用的操作方法。人们倾向于根据经验感受刑罚，“不是通过法典中的规定，而是通过法律的实际运用来判断法律。”[②] 当《刑法》缺乏有效的运转体系时，刑罚肯定失去它的刺痛力与可信性。所以，无论是监禁行刑，还是社区行刑，刑罚都应向公众确定地宣示自身的运作方式及其固有属性。

（二）社区行刑的惩罚性

有学者认为，社区矫正作为一种强化监督的措施，并不等同于刑罚执法活动；社区矫正的价值在于以帮助和教育为手段来矫正罪犯心理与不良习惯，使其顺利回归社会，而不是惩罚犯罪。[③] 有学者指出，社区矫正具有刑罚执行属性和社会工作属性，但两者并非处于同一层次；刑罚执行属于社区矫正的本质属性，社会工作属于非本质属性。[④] 还有学者强调，主张社区矫正的刑罚执行性质，既符合广大民众对社区矫正试点工作的理解水平和接受能力，又有利于社区矫正对象的有效监管，但不能把刑罚执行看成是社区矫正的唯一性质。[⑤] 实际上，社区行刑与监狱行刑构成刑罚执行体系的双翼，其首要任务在于惩罚犯罪，而教育矫正实为社区行刑派生出来的任务。如同在监狱行刑中，对罪犯人为施加的教育改造策略与罪犯被完全剥夺自由的惩罚分属于行刑的两个模块，且两者虽紧密勾连，却并非不可分离一样，社区行刑的惩罚机能与矫正机能亦是如此。

尽管并非对每一个体的教育均需要惩罚——它对社会部分民众的教育而言并非绝对手段，但惩罚却是教育矫正必要的保障和辅助手段，特别是对于罪犯矫正而言尤为如此。社区矫正毕竟是一种刑罚执行方式，它必须昭示惩罚意义，从而给社区服刑人员和社会公众带来训诫与警示意义。所以，社区行刑与监狱行刑一样，所运用的矫正手段必须表征着耻辱感或不利后果，否

① ［德］帕夫利克：《人格体、主体、公民：刑罚的合法性研究》，谭淦译，中国人民大学出版社2011年版，第10页。

② ［意］菲利：《犯罪社会学》，郭建安译，中国人民公安大学出版社2004年版，第300页。

③ 化耀民：《社区矫正制度探析》，湖北警官学院学报2014年版，第5页。

④ 张旭光：《和谐社会背景下的社区矫正问题研究》，农业科学技术出版社2014年版，第18页。

⑤ 顾永景：《社区矫正性质之新定位、对象之新确认与内容之新拓展》，载《云南行政学院学报》2014年第5期。

则社区行刑就难以凸显惩戒与规训的价值。意大利学者加罗法洛质问到："当罪犯没有受到身体上的痛苦、其犯罪所获得的唯一后果却是免费教育的特权时，这种做法很明显的结果就是消除行为的动机。这种情况实际上是不可能的。如果不约束罪犯的身体，那么怎样才能使罪犯遵守纪律呢?"① 概言之，无论是监狱行刑，还是社区矫正，均有必要突出惩罚的特性。如果改造与矫正的理想在行刑中被滥用，那么刑罚即可能由理性时代退回到混沌状态。正如美国学者富勒质问道："当教育改造被当作是刑法的惟一目标的时候，所有对于正当程序以及何为犯罪的明确定义的关注都会消失。如果被告可能遭遇的最坏情形只是获得一个机会利用公共经费去进行自我改造，为什么还需要担心公正审判的问题?"② 所以，监禁行刑与社区行刑均需受到惩罚规则的限制与约束。特别是对社区矫正而言，基于其行刑空间的开放性，很容易给人们造成行刑不受拘束、惩罚特性消弭的错觉，从而不利于惩罚功能的彰显。尽管社区矫正采取了非监禁的行刑模式，但惩罚性质必定是社区矫正的固有属性，因而社区矫正措施也均必然带有一定的惩罚性。比如，对人身活动的禁止令、隔离令、宵禁令、社区服务令、要求定时报到、请假及报批事务，以及电子实时监控、警告、罚款等措施无不体现着惩罚性。唯有正确地认知社区矫正的惩罚性质，才能科学地定位社区矫正的行刑功能。

二、社区行刑的功能纠偏

（一）社区矫正的刑罚样态

2014 年 8 月，"两高两部"《关于全面推进社区矫正工作的意见》强调指出，必须坚持依法推进，严格按照《刑法》《刑事诉讼法》的规定开展工作，严格遵守和执行法定条件和程序，充分体现刑罚执行的严肃性、统一性和权威性。在社区矫正法定化后，如果社区行刑的裁判决定不能严格依法作出，如果社区行刑的功能定位过分强调感化与帮扶，如果社区行刑的惩罚价值不

---

① ［意］加罗法洛：《犯罪学》，耿伟等译，中国大百科全书出版社 1995 年版，第 228 页。
② ［美］富勒：《法律的道德性》，郑戈译，商务印书馆 2005 年版，第 191 页。

能及时获得社会认可，那么民众心目中对刑罚规则的思维惯性必定受到冲击。随着社区矫正的全面推行，越来越多的民众在对社区行刑给予关注的同时，也必然感知到社区行刑与监狱行刑的明显差异。社区矫正有别于传统行刑的关键即在于行刑场所的非监禁性，也即开放的社区环境。进一步说，社区行刑对象与社会接触更多，人身活动相对自由，刑罚程度较为轻缓，特别是行刑的非监禁性将在很大程度上改变人们的惩罚体验。

由于监狱行刑与社区行刑所制造的刑罚外观判若有别，再加上不少地方的社区行刑实践偏向以传统的和合文化营造富有关怀与亲和力的矫正氛围，致使罪犯矫治普遍强调各种形式的感化、帮扶与救困，从而使这一行刑方式的法律效应柔性有余、刚性不足，甚至导致行刑的惩罚性质被边缘化、模糊化。诚然，过去偏重于控制的传统监禁刑模式并未取得预期效果，社区行刑迥异于监狱行刑的表征即在于罪犯人身相对自由及刑罚的相对宽缓等特性；并且，对于生活在复杂的社会环境中的矫正对象，若不正视他们遇到的各种困难，仅片面地要求其服从管理，亦难收实效。但在实践中，矫正工作过于偏重强调人性化的一面，而忽视了严肃性、强制性的一面，极易导致在社区执行刑罚被误解为某种形式的“感化运动”。这种方向性偏差显然与刑罚执行的本质相悖；一旦社区行刑的惩罚功能得不到充分彰显，强制监管手段过于柔弱，其行刑属性便有本末倒置的危险。“我国在开展社区矫正试点工作中，制度规划者力图实施一种与‘监狱矫正’截然不同的模式，所以重心便不知不觉地偏向了‘矫正’，而忽视了社区矫正作为一项刑罚执行方式所必须具备的‘惩罚功能’。”[①] 可见，社区矫正实践仍不同程度地存在行刑理念不明确、矫正性质定位不清晰的问题。

（二）社区行刑的惩教意义

社区行刑的本质属性在于惩罚性，它必须确定无误地向人们宣示《刑法》对犯罪行为的否定及谴责态度，并向民众不容置疑地宣告：即使在社区中教育改造罪犯，仍毫无争议地保持着“有罪必罚”的链锁效应。有学者主张社

① 宗会霞：《从“矫枉过正”到“刚柔并济”——我国社区矫正理念重塑及实务探索》，载《政治与法律》2011年第5期。

区行刑更应倾向于矫正与福利性质，因而社区矫正带有矫正、福利和社会职位的色彩。诚然，强调社区行刑的“矫正”性质无可厚非，但要防止矫枉过正，避免从一个极端走向另一个极端。作为非监禁刑的行刑活动，社区矫正既要克服“重监管、轻矫正”的观念，更要谨防超越惩罚的边界而一味地施以帮助与保护。作为与监禁行刑相得益彰的行刑方式，社区行刑应致力于在惩罚与教育之间寻求平衡，其功能价值应定位于刑罚执行与教育矫正并举、惩罚性与恢复性并重。

直言之，社区矫正属刑罚执行的范畴，仅是行刑场所具有非监禁性。社区矫正对象虽未被剥夺人身自由，但却被限制人身自由。“社区矫正作为刑罚方式的变化，毕竟是方式的变化，而其作为刑罚的实质意义是不太可能有根本变化的。”① 无论社区行刑形式如何变化，其刑罚的本性不容式微，否则行刑功能便会异化。那么，究竟应如何把握社区矫正的惩罚强度？既不能缺失惩戒强制的手段，又不宜偏信感化式帮困。在规劝与控制、感化与训诫之间，控制模式与帮扶模式两者不可偏废，行刑矫正策略应立足于惩教结合。解读“两院两部”历来的文件精神不难发现，社区矫正理念主要被分解为“监督管理”“教育矫正”和“帮困扶助”三个层面。司法部新近起草的《社区矫正法（草案送审稿）》，也用“监督管理”和“教育帮扶”两章篇幅突出了刚柔并济的矫正策略。由此，有必要合理定位社区行刑的主基调，并对各地实践中“矫枉过正”的做法予以纠偏。

三、社区刑罚的公众认同

（一）刑罚的大众性

在英国学者边沁看来，一套惩罚应具有大众性，即“对大多数民众来说，这打算行之于它们中间的惩罚是可以接受或并非不可接受的。严格来说，它应当称说无众怨。”② 边沁强调，惩罚的作用不可能超过心里想到的关于惩罚

① 王翠竹、王世洲：《社区矫正在我国的现实处境及进路分析——〈刑法修正案（八）〉》，载《辽宁大学学报》2012 年第 6 期。

② ［英］边沁：《道德与立法原理导论》，时殷弘译，商务印书馆 2000 年版，第 244 页。

及罪罚联系的观念。假如想不到惩罚观念，它就完全不可能起作用，因而惩罚本身必定无效。要想到惩罚观念，就必须记得它；而要记得它，就必须了解它。“只有培养了对法的理解之后，法才有能力获得普遍性。”① 从本质上说，惩罚权力的优化重构应当更深刻地嵌入社会生活本身，问题的关键不在于惩罚的多少，而是惩罚机制否有效。所以，刑罚权力配置的首要目标是使行刑机制获得与社会发展同步的、有规则的功能。一言以蔽之，行刑正义不仅要实现，而且“要明显、毫无疑问地以看得见的方式实现正义”。

社区矫正作为行刑肌体的一条主动脉，无疑已成为承载社会正义的重要“试验场”。社区矫正是一种与民众生活利益紧密相关的新的行刑方式，其全面推行离不开社会民众的理解与认同。不管民众有没有意料到，也不管民众愿不愿意，他们终将发现以往那些本来主要被关押在监狱中的、离他们生活很远的罪犯，现在可能就活动在他们身边，他们与这些社区服刑人员或与之交往，或与之共事，甚至在不知情的状态下与之建立深厚情谊。如果社区执行制度不能获得广泛的民意支持，那么连全面推广都会遭遇阻力，更毋庸说与监狱行刑相辅相成、相得益彰了。如果社区行刑没有较高的居民参与度，没有培育发达成熟的社区环境，没有获得普遍的公众认同，那么这一行刑方式将变成徒具形式的空壳。所以，行刑变革无法规避社会支持与公众态度的问题，社区行刑功能若要从“矫正.txt”变为“矫正.exe”，必须正视社会支持与公众认可的问题。②

（二）社区行刑的公众感受

由于受传统定势思维的影响，在公众的刑罚心理方面，“犯罪”与“坐牢”紧密相连。在我国，与严密的社会控制相对应的重刑观念可谓根深蒂固，对社会稳定与秩序安全的模糊而过度的期待构成普遍的民众心理。于是，“把犯罪人‘关起来’，而不是把他们置于社区，把社区矫正与‘放虎归山’联系甚至等同起来，一定时期内仍将成为社区矫正大规模实施的文化障碍。人们已经习惯了把不安全、不稳定的犯人装进‘保险箱’——监狱里。从社会

---

① ［德］黑格尔：《法哲学原理》，范扬、张企泰译，商务印书馆1961年版，第220页。

② 林亚刚、黄鹏：《社会治理创新视阈下的社区矫正检视》，载《犯罪与改造研究》2014年第12期。

和民众层面看，报复与朴素的正义、报应的混同，会支持更为严厉的关押的行刑方式，如果遭遇某种治安形势甚至某种特殊事件，都会使脆弱的社会矫正备受指责而陷入困境。”① 目前，一些民众对社区行刑的理解仍停留在过去的认识水平，将矫正对象视为社区的不安定因素，甚至连部分法官和监狱行刑人员也认为监外行刑的风险大于监内执行，从而在监外行刑的问题上顾虑重重，担心罪犯重新犯罪而唯恐承担责任。“普通民众善恶报应的朴素正义观和法律情感在短时间内是很难改变的，社区矫正把原本应该关进监狱的罪犯放在社区，甚至与受害人同住一个社区，并为他们提供教育、心理咨询、技能培训等多种帮扶措施，这在很多人尤其是受害人及其亲属看来是无法接受的，由此容易导致社区秩序的混乱和矫正效果的丧失。”② 可以说，“深远的本土刑事文化积淀”③ 实际上影响到我国社区矫正模式的“微循环”。

“无论时下主张的在中国制定社区矫正法，还是推行社区矫正制度，都离不开社区矫正知识的传播与被接受。只有社区矫正知识被公众、权力的执掌者、权力的执行者所接受，才有可能有社区矫正制度的问世、推行、立法等。在一个人们不知道‘社区矫正’概念的社会中推行社区矫正，是不可想象的。”④ 社区矫正自试点及推行以来，社会各方给予越来越多的关注。据零点公司对上海市民的问卷调查，总体上对犯罪与刑罚的态度比较理性，75.7%的居民表示“要根据所犯罪行的轻重，再确定是否应该进入监狱服刑”，认为不管是什么罪都必须进监狱服刑的居民占 19%，38.6% 的受访者对服刑人员比较信任，认为其已对社会和他人没有危害，属于普通居民。⑤ 另有学者对江苏省南京市浦口区盘成街道的 200 户居民进行调查，其中对社区矫正“没有听说过”的占 42%；“听说过，但不太了解”的占 43.5%；“听说过，但比较了解”的占 14.5%，而参与过社区帮教工作的少之又少，仅有 4 人。⑥ 可见，

---

① 张绍彦：《社区矫正的现实问题和发展路向》，载《政法论丛》2014 年第 1 期。

② 郭星华、李飞：《制度移植与本土适应——社区矫正本土化面临的困境》，载《中州学刊》2013 年第 8 期。

③ 陈兴良：《宽严相济刑事政策研究》，中国人民大学出版社 2007 年版，第 240 页。

④ 翟中东：《中国社区矫正立法模式的选择》，载《河北法学》2012 年第 4 期。

⑤ 吴宗宪：《论社区矫正立法与刑法修正案》，载《中国司法》2009 年第 3 期。

⑥ 葛立刚：《论我国社区矫正制度的理性构建》，载《安徽警官职业学院学报》2010 年第 5 期。

行刑思维的开放及观念转变存在明显的区域差别。从目前情况来看，仍有不少民众对社区行刑的性质及功能定位尚不清晰，对在社区中教育改造罪犯感到不理解或难以认同，甚至产生排斥与抵触心理。

在无法接受社区行刑或接纳度不高的背景下，如果罪犯被裁处以后仍生活在社区，不但普通民众会认为犯罪没有得到应有惩罚，甚至有的罪犯自己也不认为受到了惩罚。[①] 据浙江省某监狱对假释犯生存状况的调查，有 46.9% 的假释犯认为自己已经是自由公民了，这表明一些社区矫正对象的身份观念不强，没有意识到社区生活的服刑性质。另有学者通过问卷和随机抽查的方式，对广东省梅州市管辖的 8 个基层法院中的 200 名缓刑犯进行调查，结果是：16.5% 的人不认为自己是服刑罪犯；13.5% 的人认为自己被拘留、逮捕、审判是运气不好；10% 的人认为自己被判刑，与被害人之间两不相欠、心安理得，甚至麻木和有些怨恨；60% 的人对自己是否应接受社区矫正显得无所谓。[②]

在社会接纳度方面，有 68.8% 的假释犯在进入社区后感受到心理反差，51.7% 的假释犯在熟悉的环境中感觉到抬不起头，42.2% 有被社区居民区别对待的经历。[③] 由此，消除对社区服刑人员的社会歧视，帮助其排解社会接纳、家庭接受、就业排斥、就学限制等多重压力，需要从社会宏观层面转变观念，营造宽容、帮扶的舆论氛围。另据调查，北京市虽有 40% 的社区居民愿意以志愿者的身份参与社区矫正，但实际仅有 2% 的人参与过社区矫正工作。这表明，社区居民参与社区矫正的意愿虽然较高，但实际参与到社区矫正中的居民很少。[④] 可见，我国民众对社区行刑的认知观念并未完全改观，社区矫正的社会参与度不高，且大多处于自发的、单打独斗的阶段。目前，社会力量参与社会行刑的工作机制不明确，社会工作者、志愿者及其他第三方力量参与社区矫正的权利与责任不明晰，他们往往以分散的个体力量投入矫正工作，未形成专业化、团队式的工作合力。

---

① 吴宗宪：《非监禁刑研究》，中国人民公安大学出版社 2002 年版，第 638 页。

② 廖劲敏、巫光清：《缓刑实施的现状、成因与对策——以广东省梅州市缓刑实践为视角》，载《行政与法》2013 年第 6 期。

③ 浙江省乔司监狱课题组：《社区矫正对象生存状况调查报告——以 2010 - 2012 年乔司监狱假释犯为样本》，载《犯罪与改造研究》2014 年第 3 期。

④ 王钰：《社区矫正试点及有关思考》，载《监狱理论研究》2006 年第 1 期。

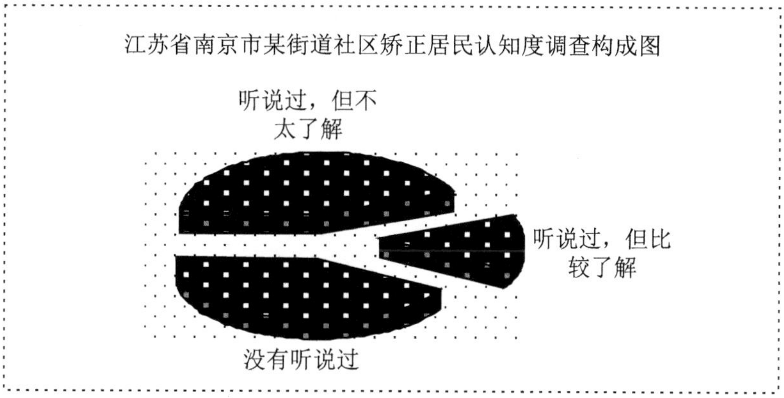

（三）社会观念的转向

当前，我国各地正如火如荼地推行平安社区建设，这一社会综治政策与社区服刑人员的接收与改造之间可能出现一定冲突。平安社区建设要求通过各方举措净化社区环境，强化治安防控条件，全方位预防违法犯罪；而在部分民众看来，社区行刑对象无疑会增加社区犯罪防控的隐患，成为平安社区创建的不利因素。面对具有不确定危险因素的社区服刑人员，基层社区机构可能出现两种态度：或者愿意接收，并积极以净化社区环境，促成受刑人接受监管改造的压力；或者不愿意接收，认为社区服刑人员是阻碍平安社区建设的不利因素。一些地方在创建无毒品社区、无金融犯罪社区、无街面犯罪社区的过程中，不希望在努力改善社区空间环境、物理环境、文化环境、治安环境的同时，反而还要承接矫正罪犯的任务，徒增社区建设的不和谐因素。应当承认，这种观念在一些社区管理实践中是普遍存在的。

总体而言，我国社区行刑的社会心理准备尚未达到成熟程度，民众对社区行刑的态度虽非极力排斥，但也不见得就是决然肯定。社区行刑能否真正融入社会，不仅取决于国家实现刑罚正义的功利需要，在很大程度上还取决社会公众的心理预期。在实践中，社区服刑人员仍遭遇不少歧视，民众不愿接触抑或避而远之，这不能不说是传统刑罚惯性心理的流露。如果对轻微犯罪施以社区矫正的行刑理念未获普遍的社会认可，那么社会矫正还可能导致民众对刑罚的确定性及正义性心生怀疑。一旦民众心目中的刑罚权威性与严肃性日渐式微，民众便会持续暴露在放纵轻微犯罪的误解与错觉之中，长期以往甚至有侵蚀法律信仰的风险。可见，基于传统监禁观念根深蒂固的文化特质，社区行刑在我国的全面推行仍需进一步“蓄势”，以引导民众固有的刑罚认知及时地转归理性；唯有冲破传统行刑观念的樊篱，社区刑罚模式才能获得充足的社会基础。

中国古代版权保护的宽容及现代启示

——以法文化考察为视角

肖志珂*

中国古代对版权的保护总的来说是低层次的，人们的版权意识也是淡薄的，这源于古人重义轻利的观念，也源于我国古代知识分子知识道义传承的重大担当，当然，也和我国历史上重公权保护、轻私利的传统息息相关。重新认识内涵于我们祖先的人文精神，对今天著作权保护的诸多问题，如版权滥用问题、合理使用问题等定会有新的见解。

古代中国版权制度形成的技术条件已具备，社会对版权制度的需求也已凸显，但这并没有导致古代中国成为现代版权制度的发源地，甚至今天中国已建立的近现代版权制度也很难从古代版权制度中寻找“本土资源”，而“外来因素”的主导则是人所共知的事实，出现这种错位的原因是一个值得进一步探究的问题。法律是社会文化的另一种展现，从文化的视角对法律制度和法律现象进行分析，有助于对法律现象做出更深层也更加合理的阐释，也必将拓展法律工作者和研究者的视野。

一、理念：贵义轻利

义利观是中国思想史上的一个重要问题。义指社会公义，是体现社会公利的价值准则；利则主要泛指个人私利。在义利关系上，儒家主张重义轻利、

* 作者简介：肖志珂，法学博士，上海社会科学院编辑。

呼吁人们追求义，“君子以义为上”①。对于利，虽然可以追求，但必须是有限度的，且必须受义的制约。孔子云：“不义而富且贵，于我如浮云”，“富与贵是人之所欲也，不以其道得之，不处也”②。很明显，孔子对“合义之利”是认可的，对“不义之利”则是否定的。但对于“合义之利”，孔子虽然认可，并不倡导，从一定程度上也是有所轻视的，所以孔子才会把逐利的人称为“小人”。孔子认为，“君子喻于义，小人喻于利”③。孟子同样是仁义的提倡者，他指出：“王何必曰利？亦有仁义而已矣。”④ 在荀子那里，义的地位同样是重要的，义的内容也更加丰富。他认为虽然义和利都是人的两种基本需要，但相比较而言，义比利更重要、也更根本，因此，他提出了“先义而后利”⑤“以义制利”⑥ 和“重义轻利”⑦ 三个命题。

先秦儒家在义利观上经过孔子、孟子、荀子三人思想的传承发展，逐步形成了“重义轻利”“先义后利”的价值准则，并由此在中国思想史上奠定了道义论的传统，即所谓“君子谋道不谋食，君子忧道不忧贫，小人反是。”⑧ 总之，在古人那里，“谋道”是比“谋食”更重要的事情。到汉代时，董仲舒对义利之辨的问题再次陈述：“夫仁者正其谊不谋其利，明其道不计其功。”⑨ 宋代程颐对董仲舒的看法大加赞赏，他认为这正是“董子所以度越诸子”之处。其实，整体上宋明理学家都比较重视“重义轻利”的思想，并且这种思想在后继时代里仍然起了主导作用，可以说，中国整个 2 000 多年封建社会都贯穿着这一价值准则。而这一价值准则又内化为中国法律传统的价值导向，并在现实生活中影响着中国人的行为和法律观念。

传统儒家思想在中国古代一直起着支配作用，而儒家对商业是轻视的，士农工商的序列可以明显地说明这一点。而士则是以学为基础的“学而优则

---

① 杨伯峻：《论语译注》，中华书局 1980 年版，第 190 页。
② 杨伯峻：《论语译注》，中华书局 1980 年版，第 36 页。
③ 杨伯峻：《论语译注》，中华书局 1980 年版，第 39 页。
④ 孟子：《孟子》，山西古籍出版社 2003 年版。
⑤ 王森：《荀子白话今译》，中国书店出版社 1992 年版，第 28 页。
⑥ 王森：《荀子白话今译》，中国书店出版社 1992 年版，第 213 页。
⑦ 王森：《荀子白话今译》，中国书店出版社 1992 年版，第 305 页。
⑧ 杨伯峻：《论语译注》，中华书局 1980 年版，第 168 页。
⑨ 班固：《汉书·董种舒传》，中华书局 1962 年版，第 2521 页。

仕”。对真正的学，儒家对商业的轻视培育了一种理念：真正的学者为启迪教化和道德接续而创作，非为利而作。“藏之名山，传之其人”是古人的崇高境界。隋唐时出现了“润笔”一词。《隋书 · 郑译传》记载：“译因奉筯上寿。上令内史令李德林立作诏书。高颖戏谓译曰‘笔干’。译答曰‘出为方岳，杖策言归，不得一钱，何以润笔。’”这是文献中最早出现“润笔”一词，它类似今天的稿酬。但即便如此，在浓郁的儒家思想的渗透下，在大多数文人的心目中，写书撰文仍主要是为了抒情达意，表达自己的思想和主张，宣传自己的学说和观点，借此在社会上立言，垂名青史。经济收入并非其立言的主要目的。大多数人在理论上仍然赞同并践行米芾“书画勿论价，士不为财役”的观点。

另外，由于儒家思想在社会中占据主导地位，重教化、尊先贤成为世人的价值准则。著书“立言”的最高目标就是在尊文化先贤的前提下来传播儒家思想和道德。正确理解并发扬文化先贤的文化遗产是有识之士的社会责任，重教化、轻利欲一直以来都是社会正统思想。直至明清，科举取士也以儒家经典为主要考试内容，所以整个中国古代社会都必然受儒家重义轻利思想的影响。浸润在这种文化背景中的知识分子多对以文换钱、卖文为生的行为嗤之以鼻，而以传播知识和弘扬道德为己任。因此，作者一般并不介意自己的作品被抄袭和盗印，他们反而认为这是对自己思想的欣赏，也是自己对社会文化的贡献，自己的作品能够为别人换来财富也是值得高兴的事情。在中国传统文化中，每一个读书人都以做出文化上的贡献为无上的骄傲，他们所从事的社会教化和文化传扬活动也被社会视作义行和善举。社会也普遍认为，文学非为作者一己所专有，文人著述是作者在立言，他追求的是青史留名，并最终获得为后世所效法的最高尊崇。在这种文化氛围下，社会不太可能也不需要滋生作者版权保护的思想观念，当然官府也不需要推行版权保护措施。①

在这样的土壤中、在这种思想的指导下，古人不会恶意抄袭、剽窃别人的作品，更不存在通过抄袭、剽窃等手段牟利的情况。相反，他们对自己的

① 桂天寅：《版权制度缺失与明清小说繁荣》，载《新学术》2007 年第 4 期。

作品被仿制普遍采取了一种宽容甚至接受的态度，因为这种仿制既证明了被仿作品的质量，也证明了创作者的大度与雅量。所以，在这种情况下，社会不需要强制的版权规范去约束人们的行为。

今天，著书写作撰文这类脑力劳动应和做工耕田等体力劳动一样得到相应的报酬，甚至更高的报酬，这大概不会令人质疑。这种报酬，今天称之为“稿费”或“稿酬”，人们发表文章、出版书籍应获得一定的报酬被认为是理所当然的。甚至，今天对一部分人来说，稿费已成为其维持生活的必要来源。一些作者会对发表文章、出版书籍不付稿酬的单位行使拒绝权。因为，今天人们著书立说已不再简单的是满足精神需求，大多数情况下还要养家糊口，甚至成了家庭收入的主要来源。社会的评价体系也简单得以论文、著作等的数量来衡量。这迫使一部分人绞尽脑汁去编造文章，自然也避免不了仿造别人的作品了。所以，今天我们在强化著作权立法的同时，是否也应该提倡一下传统的著书立说的文化，放松一下人们的紧张神经，再多一些能平心静气、耐得住寂寞的人创作一些高质量能传之后人的东西。

二、文化传承：述古而知新

文化是需要传承的，这是人们的共识。但文化如何传承则是可以讨论的。我国古代的知识分子表达了这样一种观念，即对经典的重复甚至摹写并不是不尊重经典，相反这恰恰表现 了对古人知识成果的了解与认可，也是对创造这种知识成果的人的敬重。他们内心坚信，文化的传承必须依靠历史的沉淀、依靠传统。孔子在《论语》中形象地表述了对过去知识的尊重：“述而不作，信而好古，窃比于我老彭。”在中国古诗词创作中，还存在一种普遍使用的技法，谓之“点化”，即将前人诗词中的语句用词消化理解后转化为自己的语言重新写出，或者对其稍加变通，甚至直接拿来插入自己的作品，并且不需要像今天这样标明引文出处等。中国传统文化正是在这种反复借用的过程中传承下来的。所以，在中国复制他人作品并不像在西方那样要受到强烈质疑和谴责，从某种程度上说，它还是很受赞赏和鼓励的行为。

今天有人认为这种述古的创作方式缺乏独创性，这也是他们主张加强版权保护的原因所在。而版权保护的重点即独创性的强调。那么述古的方式是否就缺乏独创性呢？笔者认为不然。这种历史叙述的方式并非历史的简单还原，也不是对历史事件的简单重构，而是对“能够自己说话的史料进行编纂”，而自己说的话正是独创性之所在。正如孔子本人对先圣的重述以及诗歌和其他文学形式大量采用经典中的比喻和引证那样，这种历史研究的方式绝不意味着缺乏独创性。普利布兰克：著作的典型模式是“许多摘录的拼凑，通常是摘引自其他历史学家的资料，但在其他方面没有改动，附以明显独立的个人评论或论断。”就孔子的而言，他删《诗》《书》，定礼、乐，赞《周易》，修《春秋》文化活动等，也是对古代文化典籍编辑和整理，他的活动是“述”而非“作”，但正是这种“述”的工作才得以给后人保存下来许多重要文献资料，这些文献经过他的弟子们整理、发挥，进一步丰富了中国古代文化典籍文献。可以说，在中国古代文化的继承和传播方面，孔子和他的弟子们的贡献之大，在古代哲学家中也是无可比拟的。孔子和他的弟子们整理解释过的“六经”，又经过历代封建学者的注释、发挥，成了封建王朝规定的教材，所有封建时代的知识分子，没有不读“ 六经”的。孔子的所谓“述而不作”的这些文化产品不一样成了中华文化的经典了么！

怀古可以述新，今天，述他人同样可以自新。如果不是恶意抄袭，而是用心对他人资料的选择与编排，同样可以出新。况且，同样对他人资料的选择与编排一样需要鉴别能力。如果全部用他人资料，梳理出新的问题，有何不可。所以，今天人们大可不必对摘抄过于紧张，当然恶意剽窃另当别论。现在仍有一部分老师坚持认为，学生抄我的东西，我是欢迎的，不然我的东西如何传承呢？

三、公权与私权保护的不平衡性

中国传统文化中权利意识淡薄，也缺乏市民身份的文化熏陶，因此，民法在中国古代远没有刑法那么发达。对个体权利、特别是财产权利的强调被认为是与传统道德所倡导的“礼”“义”观相悖的。“礼”是我国文化史中最重要的概念之一，它的核心内涵是等级有序、“等差”“中和”等，他们都反映着儒家所期望达到的一种理想社会状态，即平衡、稳定与和谐。“义”字可以用来简单概括这种文化的基本立场，我国古代的道德标准、价值准则大都建立在“义”的基础上 。同时，取“义”则意味着对于“私”的否定。当然，取“义”并不能完全消除人们的私欲，但至少它告诉人们“私”是不可取的，也是不合理的。中国古代的所有制度都渗透了这种取义弃私的精神，也因此将和私有关的活动、事物以及社会关系有效地限制在了一个较低的水平上。

对私利的排斥导致古人对“讼”的活动是持反对立场的，因为道义的内涵及要求与“无讼”的价值取向之间是一致的，它们之间有着内在的逻辑联系。对道义的偏爱与追求必然产生对争讼的排斥与厌恶，在古人看来，“无讼”正是实现“义”的很好的体现。相反，“好讼”则是“好利”与利己的表现，它必然导致社会不安定因素的存在，所以为大多数人所不齿，也为他们尽量拒绝。从官吏的角度看，他们对诉讼也是持排斥态度的。在具体的司法实践中，他们会使用诸如感化、拖延、拒绝甚至设置“教唆词讼”罪等各种方式迫使争执的当事人打消诉讼的念头，而寻求其他方式解决问题。当然这样做的前提条件是，社会大众普遍具有通过教化而形成的宽容大度、不计个人私利、谦和忍让的胸怀，自觉与他人保持团结、和睦、协调的人际关系。因此，“无讼”在实质上已成为古代官方与士人阶层和社会大众的一种理想，也是中国法律传统的价值导向，按徐忠明先生的说法这是中国古代的“文化大传统”①。

中国古代对个人物质财产权利的限制，同样适用于知识财产。正如有的学者所言：“吾国著作权发达甚早，惟保护思想之意多，保护财产之意少。故向来学者著作，往往以刊刻之资，丐助亲朋。而有力者刊印遗书，几视为慈善事业之一种。”② 在这样的文化土壤中，很难产生对“知识财产”的独立性认同，对其加以私权保护的意识也不会强烈，出现知识产权制度的可能性自然渺茫。当然中国古代并非完全没有对于知识产权特别是版权的保护，只是

---

① 徐忠明：《从明清小说看中国人的传统诉讼观念》，载《中山大学学报（社会科学版）》1996年第4期。

② 转引自韩锡铎：《我国古代版权观念述略（下）》，载《出版工作》1987年第3期。

从形式上看，这种保护一般是以政府发布榜文、牒文等形式告知社会成员，其规范的层次是较低的，无法与规范八议、十恶等成文律例相提并论，其强制力也是非常有限的。但即便这种保护没有刑杀那样强大的威慑力，这些有限的形式同样体现了对智力劳动者的尊重，对保护、传承我国历史文化遗产也起了重要的作用，所以作为国家管理的一个方面仍是不可缺少的。与此同时，在中国古代著书者、刻印者和读书者中也有了一定的权利自我保护意识，比如出现于书籍上的牌记和印记中警告翻刻、翻印的文字告白。这与官府发布的公据、榜文、牒文等形式一样，都是中国古代有著作权法律文化的体现，只是私人印记的牌记等属于自我保护措施，而政府发布的公据、榜文、牒文等则是公力救济之结果。但总体上说，中国古代对知识产权的保护层次是低的，强制力上也很有限。

四、现代启示

中国古代对版权保护的缺乏与今天版权的扩张形成了鲜明的对比。今天版权保护的期限不断被延长、权利客体不断被扩大。过分强劲的知识产权保护的弊端已充分凸显。这与现代意义上的知识产权法自诞生伊始就设定的宗旨——以保护为重心、保护与限制并存——已相去甚远。大多数所谓权利人只关心自己眼前的财产利益，对他人、对文化传承等的社会责任根本不予考虑，整日充斥于耳的是某某对某某的指责或控告其侵犯知识产权。今天的人们是否应冷静下来思考，个体应对社会承担的责任。特别是近年来，互联网技术的发展使得网络版权的纠纷与争议不断涌现，传统《著作权法》的保护内容与保护方法不断受到挑战，版权滥用问题、合理使用问题等都需要我们重新审视。

（一）版权滥用

版权滥用是一个舶来词。近年来国外版权滥用的相关理论和判例不断被学者引介到我国，版权滥用这一术语逐渐为国内学者和司法工作者所接受。同时，我国《反垄断法》和2008年出台的《国家知识产权战略纲要》中也都使用了“知识产权滥用”的说法，这和“版权滥用”正可呼应。所谓“版权滥用”是指版权人违背版权法的正当目的，超越法律所允许的范围或正当的界限，不公平、不合理地行使版权，构成对版权法、反不正当竞争法及反垄断法等法律的违反，从而损害他人和社会公共利益的行为。①

版权滥用首先在美国的司法判例中被确立，但在司法实践中它只能作为一项被控侵权的抗辩事由而存在，用来作为对付原告申请禁令救济或利润清偿的救济手段时的一种应对。被控侵权人不能据此独立进行起诉。版权滥用作为对抗别人侵权诉讼的一面抗辩盾牌逐渐被普遍接受，但版权滥用的可诉性真的不可逾越么？

改革开放以来，我国版权制度逐步确立，也经历了作者权利缺失到矫枉过正的误区这一过程。这促使我们不得不回到事物的源头：版权制度的初衷。版权制度的宗旨在于在充分尊重作者权益的同时，维护作者利益与社会公众利益的平衡，并最终实现社会科技和文化的繁荣发展。而目前我国的版权滥用，特别是网络环境下的版权滥用，使得利益的天平过分地倾向于作者及相关版权人，而忽视了社会的公共利益，距离版权制度的初衷也越来越远。因此学者和社会公众不得不重新重视和反思版权平衡的理念、版权制度的社会性这些版权制度的重大问题。

如何合理规制版权滥用，是当前版权制度发展面临的新挑战。笔者认为，冲破被动抗辩的藩篱，赋予版权滥用可诉性，使社会公众可依权利人滥用版权而主动提起控诉，严厉打击权利人滥用版权的嚣张气焰，不失为规制版权滥用的新出路。

（二）合理使用问题

我国《著作权法》第四节——权利的限制部分规定了合理使用制度。合理使用在传统意义上更倾向于一种静态的存在，即版权人在享有版权法所赋予的专有权利的同时必须负有不得随意干预他人合理使用的义务。行为人在被诉侵犯版权时，可依合理使用为由提出抗辩。所以，目前在司法实践中合理使用只能在个案中适用于被告的抗辩。但从理论上看，义务对应着权利，版权人不得干预他人合理使用的义务，对应的即是社会公众的权利。作为

---

① 徐义刚：《论版权滥用及其法律规制》，安徽大学2007年版。

《著作权法》的一项制度，合理使用同样遵循版权制度的宗旨，即维护作者及相关版权人的利益与社会公众利益的平衡，并促进社会文化的繁荣发展。所以合理使用也应该作为社会公众的一项正当权利而存在，而不仅仅是对作者及相关版权人权利的限制。

在网络环境下传统版权制度原有的利益平衡机制受到严重冲击，重塑版权利益的平衡原则，注重版权人利益与社会公众利益的平衡，是新时期下我国版权制度发展的必然选择。让版权滥用具备可诉性，使合理使用“权利化”，二者双管齐下，为规制网络环境下日益猖獗的版权滥用现象提供了有效路径。

结　语

法律文化作为一种文化形式，是人类历史发展过程中的一个文化积累过程，它是历史的延续，而不是一代人或几代人所创造的精神财富，而是人类在自身进化发展过程中不断形成并丰富、繁荣的产物。所以，即使中国古代没有出现现代意义的著作权制度，但研究著作权法律的演变与发展同样不应与中国古代所具有的著作权保护形式断然割裂开来。我们应从丰富的传统法律文化知识宝库中汲取营养，以资完善今天的《著作权法》。

醉驾入刑的刑事政策相关问题分析

秦　帅　林需需*

中华民族自古以来就是礼仪之邦，酒文化繁荣。友人推杯换盏，不亦乐乎。随着社会经济的发展，机动车辆逐渐成为人们的必备出行工具。机动车辆的剧增，无形中加重了交通的繁忙，加之道路规划并不十分完美，导致的后果就是交通事故频发。有人认为现在已经步入危险社会，从我国的现实来看，这句话并非空穴来风。近些年来，道路安全形势越来越严峻，其中，酒驾，醉驾已经成为最严重的危险因素。面对酒驾，醉驾越来越严峻的形势，国家在《刑法修正案（八）》中，增添了危险驾驶罪，将醉酒驾驶机动车在道路上行驶作为其中的一款。标志着醉驾正式入刑。醉驾入刑几年来，醉酒状况有所好转，但并非期望中的那样明显。有些问题也逐渐暴露出来，本文将选择一些突出的问题加以整理，以期能更好地服务刑事司法。

一、醉驾入刑的背景与过程

醉酒是否应入刑，在最初的设计研讨过程中，人们曾经有过激烈的争执，也有不同的认识①。总体来说，持否定论者认为，醉驾不应该入刑。有学者认为，对于醉酒入刑应该主要以行政处罚为主，增加新罪会导致刑法的理论模式混乱，加重对于特定行为的界定。加剧危险驾驶罪，交通肇事罪和以危险

* 作者简介：秦帅，上海政法学院2016级刑法学硕士研究生；林需需，上海政法学院2016级刑法学硕士研究生。

① 赵秉志：《治理酒后驾驶犯罪关键在完善刑事立法》，载《光明日报》2009年第9期。

方法危害公共安全罪的混淆，平添刑法的执行成本。也有学者认为，将醉驾入刑的动机可能是好的，但实际上并不能产生特定的社会效果。将醉驾入刑会导致相关的行政法的冲突，导致“选择性执法”的困境，增加司法资源的浪费。有学者认为，同样一种行为，在完全可以以行政法加以处罚的情况下，转而利用刑法来加以干涉，将《刑法》之手直接伸入行政法领域，有违刑法的谦抑性，也会导致对社会利益加以保护的机制处于混乱的情景，反而不利于对社会利益的保护；并且将醉驾入刑有采取重刑主义的嫌疑，历史和实践证明，重刑主义并不能解决社会问题，反而会加剧社会的矛盾，削弱《刑法》的规制作用①。有的观点认为，在实践中存在着执行困难的问题。在实体上，醉酒的标准不尽统一，在程序上，我国现在对醉酒驾驶的行政处罚力度已经超过许多国家的刑事处罚，在行政法上可以在现场立刻解决问题，而将醉酒入刑之后，不论是证据搜集还是其他的处理，惩罚过程都将耗费巨大的人力，财力，这对于司法资源本就匮乏的我国而言，无疑是在增加司法的成本，社会的成本，实质上则是增加纳税人的负担。

1. 醉驾入刑的现实根据

醉驾入刑有其内在的现实根据，在我国交通事故频发，醉驾行为高发，多发的情况下，确实有治理的必要。

第一，我国醉驾行为高发，多发，有治理的必要。

有关资料显示，自 2003 年以来，我国的交通安全局势越来越严峻，交通事故案件数逐年攀升，因交通事故导致的死亡人数也水涨船高，其中，酒驾引起的死亡人数占据着很大的比例。特别是“成都孙伟铭醉酒驾车案”，“广东黎景全醉酒驾车案”都造成了重大的人员伤亡。事实上，交通事故一旦发生，无辜者的生命一旦失去，后续再采取什么措施都无济于事，因此，预防将成为最重要的降低交通肇事死亡率的关键。而《刑法》正好是最具威慑作用的工具，能起到非常重要的预防作用。

第二，我国对醉驾的行政治理力度有限，需要《刑法》的介入。

为了加强对饮酒行为的治理力度，2009 年 8 月 15 日，公安部在全国范围

---

① 赵秉志、袁彬：《醉驾入刑诸问题新探》，载《法学杂志》2012 年第 6 期。

内开展了为期两个月的严打措施，效果明显，但严打并非长久之策。从治理的经验来看，醉酒驾驶者对行政处罚的缺乏畏惧是导致醉酒驾驶行为居高不下的重要因素。从总体上看，我国对醉驾的行政治理效果和力度仍然有限。我国原《道路交通安全法》第八十八条对醉酒驾驶规定的行政处罚措施是警告，罚款，暂扣或者吊销机动车驾驶证以及拘留。与醉酒驾驶的高度危险性相比，行政处罚的力度显然不够，为了更好地平衡醉酒驾驶行为的高危性，将醉酒入刑将会是很好的制度选择。

第三，我国惩治醉驾的刑法规范存在明显缺陷，需要完善立法。

虽然关于醉驾的行为我国刑法已经有过相应的规定，这些规定主要是交通肇事罪和以危险方法危害公共安全罪，但这两个邢种的法定刑幅度相差太大，并不能严密法网。具体而言，我国惩治醉酒的刑法规范存在的缺陷主要是。

（1）不同犯罪的法定刑幅度相差过大，不利于罪刑均衡的实现。如同样是醉酒驾驶至一人重伤，依照交通肇事罪的规定，对行为人最高只能判处 3 年有期徒刑；而依据以危险方法危害公共安全罪的规定，则最低可判处 10 年有期徒刑，最高刑可判处死刑。两者的相差太过于悬殊。

（2）附加刑设置不合理，不利于《刑法》功能的发挥。我国的交通肇事罪，以危险方法危害公共安全罪都没有设置财产刑和资格刑，仅依靠自由刑和生命刑难以充分发挥刑法的预防功能。

（3）对某些醉驾行为的定罪需要对《刑法》条文做扩大解释，不利于《刑法》规制功能的发挥。一般认为，以危险方法危害公共安全罪中的方法，一般要具有与放火，爆炸等危害程度相当的具体危险，而醉酒驾驶的危险性显然与以上方法的危害性不想当，因此，如果要将醉酒驾驶行为定性为以危险方法危害公共安全罪就需要做扩大解释，而扩大解释的弊端就在于可能突破了罪刑法定原则，不利于刑罚的适用。

2. 醉驾入刑的责任根据

醉驾行为负刑事责任的根据主要在于；

第一，醉酒驾驶及其肇事行为通常会对公共安全造成严重威胁或者危害。我国刑法的目的在于惩罚犯罪，保障人民的生命，财产安全。因此，对于严重威胁公民人身，财产安全的醉酒驾驶行为，理应受到刑法的规制，在此意义上，将醉酒入刑是有社会基础的。

第二，行为人饮酒行为与驾驶行为之间具有直接因果关系。行为人在饮酒前是完全刑事责任能力人，饮酒后驾驶机动车的行为与饮酒行为之间是一个严密的整体，没有前面的饮酒行为，就没有后来的醉酒驾驶行为，两者之间具有直接的因果关系，这是醉酒驾驶者应对其行为承担刑事责任的行为基础。

第三，行为人饮酒时具有完全刑事责任能力①。行为人在饮酒前是完全刑事责任能力人，在饮酒后虽然变成限制刑事责任能力或者无刑事责任能力。但行为人在饮酒的时候完全能够辨认和控制自己的行为，随后饮酒并驾驶机动车的行为是其主动选择的结果，根据“原因自由行为理论”，他应该为自己的行为负责。这是行为人应对其行为负责的主体基础。

第四，行为人饮酒是出于故意或者过失。在行为人醉酒驾车的情况下，虽然行为人驾车时处于无刑事责任能力或者限制刑事责任能力，此时在主观上，行为人是无所谓故意与过失的，但是行为人之所以处于这种状态是由于行为人之前的故意或者过失造成的。行为人应该对其故意饮酒或者过失导致的事故负责。这是行为人应当对其行为负责的罪过基础。

二、危险驾驶罪中醉酒驾驶相关因素的分析

法条：《刑法修正案（八）》在刑法第一百三十三条后增加一条，作为第一百三十三条之一：“在道路上驾驶机动车追逐竞驶，情节恶劣的，或者在道路上醉酒驾驶机动车的，处拘役，并处罚金。有前款行为，同时构成其他犯罪的，依照处罚较重的规定定罪处罚。”

（一）醉酒驾驶中“醉酒”的界定②

第一，血液中酒精含量大于或者等于80mg/100mg是醉酒的形式标准，也是一个绝对标准。

① 赵秉志、袁杉：《醉驾入刑诸问题新探》，载《法学杂志》2012年第6期。

② 赵秉志：《治理酒后驾驶犯罪关键在完善刑事立法》，载《光明日报》2009年第9期。

血液中酒精含量的多少对不同的人，起到的作用不尽相同。有的人在此酒精浓度下，自己的辨认和控制能力并没有明显的下降，对于另一些人可能已经丧失了辨认和控制的能力。因此，80mg/100mg 只是一个形式标准。但法律必须是确定的，才能具有可执行性。因此，必须找到统一的标准。而标准只能以社会普遍的人对酒精的耐受度来制定，才能保证最大的公平。80mg/100mg 正是在这样的情况下，根据社会大多数人对酒精的耐受度来制定的。只能是这个标准，而不能是其他的标准，从这个意义上来说，这是一个绝对标准，是严格的界定罪与非罪的标准。

第二，血液酒精含量的计算时间完全以检验时为准，不考虑血液中酒精的清除情况。

血液酒精含量以检测时为准。根据常识和实际情况，人在饮酒后，往后的一段时间血液中的酒精浓度会逐渐得降低。实际情况是，驾驶人员在被交警叫停，进行酒精检测的时候往往是在饮酒后的一段时间，这一段时间越长，酒精的含量与饮酒时想差越大。这样就会导致，驾驶者在驾驶机动车开始是处于醉驾状态的，但被交警叫停，进行酒精检测时，驾驶者的酒精检测数据并未达到醉驾的程度。有人建议需要推测出驾驶者刚驾驶时的酒驾状态，这是一种应然的要求，但事实是，在驾驶者饮酒驾驶初期到被检测这段时间，酒精的丧失量是难以计算的。每个人在相同的时间内，体内酒精的损失量是不同的，并没有工具能够测出酒精的初始量。根据刑法的谦抑性精神，比照罪与非罪，重罪与轻罪的取非罪与轻罪的原则，血液酒精的含量应该以检测时为准，而不宜以饮酒者最初驾驶机动车时的血液酒精浓度来认定。

（二）醉酒驾驶中“行驶”的界定

驾驶是指操控车，船等交通工具以较快的速度行驶。行驶重要的是“驶”，即运动，是相对于静止而言的。强调的是运动，即如果是在停车状态下的，则不能以醉酒驾驶罪来追责。

（三）醉酒驾驶中“道路”的界定

根据《道路交通安全法》的相关规定，“道路”应该包括三个方面：一是公路，二是城市道路，三是虽在单位管辖范围但允许机动车通行的地方①。关于“车库”是否是道路，是有争议的。有人认为，车库是一个相对封闭的，用于存放机动车辆的建筑物，不是一个允许公众通行的地方，车库不是一个可以解释为可以让公众通行的地方，故不能认定为道路。另一个观点认为，车库属于道路交通安全法规定：“在单位管辖范围内但允许机动车通行的地方。”理由有三：第一，从功能上，车库具备让机动车通行的功能。第二，从管理上，车库属于单位管辖的范围。第三，从规范上，车库属于道路交通安全法规定交警的管辖范围。综上，车库属于道路范围。笔者认为：车库属于道路的范畴。车库属于在单位管辖范围内但允许社会机动车通行的地方。车库分收费的还有公益的。公益的车库毋庸置疑，是允许社会机动车通行的，收费的车库，在驾驶人交完停车费后也允许停车，对公众是开放的。车库是车辆的聚集区，狭窄的地方车辆进进出出，都要在车道上行驶，完全符合道路的外观和功能，应该是道路。

三、醉酒驾驶犯罪的犯罪构成

（一）醉酒驾驶犯罪的犯罪客体

犯罪客体是为我国《刑法》所保护的，为犯罪行为所侵犯的社会关系。醉酒驾驶犯罪仅限于道路上驾驶机动车，因此醉酒驾驶犯罪的客体是道路交通秩序与安全。

（二）醉酒驾驶犯罪的客观方面

犯罪客观方面是指《刑法》所规定的，说明行为对《刑法》所保护的社会关系所造成损害的客观外在事实特征。因此，不能得出醉酒驾驶犯罪的客观方面是指行为人违反道路交通管理法规实施的醉酒驾驶的行为。醉酒驾驶罪是行为犯，不要求有实害后果。关于醉酒驾驶罪的客观方面，可以进一步从以下方面分析：

---

① 邓崇专：《醉驾入刑”之必要性再审视——基于实证分析的初步回应》，载《河北学刊》2011年第5期。

第一，醉酒驾驶犯罪属于行为犯，行为犯的既遂是以完成了法定的条件为准的。并不要求造成了物质性的或者有形性的实害结果。行为犯的特性，不要求造成了客观的犯罪后果，甚至不需要产生危险。

第二，要构成醉酒型的危险驾驶罪还要满足时间，地点和程度的要求。至于时间，醉酒驾驶的醉酒与否的判定应该以直接的酒精检测时为准，而不能是推测出的，或者以其他的方式间接得出的。至于地点，驾驶的地点应是在道路上。根据《道路交通安全法》的规定：道路是指公路，城市道路和虽在单位管辖范围内但允许社会机动车辆通行的地方。至于程度，驾驶人必须达到醉酒的状态才有谈论是否入罪的必要性。

（三）醉酒驾驶犯罪的主体

醉酒驾驶罪的主体是实施了醉酒驾驶行为，依法应负刑事责任的自然人。机动车是指以动力装置驱动或者牵引，上路行驶的供人员乘用或者用于运送物品的轮式车辆。

（四）醉酒驾驶犯罪的主观方面

犯罪的主观方面是指犯罪对自己的行为及其危害社会的结果所报的心理态度，一般包括故意和过失。关于醉酒驾驶犯罪的主观方面是故意还是过失，理论界存在争议①。有观点认为，醉酒驾驶机动车主观上是故意，即行为人明知自己的行为会发生危害社会的后果，并且希望或者放任这种结果出现，故意分为直接故意和间接故意。另一种观点认为是过失，并且是过于自信的过失。笔者认为，行为人在醉酒后驾驶机动车在道路上行驶，主观上并不是积极的追求危害后果的发生。行为人明知醉酒状态下，自己的辨认和控制能力都有所下降，但仍然执意驾驶机动车在道路上行驶，并不排斥危害后果的发生。因此，符合主观上是间接故意。

---

① 赵秉志、袁杉：《醉驾入刑诸问题新探》，载《法学杂志》2012 年第 6 期。

四、醉酒驾驶型危险驾驶罪与交通肇事罪，以危险方法危害公共安全罪的区分

醉酒驾驶罪是在交通肇事罪和以危险方法危害公共安全罪的基础上制定出来的，目的是为了进一步打击醉酒驾驶，以及严密法网的需要。

（一）危险驾驶罪与交通肇事罪的界限问题

1. 交通肇事罪的主体范围要大于危险驾驶罪

危险驾驶罪的主体只包括直接驾驶机动车的人员，而交通肇事罪的主体不仅包括直接驾驶机动车的人员，而且包括非交通运输人员，这样看来，交通肇事罪的主体范围要大于危险驾驶罪。《刑法》上一般认为，“交通运输人员”，是指一切从事交通运输业务，同保障交通运输安全有直接关系的人员。具体而言，包括以下几种人：（1）直接操纵各种交通工具的驾驶人员；（2）直接操纵各种交通设施的业务人员；（3）直接领导，指挥交通活动的领导，指挥人员；（4）交通运输的业务人员。从以上的人员范围来看，危险驾驶罪的主体只是交通肇事罪主体的一部分，除了直接驾驶人以外的其他人，即使醉酒了也不能构成醉酒型的危险驾驶罪。

2. 危险驾驶罪与交通肇事罪的罪过形式和内容不同

第一，罪过形式不同。危险驾驶罪的罪过形式是故意，交通肇事罪的罪过形式是过失。现在法学理论的通说认为，危险驾驶罪的主观是间接故意，而交通肇事罪的主观上是过失。即行为人应当预见自己违反交通规则的行为可能发生重大交通事故，因为疏忽大意而没有预见或已经预见但轻信能够避免，以致发生严重后果。

第二，罪过内容不同。罪过包括对危险结果的态度以及对于造成实害结果的态度。而危险驾驶罪的罪过是行为人对造成危害结果的态度，交通肇事罪是对造成实害结果的态度，两者是不同的。

危险驾驶罪与交通肇事罪的客观行为存在区别

从客观方面看，危险驾驶罪与交通肇事罪有两个重大区别：一是危险驾驶罪的成立并不要求有实害结果，而只要造成了一定的危害结果即可，而交

通肇事罪的成立要求必须造成了一定的实害结果。二是危险驾驶罪只限于两种危险驾驶行为，即醉酒驾驶和驾驶机动车追逐竞驶，而交通肇事罪涵盖了所有的违反交通运输管理法规的行为。

（二）危险驾驶罪与以危险方法危害公共安全罪的区别

1. 危险驾驶罪与以危险方法危害公共安全罪的罪过区别

第一，主观罪过不同。虽然危险驾驶罪与以危险方法危害公共安全罪，行为人主观罪过都是故意，但危险驾驶罪是间接故意，即行为人对结果的发生持放任的态度。以危险方法危害公共安全罪行为人主观上也是故意，但包括直接故意和间接故意。

第二，罪过内容程度不同，对危险程度的认识不同。危险驾驶罪的行为人须认识到其行为的危险程度较低，而以危险方法危害公共安全罪的行为人则须认识到其行为的危害程度较高。

2. 危险驾驶罪与以危险方法危害公共安全罪的行为危险性程度不同

在客观上，危险驾驶罪表现为行为人在道路上驾驶机动车，追逐其他机动车，并具有恶劣情节或者行为人处于醉酒状态下在道路上驾驶机动车，危及道路交通安全的行为。而以危险方法危害公共安全罪则表现为以放火，爆炸，决水，投放危险物质以外的其他危险方法危害公共安全罪。因此，要成立以危险方法危害公共安全罪，行为方法所产生的危害要与放火，爆炸，绝水，投放危险物质所造成的危害相当，而危险驾驶罪则不要求达到这种危害性。以此来看，危险驾驶罪成立所要求的危险程度小，而以危险方法危害公共安全罪的危险程度高。

五、危险驾驶入刑之实践效果及反思

（一）危险驾驶入刑实施效果分析

1. 全国危险驾驶案件数量庞大，且呈现不断增长的趋势

危险驾驶入刑一年来，全国范围内查处的危险驾驶案件数量居高不下，且呈现不断增长的趋势。危险驾驶入刑第一年，根据公安部的网站统计显示，全国共查处酒驾案件 35.4 万起，其中醉驾 5.4 万起。危险驾驶第二年，全国

共查处酒驾51.7万起，比上一年增加16.3万起，增幅为46.04%，其中醉驾6.8万起，比上一年增加1.4万起，增幅为25.9%，危险驾驶第三年，全国共查处酒驾40.2万起，比入刑第二年减少11.5万起，降幅为22.24%，但其中醉驾10万余起，比入刑第二年增加3.2万2起，增幅为50.7%①。从以上数据可以看出，醉酒入刑几年来，醉驾的数量非常庞大，并且有不降反增的趋势。对于上述事实，有一种观点认为，醉酒入刑期间实行严打，严打结束后，不但没有遏制醉驾，反而使刑法的威慑力降低，导致更多的醉驾。考虑到现实情况，近年来由于醉驾死亡的人数有明显下降，上述观点显然讲不通。笔者认为，数量不减反增是能够解释的。醉驾入刑以来，公安机关对醉驾的零容忍，使许多潜伏的醉驾行为被发现，虽然表面上犯罪数量没有减少，但实际上是犯罪黑数的减小。当然，这也从另一方面反映出，醉驾入刑之初所设想的社会效果并没有实现，醉驾行为并未得到明显的改善。

2. 醉驾摩托车现象突出，农村地区形势严峻

醉酒驾驶入刑以来，在震慑犯罪，减少机动车事故方面起到了重要的作用。但醉酒驾驶摩托车在无形中成了治理的盲区。据公安部统计，在全国查处的醉酒驾驶摩托车占查处总量的41.2%，那么实际存在的醉酒驾驶摩托车案件数量之庞大，可见一斑②。根据调查归纳，造成摩托车醉驾现象突出的原因有以下几个：（1）法律意识淡薄。有不少摩托车驾驶者认为醉酒驾驶摩托车的危害性小于醉酒驾驶机动车。有些摩托车驾驶者甚至不认为醉酒驾驶摩托车是违法的，交通意识极差。（2）查处难度大，资源投入不够，导致醉驾摩托车愈演愈烈。摩托车具有比汽车等机动车更强的机动性能，使对摩托车的查处难度比汽车大很多。执法资源有限，交警将大部分警力用来查处汽车，无暇顾及对摩托车的查处。（3）与城市相比，农村地区危险驾驶形势更加严峻。中国酒文化在农村表现得更加明显，婚丧嫁娶饮酒之风盛行，群众的法律意识淡薄，守法意识淡薄，导致醉酒驾驶摩托车成为常态化。而相对于醉酒驾驶摩托车盛行的是，农村警力有限，即使全部用于治理摩托车也是捉襟

① 夏阳、李昌林：《“酒驾”案件如何定性与量刑》，载《人民检察院》2012年第12期。
② 曹波：《危险驾驶入刑之实践效果与反思》，载《时代法学》2016年第3期。

见肘，更不用说，对小汽车的治理已经耗费了巨大的人力物力，资源的有限成为最大的症结。

从以上分析可以看出，醉酒驾驶摩托车现象无法根治的原因不在于《刑法》的处罚力度不够，更重要的原因是执法力度不够，执法资源稀缺，以及法律意识淡薄。因此，要想解决醉酒驾驶摩托车的难题，关键在于对广大人民群众进行安全意识教育和交通法律常识教育，公安部门也应该在农村分布更多的警力。

3. 各地法律适用标准不同，惩罚力度各异

醉酒入刑自实施之初就面临一个问题——缺乏明确统一的实施细则，各地执法机关以及司法机关在适用醉酒驾驶入罪的判定过程中，对于“对于醉酒驾驶是否一律入罪”，本罪中的“道路”，“驾驶”，“醉酒”等缺乏明确的界定，同样的案子在不同的地区会产生不同的判决结果。这无疑将极大地削弱法律的威慑力，降低司法机关的权威性。对于缓刑的适用，各个地区的差异也非常之大。北京在判决醉驾案件中，实行率达到99%；广东，安徽，重庆适用缓刑的比例超过40%。有的地方对缓刑的适用率达到73%，更有甚者，某些地区的缓刑适用达到100%。上述现象无疑从反面证明，没有统一的法律实施细则，就不能使实施效果达到统一。因此，在增加执法投入外，还应该建立相应的配套措施。

（二）危险驾驶罪的反思

首先，刑法具有谦抑性是防范违法犯罪的最后手段。

《刑法》是以刑罚作为最主要的制裁手段的法律规范，这种资源的使用必须具有紧迫性，必要性。刑罚的影响如此之大，以至于他像特效药一样具有很大的副作用，因此，判断以什么作为《刑法》的对象时，必须慎重考察对某种行为是否有必要动用刑罚来抑制。《刑法》与其他的社会规范一样都在于维护社会的秩序，不同点在于，不同的社会规范有其特殊的对象，保护不同的社会关系。行政法规与《刑法》相比，行政法规中的一部分对于轻微的危害社会行为进行规制，而《刑法》的适用对象是严重的危害社会的行为①。

① 曹波：《危险驾驶入刑之实践效果与反思》，载《时代法学》2016年第3期。

只有在充分利用相关行政处置措施仍不足以制止违法行为的时候，才有必要运用《刑法》来抑制。利用《刑法》治理社会问题的最后性，突出表现在《刑法》是社会治安综合治理的庞大工程中的重要组成部分，但也只是其中一个重要手段，而不能把他的作用不科学地夸大和片面化，认为《刑法》是根本的或者唯一的方法。

其次，《刑法》预防犯罪具有显著的局限性。

《刑法》作为重要的治理违法犯罪行为的万能药，但它并不是解决任何违法犯罪的“万能药”，一味地强调《刑法》在治理酒驾中的作用，会将研究的重心放在《刑法》的设置上，而忽视更重要的对醉驾现象产生的深层次的社会原因的理性分析和深入发掘。《刑法》应该作为规范社会秩序的最后一种手段，而不能将解决一切社会问题的希望全部寄托给《刑法》。

最后，危险驾驶现象是社会中普遍存在的现象，利用《刑法》治理必然导致《刑法》在社会中过多的存在，进而降低《刑法》的威慑作用，削弱《刑法》的预防功能。刑罚是通过对犯罪做出否定评价来制止犯罪的，行人人因为害怕被做出否定性评价而选择不犯罪。那么如果刑罚适用的越频繁，规制的范围越广，会使这种否定性评价的威慑力受到削弱，失去原来的效果。刑罚要想保持其威慑力，最好只适用于社会极少数人并且通过对少数人适用，以保持人们对刑罚的敬畏。醉酒驾驶者是一个非常巨大的群体，用《刑法》来规制势必造成人们对这种行为的是否一律构成犯罪的困惑，产生侥幸心理。立足于现状，醉酒入刑并未起到明显的社会效果，因此寻求其他的出路成为必然选择。

六、治理醉酒驾驶现象的构想

加强执法力度，统一执法口径，确保行为人对自己的行为预期[①]。法律具有规范功能，这种规范功能是通过对行为模式及其后果的规定而对人的行为发生影响的方式，手段和后果。法律规范作为具有价值判断的规则，带有价

① 夏阳、李昌林：《“酒驾”案件如何定性与量刑》，载《人民检察院》2012 年第 12 期。

值评判和指引功能。刑法规范则包括价值规范和制裁规范。作为行为规范的刑法规范指引人们应该做什么，不应该做什么，如果行为不管不顾《刑法》的指引，胡作非为，就有可能触犯刑法的规范，《刑法》的制裁功能就会起作用。《刑法》提出指引方向，并有刑罚保驾护航，才能起到良好的效果。醉驾入刑在指引规范上做得很好，经过很多专家学者的论证以及社会实践的探索，制定出了符合客观的刑法规范。但在之后的实施过程中，出现了问题。对醉酒是否一律入刑不明确，对醉酒是否一律处罚不明确，导致各地在实施起来，情况各异。这种口径不一的刑法规范必然带来执法上的随意性，使人们对这一规范无所适从，无法实现对社会秩序的维护。因此，需要制定统一的行为细则，保证处罚的口径一致，使人们能够预期到行为的后果，因害怕后果而主动地避免犯罪。《刑法修正案（八）》规定醉酒驾驶机动车是犯罪行为，并且规定了违反该规定将受到行政处罚和刑事处罚。违反禁令的行为与处罚的必然性会极大地影响人们对行为的预期，并适时安排自己的行为。当国民认识到违反禁令与受到法律制裁之间的必然关系时，该行为就会对行为有着指引和评价机能，人们能清晰地知道自己违反禁令将要受到的法律制裁，并就此自由选择是否违反禁令。

（一）加强执法力度可削弱行为人侥幸心理，增加违法的机会成本

笔者认为，醉酒驾驶现象一直无法根除的原因并不在于行为人违法成本的不高，而在于其违法的机会成本不高，即行为人实施违法行为与被捉到并且受到刑罚处罚的机会，只有被实际查获其违法成本才会实际发生。相反，行为人如果没有收到处罚，此时不管违法成本有多少，对于行为人而言只是纸面上的东西，对其而言只不过是一张纸，那么对行为人而言，自己的违法行为总体而言是收益的，所以下次还会选择相同的行为。正如慈继伟教授在论及“非正义局面的易循环性”时所说的，如果社会上一部分人的违法犯罪现象没有得到及时的治理，其他的具有非正义愿望的行为就会效仿这种行为，直至造成不正义的泛滥。醉酒驾驶正是这种情况，在以往的实践中，醉酒驾驶行为并没有做到有法必依，执法必严的要求，大量的醉酒驾驶者逃避《刑法》的处罚，被捉住酒驾者也有很多被判处缓刑或因罪行轻微而逃避到了《刑法》的处罚。这样的实际正是孕育醉驾行为的温床，会造成更加严重的社会状况。

（二）加强执法力度，提升出发的必定性。

对醉酒驾驶行为《刑法》控制依赖于醉酒驾驶行为的及时发现和查处，只有被行政执法查处的醉酒驾驶行为才有可能受到法律规制，有关醉驾入刑的行为规范才能够发挥作用，因此，发现并查处醉酒驾驶案件，法律对醉酒驾驶案件的规制才能够实现。理论上，对于醉酒驾驶行为很好判断，只要符合醉酒在道路上驾驶机动车就能够认定。实际上，由于醉酒驾驶往往缺乏受害人，并且醉酒驾驶所产生的危险并不都能够体现的明显，有很多是潜伏起来的，因此，实践中危险驾驶案件的实际发现相当困难，犯罪黑数的大量存在难以避免，这就导致很多醉酒驾驶犯罪行为人游离于法律规制之外，为保证规制醉驾行为取得良好的法律效果和社会效果，加强执法力度是必然选择。

加强执法力度，及时查处醉酒驾驶行为对于保障法律规范的机能正常发挥，确保人们根据法律规范对自己的行为做出预期，削弱行为人的侥幸心理，从根源上减少醉酒驾驶行为的发生具有重要的意义。在一定的时期内执法资源是有限的，要想确保处罚的必定性，必然要加大执法资源的配置，那么合理的安排执法资源将成为重中之重。实践中河北唐山市采取“3 + X”的查缉方法取得了显著的效果，这种方法可以在全国推广。还有一种理论——“警察存在感”，该理论认为，警察出现与否会极大地影响一个地方的犯罪率，因此更多频次的巡逻无疑将起到重要的作用。

图书在版编目（CIP）数据

刑事政策学前沿与热点问题研究／严励主编．—北京：中国法制出版社，2017.11

ISBN 978－7－5093－9080－1

Ⅰ.①刑… Ⅱ.①严… Ⅲ.①刑事政策－中国－文集
Ⅳ.①D924.04－53

中国版本图书馆CIP数据核字（2017）第289020号

策划编辑　陈兴　　　责任编辑　陈兴　赵文博　　　封面设计　杨泽江

刑事政策学前沿与热点问题研究

XINGSHI ZHENGCEXUE QIANYAN YU REDIAN WENTI YANJIU

主编/严励

经销/新华书店

印刷/北京九州迅驰传媒文化有限公司

开本/710毫米×1000毫米　16开　　　印张/20.75　字数/273千

版次/2017年12月第1版　　　2017年12月第1次印刷

中国法制出版社出版

书号 ISBN 978－7－5093－9080－1　　　定价：59.00元

北京西单横二条2号

邮政编码100031　　　传真：66031119

网址：http：//www.zgfzs.com　　　**编辑部电话：66010405**

市场营销部电话：66033393　　　**邮购部电话：66033288**

（如有印装质量问题，请与本社编务印务管理部联系调换。电话：010－66032926）